# Direito 4.0

# Direito 4.0

O SABER NÃO OCUPA ESPAÇO

**2020**

Coordenador:
Antonio José F. de S. Pêcego

Organizadores:
Ana Flávia Messa
Bruno Bastos de Oliveira
Gustavo Barbosa de Mesquita Batista

ALMEDINA

**DIREITO 4.0**
O SABER NÃO OCUPA ESPAÇO

COORDENAÇÃO: Antonio José Franco de Souza Pêcego
ORGANIZAÇÃO: Ana Flávia Messa, Bruno Bastos de Oliveira e Gustavo Barbosa de Mesquita Batista
DIAGRAMAÇÃO: Almedina
DESIGN DE CAPA: FBA
ISBN: 9786556270661

Dados Internacionais de Catalogação na Publicação (CIP)
(Câmara Brasileira do Livro, SP, Brasil)

---

Direito 4.0 : o saber não ocupa espaço /
coordenador Antonio José F. de S. Pêcego;
organizadores Ana Flávia Messa, Bruno Bastos de
Oliveira, Gustavo Barbosa de Mesquita Batista. – São Paulo : Almedina, 2020.

Vários autores
Bibliografia.
ISBN 978-65-5627-066-1

1. Direito constitucional 2. Direito do Estado
3. Direito internacional 4. Direito penal 5. Estado
democrático 6. Execução penal 7. Filosofia do direito
I. Pêcego, Antonio José F. de S II. Messa, Ana
Flávia. III. Oliveira, Bruno Bastos de. IV. Batista,
Gustavo Barbosa de Mesquita.

20-40208 CDU-34

---

Índices para catálogo sistemático:

1. Direito 34

Cibele Maria Dias - Bibliotecária - CRB-8/9427

Este livro segue as regras do novo Acordo Ortográfico da Língua Portuguesa (1990).



Setembro, 2020

EDITORA: Almedina Brasil
Rua José Maria Lisboa, 860, Conj.131 e 132, Jardim Paulista | 01423-001 São Paulo | Brasil
editora@almedina.com.br
www.almedina.com.br

## SOBRE O COORDENADOR

**Antonio José Franco de Souza Pêcego**

Juiz de Direito do Tribunal de Justiça de Minas Gerais – TJMG. Professor da Graduação e Pós-graduação da Pontifícia Universidade Católica de Minas Gerais – PUCMINAS e do Centro Universitário UNA. Doutorando em Direito Constitucional pelo Centro Universitário de Bauru/Instituição Toledo de Ensino – CEUB/ITE. Mestrando em Filosofia pela Universidade Federal de Uberlândia – UFU. Mestre em Direito pela Universidade de Ribeirão Preto – UNAERP. Graduado em Direito pela Universidade Estácio de Sá – UNESA e graduando em Filosofia pela Universidade Federal de Uberlândia – UFU.

## SOBRE OS ORGANIZADORES

**Ana Flávia Messa**

Doutora em Direito pela Universidade de Coimbra e pela USP. Mestre em Direito pela Universidade Presbiteriana Mackenzie. Professora da Faculdade de Direito da Universidade Presbiteriana Mackenzie. Bacharel em Direito pela PUC-SP. Advogada. Membro da Academia Paulista de Letras Jurídicas (APLJ) e do Conselho Científico da Academia Brasileira de Direito Tributário (ABDT). Professora Convidada do Curso de Especialização em Direito do Estado da Universidade Estadual de Londrina. É investigadora do Centro de Investigação em Justiça e Governação (JusGov) da Escola de Direito da Universidade do Minho.

**Bruno Bastos de Oliveira**

Advogado e Professor. Consultor Jurídico, especialista na área fiscal. Professor Permanente do Programa de Pós-graduação em Direito da UNIMAR – Universidade de Marília – SP – Mestrado e Doutorado. Doutor em Ciências Jurídicas – Direitos Humanos e Desenvolvimento – pela Universidade Federal da Paraíba. Mestre em Ciências Jurídicas pela Universidade Federal da Paraíba. Especialista em Direito Tributário pela Universidade do Sul de Santa Catarina. Graduado em Direito pelo Centro Universitário de João Pessoa. Ex-Coordenador Adjunto dos cursos de Pós-graduação em Direito Tributário e Processo Tributário e Direito Constitucional e Processo Constitucional, ambos do Centro Universitário de João Pessoa – UNIPÊ. Ex-Presidente da

Comissão de Estudos Tributários da OAB/PB. Ex-Coordenador Pedagógico da Escola Superior da Advocacia da Paraíba. Professor com atuação no Direito Constitucional, Direito Processual Civil, Direito Econômico e Direito Tributário.

**Gustavo Barbosa de Mesquita Batista**

Professor Associado da Universidade Federal da Paraíba. Doutor em Teoria Dogmática do Direito pela Faculdade de Direito do Recife. Professor de Direito Penal na Graduação em Direito do Centro de Ciências Jurídicas da UFPB e de Política Criminal e Teoria dos Direitos Humanos na Pós-Graduação em Direitos Humanos, Cidadania e Políticas Públicas do Núcleo de Cidadania e Direitos Humanos do CCHLA/UFPB e na Pós-Graduação em Ciências Jurídicas do Centro de Ciências Jurídicas da UFPB. Orientador de Mestrado e Doutorado.

## SOBRE OS AUTORES

**Acacio Miranda da Silva Filho**

Doutorando em Direito Constitucional pelo IDP/DF. Mestre em Direito Penal Internacional pela Universidade de Granada/Espanha. É especialista em Teoria do Delito na Universidade de Salamanca/Espanha, em Direito Penal Econômico na Universidade de Coimbra/IBCCRIM e em Direito Penal Econômico na Universidade Castilha – La Mancha/Espanha. Advogado.

**Adeildo Nunes**

Juiz de Direito em Pernambuco (1990/2013). Doutor e Mestre em Direito Penitenciário pela Universidade Lusíada de Lisboa. Professor da graduação e da pós-graduação do Centro Universitário Mauricio de Nassau (UNINASSAU) e do Centro Universitário de João Pessoa (UNIPÊ). Autor de livros jurídicos. Advogado Sócio do escritório Nunes & Rêgo Barros – Advogados Associados.

**Alexandre Libório Dias Pereira**

Doutor e Mestre em Direito pela Universidade de Coimbra. Diploma Erasmus (Direito Europeu e Internacional) pela Faculdade de Direito da *Katholieke Universiteit Leuven,* Bélgica. Professor Associado da Faculdade de Direito da Universidade de Coimbra. Professor Adjunto convidado (tempo parcial) do Instituto Superior de Contabilidade e Administração de Coimbra (ISCAC)

– Coimbra *Business School*. Docente da Escola de Direito Privado Europeu (*Summer School on European Private Law*) da Universidade de *Salzburgo*, Áustria.

**Alice Bianchini**

Doutora em Direito penal pela PUC/SP, Mestre em Direito pela UFSC, especialista em Teoria e Análise Econômica pela Universidade do Sul de Santa Catarina Unisul-SC e em Direito Penal Econômico Europeu, pela Universidade de Coimbra/IBCCrim. Foi professora do Departamento de Direito Penal da USP e do Curso de Mestrado em Direito da Uniban-SP. Leciona em diversos cursos de especialização. Presidenta da Associação Brasileira de Mulheres de Carreiras Jurídicas– Comissão São Paulo – ABMCJ/SP. Integrante da Comissão Nacional da Mulher Advogada da OAB/Federal e da Comissão Estadual da Mulher Advogada da OAB/SP. Conselheira Federal da OAB por São Paulo – 2019-2021.

**Anabela Susana de Sousa Gonçalves**

Vice-Presidente e Professora Associada da Escola de Direito da Universidade do Minho. É ainda Diretora do Gabinete de Saídas Profissionais; membro do Conselho Científico e do Conselho Escola da Escola de Direito, membro da Comissão do Curso da Licenciatura em Direito, membro da Comissão Diretiva do Mestrado em Direito das Crianças, Família e Sucessões e da Comissão Diretiva do LLM in European and Transglobal Business Law.

**Ana Flávia Messa**

Doutora em Direito pela Universidade de Coimbra e pela USP. Mestre em Direito pela Universidade Presbiteriana Mackenzie. Professora da Faculdade de Direito da Universidade Presbiteriana Mackenzie. Bacharel em Direito pela PUC-SP. Advogada. Membro da Academia Paulista de Letras Jurídicas (APLJ) e do Conselho Científico da Academia Brasileira de Direito Tributário (ABDT). Professora Convidada do Curso de Especialização em Direito do Estado da Universidade Estadual de Londrina. É investigadora do Centro de Investigação em Justiça e Governação (JusGov) da Escola de Direito da Universidade do Minho.

**Bruno Bastos de Oliveira**

Advogado e Professor. Consultor Jurídico, especialista na área fiscal. Professor Permanente do Programa de Pós-graduação em Direito da UNIMAR – Universidade de Marília – SP – Mestrado e Doutorado. Doutor em Ciências Jurídicas – Direitos Humanos e Desenvolvimento – pela Universidade Federal da Paraíba. Mestre em Ciências Jurídicas pela Universidade Federal da Paraíba. Especialista em Direito Tributário pela Universidade do Sul de Santa Catarina. Graduado em Direito pelo Centro Universitário de João Pessoa. Ex-Coordenador Adjunto dos cursos de Pós-graduação em Direito Tributário e Processo Tributário e Direito Constitucional e Processo Constitucional, ambos do Centro Universitário de João Pessoa – UNIPÊ. Ex-Presidente da Comissão de Estudos Tributários da OAB/PB. Ex-Coordenador Pedagógico da Escola Superior da Advocacia da Paraíba. Professor com atuação no Direito Constitucional, Direito Processual Civil, Direito Econômico e Direito Tributário.

**Carolina Correia Campelo**

Bacharela em Direito pela Faculdade de Direito do Recife/UFPE.

**Conceição Soares Fatela**

Doutora em Ciências Jurídicas-Privatísticas pela Escola de Direito da Universidade do Minho. Advogada, Consultora e Professora Auxiliar na Faculdade de Direito da Universidade Lusófona de Humanidades e Tecnologias, em Lisboa, com a regência das disciplinas de Teoria Geral do Direito Civil e Direito dos Contratos em Especial. Autora de diversos artigos jurídicos nas áreas da locação financeira e do IVA. Investigadora Integrada Doutorada no JusGov – Centro de Justiça e Governação, Grupo de Investigação E.Tec – Estado, Empresa e Tecnologia, da Escola de Direito da Universidade do Minho.

**Daniel Sá Roriz Fonteles**

Doutor em Distúrbios do Desenvolvimento pela Universidade Presbiteriana Mackenzie (UPM), aprovado com distinção, com tese intitulada "Avaliação de Habilidades Matemáticas de Alunos com Transtornos do Espectro do Autismo". Mestre em Distúrbios do Desenvolvimento pela UPM, com a dissertação "Movimentos Oculares na Leitura Silenciosa e em Voz Alta em Crianças Normais da Quarta Série do Ensino Fundamental I". Graduado em Psicologia pela Universidade de Fortaleza (UNIFOR). Professor Assistente do Curso de Psicologia da UPM, onde leciona as disciplinas de Análise Experimental do Comportamento, Psicologia da Aprendizagem, Psicologia e Deficiência, Supervisão de Estágio Básico em Pesquisa.

**Francisco Leite Duarte**

Mestre em Direito. Possui graduação em Direito pela Universidade Federal da Paraíba (1987) e, atualmente, é Auditor Fiscal da Receita Federal do Brasil, bem como professor da Escola Superior da Magistratura da Paraíba (ESMA-PB), do Centro Universitário de João Pessoa -UNIPÊ (graduação e pós), da Universidade Estadual da Paraíba (UEPB) e colaborador e da Escola de Administração Fazendária – ESAF. Vencedor do Prêmio Nacional de educação fiscal 2016 com o Programa de extensão da Universidade Estadual da Paraíba Receita para a cidadania e para o desenvolvimento.

**Gustavo Barbosa de Mesquita Batista**

Professor Associado da Universidade Federal da Paraíba. Doutor em Teoria Dogmática do Direito pela Faculdade de Direito do Recife. Professor de Direito Penal na Graduação em Direito do Centro de Ciências Jurídicas da UFPB e de Política Criminal e Teoria dos Direitos Humanos na Pós-Graduação em Direitos Humanos, Cidadania e Políticas Públicas do Núcleo de Cidadania e Direitos Humanos do CCHLA/UFPB e na Pós-Graduação em Ciências Jurídicas do Centro de Ciências Jurídicas da UFPB. Orientador de Mestrado e Doutorado.

**José Ailton Garcia**

Doutor e mestre em Direito Processual Civil pela FADISP. Professor convidado na Pós-Graduação da PUC SP Cogeae, da FAAP SP, da Universidade Cândido Mendes/RJ, da Proordem de Goiânia/GO e da Escola Superior de Advocacia – ESA. Escreve na área do Direito Processual Civil e Direito

Público, contando atualmente com uma produção de mais de 2 mil páginas publicadas. Já proferiu mais de 150 palestras sobre diversos temas na área do Direito. Autor do livro: Desapropriação: comentários ao Decreto-Lei nº 3.365/41 e à Lei nº 4.132/62. Advogado.

**Lauro Joppert Swesson Júnior**

Possui graduação em Direito pela Universidade de São Paulo – USP (2002). Mestrado em Filosofia do Direito pela Universidade Metodista de Piracicaba – Unimep (2005), com bolsa da Coordenação de Aperfeiçoamento de Pessoal de Nível Superior (CAPES). Doutor em Direito junto ao departamento de Filosofia do Direito e Ciências Criminais da Johann Wolfgang Goethe-Universität (Alemanha), com bolsa da Deutscher Akademischer Austauschdienst (DAAD). Professor adjunto da Faculdade de Direito da UEMS, campus Naviraí, das disciplinas Teoria Geral do Direito, Ciência Política, Teoria da Constituição, Direito Constitucional e Filosofia do Direito.

**Nathaly Campitelli Roque**

Pós-doutorado na Faculdade de Direito da Universidade Clássica de Lisboa. Doutora, Mestre e graduada em Direito pela PUC/SP. Professora do Departamento de Direito Civil, Processual Civil e do Trabalho da PUC/SP. Procuradora do Município de São Paulo.

**Paulo Silas Taporosky Filho**

Professor na Universidade do Contestado (Campus Canoinhas/SC). Mestre em Direito pelo Centro Universitário Internacional (UNINTER). Especialista em Ciências Penais (2014), em Direito Processual Penal (2016) e em Filosofia (2016). Graduado em Direito pela FANEESP (2012) Membro da Rede Brasileira de Direito e Literatura. Membro da Comissão de Prerrogativas da OAB/PR. Pesquisador do "Núcleo de Estudos Criminais" (UFPR) e do Grupo de Pesquisa "Recortes da relação entre Judiciário, Executivo e Legislativo na perspectiva penal: a conformação do poder punitivo diante da complexa interação entre poderes" (UNINTER). Advogado.

**Plínio Leite Nunes**

Doutor em Direito Penal pela Universidade de São Paulo (2018). Mestre em Direito Penal pela Universidade Federal de Pernambuco (2012). Graduado em Direito (2005) e Especialista em Ciências Criminais (2007) pela Universidade Católica de Pernambuco. Professor em cursos de graduação e pós-graduação em Direito (Disciplinas de Direito Penal, Processo Penal e Política Criminal e Penitenciária). É Cofundador e Diretor de Pesquisa e área Acadêmica do Instituto Brasileiro de Ciências Jurídicas e Sociais – IBCJUS. Advogado criminalista.

**Rafael Nóbrega Caroca**

Especialista em Direito Constitucional pelo Centro Universitário de João Pessoa – UNIPÊ.

**Roberto Wanderley Nogueira**

Mestre em Direito pela Faculdade de Direito do Recife (UFPE, 1996). Doutor em Direito Público pela mesma IES (2004) com pesquisas integradas sobre Razoabilidade e Atividade/Perfil dos operadores judiciais (Leis para Juízes), na Universidade de Helsinki-Finlândia (orientação do Prof. Raimo Siltala, 1997). Professor-adjunto da Faculdade de Direito do Recife (UFPE) e da Universidade Católica de Pernambuco (CCJ e Programa de Mestrado/Doutorado em Direito-PPGD). Pós-Doutor na Universidade Federal de Santa Catarina (UFSC) na área de Ensino Jurídico, Metodologia Aplicada, Formação Profissional, Teoria do Processo. Membro do Colegiado do Departamento de Direito Público Geral e Processual da UFPE 2013/2015 e Membro do Colegiado do PPGD/UNICAP.

**Rui Miguel Zeferino Ferreira**

Professor-Adjunto no Instituto Superior de Entre Douro e Vouga (ISVOUGA). Assistente Convidado na Escola Superior de Administração, Comunicação e Turismo, do Instituto Politécnico de Bragança (IPB). Investigador integrado no JUSGOV – Centro de Investigação em Justiça e Governação, da Universidade do Minho, afeto ao grupo de investigação E-Tec – Estado, Empresa e

Tecnologia. Investigador da Universidade de Santiago de Compostela (USC), Espanha. Juiz-Árbitro no Centro de Arbitragem Administrativa (CAAD) em matéria tributária e administrativa. Advogado.

**Sérgio Cabral dos Reis**

Doutor em Direito pela Universidade Federal de Santa Catarina – UFSC. Master em Teoria Crítica en Derechos Humanos y Globalización pela Universidad Pablo de Olavide (Sevilla, Espanha). Mestre em Direito Processual e Cidadania pela Universidade Paranaense (UNIPAR). Professor efetivo de Direito Processual Civil e Direito Processual do Trabalho da Universidade Estadual da Paraíba (UEPB). Professor da graduação e da pós-graduação da UNIFACISA. Professor permanente da Escola Superior da Magistratura Trabalhista da Paraíba (ESMAT XIII). Professor convidado da Escola Superior da Magistratura Trabalhista de Pernambuco (ESMATRA VI). Professor convidado da Escola Superior da Magistratura da Paraíba (ESMA-PB). Professor convidado da Escola Superior da Advocacia da Paraíba (ESA-PB). Professor convidado da Fundação Escola Superior do Ministério Público da Paraíba (FESMIP-PB). Professor da Pós-graduação lato sensu da FESP Faculdades. Professor convidado da pós-graduação do IESP Faculdades. Membro da ABDpro (Associação Brasileira de Direito Processual). Ex-Juiz do Trabalho no Paraná (9ª Região). Ex-Juiz do Trabalho em Sergipe (20ª Região). Juiz do Trabalho na Paraíba (13ª Região).

**Tiago Branco da Costa**

Mestre em Direito dos Contratos e da Empresa, é investigador do Centro de Investigação em Justiça e Governação (JusGov) da Escola de Direito da Universidade do Minho, Advogado e Formador no Instituto de Emprego e Formação Profissional (IEFP).

**Valdir Rodrigues de Sá**

Advogado. Especialista em Direito Empresarial pela Escola Paulista de Direito – EPD. Palestrante e Professor de Oratória Forense. Presidente da Comissão de Oratória Forense da OAB Subseção Ipiranga (2019-2021).

# APRESENTAÇÃO

Em tempos sombrios em que muito se fala numa pós-verdade na modernidade, em que o ensino superior, em especial o privado, mais se preocupa em alimentar o sistema por meio da formação de operadores do direito dentro do senso jurídico-comum em detrimento de profissionais do direito que tenham por base o senso jurídico-crítico, assim como em que se comercializa intensamente o conhecimento por meio de resumos, alguns esquematizados, em contraposição surgiu a ideia da presente obra coletiva, diante da instigante e profunda diversidade intelectual oriunda de renomados pensadores, presentes no grupo de *Whatsapp* "O Saber Não Ocupa Espaço", idealizado pelo Professor Mário César Barbosa da Silva. São autores da presente obra, professores de universidades públicas e privadas, juízes, advogados e outros profissionais do direito.

Posteriormente ao honroso aceite do Professor Lenio Streck para prefaciar este livro, no decorrer dos trabalhos, se juntaram como organizadores os professores Gustavo Barbosa de Mesquita Batista, Bruno Bastos de Oliveira, bem como a professora Ana Flávia Messa que tiveram papel fundamental na sua finalização para o nascimento da presente obra que disponibilizamos aos leitores da graduação, pós-graduação e profissionais do direito.

Apresentamos capítulos com temáticas atuais inerentes à oratória, ao direito penal e processual penal, execução penal, direito de estado, direito constitucional, direito internacional, filosofia do direito etc., visando estimular, por meio de um conhecimento mais lapidado, uma leitura que conduza ao pensamento jurídico crítico ou mesmo jusfilosófico que nos permita alcançar o saber que não tem fronteiras.

Os textos constantes desta obra nos levam à reflexão aprofundada do conhecimento que nos é passado pelos autores em tempos em que a tecnologia da informação nos traz muitos informes, mas pouco ou nenhum conhecimento em face do volume e universalidade que nos é apresentado cotidianamente, fomentando a generalidade e superficialidade inerentes a um conhecimento profano no sentido figurado.

Por último, não podemos deixar de ressaltar que estamos no século XXI em que persiste a intolerância em virtude do fanatismo que já tratava Voltaire no século XVIII quando de sua obra "Tratado sobre a Tolerância", uma intolerância que, seja no ocidente ou oriente, transcende o aspecto religioso através dos tempos, se generalizando e aumentando geometricamente as diferenças de tal forma que na comemoração do Dia Mundial da Filosofia (21 de novembro), a própria ONU (2019) destaca a importância do papel da filosofia na criação de uma sociedade mais tolerante, assinalando Audrey Azoulay que essa disciplina permite por meio do conhecimento da diversidade intelectual estimular o diálogo intercultural, como, de alguma forma, no caso da presente obra em que se fomenta o diálogo interdisciplinar por meio de um conhecimento diversificado que colocamos à disposição do leitor, afinal, *o saber não ocupa espaço.*

***Antonio José F. de S. Pêcego***
Verão de 2019

# PREFÁCIO

O poeta T. S. Eliot tem uma máxima da qual gosto muito: informação não é conhecimento, conhecimento não é saber e saber não é sabedoria. Pronto. Eis aí a pirâmide da compreensão. Quase todos têm informação à disposição, menos gente tem conhecimento, menos ainda possuem saber e ainda menos pessoas adquirem sabedoria.

Por isso, a informação deve ser transformada em conhecimento, que, em momento posterior, deve sofrer aprimoramentos. Daí a importância do filtro, da intermediação, do cuidado – no sentido hermenêutico da palavra.

O juiz e professor Antonio José Pêcego aventurou-se na tarefa de filtrar textos. E deu-se bem. O mais interessante é que o livro – que agora prefacio – O Saber não ocupa Espaço – é exatamente fruto de um lugar em que não se reflete muito: um grupo de *Whatsapp*. Normalmente, grupos de redes sociais são lugares de passagem. Como aeroportos e rodoviárias, o passageiro (o conhecimento) apenas passa. Não mora. Não fica. Não permanece.

Grupos de *Whatsapp* são apelidados por mim de neocavernas. Platão foi o primeiro a criticar as *fake news* ou algo correlato. Platão gostava da verdade. Por isso disse: as sobras são sombras. Como convencer os habitantes de uma caverna – como no seu mito – de que as sombras não eram a verdade? Eis uma parte interessante de A República, de Platão, para refletirmos nestes tempos de pós-verdades.

Pois o grupo O Saber Não Ocupa Espaço, inicialmente fundado por Mario Barbosa, traz interessante junção de textos, conjuminando temas, opiniões e teses acerca de vários assuntos, que vão do direito penal à transparência da coisa pública, passando por medidas provisórias, prerrogativas e confiança de advogados, discussão da verdade, argumentação jurídica até direito internacional. Trata-se de um caleidoscópio jurídico, organizado com cuidado pelo Antonio Pêcego.

Nestes tempos de fragmentação, chamam a atenção textos que fogem dos clichês contemporâneos. Quem lê textos longos? Quem se interessa por textões? Sou insuspeito para falar sobre isso, porque reclamo todas as semanas do público "pós-modernado" que se prende apenas a pequenos artigos e notícias cujas manchetes já dizem tudo o que está no texto, reproduzindo enunciados medievais.

Gosto disso. Apoio textos que aprofundam e não têm receio de cansar o leitor. Um bom texto deve gerar curiosidade. Um texto se torna interessante quando provoca angústia no leitor. Um texto deve ser provocar buracos no receptor. De algum modo, deve dizer: poxa, não havia pensado nisso.

Creio ter sido essa a ideia dos autores. Pêcego, inquieto, lidando com direito e filosofia e cursando doutorado, por certo colocou sua colher nesse cozido, incentivando e insistindo para que os trabalhos fossem entregues.

O leitor verá que os textos de Direito 4.0: O saber não ocupa espaço perfazem caminho que vão além da informação. Dali para frente, a compreensão se torna tarefa de cada um. Textos, contextos, construções epistêmicas. Assim se faz um livro.

Longa vida ao Grupo O Saber Não Ocupa Espaço. E, é claro, boa leitura a todos!

**A guisa de prefácio: De fato, o saber não ocupa espaço!**

Por Lenio Luiz Streck

SUMÁRIO

## Parte III
## Direito, Inocência e Argumentação



## Parte IV
## Inovação, Consenso e Transição

## Parte V
## Economia Social, Desenvolvimento e Extrafiscalidade

# Parte I

# Democracia, Separação de Poderes e Legitimidade Administrativa

# 1. Transparência na Administração Pública Brasileira

*Ana Flávia Messa*

## 1. Boa administração pública

Como paradigma jurídico, o reconhecimento e a efetividade da boa administração pública, possuem duas dimensões, a subjetiva e objetiva.

Na dimensão subjetiva, o enfoque é analisar a boa administração pública como um direito fundamental, tendo como foco a sua projeção na esfera individual de direitos. Na dimensão objetiva, o enfoque é analisar como a Administração Pública no desenvolvimento da sua função administrativa deve garantir a boa administração.

Na dimensão objetiva, a Administração Pública deva garantir a boa administração em homenagem a uma atuação administrativa vinculada aos princípios constitucionais consagrados, realizando, no maior grau possível, o atendimento do interesse público[1]. DEVE, pois é uma finalidade da Administração Pública representativa de maior qualidade no exercício da função administrativa para servir da melhor forma possível os interesses da coletividade[2]; PODE, porque não há obstáculos dogmáticos à concepção de uma

[1] GIUFFRIDA, Armando. Il "diritto" ad una buona amministrazione pubblica e profilisulla sua giustiziabilit. Torino: G. Giappichelli Editore, 2012, p. 15.

[2] CASSESE, Sabino Cassese. "Il diritto allabuona amministrazione". In: European Review ofPublic Law, Vol. 21, Nº 3, otoño de 2009, p. 1037 y ss; PRATS, Joan. "Derecho y management

Administração Pública provedora da boa administração baseada numa maior eficácia e efetividade das ações estatais e orientada pela principiologia dos direitos fundamentais[3].

Se ao mesmo tempo afirmamos que a Administração Pública tem o encargo de ser provedor da boa administração, dentro do contexto de análise da dimensão objetiva, só se pode reconhecer a existência desta dimensão, se se reconhecer a existência do direito das pessoas de terem garantida a referida boa administração, o que, aliás, é objeto de análise de outra dimensão, a subjetiva.

A dimensão objetiva da boa administração deve ser definida e compreendida como elemento que exige um contexto inserido num processo de reforma administrativa como forma de superação dos efeitos adversos ocasionados pelo aprofundamento da crise do modelo providencialista. Diante do cenário de desgaste no modelo do Estado de desenvolvimento[4], surgem a partir do final dos anos 70, alternativas para a reforma dos Estados Ocidentais, no sentido de redefinir seu papel administrativo na gestão pública, visando fundamentalmente eliminar as disfunções inerentes ao modelo burocrático[5].

Essa redefinição da administração pública é uma constante que ganhou destaque após a segunda guerra mundial em razão dos modelos pós-burocráticos, dos quais destacam os modelos gerenciais[6] e o de governança pública.

enlas Administraciones Públicas". In: Ekonomiaz: Revista vasca de economía, Nº 26, 1993, pp. 130-143.

[3] "Não satisfaz às aspirações da Nação a atuação do Estado de modo compatível apenas com a mera ordem legal, exige-se muito mais: necessário se torna que a administração da coisa pública obedeça a determinados princípios que conduzam à valorização da dignidade humana, ao respeito à cidadania e à construção de uma sociedade justa e solidária" (STJ REsp 579.541/SP, Rel. Ministro José Delgado, Primeira Turma, julgado em 17/02/2004, DJ 19/04/2004, p. 165).

[4] "(...) o Estado social-burocrático assumiu três formas: o Estado do Bem-Estar nos países desenvolvidos; o Estado Desenvolvimentista nos países subdesenvolvidos; e o Estado Burocrático nos países estadistas" (BRESSER PEREIRA, Luiz Carlos. Reforma do Estado para a cidadania: a reforma gerencial brasileira na perspectiva internacional. São Paulo: Ed. 34; Brasília: ENAP, 1998).

[5] "A administração burocrática aparece como uma verdadeira casta, isolada do resto da sociedade, e que pretende, com a ajuda das suas prerrogativas, impor a sua lei aos administrados" (CHEVALIER, J. Science Administrative. Paris, 2002, p. 343 e segs.)

[6] "Na verdade, embora a gerência tenha sido inventada há milhares de anos, ela somente foi descoberta depois da Segunda Guerra Mundial" (DRUCKER, Peter. Sociedade pós capitalista. São Paulo: Pioneira Editora, 1994, p. 23).

Enquanto os modelos gerenciais, no âmbito das reformas administrativas, vêm vinculados às técnicas de gerenciamento do mercado com a aplicação de regras do setor privado no setor público, abordando questões administrativas e econômicas[7], a governança pública, por sua vez, foca-se nas redes, parcerias e valores administrativos com participação, deliberação e democracia[8].

Nos dias atuais, no âmbito da Administração Pública brasileira, a dimensão objetiva é a gestão democrática no exercício da função administrativa, por intermédio da governança, identificada com a lógica da articulação entre o Estado e outros atores sociais na construção do consenso cidadão na consecução do bem comum.

Essa democratização da função administrativa, com a promoção da governança, incorpora um compartilhamento de decisões com a sociedade civil em favor da cidadania, com canais de construção coletiva das escolhas administrativas, tendo o Estado como condutor do processo.

No contexto da governança pública, como dimensão objetiva da boa administração pública, representativo de um arranjo institucional predisposto à funcionalização do agir administrativo em favor da coletividade[9], podemos

[7] Num processo de adaptação às modificações ocorridas na sociedade, a administração gerencial surge a partir da crise do modelo burocrático caracterizado pela neutralidade e racionalidade, com o controle rígido dos procedimentos administrativos, para uma administração pública que influenciada pelas técnicas gerenciais das organizações empresariais, busque controle nos resultados com avaliação de desempenho administrativo para aferição da qualidade na prestação dos serviços públicos, e norteada por objetivos de simplificação, eficiência e transparência. O *New Public Management* possui preceitos teóricos mínimos para sua caracterização e aplicação na condução da gestão pública. HOOD aponta os seguintes preceitos mínimos: profissionalização da gestão nas organizações públicas; padrões de desempenho e medidas de avaliação, com objetivos mensuráveis e claramente definidos; ênfase no controle e nos resultados; desagregação das grandes unidades do setor público; introdução da competição no setor público; uso de práticas de gestão do setor privado; ênfase na disciplina e na utilização dos recursos, cortando custos e procurando maior eficiência e economia (HOOD, Christopher. Public management for all seasons? In: Public Administration, Londres, v.69, nº 01, 1991, p. 03-19).

[8] RONCONI, Luciana Francisco de Abreu. UNIVERSIDADE FEDERAL DE SANTA CATARINA Programa de Pós-Graduação em Sociologia

Política. A Secretaria Nacional de Economia Solidária: uma experiência de Governança Pública. Florianópolis, SC, 2008. 279 f. Tese (Doutorado).

[9] "Boa administração" é uma realidade que tem em conta, necessariamente, os termos em que se exerce a função administrativa–o que mais uma vez, aponta a viabilidade de se identificar a abertura democrática traduzida na governança como o atributo da administração que, na

afirmar que suas características instrumentais e substanciais são os caminhos que levam à construção de um ambiente propício para a transparência, pois concebe na relação entre Estado e Sociedade a dimensão da proximidade com a cidadania aumentando a confiança da população na administração pública e nos serviços prestados[10].

Neste cenário são duas características estruturais em que se baseia a governança como exercício da autoridade política, econômica e administrativa para gerir os assuntos do país, e contribuir para a ideia da transparência: *proximidade e interatividade.*

A interatividade é uma dinâmica conjunta e compartilhada entre Estado, setor privado, terceiro setor e sociedade civil, visando desenvolvimento sustentável, sendo que o estado assume o papel de produzir o bem público em conjunto com outros atores[11]. Neste cenário da interação, apesar da realização colaborativa na governança pública, o Estado surge como coordenador na elaboração e implementação das políticas públicas[12].

A proximidade parte da premissa de superação do papel da administração pública com a tarefa apenas de execução de decisões, para a ideia de uma gestão compartilhada com a formação de redes que numa conjugação ordenada formulem políticas públicas para realização de objetivos socialmente relevantes.

Já o aspecto substancial está assentado na implementação de valores democráticos no exercício do poder resultando em ações públicas transparentes

segunda década do século XXI, se pretenda qualificar como boa" (VALLE, Vanice Regina Lírio do. Direito fundamental à boa administração e governança: democratizando a função administrativa. Tese de pós-doutor apresentada à Escola Brasileira de Administração Pública e de Empresas – FGV – Rio de Janeiro, 2010, 254 fls).

[10] CPA Austrália. Excellence Governance for Local Government. Melbourne: CPA Austrália, 2005. Disponível em: http://www.CPAAUSTRALIA. COM.AU/CPS/RDE/XCHG/SID. 3F57FECB-1A59978E/cpa/hs.xsl/722_11885_ENA_HTML.htm. Acesso em: 5 de agosto de 2012.

[11] RONCONI, L. F. A.; DEBETIR, E.; DE MATTIA, C. Conselhos Gestores de Políticas Públicas -Potenciais Espaços para a Coprodução dos Serviços Públicos. In: Contabilidade, Gestão e Governança, Brasília, v. 14, n. 3, p. 46 – 59, set/dez 2011; HEIDEMANN, F. G.; KISSLER, L. Governança púbica: Novo modelo regulatório para as relações entre Estado, Mercado e Sociedade. In: Revista de Administração Pública, Rio de Janeiro, 40, Mai/Jun, 2006, p. 483.

[12] SECCHI, Leonardo. Modelos organizacionais e reformas da administração pública. Revista de Administração Pública. Rio de Janeiro v.43. p. 347-369, mar./abr. 2009.

e responsáveis, a fim de que possam melhorar a eficiência e a credibilidade da organização[13]. Trata-se de vetores de legitimidade[14] e idoneidade para gerar e manter a crença de uma boa governança[15].

A boa governação se refere aos princípios substantivos que tornam a administração do país transparente, responsável, eficiente e justo, no quadro da relação interativa entre o Estado, a sociedade, o sector privado e público em geral[16]. A finalidade a ser alcançada no exercício do poder administrativo é a de enfatizar mecanismos gerenciais mais abertos, responsáveis e democráticos[17],

[13] NETO, Jayme Weingartner. Ministério Público, boa governança e gestão estratégica. In: Revista do Ministério Público, 137, janeiro/março 2014, p.106/107.

[14] A legitimidade corresponde à ordem ético-política que representa uma ordem legitimada pela estabilização do poder em torno de valores consensualmente aceitos. (MOREIRA NETO, Diogo de Figueiredo. Legitimidade e Discricionariedade: novas reflexões sobre os limites e controle da discricionariedade. Rio de Janeiro: Forense, 1998, p.5).

[15] CANOTILHO, José Joaquim Gomes. Brancosos e Interconstitucionalidades: itinerário dos discursos sobre a historicidade constitucional. Coimbra: Almedina, 2006, p. 327; BENTO, Leonardo Valle. Governança e governabilidade na reforma do Estado: entre a eficiência e a democratização. Barueri, SP: Manole, 2003, p.85; KISSLER, Leo e HEIDEMANN, Francisco G. Heidemann. Governança pública: novo modelo regulatório para as relações entre Estado, mercado e sociedade?Revista da Administração Pública Nº 40 (3), Maio/Jun. 2006 p. 482; LANE, J.-E. New public management. Londres: Routledge, 2000; BANDEIRA, Pedro S. Participação, articulação de atores sociais e desenvolvimento regional. In BECKER, Dinizar F & BANDEIRA, Pedro S. Desenvolvimento local-regional – determinantes e desafios contemporâneos. Santa Cruz: Edunisc, vol. 1, 2000, p. 23-128; sua adequação como modelo para a realidade brasileira pode ser aprofundada nas obras de GABARDO (2009) e TORRES (2001); "governança se refere à maneira através da qual os agentes e instituições públicas adquirem e exercem sua autoridade para o provimento de bens e serviços públicos, incluindo a oferta de serviços essenciais, infraestrutura e um ambiente favorável ao investimento – corrupção é um produto de uma governança frágil" – THE WORLD BANK. Strengthening World Bank Groupengagementongovernance Andanticorruption, 2007, p. 67 [online], disponível em < http://siteresources.worldbank.org/EXTPUBLICSECTORANDGOVERNANCE/Resources/GACStrategyPaper.pdf>, acesso em 22 de fevereiro de 2012.
KISSLER, Leo & HEIDEMANN, Francisco G. Governança Pública: novo modelo regulatório para as relações entre Estado, mercado e sociedade?. In: Revista de Administração Pública, vol. 40, n.3, Rio de Janeiro, maio/junho 2006.

[16] BOONMI, T. Goodgovernance: a strategytorestoreThailand. In D. McCargo (Ed.), Reforming Thai Politics. Copenhage n: NIAS Publishing, 2002, p.31.

[17] MEDEIROS, Paulo Henrique Ramos & GUIMARÃES, Tomás de Aquino. Contribuições do governo eletrônico para a reforma administrativa e a governança no Brasil.In: Revista do Serviço Público, Brasília, v. 56, n. 4, p. 449-464, out/dez/2005.

que demandam uma abertura de comportamento dos governantes ao público e a exposição do funcionamento e da dinâmica do setor público[18].

Não há uniformidade a respeito da enunciação das referidas diretrizes fundamentais para reforçar o atendimento dos objetivos coletivos de uma sociedade. Associadas a ideia de regulações justas e consistentes na estrutura do agir administrativo, essas diretrizes apontam para uma otimização no desempenho administrativo com a devida responsabilização dos gestores públicos[19].

MATIAS-PEREIRA afirma que as relações éticas, conformidade, transparência e prestação responsável de contas são os elementos que compõem a boa governança e sem as quais o desenvolvimento não se caracteriza. STREIT & KLERING sustentam ser a boa governança uma nova prática de gestão, onde a ênfase se dá nos aspectos da participação, transparência, integridade e *accountability*. RHODES[20] acentua que a boa governança está relacionada a um serviço público eficiente, competitivo, com descentralização administrativa e com *accountability* sobre os recursos públicos. Trata-se de uma perspectiva relacionada às ações do Banco Mundial e do Fundo Monetário Nacional no sentido de responder às exigências de melhoria na eficiência e eficácia administrativas[21].

## 2. Dimensões da transparência administrativa

A transparência administrativa, como princípio jurídico no exercício da função administrativa, enquanto qualidade de agir da administração pública possui além da dimensão formal, vinculada com a publicidade administrativa,

[18] NETO, Jayme Weingartner. Ministério Público, boa governança e gestão estratégica. In: Revista do Ministério Público, volume 137, janeiro/março de 2014, página 106-107.

[19] BENTO, Leonardo Valles. Governança e Governabilidade na reforma do Estado. Barueri: Manole, 2003, p. 85.

[20] RHODES, R. A. W. The new governance: governing without government. In: Political Studies. University of Newcastle-upon-Tyne. n. XLIV, p. 652-667, 1996.

[21] RAQUEL, Izabela. Governança pública: A Consolidação de uma Matriz com Atributos que Caracterizam o Tema, na Perspectiva dos Especialistas. 2012. 175 f. Dissertação (Mestrado em Administração) – Centro Socioeconômico. Universidade Federal de Santa Catarina. Florianópolis, 2012).

uma dimensão material apresentada como uma atualização expansiva da publicidade administrativa.

Na primeira dimensão privilegia-se o aspecto formal do agir do poder público, associando-a publicidade administrativa, ideia vinculada à difusão e o conhecimento dos atos do Poder Público. Na segunda dimensão, dá-se relevo ao aspecto material no agir do poder público, integrando-o num sistema de governança pública e Estado Constitucional Democrático de Direito em que encontre bases de legitimidade.

A publicidade na Administração Pública assume no direito administrativo, desde o advento do Estado de Direito até a primeira metade do século XX[22], o significado como uma obrigação formal de divulgação e/ou disponibilização de informações à coletividade. Consequência lógica é a compreensão da publicidade administrativa como condição de requisito de eficácia e/ou validade dos atos administrativos, visando assegurar o conhecimento público da atuação administrativa[23], conferindo certeza às condutas estatais e segurança aos administrados.

[22] Embora o tema da publicidade administrativa, não sendo um problema recente, alcança relevo especial na modernidade, quando surge como uma forma para combater o segredo administrativo, característico do Estado Absoluto com relação aos atos do monarca fundados no poder divino. O direito administrativo moderno, cunhado sob o pensamento político liberal, e influenciado pelas ideias iluministas, consagrou a publicidade como divulgação oficial dos atos da administração pública, ainda que em caráter restrito, contrapondo-se ao modelo *arcana imperi* em que o segredo na gestão da vida coletiva viabilizava o cometimento de abusos e atrocidades.

[23] "Ser público é a mais elementar regra da Administração Pública no Estado Democrático de Direito, na medida em que os poderes e as funções do aparelho estatal são utilizados para gestão do interesse público, coisa alheia que a todos pertence." (MARTINS JÚNIOR, Wallace Paiva. Transparência Administrativa: publicidade, motivação e participação popular. São Paulo: Editora Saraiva, 2004, página 37); "Os atos e contratos administrativos que omitirem ou desatenderem à publicidade necessária não só deixam de produzir seus regulares efeitos como se expõem a invalidação por falta desse requisito de eficácia e moralidade" (MEIRELLES, Hely Lopes. Direito Administrativo Brasileiro. São Paulo: Malheiros, 2005, p. 94/95); "A publicidade transformou-se, assim, em condição essencial dos atos e decisões administrativas. Antes da publicação, os atos e decisões inexistem; sem a publicação e com a completude indispensável ao conhecimento da sociedade como um todo, são ineficazes, nulos, sem qualquer efeito jurídico" (REINALDO, Demócrito Ramos. A Publicidade dos Atos e Decisões Administrativas. In: Revista do Tribunal Regional Federal da Primeira Região, v. 9, n. 4, out/dez de 1997, p. 15-18); "Em um regime democrático devem os governantes agir à luz meridiana, expondo todos os seus atos ao estudo e à crítica dos interessados e dos

A partir de meados da década de 70 do século XX, a publicidade projeta-se na realidade jurídica, para além dessa sua abrangência de exteriorização dos atos estatais e passa a incluir uma dimensão material, cujo cerne *está manifestado tanto em seus valores fundamentais, que coalescem a inspiração que vem da sociedade, como na possibilidade atemporal de serem permanentemente reinterpretados e revistados*[24].Essa dimensão material consistente num movimento progressivo de abertura da administração pública à coletividade identifica o imperativo da publicidade, não só no sentido de permitir uma qualidade da informação pública possibilitando o direito de compreensão, como também com a enunciação da participação e da integridade como caminhos da concretização desse princípio da administração pública.

No sentido de obter um maior controle da sociedade sobre os atos estatais, possibilitando às pessoas terem estabilidade e conforto na sua vida[25], nas suas disposições pessoais e nos efeitos jurídicos dos seus próprios atos[26], num contexto de defesa do cidadão contra o arbítrio estatal consubstanciada na legítima expectativa dos cidadãos contra a instabilidade e de certeza das regras do jogo, surge necessidade de aliar ao aspecto formal da transparência administrativa, a ideia da atualização expansiva da publicidade através para uma visibilidade e acessibilidade do agir administrativo, consubstanciada numa divulgação ampla de dados de um governo, de forma a promover uma gestão de qualidade e participativa, com a consequente fiscalização dos cidadãos sobre as contas e atos públicos[27].

competentes" (MAXIMILIANO, Carlos. Comentários à Constituição Brasileira de 1946, vol. 2. São Paulo: Editora Freitas Bastos, 1954, p. 39-40).

24 MOREIRA NETO, Diogo Figueiredo. Poder, direito e Estado: o direito administrativo em tempos de globalização – in memoriam de Marcos Juruena Villela Souto. Belo Horizonte: Fórum, 2011, p. 130.

25 "...cada cidadão deve ter a certeza do que pode e deve fazer e estar certo de que caso alguém não cumpra para com ele os deveres que a lei impõe, os órgãos do Estado estarão prontos a defendê-lo" (SOUSA, Marcelo Rebelo de. Direito Constitucional, vol. I, Policopiado: Lisboa: Faculdade de Direito, 1979, p. 230).

26 O direito surge quando a pessoa conhece a realidade, de forma a poder prever as situações, e por consequência realizar planejamento de vida. Se o cidadão sabe de antemão o que pode acontecer, prever os efeitos do seu comportamento, do comportamento dos outros, inclusive do Estado terá garantia de estabilidade e certeza na vida.

27 "Abrange o princípio da publicidade, o dever de ampla divulgação dos atos emanados pela Administração Pública pelos diversos meios de comunicação disponíveis de modo a garantir

A concepção formal da transparência administrativa se contenta com a externação relativa aos atos e comportamentos do poder público, confundindo-se com publicidade dos atos da Administração Pública. Na compreensão formal da transparência administrativa há o cumprimento da exigência de divulgação dos atos da Administração Pública, resguardado sigilo imprescindível à segurança do Estado e da sociedade. Na dimensão formal, a divulgação oficial exige a publicação da informação pública atentando-se para o meio de publicidade definido pelo ordenamento jurídico ou consagrado pela prática administrativa. Essa dimensão exprime o caráter "público" da atuação administrativa. O dever envolve a exposição do ato em meios oficiais. Sua finalidade é tornar publicar, tornar do conhecimento público.

Na dimensão material, fala-se na transparência administrativa, com uma atuação proativa da Administração Pública visando encampar um modelo de aproximação da Administração Pública da sociedade civil e dos indivíduos em geral. Essa aproximação é possível quando a administração atua de forma aberta. A abertura da administração pública possui além da dimensão formal, vinculada com a publicidade revelada pela divulgação oficial dos atos da administração pública, propiciando o conhecimento, o início da produção de efeitos e controle por qualquer dos administrados, uma dimensão material apresentada como uma expansão da publicidade.

Embora, o sentido formal da publicidade administrativa seja essencial na atividade administrativa, é insuficiente para a sua compreensão no quadro do Estado Democrático de Direito, em que é exigida uma atuação mais responsável no sentido de cumprimento pela administração pública do seu encargo de atender aos interesses da coletividade, devendo receber os influxos

aos cidadãos o exercício do controle do grau de legitimidade dos agentes administrativos e de eficiência da promoção dos bens e serviços essenciais à sociedade. Sob a irradiação do Princípio Democrático, a transparência administrativa erige-se como um dever que transcende a mera informação, mas conduz a visibilidade da atuação estatal e a viabilização da efetividade participação popular na deliberação pública acerca dos interesses socialmente almejados..... erige-se a transparência atos estatais, como instrumento capaz de viabilizar mediante a visibilidade na gestão pública o debate político, o fortalecimento socio cultural da cidadania e fomento da participação popular, bem como, o aperfeiçoamento da gestão estatal e dos instrumentos jurídicos de controle social (PIRES, Thula Rafaela de Oliveira & MOURA, Emerson Affonso da Costa. Controle social da administração pública, transparência administrativa e acesso à informação: análise comparada da lei brasileira nº 12.257 de 2011 e a lei espanhola nº 19 de 2013. In: III Encontro de Internacionalização do CONPEDI – Madrid, vol. 1, p. 275-295)

e estímulos da sociedade, rapidamente decodificá-los e prontamente oferecer resposta às demandas sociais.

Faz-se necessário identificar as transformações responsáveis pela atualização no significado da publicidade que não se poderá conter nos limites estreitos de uma obrigação formal com mera divulgação e/ou disponibilização de informações à coletividade, qualificada como condição de eficácia dos atos administrativos, reduzindo-a a um atributo do ato administrativo, para a transparência aos atos e atividades da administração pública no trato da coisa pública.

A introdução da governança pública, a reivindicação da democracia administrativa, a revolução das comunicações induzida pela plena adoção das tecnologias informáticas e a ascensão do pós-positivismo, contribuíram para mudança no enfoque da publicidade administrativa. São temas que formam o contexto político-jurídico para que se possa prosseguir na ideia da transparência material, indispensável na prevenção da corrupção.

A existência da transparência material além de objetivo desejado na racionalidade do processo decisório e ruptura nas tradições de sigilo e arbitrariedade estatal é dever jurídico estatal no Estado Democrático de Direito Constitucional que exige que os atos do poder público sejam embasados no trinômio da visibilidade, acessibilidade e participação para legitimidade da atuação estatal e orientação do povo sobre a condução responsável dos negócios públicos.

A compreensão substantiva da transparência administrativa engloba clareza e inteligibilidade da ação administrativa[28], levando ao conhecimento da sociedade os atos da administração pública com abertura e simplicidade do seu conteúdo. A transparência administrativa só é suficiente quando consegue aliar à dimensão formal, a clareza, limpidez e veracidade das informações prestadas à coletividade, através de um relato completo e honesto do itinerário técnico-jurídico, dando sustentabilidade na ação administrativa.

[28] "Importante notar que a transparência aparece na lei como mecanismo mais amplo que o já previsto princípio da publicidade, posto que este preveja a necessidade de divulgação da s ações governamental, ao passo que aquele determina, além da divulgação, a possibilidade de compreensão do conteúdo, ou seja, a sociedade deve conhecer e entender o que está sendo divulgado." (GUERRA, Evandro Martins. Os controles externo e interno da administração pública e os tribunais de contas. Belo Horizonte: Fórum, 2003).

Assim, o caráter público da função administrativa exige, além da difusão e conhecimento dos atos estatais, a compreensão deles, bem como a proximidade com o cidadão, através da sua participação na condução dos negócios públicos, como alicerces fundamentais na relação da Administração Pública com os administrados, de forma a privilegiar a cidadania.

A formulação da ideia da transparência material na administração pública exprime o caráter legitimador das ações de governo, tornando-as consensuais pela capacidade de interação e responsividade da administração pública, e possibilitando a participação social e controle numa dimensão relacional ampliada.

A transparência material é exigida pelo caráter estratégico e programático das ações públicas, direcionada como vetor característico da boa governação. Sendo um *plus* da publicidade é resultado das mudanças experimentadas pela administração pública, e justificada por um processo jurídico e político de publicização do poder.

Nas mudanças significativas, inclusive de paradigmas[29] construídos pela modernidade ocidental[30], trazendo novos ares em sua organização e valores, com repercussão imediata no âmbito do Direito Administrativo, provocando reflexões e a necessidade de posturas novas diante de opções e variações num contexto de complexidade e dinamicidade, a fundamentalidade da transparência material leva em conta a emergência de uma administração pública democrática.

No processo jurídico de publicização do poder a ação transparente na administração pública exige visibilidade e acessibilidade. Na primeira exigência, privilegia-se informações sobre as ações públicas que sejam compreensíveis

[29] Paradigmas são instrumentos de compreensão da realidade, gerados num contexto histórico, científico e social, que possibilitam previsibilidade no sentido de funcionamento e planejamento da vida das pessoas em sociedade. Os paradigmas jurídicos são construções teóricas estruturantes que funcionam como padrão ou modelo ordenador das relações sociais. Com a evolução e as novas exigências, os paradigmas construídos transformam-se em insatisfações teóricas, pois o pensamento jurídico tem por finalidade reduzir a incerteza do direito. A conscientização e a concretização dos paradigmas jurídicos permitem a compreensão da realidade e do sistema jurídico, gerando a possibilidade de análise crítica com debates e sugestões, características de um processo evolutivo. É caminhar de um conhecimento de regulação para um conhecimento por emancipação.

[30] BITTAR, Eduardo Carlos Bianca. O direito na pós modernidade. Revista Sequência, nº 57, p. 131-152, dez. 2008.

na sua linguagem e apresentação, confiáveis com a garantia da veracidade do que é divulgado, completas e oferecidas no momento oportuno. Na segunda exigência, dá-se relevo à manutenção de um fluxo de informações pertinentes e úteis para o cidadão, com a difusão favorecida pelas novas tecnologias de informação e comunicação.

No processo político de publicização do poder, a transparência material se manifesta na afirmação da democracia como sistema de dimensões formal e substancial, resultando numa gestão pública democrática através da participação popular em processos decisórios no planejamento estatal, com troca de ideais no espaço público, de forma a possibilitar o controle social e a responsividade, num contexto de garantia e desenvolvimento dos direitos fundamentais.

Na medida em que a transparência na administração das atividades públicas se satisfaz por meio do binômio informação-participação no planejamento do adequado agir estatal, conduz a uma atuação justificada do poder com a enunciação expressa e compreensível da trajetória eleita de implementação e avaliação de toda a ação da administração pública.

Numa perspectiva funcional no agir da administração pública, a transparência possibilita respostas compromissadas às necessidades e problemas dos diversos grupos da sociedade, através da associação das escolhas político-administrativas aos valores previstos na Constituição Federal e à articulação entre atores sociais, resultando num agir integrado e finalisticamente orientado nos seus planos de ação.

Ao mencionar que a transparência não possa mais ser atendida, nos dias atuais, nos limites de uma obrigação formal de divulgar o agir do poder público, as decisões e ações tomadas pelas autoridades públicas devem estar vinculadas aos parâmetros constitucionais fixadores dos fins e planos de ordenação do agir estatal. O poder de escolha do governo em fazer ou não fazer tem sua validação material na constituição federal, corpo normativo que funciona como contexto que estabelece as diretrizes em que se desenvolve o agir estatal na proteção dos direitos básicos dos cidadãos.

A administração pública deve incorporar nas suas ações e atividades decisões visíveis e acessíveis, com articulação de instituições, processos e corpos sociais, numa relação dialógica, e que sejam direcionadas na acomodação e ponderação fundamentadas nos cânones constitucionais.

A transparência ao promover uma maior aproximação entre Estado e sociedade, funciona como instrumento desejável de maximização de contribuição da cidadania à formação da decisão do poder público, com base na proporcionalidade, repercutindo com influência positiva nas opções políticas voltadas para a consecução de metas e objetivos tendo como escopo a existência digna, e no controle da execução das políticas públicas com a realização dos direitos fundamentais.

A transparência ao refletir sobre o governo e seus parâmetros de agir, propõe uma nova dimensão nas relações entre a política e a ação do poder público, em função da complexa e dinâmica realidade do século XXI de organização das relações entre Estado, Administração Pública e sociedade, ao considerar a administração pública não mais uma administração governamental em que os administradores apenas executam políticas, contrapondo-se, portanto, à separação entre política e administração[31], mas uma administração de escolhas legítimas em que os administradores se tornem gestores, num contexto de atuação convergente, integrada e articulada do governo com a administração pública para a realização dos programas de ação visando concretização de direitos, promoção do desenvolvimento e integração solidária com a sociedade.

Entendemos que a publicidade administrativa não é capaz de responder, em sua concepção clássica (formal), aos novos questionamentos surgidos, porque uma informação pode ser pública, mas não transparente, como quando não reúne os atributos mínimos de compreensibilidade e qualidade da informação, nem servir de forma suficiente como parâmetro de controle social, pois sem a manutenção de um fluxo de informações pertinentes, confiáveis, inteligíveis, corretas, completas, atualizadas e oferecidas no momento oportuno, não há como possibilitar a contribuição do cidadão na formação da decisão do poder público, de fora a garantir um bom governo.

Então, a questão que surge, é qual a nova configuração da publicidade administrativa capaz de se adaptar à mutação fundamental no direito administrativo, e responder aos anseios de um regime do poder visível. A ideia da "nova publicidade administrativa" na verdade é a expansão do seu sentido,

[31] SIMON, HERBERT. Administrative Behavior, New York, The Free Press, 1997; WALDO, Dwight. The Administrative State , New York, The Ronald Press Company, 1948.

devendo o princípio atender, além da própria ideia da publicidade, os seguintes ideais: visibilidade, acessibilidade, participação e ética.

O primeiro ideal do novo desenho é a visibilidade, pois de alguma forma, a transparência só pode ser efetiva se as informações disponibilizadas forem compreensivas para o cidadão. O segundo ideal é a acessibilidade, já que as informações divulgadas devem ser aquelas relevantes e possíveis para a tomada da decisão. O terceiro ideal é a participação, entendida como a inserção de uma nova dimensão democrática baseada numa relação dialógica com atores estatais e não estatais no agir administrativo. O quarto ideal é o fortalecimento e proteção da motivação dos atos da administração pública, e a atuação em conformidade com a moralidade, pois sem estes, os ideais acima ficam esvaziados, como instrumentos sem conseguir atingir a efetividade de um bom governo. Cabe ressalvar que além da dimensão substantiva, a transparência material depende também da processualidade administrativa garantidora de uma administração pública disciplinada na sua atuação[32].

Assim, consideramos que há uma crise do paradigma da publicidade administrativa em seu significado clássico. Entendemos que os seus contornos originais são expandidos em razão das circunstâncias históricas e teóricas exsurgidas da dinâmica da realidade de desconstrução relacional e de auto renovação da atividade administrativa[33].

[32] "Atribui-se ao processo administrativo a condição de primeiro círculo de garantia das posições jurídicas do administrado, enquanto supõe que a atividade administrativa tem de canalizar-se obrigatoriamente por parâmetros determinados, como requisito mínimo para ser qualificada de legítima. No esquema processual, o cidadão não encontra ante si uma administração livre, e sim uma administração disciplinada na sua atuação" (MEDAUAR, Odete. A processualidade no direito administrativo. São Paulo: Revista dos Tribunais, 2008, p.66).

[33] CAUBET, Christian Guy. O Escopo do Risco no Mundo real e no Mundo jurídico. In: Rede Latino-Americana-Europeia sobre Governo dos Riscos. Governo dos Riscos. Brasil: Centro Universitário de Brasília, 2005, p. 43; OLIVEIRA, Gustavo Justino de. Direito ao desenvolvimento na Constituição Brasileira de 1988. Revista de Direito Público da Economia, Belo Horizonte, ano 3, n. 11, p. 145-162, p. 148, jul./set. 2005.

## 3. Dimensão material da transparência administrativa

A atualização expansiva da publicidade administrativa, a transparência material, decorre da abertura da administração pública ao cidadão, ou seja, dependente de uma atuação administrativa constitucionalmente vinculada, amplamente compartilhada com a sociedade, que confira respostas aptas à satisfação das necessidades que se apresentem no cenário social, consistente num movimento progressivo de abertura da administração pública à coletividade pode ser analisada em duas dimensões: normativa e intersubjetiva.

Na dimensão normativa, a exigência da visibilidade nos atos da administração pública, vem complementar o aspecto formal da publicidade e ampliar os seus efeitos, além da forma, para inspirar e fundar ações preventivas e corretivas da corrupção voltadas à preservação do princípio democrático e da legitimidade formal-material da atividade administrativa no quadro do Estado Democrático de Direito.

Trata-se de um enfoque desenvolvido pelo emprego efetivo do poder administrativo, não apenas quanto à sua adequação ao direito, mas, fundamentalmente, quanto à sua adequação à vontade consensual da sociedade, de modo a gerar e manter a crença de que as instituições são apropriadas ou apropriadas para a sociedade. Neste sentido, o Ministro Celso de Mello (2010, p. 1-5)[34], em voto vencido na ação direta de inconstitucionalidade n. 2461, ressaltou o seguinte:

> [...] os estatutos do poder, numa República fundada em bases democráticas, como o Brasil não pode privilegiar o mistério, porque a supressão do regime visível de governo – que tem, na transparência, a condição de legitimidade de seus próprios atos – sempre coincide com os tempos sombrios em que declinam as liberdades e os direitos dos cidadãos.

Esse aspecto legitimador mais amplo da transparência está associado à ideia de aproximação para o cidadão e para a própria administração pública

[34] MELLO, C. Ação direta de inconstitucionalização n. 2461. Brasília, 16 de dezembro de 2010. p. 1-5. Disponível em: <http://www.espacovital.com.br/arquivos/1_30253_52aefa2c793a7.pdf> Acesso em: 10 set. 2016.

de cumprimento da exigência de correspondência entre as demandas sociais e as políticas que deve ser observada na atividade administrativa. Neste cenário amplo, a publicidade, enquanto transparência deixa de ser uma obrigação formal da administração pública com a natureza de condição de validade e/ou eficácia do ato administrativo, para se tornar uma qualidade de agir administrativo, embasada em valores materiais de legitimação da atuação estatal.

Já na dimensão intersubjetiva, a transparência material pode ser concebida não apenas como um direito de compreensão dos atos administrativos (perspectiva do cidadão), mas também como um dever de explicação (perspectiva da administração pública).

Na perspectiva do cidadão, fala-se na transparência como meio que serve para colocar os cidadãos em condições de compreender as ações dos administradores no trato da coisa pública. Mediante tais fatos, a compreensão surgida como passo seguinte após a divulgação e o conhecimento da informação pública é fundamentada na qualidade informacional, quer do ponto de vista do acesso social à informação pública, abrangendo o acesso físico e intelectual, quer na perspectiva do controle dos fluxos informacionais, emergente da ponderação legítima entre transparência e segredo administrativo.

Sendo assim, a simples acessibilidade da informação não será suficiente para conduzir à transparência material, ou seja, quando acessível e visível à sociedade, a informação pública irá gerar dois efeitos: (a) transformação social, o que implica na ideia de transparência das relações mais democráticas entre o Estado e a sociedade; e (b) cidadãos bem informados e mais exigentes na prestação de serviços públicos de qualidade. Por outro lado, o não acesso à informação tenderá a dificultar e/ou impossibilitar o exercício da cidadania, o que leva aos ensinamentos de Dahl (2001)[35] quando afirma que "cidadãos silenciosos podem ser perfeitos para um governante autoritário, mas seriam desastrosos para uma democracia".

Uma informação pode ser pública, mas não transparente, como quando não reúne os atributos mínimos de compreensibilidade e qualidade da informação, tampouco servir de forma suficiente como parâmetro de controle social, pois sem a manutenção de um fluxo de informações pertinentes, confiáveis,

[35] DAHL, Robert A. Sobre a democracia. Brasília: Ed. UnB, 2001, p. 36.

inteligíveis, corretas, completas, atualizadas e oferecidas no momento oportuno, não há como possibilitar a contribuição do cidadão na formação da decisão do poder público, de forma a garantir um bom governo.

O direito à compreensão dos atos, atividades e resultados da administração pública permitindo um conhecimento real da atividade administrativa, desenvolve controle democrático do exercício do poder administrativo por parte da sociedade civil, permitindo ao cidadão acompanhar e influenciar as políticas públicas.

A transparência material gera uma espécie de controle que permite um empoderamento dos cidadãos e incremento de sua participação na tomada das decisões administrativas. Esse controle justifica-se quando surge a governança pública: processo de gestão cujas características permitem a contínua e permanente troca democrática.

A disposição dos dados da gestão pública, em tempo real, com informações claras e relacionadas aos vetores que influenciam o agir administrativo possibilita ao cidadão avaliar o comportamento das instituições, bem como, julgar, discutir estratégias para solução de problemas na gestão pública; também permitem a instalação de uma gestão democrática condizente com seus próprios interesses. A criação de canais de comunicação entre a administração e os cidadãos, por meio de mecanismos de participação popular na administração também é de grande valia.

Neste cenário, cria-se uma sociedade interativa, com diálogo contínuo entre os que detêm conhecimento (administração pública) e os que procuram compreender suas relações e produções, como garantia de seu modo de ser, estar e viver no mundo (cidadãos) em suas relações e destes com o ambiente em que vivem.

Tal processo de compreensão produzido pelas explicações sobre a atuação da administração pública consiste na busca de referenciais de sentido sobre o agir administrativo, com a transformação da opacidade da realidade em caminhos “iluminados” como processo de adaptação e manipulação dos dados da gestão pública.

A transparência material cria um espaço de encontro e confronto de relações sociais estabelecidos pelos indivíduos, cujo funcionamento envolve singularidades e complexidades constitutivas das significações e articulações das pautas interativas estabelecidas pela realidade.

Neste espaço comum, o mundo humano é estruturado pelo cultivo de um cotidiano de interações sociais envolvidas num processo permanente de diálogo e convivência, de um horizonte de reflexão da essência humana em suas dimensões, desde os processos de reprodução aos de conservação.

Com a transparência material, verifica-se um controle da cidadania preocupada com o controle do exercício do poder administrativo perante o judiciário que exerce atuação proativa, a fim de fazer valer os fins previstos na Constituição. Como poder político atua na omissão dos outros poderes, a fim de proteger os direitos da pessoa.

Na perspectiva da administração, a transparência refere-se à obrigação que os funcionários públicos têm de fornecer explicações sobre o modo de sua atuação aos cidadãos.

No dever de explicação a *accountability* pode ser interpretada numa esfera mais ampla, caracterizada pela capacidade do agente público de compreender e de responder às necessidades e às expectativas dos cidadãos, acompanhando, assim, nas suas complexidades e vicissitudes a instituição da responsividade que concilia a expressão da vontade popular democraticamente recolhida com a racionalidade pública.

Assim, no quadro do direito administrativo contemporâneo, em pleno século XXI, a administração deve garantir não apenas conhecimento, mas também compreensão de suas atividades, assumindo um papel de mediador da aprendizagem.

Na dimensão intersubjetiva, a formulação da transparência material numa perspectiva relacional entre a administração pública e o cidadão, pelo binômio visibilidade-compreensão, exprime o caráter "participativo e/ou deliberativo" da administração pública, tornando-a acessível na dimensão operacional, com destaque à participação popular no espaço coletivo de reflexão da gestão e controle da administração pública. A participação ativa do cidadão na administração pública constitui não somente fator de democratização administrativa, mas precisamente uma maior legitimação da tomada de decisão administrativa.

Tornar visível os atos da administração tendo em vista a compreensão do agir administrativo pelos cidadãos é objetivo de um paradigma de gestão que leva em conta a força substantiva no agir administrativo, na qual o maior controle social, seja para garantir os seus direitos fundamentais, seja para exigir a tutela impessoal dos interesses públicos, por uma adequação transposta da legalidade estrita para a conformidade do justo aos advogados da coletividade, é revelado por uma administração responsiva aos interesses e responsável perante ela por sua satisfação.

Essa transparência é viabilizada pela prestação de contas da Administração Pública que garanta um compartilhamento esclarecido dos seus atos (Demonstrar o que fez, como fez e para que se fez). Sua finalidade é tornar claro e compreensível o conteúdo da informação para efetivação da cidadania, no que lhes competir acompanhar criticamente os atos do poder[36].

Na dimensão material, que permite a credibilidade pela transparência, a visibilidade administrativa envolve saber por que meios ou modos se há de cumprir essa prestação de contas orientada pelo imperativo de compartilhamento esclarecido de informações públicas que permita o controle social.

Além do cumprimento oportuno e explícito[37] do dever de prestação de contas no âmbito da Administração Pública decorrente da gestão de bens e interesses da coletividade[38], pilar indispensável ao exercício da democracia, previsto no artigo 70, parágrafo único, da Constituição Federal de 1988, como principal instrumento na efetivação do princípio republicano no Estado Democrático de Direito, pois é por seu intermédio que o administrador público, torna-se responsável perante a sociedade pela gestão dos negócios públicos[39],

36 SS 3.902-AgR-segundo, rel. Min. Ayres Britto, j. 09.06.2011, Informativo 630.

37 Há improbidade administrativa na omissão dolosa do administrador, pois o dever de prestar contas está relacionado ao princípio da publicidade, tendo por objetivo dar transparência ao uso de recursos e de bens públicos por parte do agente estatal. Todavia, o simples atraso na entrega das contas, sem que exista dolo na espécie, não configura ato de improbidade (BRASIL. Superior Tribunal de Justiça. Agravo Regimental no Recurso Especial nº 1382436. Relator: Humberto Martins. Data de Julgamento: 20/08/2013. DJe 30/08/2013 – informativo 529/2013 do STJ).

38 A responsabilidade de prestar contas, referente não apenas ao dinheiro público, à gestão financeira, mas a todos os atos de governo e de administração, é uma obrigação constante do administrador público, que na democracia, recebe uma delegação do povo soberano para gerenciar recursos, mediante estratégias e ações, na busca da satisfação do interesse público. Essa obrigação estende-se a toda e qualquer pessoa física ou jurídica, pública ou privada, que utilize, arrecade, guarde, gerencie ou administre dinheiros, bens e valores públicos.

39 O dever de prestar contas da gestão pública, no contexto do regime republicano, funciona como um múnus público, em que o gestor público deve ser representativo de todos os segmentos da sociedade, de forma a atuar como legítimo representante do povo, sem incorrer

a Administração deve integrar a essa prestação um compartilhamento esclarecido das informações sobre as suas atividades.

Na dimensão do esclarecimento, a divulgação deve transformar o acesso em real e verdadeiro conhecimento acerca dos atos da Administração Pública. Privilegia-se uma apresentação pública de uma justificativa que envolve, além da juridicidade vinculada à adoção de procedimentos, formalidades, informações e documentos necessários à compreensão da sociedade, a especificação da eficácia (comprovação da destinação das verbas para fins públicos) e efetividade (apontamento dos benefícios da medida para o bem-estar social) da medida tomada pelo gestor público.

Neste cenário, a visibilidade, além de possibilitar a compreensão da atuação administrativa pela coletividade, tem o potencial de fomentar o controle social no comportamento da Administração Pública, no sentido de avaliar não apenas a legalidade, mas a legitimidade na conduta administrativa.

A divulgação deve ter caráter educativo, informativo ou de orientação social, dela não podendo constar nome, símbolos ou imagens que caracterizem promoção pessoal de autoridades ou servidores públicos.

Já na dimensão do compartilhamento, a divulgação tem que ser decidida com base no interesse geral do controle social dos atos da Administração Pública, e ampliar o acesso físico com a expansão da educação digital.

*A consagração da soberania popular ocorre, primordialmente, por meio do controle sobre os atos da Administração Pública. Neste cenário, c*abe ressaltar que o dever da publicidade (objetiva-difusa) será requisito indispensável para sindicabilidade da legalidade, legitimidade e moralidade da ação da Administração Pública, quando além de promover a divulgação, garantir o acesso às informações de interesse público[40].

na prática da corrupção administrativa, conciliando a racionalidade pública com a vontade popular.

40 RMS 32.740/RJ, rel. Min. Arnaldo Esteves Lima, 1.ª T., j. 01.03.2011, DJe 17.03.2011.

## 4. Fundamento da transparência: movimento de abertura administrativa

A abertura administrativa gera uma atualização[41] no significado da transparência administrativa justificada pela mutação[42]em face da evolução

[41] O eixo básico à reflexão é a que a constituição, representativa do direito, se insere no horizonte temporal, como referência de orientação na vida da coletividade jamais concluída e sempre a refazer, face às configurações culturais e históricas em movimento da realidade social. A constituição, como documento jurídico, possui um conceito interpretativo medido pelo tempo, e que se revela por meio das premissas gerais adotadas pelos detentores do poder e destinatários das normas como fundamento de sua aplicação no sistema social. Desta forma, embora vocacionada para estabilidade e permanência, em face da exigência social de um mínimo de certeza e estabilidade no direito, a constituição não é documento eterno, embora o direito concebido até meados do século XX tenha assumindo feição de algo autônomo do tempo e limitado ao seu aspecto normativo. A ideia de eternidade na perspectiva jurídica ao considerar o direito como um modelo fundamental da vida em grupo, indiferente ao tempo, apesar de acolhida pelo jusnaturalismo antigo e moderno, e incrementada sob os auspícios do positivismo jurídico ((a ideia de uma articulação do direito com o tempo social, não encontra respaldo no positivismo jurídico que, embora conceba um direito contingente e mutável, não permite uma interpretação evolutiva do direito, pois a significação era obtida pelos sentidos imediatos encontrados nos textos legislativos, como resultado de um legalismo hermenêutico), não se revela compatível ao mundo histórico cultural em que se insere que por sua vez exige uma leitura construída por meio do consenso social, linguístico e progressivo na solução de problemas.

[42] A mutação constitucional não obstante haja diversidade terminológica, como poder constituinte difuso, transição constitucional, vicissitude constitucional tácita, disseminou-se como um processo informal de alteração do significado da norma constitucional, direcionada a acompanhar a evolução social no âmbito da concretização constitucional. Além de ser um modo informal de modificação constitucional, já que não está previsto de forma expressa no texto, sua ação é permanente e contínua no sentido de refazer soluções normativas atribuindo às constituições, significados novos de forma a possibilitar a efetiva aplicação da constituição. Alteração na interpretação implica na permanência do texto, que vivifica a constituição adequando-a à realidade. A expressão mutação constitucional foi introduzida pela doutrina publicista alemã a partir do final do século XIX e início do século XX, difundindo-se e, no processo, adquirindo conotações de concretização constitucional, e até mesmo, negativas, num confronto com a constituição. Esse inovado processo de mudança da constituição com que se identificou a constituição alemã de 1871, adquiriu um sentido de constante na vida dos Estados, por apontar a simbiose entre a carta maior e a realidade (PINTO FERREIRA, Luis. Princípios Gerais do Direito Constitucional Moderno. São Paulo: Revista dos Tribunais, 1971, v. 1, p. 158; "Y por mutación de la constitución, entendo la modificación que deja indemne su texto sin cambiarlo formalmente que se produce por hechos que no tienen que ir acompanhados por la intención, o consciencia, de tal mutación" (JELLINEK, Georg. Reforma y Mutación de la constitución. Trad. Christian Förster. Madrid: Centro de Estudios Constitucionales, 1991, p. 7; CANOTILHO, José Joaquim Gomes. Direito constitucional e teoria da constituição.

sociocultural que acomoda o sentido e o alcance das disposições constitucionais às transformações da realidade, sem ferir sua essência política e/ou sem perturbação do equilíbrio constitucional[43], com base numa argumentação compreensível e racionalmente sustentável. É um reflexo da atualização dos valores adotados pela comunidade[44]. Não representa retrocesso para direitos

Coimbra: Almedina, 2002, p. 1212; MIRANDA, Jorge. Teoria do Estado e da Constituição. Rio de Janeiro: Forense, 2002, p. 389; DAU-LIN, Hsü. Mutación de la constitución. Trad. Pablo Lucas Verdú e Christian Förster. Bilbao: Instituto Vasco de Administración Pública, 1998, p. 45; BULOS, Uadi Lammêgo. Curso de Direito Constitucional. São Paulo: Editora Saraiva, p. 425; BURDEAU, Georges. Traité de Science politique. Paris: LGDJ, 1969, v. 4, p. 246/247; FERRAZ, Anna Candida da Cunha. Processos informais de mudança da Constituição. São Paulo: Max Limonad, 1986, p. 12; ALMEIDA FILHO, Agassiz. Introdução ao direito constitucional. Rio de Janeiro: Forense, 2008; AGRA, Walber de Moura. Fraudes à Constituição: um atentado ao poder reformador. Porto Alegre: Sergio Antonio Fabris, 2000; ZANDONADE, Adriana. Mutação constitucional. In: Revista de Direito Constitucional e Internacional, São Paulo, n.35, abr.-jun., 2001. Instituto Brasileiro de Direito Constitucional. São Paulo: RT, 2001; BRASIL. Supremo Tribunal Federal. Acórdão no Habeas Corpus n.94.695-0/RS. Relator: MELLO, Celso de. Publicado no DJ de 06-02-2009 p. 00658. Disponível em http://www.stf.jus.br/portal/jurisprudencia/listarJurisprudencia.asp?s1=%2894695.NUME.+OU+94695.ACMS.%29&base=baseAcordaos&url=http://tinyurl.com/oreljwg. Acessado em 21-06-2014; NEVES, Marcelo. A constitucionalização simbólica. Coleção Justiça e Direito. São Paulo: WMF Martins Fontes, 2007, p. 83; "La dicotomia Constitución-realidad constitucional supone una provechosa renovación del estudio del derecho constitucional, enla medida que corrige lasexcesivasformalizaciones de ladoctrina positivista, de suerte que capta larealidad y proceso políticos normativizados e institucionalizados por el derecho fundamental" (VERDÚ, Pablo Lucas. Curso de Derecho Político, vol. IV., Madrid, Tecnos, 1989, p.74).

[43] VERDÚ, Pablo Lucas. La Constitucion aberta y seus "enemigos". Madrid: Burama, 1993, p. 60.

[44] "El problema ontológico fundamental, de la exégesisdel ser encuanto tal, abarca, por endeelponer de manifiesto la 'temporalidad' del ser. Enlaexposición de los problemas de la temporalidad se da por primera vez la respuesta concreta a la pregunta que interroga por el sentido del ser (HEIDEGGER, Martin. El ser y el tiempo. Tradução de José Gaos. Madrid: Fondo de Cultura Económica, 2000, p. 29); "O persistente não deve converter-se em impedimento onde o movimento e progresso estão dados; senão o desenvolvimento passa por cima da normatização jurídica" (HESSE, Konrad. Elementos de direito constitucional da República Federal da Alemanha. Trad. Luís Afonso Heck. Porto Alegre: Fabris, 1998, p. 46); "A vida social do grupo se reflete nas expressões temporais. (.....) Cada grupo, com seu íntimo nexo de entendimento mútuo e comum sobre o ritmo das atividades sociais, define seu tempo a fim de se ajustar ao seu comportamento. Nenhum cálculo altamente complexo baseado na precisão matemática, nem a beleza das observações astronômicas são necessárias para coordenar e sincronizar o comportamento societal." (MERTON Robert K., SOROKIN, Pitirim A. Social time: a Methodological and functional analysis. In: American Journal of Sociology, Chicago, v. 42, n. 5, p. 615-629, Mar. 1937, tradução nossa).

e garantias fundamentais; ao contrário, representa uma expansão nos avanços conquistados[45].

Traduz a permanência da identidade da constituição e dos seus princípios fundamentais. Essa atualização de sentido é compatível com a concepção da constituição como um sistema aberto de regras e princípios que permite pensar suas normas em diálogo com a realidade circundante[46].

45 A permissão de realizar interpretação extensiva decorre da própria natureza do princípio jurídico como mandado de otimização, admite de forma crescente e progressiva comportamentos necessários à consecução de um maior controle social por parte da cidadania dos atos e informações emanados do Poder Público.

46 O postulado central que o sustentou, de oposição ao modelo estatal absolutista, não foi mais do que a ideia de organização e limitação do poder político. Desta mesma conotação, de conceber a constituição a partir de seus aspectos formais, se veio alimentar a concepção jurídica de KELSEN e a concepção positivista de JELLINEK. Ambos os autores representam o formalismo positivista. No período wemeriano, esta noção restritiva de constituição passa a ser questionada, surgindo como ideário triunfante para o constitucionalismo, teorias alternativas ordenadas a integrar fatores políticos, históricos e sociológicos ao tema constitucional. Neste sentido acentua SMEND que a constituição é, a um só tempo, norma e realidade, possuindo, como consequência, um efeito integrador, que se realiza historicamente. A concepção clássica de constituição, gerada pelo constitucionalismo do final do século XVIII, permanece seja qual for a situação histórica concreta em determinado país, mas de acordo com a dinâmica evolutiva sofre um alargamento do seu campo de incidência. Precisamente após a segunda guerra mundial, foi constatada a insuficiência dos elementos formais para determinar o sentido da constituição, com a consequente valorização da constituição como ordem material fundamenta em normas e valores, em abandono à concepção positivista que reduz o direito à lei do Estado. Segue-se que, com a formulação da concepção material da constituição em oposição ao formalismo lógico-positivista, coloca-se em foco o seu papel de legitimação do poder, enquanto indispensável instrumento de interação entre Estado e sociedade, refletindo as condições fáticas de sua vigência, e imprimindo ordem e conformação à realidade política e social. Neste contexto, HELLER acentua que a normalidade (o ser) e a normatividade (o deve ser) não podem ser separadas da constituição, Essa dualidade, asseverou o jurista alemão, qualifica-se num processo de complementação recíproca. No mesmo sentido, na caracterização da constituição material, MORTATI, propõe a correspondência do conteúdo da constituição formal à realidade social, compondo a unidade entre o Estado e sociedade. Segundo VAZ assiste-se, assim, à revalorização do texto constitucional, sem prejuízo, no entanto da realidade e dos valores constitucionais.....Esta concepção de tridimensionalidade constitucional engloba valores (elementos axiológicos) e a realidade (elementos políticos e sociológicos) que caracterizam o ambiente em que o texto vai ser interpretado e aplicado. Para HESSE, a constituição jurídica (texto) e a constituição real (realidade), condicionam-se mutuamente, sem serem simplesmente dependentes uma da outra. Neste sentido, o publicista alemão indica que um dos pressupostos da força normativa da constituição é a capacidade de adaptação da constituição às mudanças das circunstâncias reais do presente (LAUDAN,

Parece haver um consenso entre os autores que tratam da concretização constitucional, que com ela se impõe a lógica da interação entre a constituição e a realidade, produzindo uma recíproca fertilização. Trata-se de uma cadeia causal, na qual as constituições, progressivamente mais conectadas com a realidade, se tornam, por isso, cada vez mais conformadas com as forças de transformação da sociedade e aderentes às exigências sociais, políticas e jurídicas do Estado e da comunidade.

Larry. O progresso e seus problemas: rumo a uma teoria do conhecimento científico. Tradução Roberto Leal Ferreira. São Paulo: Editora Unesp, 2011, p. 273; FERRAZ JR., Tércio Sampaio. Introdução ao estudo do direito. São Paulo: Atlas, 2003, p. 110; WOLKMER, Antonio Carlos. Ideologia, Estado e Direito. São Paulo: Revista dos Tribunais, 1989, p. 124; TOSI, Giuseppe. Bartolomeu de Las Casas, primeiro teólogo e filósofo da libertação. IHU online, Revista do Instituto Humanitas, Unisinos, São Leopoldo, ano 10, n. 342, p. 17-19, 06 set. 2010; UNGER, Roberto Mangabeira. Law in Modernsociety: towards a criticismof social theory. Nova York: The Free Press, 1977, p. 78/79; BOBBIO, Norberto. Dicionário de Política. Brasília: UnB, 1992, p. 655; WIEACKER, Franz. História do direito privado moderno. Tradução de António Manuel Hespanha. Lisboa: Calouste Gulbenkian, 1993, p. 310; GRÓCIO, Hugo. The law of warand peace. Livonia: LONANG, 2005. Disponível em <http://www.lonang.com/exlibris/grotius/>. Acesso em 25/07/2014; HORTA, Raul Machado. Direito Constitucional. Belo Horizonte: Del Rey, 2002, p. 106; PACHECO, Cláudio. Excessos de instabilidade institucional. In: Revista de Informação Legislativa, Brasília, 24, n. 93, jan/mar de 1987, p. 32-36; SMEND, Rudolf. Constituición e Derecho Constitucional. Traducción de José María Beneyto Prez. Madri: Centro de Estudios Constitucionales, 1985, p. 135-136; VERGOTTINI , Giuseppe de. Constituição. In: BOBBIO, Norberto et alli. (org.), Dicionário de Política, vol. 1, p. 260; HESSE, Konrad. A forma normativa da Constituição. Tradução Gilmar Ferreira Mendes. Porto Alegre: SAFE, 1991, p. 15; HELLER, Herman. A Constituição do Estado. In: Teoria do Estado. São Paulo: Mestre Jou, 1968, p. 295-300; MORTATI, Constantino. La constitución en sentido material. Trad. Almudena Bergareche Gros. Madrid: Centro de Estúdios Políticos y Constitucionales, 2000; LOIS, Cecilia Caballero. A Teoria Constitucional no liminar do século XXI: mudança política e crise de racionalidade. In: Anuario de Derecho Constitucional Latinoamericano, 2003, p. 197-108. Disponível em: http://www.juridicas.unam.mx/publica/librev/rev/dconstla/cont/2003/pr/pr8.pdf. Acesso em: 15/9/2013; VAZ, Manuel Afonso. Teoria da Constituição. O que é a constituição, hoje?. Coimbra: Coimbra Editora, 2012, p. 67-70; HESSE, Konrad. Elementos de direito constitucional da República Federal da Alemanha. Porto Alegre: Sergio Antonio Fabris, 1998, p. 70; VEGA, Pedro de. La reforma constitucional y la problemática del poder constituyente. Editora Tecnos, 2011, p. 180-181; VERDÚ, Pablo Lucas. Curso de Derecho Político, vol. IV, p. 74; ANDRADE, José Carlos Vieira. Os Direitos Fundamentais na Constituição Portuguesa de 1976. Coimbra: Almedina, 1983, p. 56; GRAU, Eros Roberto. Sobre a interpretação da Constituição (Constituição formal e Constituição material). In: Revista da Fundação Brasileira de Direito Econômico, vol.3, nº 1, Ano 2011, p. 13-17; MENDES, Gilmar Ferreira. Curso de direito constitucional. São Paulo: Saraiva, 2012, p. 105).

As transformações político-jurídicas[47] representam uma mudança de paradigmas[48]na própria administração, e resultam na aproximação da gestão pública às reais demandas sociais, de forma a conferir maior legitimidade no agir público[49]. Constatam-se mudanças qualitativas que exigem uma reformulação dos esquemas teóricos com os quais se apreendem e se transmitem os

[47] "...o Direito, entre as outras ciências sociais, tem o caráter distintivo do ser, como a língua, não só parte integrante mas também espelho integral da vida social" (TARDE, G. LesTransformations Du Droit. Paris: Berg, 1994); "... não se pode ignorar que estamos hoje perante um direito realmente diferente daquele para o qual foi construída a dogmática jurídica corrente". (HESPANHA, Antônio Manuel. Pluralismo Jurídico e Direito Democrático. São Paulo: Annablume Editora, 2013).

[48] Trata-se de uma nova maneira de pensar, de se relacionar e de agir para integração na nova realidade. Os novos paradigmas podem surgir baseados em rupturas totais ou não, sendo possível a existência simultânea e/ou interdependente entre paradigmas divergentes, e também, a continuidade de um paradigma a partir da aparição de outros novos paradigmas. Este processo de mudança paradigmática, como um processo difícil e lento de renovação da concepção anterior de toda uma estrutura de ideias, envolve algumas análises no sentido de colaborar para a reconstrução do conhecimento sob novas perspectivas e em novas épocas históricas. A mudança de paradigmas é originada da constatação de que a teoria científica é dinâmica, e traduzida num processo de construção de novas formas de pensar e entender a realidade, e superação de outros modelos de racionalidade. Essas mudanças encontram-se de tal forma imbricadas nas estruturas sociais que se torna necessário, considerar a atividade do cientista sob o influxo de fatores sociais, externos ao conhecimento científico, sem descurar da causalidade intrínseca do domínio interno da ciência. Pensar e escrever sobre a mudança científica além de instigante, é refletir sobre ideias e coisas dentro da contingência e heterogeneidade dos processos históricos, evidenciando as influências socioculturais nos conteúdos cognitivos, sendo lógico considerar na linha de entendimento de SHAPIN & SCHAFFER que soluções para problemas de conhecimento são soluções para problemas de ordem social (VASCONCELLOS, Maria José Esteves. Pensamento sistêmico: novo paradigma da ciência. Campinas: Papirus, 2002); KUHN, Tomas Samuel. A estrutura das revoluções científicas. São Paulo: Perspectiva, 1994; MORIN, Edgar. MORIN, Edgar. Ciência com consciência. Tradução de Maria D. Alexandre e Maria Alice Sampaio Dória. Rio de Janeiro: Bertrand Brasil, 2001, p. 258-259; LEFEBVRE, Henri. Lógica concreta (Dialética): a superação. In: Lógica formal/lógica dialética. Tradução: Carlos Nelson Coutinho. Rio de Janeiro: Civilização brasileira, 1991. p. 228-233); FRANÇA, V.R.V. Teorias da Comunicação: busca de identidade e dos caminhos. Rev. Esc. Biblioteconomia, UFMG, 23, 138-153; DE MASI, Domenico (Org.). A sociedade pós-industrial. Tradução de Anna Maria Capovilla e outros. São Paulo: Senac, 2000, p. 29; ORTERMANN, F. A Epistemologia de Kuhn. In: Caderno Catarinense de Ensino de Física, v.13, n.3, p.185, 1996; SHAPIN, Steven & SCHAFFER, Simon. Leviathanandtheair-pump: Hobbes, Boyle and The Experimental Life. Princeton: Princeton University Press, 1985).

[49] A administração pública deve adaptar-se à realidade, informada pelas novas exigências históricas, sociais, teóricas e filosóficas que a cercam nesse ambiente globalizado. A administração pública se insere num processo dinâmico que envolve uma premente readequação

fenômenos jurídicos e atuação estatal, descobrindo novos horizontes de análise. Essas mutações resultam da reinvindicação da democracia administrativa, com a reflexão de que a democracia deve prosseguir nas medidas adotadas pela administração pública na sua atuação cotidiana.

A transparência administrativa, derivada desta democratização administrativa encontra sua legitimidade, possui quatro paradigmas: *a) paradigma organizacional*: introdução da governança pública; *b) paradigma estrutural:* surgimento das novas tecnologias de comunicação e informação; *c) paradigma filosófico*: a influência do pós-positivismo; *d) paradigma ético*: a internalização da anticorrupção. São temas que formam o contexto político-jurídico para que se possa prosseguir na ideia da transparência material, indispensável no combate da corrupção.

## Referências

AGRA, Walber de Moura. Fraudes à Constituição: um atentado ao poder reformador. Porto Alegre: Sergio Antonio Fabris, 2000.

ALMEIDA FILHO, Agassiz. Introdução ao direito constitucional. Rio de Janeiro: Forense, 2008.

ANDRADE, José Carlos Vieira. Os Direitos Fundamentais na Constituição Portuguesa de 1976. Coimbra: Almedina, 1983.

BANDEIRA, Pedro S. Participação, articulação de atores sociais e desenvolvimento regional. In: BECKER, Dinizar F & BANDEIRA, Pedro S. Desenvolvimento local-regional – *determinantes e desafios contemporâneos.* Santa Cruz: Edunisc, vol. 1, 2000.

BANDEIRA DE MELLO, Celso Antônio. Curso de Direito Administrativo. São Paulo: Malheiros, 2009.

BENTO, Leonardo Valle. Governança e governabilidade na reforma do Estado: entre a eficiência e a democratização. Barueri, SP: Manole, 2003.

BITTAR, Eduardo Carlos Bianca. O direito na pós modernidade. Revista Sequência, nº 57, p. 131-152, dez. 2008.

BOONMI, T. Goodgovernance: a strategytorestoreThailand. In: D. McCargo (Ed.), Reforming Thai Politics. Copenhage n: NIAS Publishing, 2002.

BRASIL. Supremo Tribunal Federal. Acórdão no Habeas Corpus n.94.695-0/RS. Relator: MELLO, Celso de. Publicado no DJ de 06-02-2009 p. 00658.

do seu modo de ser e de atuar, de que participam os gestores na satisfação dos interesses e necessidades da sociedade.

BRASIL.Supremo Tribunal Federal. Segundo Agravo Regimental na Suspensão da Segurança nº 3902. Relator: Ministro Ayres Brito. Órgão Julgador: Tribunal Pleno. Data do julgamento: 09/06/11. DJe 30/09/2011.

BRASIL. Superior Tribunal de Justiça. Mandado de Segurança nº 6169. Relator: Ministra Nancy Andrighi. Órgão Julgador: Primeira Seção. Data do julgamento: 28/06/2000. DJe: DJ 01/08/2000 p. 184.

BRASIL. Superior Tribunal de Justiça. Recurso Ordinário em Mandado de Segurança nº 21554. Relator: Maria Thereza de Assis Moura. Órgão Julgador: Sexta Turma. Data do julgamento: 04/05/2010. DJ 02/08/2010.

BRASIL. Superior Tribunal de Justiça. Agravo Regimental no Recurso Especial nº 959999. Relator: Napoleão Nunes Maia Filho. Órgão Julgador: Quinta Turma. Data do julgamento: 26/03/2009. DJ 11/05/2009.

BRASIL. Superior Tribunal de Justiça. Mandado de Segurança nº 15450. Relator: Mauro Campbell Marques. Órgão Julgador: Primeira Seção. Data do julgamento: 24/10/2012. DJe 12/11/2012.

BRASIL. Superior Tribunal de Justiça. Recurso Especial nº 1308588. Relator: Mauro Campbell Marques. Órgão Julgador: Segunda Turma. Data do julgamento: 16/08/2012. DJe 22/08/2012.

BRASIL. Superior Tribunal de Justiça. Mandado de Segurança nº 16603. Relator: Benedito Gonçalves. Órgão Julgador: Primeira Seção. Data do julgamento: 24/08/2011. DJe 2/12/2012.

BRASIL. Superior Tribunal de Justiça. Recurso Especial nº 213417. Relator: Ministro Fernando Gonçalves. Órgão Julgador: Sexta Turma. Data do julgamento: 16/11/1999. DJe: DJ 13/12/1999, p. 188.

BRASIL. Superior Tribunal de Justiça. Recurso Ordinário em Mandado de Segurança nº 5164. Relator: Ministro Fernando Gonçalves. Órgão Julgador: Sexta Turma. Data do julgamento: 15/08/2000. DJe: DJ 04/09/2000 p. 193

BRASIL. Superior Tribunal de Justiça. Recurso Ordinário em Mandado de Segurança Nº 1128/PR. Relator: Ministro Demócrito Reynaldo. DJ 29/03/1993 p. 5217.

BRASIL. Superior Tribunal de Justiça. Recurso Ordinário em Mandado de Segurança nº 21021. Relator: Ministro Francisco Falcão. Órgão Julgador: Primeira Turma. Data do julgamento: 16/05/2006. DJe: DJ 01/06/2006 p. 146.

BRASIL. Superior Tribunal de Justiça. Agravo Regimental no Recurso Especial nº 1382436. Relator: Humberto Martins. Data de Julgamento: 20/08/2013. DJe 30/08/2013 – informativo 529/2013 do STJ.

BRESSER PEREIRA, Luiz Carlos. Reforma do Estado para a cidadania: a reforma gerencial brasileira na perspectiva internacional. São Paulo: Ed. 34; Brasília: ENAP, 1998.

BULOS, UadiLammêgo. Curso de Direito Constitucional. São Paulo: Editora Saraiva.

BURDEAU, Georges. *Traité de Science politique*. Paris: LGDJ, 1969, v. 4.

CALVACANTI, Temístocles Brandão. Tratado de Direito Administrativo. Rio de Janeiro: Freitas Bastos, 1955, vol. 1.

CARVALHO FILHO, José dos Santos. Manual de Direito Administrativo. São Paulo: Atlas, 2015.

CANOTILHO, José Joaquim Gomes. Direito constitucional e teoria da constituição. Coimbra: Almedina, 2002.

CANOTILHO, José Joaquim Gomes. Brancosos e Interconstitucionalidades: itinerário dos discursos sobre a historicidade constitucional. Coimbra: Almedina, 2006.

CASSESE, Sabino Cassese. *"Il dirittoallabuonaamministrazione"*. In: European Review ofPublic Law, Vol. 21, Nº 3, otoño de 2009, p. 1037 y ss.

CAUBET, Christian Guy. O Escopo do Risco no Mundo real e no Mundo jurídico. In: Rede Latino-Americana-Européia sobre Governo dos Riscos. Governo dos Riscos. Brasil: Centro Universitário de Brasília, 2005.

CHEVALIER, J. Science Administrative. Paris, 2002.

DAHL, Robert A. Sobre a democracia. Brasília: Ed. UnB, 2001.

DAU-LIN, Hsü. Mutación de laconstitución. Trad. Pablo Lucas Verdú e Christian Förster. Bilbao: Instituto Vasco de Administración Pública, 1998.

DEBETIR, E.; DE MATTIA, C. Conselhos Gestores de Políticas Públicas -Potenciais Espaços para a Coprodução dos Serviços Públicos. In: Contabilidade, Gestão e Governança, Brasília, v. 14, n. 3, p. 46 – 59, set/dez 2011.

DE MASI, Domenico (Org.). A sociedade pós-industrial. Tradução de Anna Maria Capovilla e outros. São Paulo: Senac, 2000.

DRUCKER, Peter. Sociedade pós capitalista. São Paulo: Pioneira Editora, 1994.

FERRAZ, Anna Candida da Cunha. Processos informais de mudança da Constituição. São Paulo: Max Limonad, 1986.

FERRAZ JR., Tércio Sampaio. Introdução ao estudo do direito. São Paulo: Atlas, 2003.

FILHO, Marçal Justen. Curso de Direito Administrativo. São Paulo: Saraiva, 2009.

FRANÇA, V.R.V. Teorias da Comunicação: busca de identidade e dos caminhos. Rev. Esc. Biblioteconomia, UFMG, 23, 138-153.

GRAU, Eros Roberto. Sobre a interpretação da Constituição (Constituição formal e Constituição material). In: Revista da Fundação Brasileira de Direito Econômico, vol.3, nº 1, Ano 2011, p. 13-17.

GRÓCIO, Hugo. The Law ofwarandpeace.Livonia: LONANG, 2005. Disponível em <http://www.lonang.com/exlibris/grotius/>. Acesso em 25/07/2014.

GIUFFRIDA, Armando. Il "diritto" ad una buonaamministrazio ne pubblica e profilisulla sua giustiziabilit. Torino: G. Giappichelli Editore, 2012.

HEIDEGGER, Martin. El ser y eltiempo. Tradução de José Gaos. Madrid: Fondo de Cultura Económica, 2000.

HEIDEMANN, F. G.; KISSLER, L. Governança púbica: Novo modelo regulatório para as relações entre Estado, Mercado e Sociedade. In: Revista de Administração Pública, Rio de Janeiro, 40, Mai/Jun, 2006, p. 483.

HELLER, Herman. A Constituição do Estado. In: Teoria do Estado. São Paulo: Mestre Jou, 1968.

HESPANHA, Antônio Manuel. Pluralismo Jurídico e Direito Democrático. São Paulo: Annablume Editora, 2013.

HESSE, Konrad. A forma normativa da Constituição. Tradução Gilmar Ferreira Mendes. Porto Alegre: SAFE, 1991.

HESSE, Konrad. Elementos de direito constitucional da República Federal da Alemanha. Trad. Luís Afonso Heck. Porto Alegre: Fabris, 1998.

HESSE, Konrad. Elementos de direito constitucional da República Federal da Alemanha. Porto Alegre: Sergio Antonio Fabris, 1998.

HOOD, Christopher. Public management for allseasons? In: PublicAdministration, Londres, v.69, nº 01, 1991, p. 03-19.

HORTA, Raul Machado. Direito Constitucional. Belo Horizonte: Del Rey, 2002.

JELLINEK, Georg. Reforma y Mutación de laconstitución. Trad. Christian Förster. Madrid: Centro de Estudios Constitucionales, 1991.

KISSLER, Leo & HEIDEMANN, Francisco G. Governança Pública: novo modelo regulatório para as relações entre Estado, mercado e sociedade?. In: Revista de Administração Pública, vol. 40, n.3, Rio de Janeiro, maio/junho 2006.

KUHN, Tomas Samuel. A estrutura das revoluções científicas. São Paulo: Perspectiva, 1994.

LANE, J.-E. New public management. Londres: Routledge, 2000.

LAUDAN, Larry. O progresso e seus problemas: rumo a uma teoria do conhecimento científico. Tradução Roberto Leal Ferreira. São Paulo: Editora Unesp, 2011.

LEFEBVRE, Henri. Lógica concreta (Dialética): a superação. In: Lógica formal/lógica dialética. Tradução: Carlos Nelson Coutinho. Rio de Janeiro: Civilização brasileira, 1991.

LOIS, Cecilia Caballero. A Teoria Constitucional no liminar do século XXI: mudança política e crise de racionalidade. In: Anuario de Derecho Constitucional Latinoamericano, 2003. Disponível em: http://www.juridicas.unam.mx/publica/librev/rev/dconstla/cont/2003/pr/pr8.pdf. Acesso em: 15/9/2013.

MARTINS JÚNIOR, Wallace Paiva. Transparência Administrativa: publicidade, motivação e participação popular. São Paulo: Editora Saraiva, 2004.

MAXIMILIANO, Carlos. Comentários à Constituição Brasileira de 1946, vol. 2. São Paulo: Editora Freitas Bastos, 1954.

MEDAUAR, Odete. Direito administrativo moderno. São Paulo: Revista dos Tribunais, 1998.

MEDAUAR, Odete. A processualidade no direito administrativo. São Paulo: Revista dos Tribunais, 2008.

MEDEIROS, Paulo Henrique Ramos & GUIMARÃES, Tomás de Aquino. Contribuições do governo eletrônico para a reforma administrativa e a governança no Brasil. In: Revista do Serviço Público, Brasília, v. 56, n. 4, p. 449-464, out/dez/2005.

MEIRELLES, Hely Lopes. Direito Administrativo Brasileiro. São Paulo: Malheiros, 2005

MELLO, C. Ação direta de inconstitucionalização *n. 2461.* Brasília, 16 de dezembro de 2010. p. 1-5. Disponível em: <http://www.espacovital.com.br/arquivos/1_30253_52aefa2c793a7.pdf> Acesso em: 10 set. 2016.

MENDES DE ALMEIDA, Fernando. Os atos administrativos na teoria dos atos jurídicos. São Paulo: Editora Revista dos Tribunais, 1969.

MENDES, Gilmar Ferreira. Curso de direito constitucional. São Paulo: Saraiva, 2012.

MERTON Robert K., SOROKIN, Pitirim A. Social time: a Methodologicalandfunctionalanalysis. In: American JournalofSociology, Chicago, v. 42, n. 5, p. 615-629, Mar. 1937, tradução nossa.

MIRANDA, Jorge. Teoria do Estado e da Constituição. Rio de Janeiro: Forense, 2002.

MOREIRA NETO, Diogo Figueiredo. Poder, direito e Estado: *o direito administrativo em tempos de globalização – in memoriam de Marcos Juruena Villela Souto.* Belo Horizonte: Fórum, 2011.

MOREIRA NETO, Diogo de Figueiredo. Legitimidade e Discricionariedade: novas reflexões sobre os limites e controle da discricionariedade. Rio de Janeiro: Forense, 1998.

MORIN, Edgar. MORIN, Edgar. Ciência com consciência. Tradução de Maria D. Alexandre e Maria Alice Sampaio Dória. Rio de Janeiro: Bertrand Brasil, 2001.

MORTATI, Constantino. La constituciónen sentido material. Trad. Almudena Bergareche Gros. Madrid: Centro de Estúdios Políticos y Constitucionales, 2000.

NETO, Jayme Weingartner. Ministério Público, boa governança e gestão estratégica. In: Revista do Ministério Público, 137, janeiro/março 2014, p.106/107.

NEVES, Marcelo. A constitucionalização simbólica. Coleção Justiça e Direito. São Paulo: WMF Martins Fontes, 2007.

OLIVEIRA, Gustavo Justino de. Direito ao desenvolvimento na Constituição Brasileira de 1988. In: Revista de Direito Público da Economia, Belo Horizonte, ano 3, n. 11, p 145-162, p. 148, jul./set. 2005.

ORTERMANN, F. A. Epistemologia de Kuhn. In: Caderno Catarinense de Ensino de Física, v.13, n.3, p.185, 1996.

PACHECO, Cláudio. Excessos de instabilidade institucional. In: Revista de Informação Legislativa, Brasília, 24, n. 93, jan/mar de 1987, p. 32-36.

PINTO FERREIRA, Luis. Princípios Gerais do Direito Constitucional Moderno. São Paulo: Revista dos Tribunais, 1971, v. 1.

PRATS, Joan. "Derecho y management em lãs Administraciones Públicas". In: Ekonomiaz: Revista vasca de economía, Nº 26, 1993, pp. 130-143.

RONCONI, Luciana Francisco de Abreu. UNIVERSIDADE FEDERAL DE SANTA CATARINA Programa de Pós-Graduação em Sociologia Política. A Secretaria Nacional de Economia Solidária: uma experiência de Governança Pública. Florianópolis, SC, 2008. 279 f. Tese (Doutorado).

SECCHI, Leonardo. Modelos organizacionais e reformas da administração pública. In: Revista de Administração Pública. Rio de Janeiro v.43. p. 347-369, mar./abr. 2009.

SHAPIN, Steven & SCHAFFER, Simon. Leviathanandtheair-pump: Hobbes, Boyle and The Experimental Life. Princeton: Princeton University Press, 1985.

SIMON, HERBERT. AdministrativeBehavior, New York, The Free Press, 1997.

SMEND, Rudolf. Constituición e Derecho Constitucional. Traducción de José MaríaBeneytoPrez. Madri: Centro de EstudiosConstitucionales, 1985.

SOUSA, Marcelo Rebelo de. Direito Constitucional, vol. I, Policopiado: Lisboa: Faculdade de Direito, 1979.

TÁCITO, Caio. Temas de Direito Público (Estudos e Pareceres). 1º vol. Ato e fato administrativo. Rio de Janeiro: Renovar, 1997.

TARDE, G. LesTransformations Du Droit. Paris: Berg, 1994

TOSI, Giuseppe. Bartolomeu de Las Casas, primeiro teólogo e filósofo da libertação. IHU online, Revista do Instituto Humanitas, Unisinos, São Leopoldo, ano 10, n. 342, p. 17-19, 06 set. 2010.

UNGER, Roberto Mangabeira. Law in Modernsociety: towards a criticismof social theory. Nova York: The Free Press, 1977, p. 78/79; BOBBIO, Norberto. In:Dicionário de Política. Brasília: UnB, 1992, p. 655.

WALDO, Dwight. The AdministrativeState, New York, The Ronald Press Company, 1948.

WIEACKER, Franz. História do direito privado moderno. Tradução de António Manuel Hespanha. Lisboa: Calouste Gulbenkian, 1993.

WOLKMER, Antonio Carlos. Ideologia, Estado e Direito. São Paulo: Revista dos Tribunais, 1989.

VALLE, Vanice Regina Lírio do. Direito fundamental à boa dministração e governança: democratizando a função administrativa. Tese de pós-doutor apresentada à Escola Brasileira de Administração Pública e de Empresas – FGV – Rio de Janeiro, 2010, 254 fls.

VASCONCELLOS, Maria José Esteves. Pensamento sistêmico: novo paradigma da ciência. Campinas: Papirus, 2002.

VAZ, Manuel Afonso. Teoria da Constituição. O que é a constituição, hoje?. Coimbra: Coimbra Editora, 2012.

VEGA, Pedro de. La reforma constitucional y la problemática del poder constituyente. Editora Tecnos, 2011.

VERDÚ, Pablo Lucas. Curso de Derecho Político, vol. IV., Madrid, Tecnos, 1989.

VERDÚ, Pablo Lucas. La Constitucion aberta y seus "enemigos". Madrid: Burama, 1993.

VERGOTTINI, Giuseppe de. Constituição. In: BOBBIO, Norberto et alli. (org.), Dicionário de Política, vol. 1.

ZANDONADE, Adriana. Mutação constitucional. In: Revista de Direito Constitucional e Internacional, São Paulo, n.35, abr.-jun., 2001. Instituto Brasileiro de Direito Constitucional. São Paulo: RT, 2001.

# 2. O Processo de Edição e Conversão das Medidas Provisórias e as Ameaças ao Regime Democrático

*Bruno Bastos de Oliveira*
*Rafael Nóbrega Caroca*

## Introdução

O presente artigo se propõe a analisar o processo de edição de Medidas Provisórias, desde a criação do referido instituto, passando pelo advento de sua adoção no ordenamento jurídico brasileiro, como também pelo o processo legislativo de edição e conversão de tais espécies normativas em lei ordinária.

Neste contexto, como delimitação temática, tratou-se sobre questões atinentes à um suposto excesso do Poder Executivo no uso deste instrumento, bem como da inclusão de matérias estranhas ao conteúdo das Medidas Provisórias, durante seu processamento no âmbito do Congresso Nacional. Lançando comentários sobre uma suposta inversão indevida da ordem constitucional, em decorrência de possíveis desequilíbrios e desencontros havidos entre as funções dos Poderes Legislativo e Executivo neste cenário. Bem como da perspectiva concreta desta questão, cuja potencialidade para afetar a segurança das relações jurídicas decorrentes da produção de efeitos das aludidas legislações é bastante pertinente. No momento em que forem levadas ao Poder Judiciário discussões sobre eventuais vícios de constitucionalidade em seu processo de elaboração e conversão.

Desta feita, a problemática tratada neste trabalho consiste na discussão sobre as consequências jurídico-sociais dos vícios de constitucionalidade e de legalidade havidos no trâmite de edição e conversão das Medidas Provisórias, mais precisamente no que tange à inclusão de matérias estranhas à sua delimitação temática.

A princípio, entendem-se como prováveis consequências da edição e/ou da conversão de medidas provisórias realizadas nestas condições, quais seja, a necessidade de um maior controle no que tange a constitucionalidade dos seus requisitos formais e materiais a ser feito não apenas pelo Poder Judiciário, mas também no âmbito dos órgãos técnicos das Casas Legislativas. Dada à diferenciação existente no trâmite de elaboração de tais normas, quando sua vigência precede às suas discussões e votações pelas Casas Legislativas. Além do aspecto social, no que tange a uma provável crise de segurança nas relações jurídicas oriundas da aplicação de tais normas.

O objetivo geral deste artigo consiste basicamente em debater sobre o processo de edição e/ou conversão das Medidas Provisórias no ordenamento jurídico nacional. Mais precisamente, analisando o contexto histórico das Medidas Provisórias, no que tange à sua criação, bem como da sua adoção pelo constituinte originário.

Também discorrer sobre os princípios constitucionais correlatos, bem como a jurisprudência do STF versando sobre o processo de elaboração e conversão das Medidas Provisórias. Além de trazer exemplos concretos da ocorrência do referido fenômeno (inclusão de matérias distintas ao conteúdo das Medidas Provisórias, em seus processos de edição e conversão), avaliando as possíveis consequências jurídicas e sociais da recorrência deste feito nas Casas Legislativas.

## 1. Aspectos gerais e definições procedimentais das medidas provisórias

Inicia-se a presente exposição fazendo um breve apanhado sobre os antecedentes históricos do referido instituto, desde a sua origem em outros países do mundo, passando pelo início de sua instituição no ordenamento jurídico nacional.

Segundo Massuda (2001), a afinidade existente entre a medida provisória nos moldes atuais e o decreto-lei italiano identifica-se basicamente pelos pressupostos de edição, os requisitos procedimentais, bem como os efeitos normativos. Entretanto, Velloso (1989) traz um importante detalhe, no sentido de que na Itália vigora o sistema do parlamentarismo. Diferentemente do presidencialismo brasileiro, no qual o Presidente da República acumula as chefias do Estado e do Governo. Contando também com o apoio dos congressistas. De forma que, como bem lembra Baroni (2004), não poderá ser responsabilizado pelos abusos cometidos na edição de Medidas Provisórias. Tal modelo, segundo Amaral Júnior (2004), foi o que influenciou a instituição da Medida Provisória pelo constituinte de 1988.

No âmbito deste breve apanhado histórico, convém lembrar que o Brasil viveu boa parte do século XX sob a égide de governos autoritários. Durante os anos 30, e após estes a passagem pelos mais de 20 anos dos governos militares, houve uma conjuntura favorável à um aviltamento do Poder Legislativo, acompanhado por um consequente enaltecimento do Executivo. Segundo Mendes, Coelho e Branco (2009), os decretos-leis eram utilizados já em 1930, no primeiro governo de Getúlio Vargas. Também lembra Nicolau (2009), que Vargas chegaria à presidência a partir de um golpe de Estado, que representou a queda da República Velha.

Comenta Cleve (2010) que, no contexto da vigência da Constituição de 1937, durante todo o período do Estado Novo, o Presidente da República governava a partir da edição de Decretos-Lei. Entre outros fatores, principalmente em decorrência da não reunião das Casas Legislativas. Assim como da competência legislativa da União para tanto. Pois notadamente os Decretos-Lei representavam o instrumento legislativo cuja competência para sua edição era atribuída ao Poder Executivo.

Entretanto, explica Nicolau (2009) que posteriormente o Brasil ganharia uma nova Constituição, desta vez com um viés mais democrático. A partir do processo de redemocratização ocorrido em 1945, que resultou na saída de Vargas e o consequente fim do Estado Novo. O referido autor ainda lembra que a partir do ano 1964, a Constituição vigente à época sofreria diversas supressões em seu espírito democrático. A partir da edição dos conhecidos atos institucionais, resultantes do período em que os militares governaram o país. A ponto de, em janeiro de 1967, o Congresso Nacional aprovar um novo texto constitucional.

Assemelhando-se à Carta de 1937, na Constituição de 1967 preponderava a figura do Poder Executivo sobre os demais. Nesta conjuntura, segundo Amaral Júnior (2004), o artigo 58 da Constituição de 1967 previa três requisitos para a edição dos Decretos-Lei, em reprodução ao seu correspondente artigo 77 da Constituição italiana. Além de não poder gerar aumento de despesas, sua edição deveria atender aos requisitos constitucionais de "urgência" ou "interesse público relevante", não sendo necessária a configuração concomitante de ambos.

Entre outras peculiaridades, o prazo do decreto-lei era de sessenta dias, considerando-se em plena vigência a partir da publicação de seu texto no Diário Oficial da União. Sua apreciação pelas Casas do Congresso Nacional havia sido consideravelmente limitada pela Constituição de 1967, uma vez que não eram admitias emendas ao seu texto. Esta que posteriormente ficaria conhecida como a Constituição mais breve da história, diante da sua derrogação feita pela Emenda Constitucional nº1 de 1969.

Diante de tais considerações históricas sobre o aludido instituto jurídico, denota-se sua aptidão para ser utilizado por governos autoritários, de maneira pouco prudente e dissociada de alguma feição democrática. Bem como atesta o problema de sua adoção em sistemas presidencialistas, por não preverem a responsabilização política do Chefe do Poder Executivo que as utiliza de maneira imprópria.

### *1.1. Alterações promovidas pela Emenda Constitucional n° 32 de 2001*

É manifesto o caráter de excepcionalidade carregado na prerrogativa do Chefe do Poder Executivo para a edição de Medidas Provisórias. Aponta-se para esta característica, uma vez que sua edição demanda a observância de certas normas constitucionais, fundamentalmente dos pressupostos de relevância e urgência.

No entanto, conforme lição de Ferreira Filho (2007), afirma-se que, desde o surgimento da espécie normativa em questão, ainda que haja a obrigatoriedade pela disciplina dos pressupostos constitucionais para a edição da medida, essa faculdade legislativa vinha sendo exercida de modo excessivo. Com potencialidade para causar, segundo o mesmo autor, comprometimentos à autonomia do Poder Legislativo.

Neste sentido, como meio de atenuar a edição desenfreada de Medidas Provisórias, foi aprovada a Emenda Constitucional n° 32 de 2001, a qual estabeleceu importantes alterações no processo legislativo de elaboração desta espécie normativa. Entre elas, cita Lenza (2011) a proibição de reedições, a limitação de matérias em seu conteúdo, bem como a necessidade de sua apreciação ser feita por ambas as Casas do Congresso Nacional.

Antes da instituição da referida Emenda Constitucional, recorda Trindade (2016) que as medidas provisórias tinham validade de apenas 30 dias. Porém, caso não apreciadas pelo Congresso nesse prazo, podiam ser reeditadas por diversas vezes.

Após a reforma do art.62, o prazo de vigência das Medidas Provisórias passou a ser de 60 dias. Prorrogáveis (automaticamente) por igual período, caso não seja aprovada nesse intervalo. Segundo Trindade (2016), com a especificidade de que, quando ultrapassados 45 (quarenta e cinco) dias da edição, haverá o sobrestamento da pauta da Casa do Congresso na qual ela esteja tramitando. Em outros termos, vencido o referido prazo, não haverá deliberação de nenhum outro projeto, antes de ser concluída a votação da medida provisória.

Outra alteração também relacionada aos prazos da medida provisória, instituiu-se que os mesmos não mais correrão durante os recessos do Congresso Nacional. E em virtude disso, aponta Trindade (2016) que também não mais existe a previsão da obrigatoriedade de sua convocação extraordinária para deliberação das MP's que lhes sejam enviadas.

A competência do Presidente da República também foi objeto das modificações introduzidas pela EC n° 32/10. Uma vez que fora estabelecida uma restrição de matérias, pela qual o Presidente deve pautar-se quando da edição de Medidas Provisórias.

Ainda, as discussões e deliberações das Medidas Provisórias necessariamente deverão ser realizadas por cada casa do Congresso, de forma independente. Bem como incluiu-se a imposição da apreciação prévia dos requisitos de relevância e urgência, a ser feita por uma comissão mista, constituída por Deputados e Senadores.

Trindade (2016) também discute, quanto à instituição da referida EC n° 32/01, acerca da possibilidade de a rejeição da medida provisória opere seus efeitos apenas *pro futuro*. Ainda que o texto constitucional expressamente determine que as Medidas Provisórias perderão sua eficácia desde a edição, caso não sejam convertidas em lei no prazo de 60 (sessenta) dias, prorrogáveis por igual período, à rigor do §3º do art. 62 da CF.

No entanto, o que se sabe ao certo é que, caso o Congresso não regule, em até 60 dias, os efeitos da medida rejeitada ou caduca, as relações jurídicas constituídas e decorrentes de atos praticados durante sua vigência conservar-se-ão por ela regidas, de acordo com o §11º do artigo supramencionado.

Ainda sobre a produção de seus efeitos, outro importante regramento trazido pela Emenda Constitucional nº 32/01 diz respeito à permanência da vigência da Medida Provisória, caso seja eventualmente apresentado Projeto de Lei de Conversão, em decorrência da inclusão de emendas ao seu texto original. Ou seja, segundo o art. 62, §12º do texto magno, com redação dada pela referida Emenda Constitucional, a Medida Provisória permanece produzindo seus efeitos até que aquele seja definitivamente sancionado ou vetado.

Feitas tais ponderações, faz-se necessário o registro acerca da fundamental importância para o ordenamento jurídico da aprovação da Emenda Constitucional nº 32/01. Diante da sua pretensão para estabelecer limites à atividade legislativa desenfreada, como meio hábil para coibir eventuais abusos do Poder Executivo, praticados como pretexto de manifestação de sua autonomia institucional.

Apontada como um mecanismo excepcional de desempenho da competência legislativa, segundo Pires (2008), as medidas provisórias foram recepcionadas pelo atual ordenamento jurídico em substituição ao seu antecessor, o Decreto-Lei. Cuja forma de edição não se coadunava com o espírito democrático que a Assembleia Nacional Constituinte de 1987 buscava conferir à República.

O instituto ingressou na Constituição de 1988 como uma das espécies normativas primárias. Foram previstas no artigo 59 inciso V do texto, e moderadamente disciplinadas pelo artigo 62. De acordo com Nicolau (2009), sua redação é propriamente uma reprodução do artigo 77 da Constituição italiana. E com isso, fica também notória a similitude textual dela com o decreto-lei que vigorou no Brasil no período militar.

Sobre esta temática, segundo Tavares (2016, p. 1035):

> Teoricamente, a medida provisória contextualiza-se mais exatamente em sistemas parlamentaristas, uma vez que, em tais circunstâncias, todo e qualquer provimento provisório será editado sob responsabilidade (política) do Primeiro Ministro. Uma vez editado referido provimento, o Parlamento terá de aprová-lo ou rejeitá-lo, sempre. Na última hipótese, ou seja, ocorrendo a rejeição, esta configura, automaticamente, em tais sistemas, um voto de desconfiança em relação a seu Chefe de Governo.

Sobre o presidencialismo, sistema de governo vencedor do referido plebiscito constitucional, argumenta Cerqueira (1995, p. 163):

> No sistema presidencial, a separação de poderes possui categoria axiologicamente diferenciada da separação dos sistemas de gabinete. Aqui, como nos Estados Unidos da América, matriz da família constitucional a que se filia a república, a separação supõe a independência entre os Poderes, que a medida provisória rompe.

Desta feita, embora o projeto original da Constituição de 1988 não tenha previsto o sistema presidencialista, segundo Martins e Bastos (1995), pode-se dizer que se reproduziu a figura do *Decreto Legge,* oriundo do sistema parlamentarista italiano. No qual a adoção do referido instituto é mais apropriada, onde seus efeitos contribuem para ocorrer à troca de governo, caso seja perdida a maioria no Parlamento necessário para aprovação da medida.

Por conseguinte, como o sistema presidencialista não prevê a troca do comando em virtude da rejeição das Medidas adotadas pelo Governo, entende-se que o uso desmedido do presente instrumento legislativo tende a promover abalos no princípio constitucional da separação dos Poderes. Diz-se isto, pois, a partir de uma legítima intromissão nas atribuições típicas do Poder Legislativo, feita pelo Chefe do Poder Executivo, que goza da garantia de permanência em seu posto até a conclusão de seu mandato, independentemente do destino ao qual será submetido seu provimento provisório, é possível deparar-se com certos excessos que afetem o equilíbrio institucional entre os Poderes do Estado.

### *1.1.1. Elaboração, iniciativa, e requisitos de relevância e urgência*

Obedecendo ao novo modelo instituído pela Emenda Constitucional nº 32 de 2001, que alterou o art.62 do texto constitucional, a Medida Provisória é adotada pelo Presidente da República segundo os critérios constitucionais de relevância e urgência. Devendo ser apreciadas posteriormente pelo Congresso Nacional, segundo o art.62 da Constituição de 1988.

Segundo Amaral Júnior (2004), sua tramitação pode iniciar-se no âmbito de um órgão técnico pertencente a algum ministério, na forma de um projeto de Medida Provisória. Nessas condições, assegura o mesmo autor que, embora a decisão final acerca da edição da Medida Provisória seja do Presidente da República, os Ministros de Estado participam ativamente da formação do juízo político de relevância e urgência.

De acordo com o art. 27 do Decreto nº 9.191/2017, o referido projeto deve vir acompanhado de uma exposição de motivos que sejam suficientes para justificar, de maneira objetiva, a ocorrência da relevância e urgência da matéria tratada, sob pena de o Projeto não ser apreciado pelo Presidente da República.

No tocante a análise interpretativa dos requisitos de relevância e urgência pelo Presidente da República, em razão da subjetividade intrínseca a esta atribuição, salienta Casseb (2010) que tais definições são feitas a partir de critérios pessoais do Chefe do Poder Executivo Federal. Sendo estas razões, segundo o autor, que contribuem para situação de abusividade na edição de Medidas Provisórias.

Como resultado deste fenômeno, há patente apoderamento da função típica do Poder Legislativo, somada a uma prejudicial situação de crise de comando no andamento dos trabalhos do Parlamento. Diz-se isto face à peculiar característica inerente ao processamento das Medidas Provisórias, por possuírem o condão para sobrestar a pauta da Casa em que estiver tramitando, até que se finalize sua votação.

Sobre o pressuposto da urgência, divulga o mesmo autor que tal requisito relaciona-se com a impossibilidade de serem utilizados os meios ordinários para a consecução de determinado fim, considerando a periculosidade da demora inerente à consecução do processo legislativo ordinário.

Ou seja, para tais autores, significa que a urgência necessária para a adoção da Medida Provisória deve ter intensidade tal a ponto de carecer de prazo ainda menor que os 100 (cem) dias dado ao Congresso Nacional, na hipótese anterior, para a conclusão da votação de alguma matéria. Esta é a denominada por Niebuhr (2001) de urgência qualificada, uma vez que exige a vigência imediata da medida, não se compatibilizando sequer com o curto prazo do procedimento de urgência constitucional previsto pelo art.64 e seus parágrafos.

Segundo Tavares (2016), o uso do expediente da Medida Provisória será considerado abusivo, caso a obtenção do provimento pelo Congresso Nacional possa aguardar o prazo determinado para o procedimento ordinário de produção legislativa com pedido de urgência. Para o autor, o uso da via excepcional da Medida Provisória em tais casos afetaria a constitucionalidade do ato.

Ao final deste procedimento, o órgão proponente deve formular algumas questões trazidas no Anexo Único do Decreto nº 9.191, de 2017, na parte referente à edição da medida provisória. Tais como, se existiriam justificativas plausíveis para sua edição; se a matéria poderia ser debatida pelo Congresso Nacional em regime de urgência, ou mesmo se ela poderia ser objeto de Medida Provisória, haja vista a regra da limitação temática do art.62, §1º da CF; se os requisitos constitucionais de relevância e urgência restaram caracterizados; entre outros questionamentos.

## 2. A conversão das medidas provisórias e as impropriedades havidas em seu trâmite

Adentrando nesta seara da discussão, é sabido que a intervenção do Congresso Nacional nas MP's, mediante a apresentação de emendas parlamentares nos Projetos de Lei de Conversão (PLV's), deu-se com maior frequência somente após a Emenda Constitucional nº 32/2001. Ou seja, entende-se que a partir deste marco constitucional, tal questão ganhou maior visibilidade, tornando-se o principal meio de interferência dos parlamentares nas normas editadas pelo Poder Executivo. Muito embora tais emendas já estivessem previstas no texto constitucional original de 1988.

Entre outros objetivos, tal alteração deu-se para que assim houvesse uma melhor compreensão dos mecanismos de acompanhamento das atribuições legislativas compartilhadas entre os Poderes Legislativo e Executivo.

Entretanto, a principal motivação para tanto deveu-se à instituição da norma proibitiva no que tange à reedição de Medidas Provisórias, inclusive quando forem propostas alterações. Assegura Cunha (2012) que a frequência da apreciação de PLV's alteradores dos textos originários das MP's aumentaram substancialmente após a instituição da referida proibição pela EC nº 32/2001.

Segundo Silva (2007), as emendas parlamentares, inclusive aquelas apresentadas no âmbito dos PLV's, representam atos claramente legislativos, de natureza criativa da lei. Diferentemente de outros atos, que embora sejam imprescindíveis ao processo de formação das leis, não possuem tal natureza, como as iniciativas legislativas.

Neste contexto, torna-se possível evidenciar a importância da apresentação das emendas parlamentares ao processo legislativo de conversão das Medidas Provisórias, na qualidade de um meio capaz de intensificar e valorar o *munus* público incumbido ao Poder Legislativo, na atual ordem constitucional. Dito de outra forma, representa um instrumento apto a conferir a este Poder um maior controle incidente sobre a referenciada espécie normativa oriunda do Poder Executivo.

Desta feita, o processo de transformação de um ato legislativo emanado do Poder Executivo, em ato do Parlamento, no caso a MP quando aprovada mediante o Projeto de Lei de conversão, possui em seus trâmites a faculdade da apresentação de emendas ao seu texto. Sendo tal prática, segundo Fachin (2015), inerente ao exercício da atividade parlamentar, por tratar-se de consequência necessária da efetiva participação dos membros do Congresso Nacional no processo de elaboração, redação, alteração e consolidação das leis. Além de ser consectário dos questionamentos incidentes nas discussões e deliberações das matérias.

Entretanto, conforme leciona Amaral Junior (2012), deve-se considerar que as emendas oferecidas precisam guardar relação de pertinência temática com a Medida Provisória a que se referem, sob pena de serem indeferidas pelo Presidente da Câmara, segundo a Resolução do CN nº 01/2002. Limitação esta que, dentre outros aspectos, responde aos imperativos de racionalidade e regularidade na tramitação do Processo Legislativo. Evitando assim a obstrução da urgência na sua marcha, como também o desenvolvimento do sistema jurídico realizado de forma desordenada.

### *2.1. Emendas parlamentares e a inclusão de matérias estranhas ao seu conteúdo*

Inicialmente, cabe tecer algum comentário, de maneira mais abrangente, sobre a prerrogativa da apresentação de emendas ao processo legislativo, exercido pelos parlamentares. Segundo Silva (2007), a finalidade da emenda consiste em acrescentar, substituir ou suprimir algum item, parágrafo, inciso ou artigo, bem como proceder a modificações na distribuição de alguma matéria objeto de discussão, que por meio do poder de iniciativa for apresentada. Estas seriam, segundo o mesmo autor, as emendas do tipo formais. Distinguindo-se daquelas, as substanciais.

Consoante leitura de Silva (2007), o direito de emendas importa em uma mera sugestão do parlamentar, revelando-se como uma faculdade do seu titular para sugeri-las. Entretanto, é dado que tal sugestão deve guardar relação de pertinência junto ao conteúdo da propositura a ser modificada. Uma vez que, diversamente ao mecanismo das iniciativas legislativas, aqui não lhe caberá a escolha do conteúdo de sua pretensão.

Vale registrar também que o direito de emendar não é garantido pela nossa Constituição Federal de forma expressa e positivada. À exceção das emendas parlamentares em matéria orçamentária do art.166, §§2º e 3º do texto constitucional, a prerrogativa da emenda às proposituras legislativas insere-se apenas na etapa revisora da tramitação. Pela interpretação sistemática da regra insculpida no art. 65 parágrafo único da CF, que estabelece o retorno à casa iniciadora do projeto de lei que houver sido emendado pela casa revisora.

Logo, deflui-se que o direito de emendar insere-se num procedimento já inaugurado pelo ato de iniciativa legislativa. No caso das Medidas Provisórias, instaurado pelo Chefe do Executivo e identificado pelo seu objeto. Devendo, portanto, a sugestão de emenda guardar relação com esta matéria. Neste ambiente, registre-se que há uma norma no âmbito do Congresso Nacional que regula especificamente o processo legislativo sumário das Medidas Provisórias, no que tange ao seu rito de tramitação.

Trata-se da já citada Resolução do Congresso Nacional nº 01/2002. Que dentre outras, contém a previsão para que, a partir da publicação da Medida Provisória no Diário Oficial da União, contar-se-á o prazo de 6 (seis) dias para o oferecimento de emendas, que deverão ser protocolizadas na Secretaria-Geral da Mesa do Senado Federal. O art.4º § 4º da referida norma prevê a vedação de emendas com matéria diversa àquela trazida na Medida Provisória. Tendo o Presidente da Comissão a prerrogativa para indeferi-las liminarmente.

Para Clève (2015), o emprego do direito de emendar, realizado de forma excessiva, revela que atualmente os congressistas vêm desrespeitando os trâmites legais do processo legislativo. No momento em que aproveitam a brevidade do andamento do processo de conversão das Medidas Provisórias, para acrescentarem aos respectivos PLV's emendas com matérias que não guardam qualquer relação com o objeto da Medida originária. Este famigerado expediente ficou conhecido na doutrina como "contrabando legislativo".

O Ministro Edson Fachin, em seu voto no julgamento da ADI nº 5127-DF assegurou que, embora a Constituição Federal de 1988 tenha assegurado ao Chefe do Poder Executivo a prerrogativa da interferência no andamento do devido processo legislativo, aprovando demanda que repute urgente e relevante de forma imediata e simplificada, isso não significa que os parlamentares possuam prerrogativa semelhante.

Em outras palavras, aos parlamentares não cabe a faculdade para a submissão de questões estranhas ao objeto dos Projetos de Lei de Conversão. Realizada de maneira a usufruir-se da tramitação singular das MP's, para desviar-se do procedimento de discussão e deliberação típico da legislação ordinária.

Logo, este fenômeno ocorre principalmente quando, diante de algumas peculiaridades típicas deste processo, à exemplo do sobrestamento da pauta do Congresso Nacional, os parlamentares se veem compelidos a apreciar matéria diversa à da Medida Provisória, apresentada no âmbito das aludidas emendas aos PLV's.

Sobre esta questão, o Ministro Luís Roberto Barroso, no julgamento da ADI 5.127/DF entende que, nessas hipóteses, ocorrem no mínimo três vícios de inconstitucionalidade:

> Admitir que um parlamentar apresente, a uma MP encaminhada pelo Poder Executivo, uma emenda que não tenha nenhuma pertinência temática viola a CF em três momentos. Em *primeiro lugar*, subtrai do Presidente da República a competência para fazer a avaliação da urgência e relevância, que é uma competência dele, atribuída pela CF. Portanto, é uma **usurpação de poder**. Em *segundo lugar*, há uma clara

**violação ao devido processo legal**, porque existe um modo normal e ordinário de produção legislativa. A MP é a exceção, e a exceção é para casos específicos. Quem apresenta uma emenda sem pertinência temática a uma MP está burlando o devido processo legal, que tem uma tramitação diversa. E, em *terceiro lugar*, há um problema de **violação do princípio democrático**, porque a MP suprime uma parcela importante do debate público e do processo deliberativo que deve transcorrer no âmbito do Congresso Nacional.

Pode-se afirmar que foi de crucial importância à análise do Ministro, demonstrada nas razões de seu voto. A excepcionalidade nos trâmites dos projetos de conversão das Medidas Provisórias não pode ser utilizada como subterfúgio para os congressistas que desejam ver suas demandas atendidas de maneira mais célere. Ao incluírem matérias estranhas ao conteúdo das Medidas Provisórias, mediante emendas parlamentares apresentadas no âmbito dos projetos de lei de conversão, haverá um patente desrespeito ao princípio da pertinência temática, em primeiro momento.

E de modo mais aprofundado, incorrerá em vícios na sua constitucionalidade por não observar, sobretudo, a necessidade de discussão da matéria pelos membros do parlamento que representem outros interesses divergentes. Desta forma, o princípio democrático inerente à atividade legislativa restaria fatalmente violado.

### 2.2. *Natureza do requisito da pertinência temática das emendas*

Muito se questiona na doutrina acerca de quais seriam as origens jurídicas da exigência relativa à pertinência temática das emendas parlamentares. A dúvida principal importa em reconhecer a existência de fundamento constitucional para o referido conceito. Se haveria respaldo apenas na legislação infraconstitucional, no caso, a legislação sobre a elaboração, redação, alteração e consolidação das leis, qual seja a Lei Complementar nº 95/1998. Ou tão somente nas normas regimentais do Congresso Nacional.

Mais diretamente, busca-se aferir a existência e a extensão dos paradigmas jurídico-normativos que abalizam o exercício do poder de emenda dos parlamentares, aproveitando-se do contexto da urgência inerente às Medidas

Provisórias. Mas sem descuidar-se dos preceitos constitucionais, legais e regimentais.

Retornando ao entendimento do ministro Edson Fachin no julgamento da ADI 5.127-DF, seu voto também registrou que, embora não exista a determinação constitucional expressa no sentido da pertinência temática das emendas, isso não significaria a existência do poder de emenda a ser exercido de maneira incondicionada pelos parlamentares. Dentre outras razões, principalmente por respeito ao princípio democrático, do art.1º caput e parágrafo único da Constituição Federal, assim como ao devido processo legislativo, trazido no art.5º, LIV do texto constitucional.

Analisando o conteúdo do dispositivo, o art.62, §5º refere-se ao juízo prévio da constitucionalidade das Medidas Provisórias. O legislador constituinte, após a reforma operada pela EC nº32/2001, impôs a existência desta condicionante, antes de cada uma das Casas Legislativas deliberarem acerca do mérito das Medidas Provisórias.

A partir de uma interpretação sistemática e unitária do texto constitucional, pela leitura do dispositivo, denota-se a existência de fundamento constitucional na aplicação do requisito ora discutido. Quanto ao processamento das Medidas Provisórias no âmbito do Congresso Nacional, o legislador constituinte optou por impor-lhes submissão a um juízo pautado pela aferição dos seus pressupostos constitucionais, previamente à deliberação pelo plenário de cada uma das Casas Legislativas.

Neste contexto, é fato que tais pressupostos referem-se, primeiramente, a existência da relevância e urgência imprescindíveis à adoção da referida legislação de emergência. E ao adentrar-se nesta análise, o imperativo da pertinência temática de eventuais emendas parlamentares aparecerá como decorrência lógica do aludido mandamento constitucional. Uma vez que, somada a aferição da situação relevante e urgente, a Emenda Constitucional nº 32/01, dentre outras alterações, impôs a restrição temática no rito das Medidas Provisórias.

Tratar-se-ia, portanto, de deliberação sobre a existência de conteúdo incoerente ao da Medida Provisória, ou mesmo da sua legítima edição. De maneira que tal juízo de admissibilidade alcançaria todos os aspectos do devido processo legislativo, como uma espécie de premissa de validade da própria medida.

De forma a ratificar o entendimento acerca da natureza constitucional do requisito em questão, traz-se à baila a Lei Complementar nº 95/98, cujas disposições versam sobre a "elaboração, redação, alteração e consolidação das leis". Em primeiro lugar, citando a previsão constitucional para sua criação, trazida no parágrafo único do art.59.

Desta feita, com a criação da referida legislação complementar, em obediência à determinação constitucional, o legislador ordinário impôs a observância do requisito da pertinência temática na edição de todos os atos normativos. Inclusive ás Medidas Provisórias, conforme consta do parágrafo único do seu primeiro artigo. Com isso, entende-se que tal imposição legal opera reflexos diretos no exercício do Poder de Emenda pelos parlamentares. Na qualidade de um instrumento apto a garantir o respeito ao devido processo legislativo. Os artigos 1º caput e parágrafo único, bem como o art.7º, inciso II da LC nº 95/98 dispõem que:

> **Art. 1º** A elaboração, a redação, a alteração e a consolidação das leis obedecerão ao disposto nesta Lei Complementar.
> Parágrafo único. **As disposições desta Lei Complementar aplicam-se, ainda, às medidas provisórias** e demais atos normativos referidos no art. 59 da Constituição Federal, bem como, no que couber, aos decretos e aos demais atos de regulamentação expedidos por órgãos do Poder Executivo. (grifo nosso)
> Art. 7º O primeiro artigo do texto indicará o objeto da lei e o respectivo âmbito de aplicação, observados os seguintes princípios:
> [...]
> II – A lei **não conterá matéria estranha ao seu objeto** ou a este não vinculada por afinidade, pertinência ou conexão. (grifo nosso)

Em igual orientação acompanha o entendimento praticado pelas próprias Casas Legislativas, acerca das normas constitucionais e legais relacionadas. A normatização específica a respeito do rito de tramitação das MPs e das regras norteadoras do exercício do poder de emendar por parte do Poder Legislativo é feita pela Resolução do Congresso Nacional nº 1, de 8 de maio de 2002. A qual integra o Regimento Comum do Poder Legislativo, além de interpretar o art. 62 da Constituição Federal.

O art. 4º, §4º da aludida Resolução dispõe expressamente sobre a vedação da apresentação de emendas que versem sobre matéria estranha àquela tratada na Medida Provisória, cabendo ao Presidente da Comissão o seu indeferimento liminar. Em seguida, assegura o § 5º do mesmo artigo que o autor de emenda monocraticamente indeferida poderá recorrer, com o apoio de 3 (três) membros da Comissão, da decisão da Presidência para o Plenário da Comissão.

Deve-se registrar também que a prerrogativa da apresentação de emendas às MPs também se fundamenta nas normas legislativas gerais previstas nos Regimentos das Casas do Congresso. Mais precisamente nos arts. 118 a 125 do Regimento Interno da Câmara dos Deputados, e nos arts. 122 a 125 e 230 a 234 do Regimento Interno do Senado Federal. Nessas normas veem-se, também, vedações expressas à inserção de matérias estranhas aos textos submetidos à análise das respectivas Casas, a seguir:

> (RICD) **Art. 125.** O **Presidente da Câmara ou de Comissão** tem a faculdade de **recusar emenda** formulada de modo inconveniente, ou que verse sobre **assunto estranho ao projeto** em discussão ou contrarie prescrição regimental. No caso de reclamação ou recurso, será consultado o respectivo Plenário, sem discussão nem encaminhamento de votação, a qual se fará pelo processo simbólico. (grifo nosso)
> (RISF) **Art. 230. Não se admitirá emenda**:
> I – **sem relação com a matéria** da disposição que se pretenda emendar; (...) (grifo nosso)

Pois bem, diante de tal exposição, percebe-se que a garantia da observação do pressuposto da pertinência temática das emendas parlamentares nos textos das MPs se constata pela interpretação do texto constitucional, ainda que de maneira implícita. Bem como se ampara nos regramentos legais e regimentais que disciplinam o desenvolvimento do devido processo legislativo.

### *2.3. Violação às garantias constitucionais*

É induvidoso que o princípio constitucional da soberania popular, consagrado no art.1º caput do texto magno, somente pode ser efetivamente honrado no contexto democrático desde que também sejam respeitadas a tutela dos direitos e garantias fundamentais. Acompanhados pela independência harmônica vislumbrada pelo constituinte entre as funções do Estado.

Acerca das garantias constitucionais fundamentais, o princípio da legalidade insere-se nesta conjuntura por envolver, primeiramente, a escolha de representantes populares devidamente eleitos. Para que daí decorra a produção e a manutenção do ordenamento de maneira condizente ao sistema normativo, e também satisfatória aos anseios da sociedade. Nestas condições, segundo Fellet e Novelino (2013), somente pelo devido processo legislativas, no qual haja a observância das regras e princípios constitucionais, legais e regimentais, é que a garantia fundamental da legalidade restará legitimamente respeitada. Tratando-se especialmente nesta oportunidade, da proteção da legítima participação dos parlamentares representantes de todas as correntes políticas representadas no Congresso Nacional.

No sentido de que a vontade política do mandatário da nação, demonstrada por ato normativo tido como relevante, e editado em uma conjuntura de urgência, restaria claramente deturpada pelo ímpeto legislativo do Congresso. Ao proporem-se emendas parlamentares aos projetos de lei de conversão das Medidas Provisórias, sem que estas guardem alguma relação com seu objeto, ou nem mesmo com o contexto emergencial inerente à edição da Medida, estar-se-á diante de uma temerária intromissão nas atribuições típicas do Poder Executivo.

Percepção diversa possui Trindade (2016). Alerta o doutrinador que o emendamento das medidas provisórias, nas condições ora discutidas, representa expediente ainda mais gravoso que quando realizado em projetos de lei comuns. E a razão para tal não é outra senão a exiguidade dos prazos para a discussão e votação nos trâmites dos projetos de lei de conversão das Medidas Provisórias. Tamanha é a rapidez que, segundo o autor, em muitas vezes as emendas são apresentadas momentos antes ao término de tais prazos. Justamente para impossibilitar que discussões mais aprofundadas sobre seus fundamentos sejam iniciadas.

Desta feita, caso não perceba-se que o devido processo legislativo somente será efetivamente respeitado quando forem garantidas as oportunidades para a discussão, de forma democrática, do conteúdo de tais normas, incorrer-se-á em flagrante violação ao referido princípio. Cujo corolário refere-se à garantia constitucional do art.5º, inciso LIV da Constituição Federal. No mesmo sentido, a Eminente Ministra Relatora Rosa Weber, proferiu na ADI 5.127-DF o seguinte entendimento:

> O direito ao devido processo legislativo é um exemplo de direito fundamental de titularidade difusa, não um direito subjetivo de um ou outro parlamentar, ao menos no que se refere à regularidade do processo de produção das leis. Esse direito funciona simultaneamente como um direito de defesa e como um direito à organização e ao procedimento [...]

Em outros termos, a Eminente Ministra assegurou a garantia de que o império do ordenamento jurídico somente se legitimará diante da autodeterminação, quando as normas jurídicas forem produzidas mediante a observância das garantias constitucionais no âmbito de seus procedimentos de edição.

## 3. Propostas para modificação nos critérios de edição e tramitação das medidas provisórias

Neste momento da pesquisa, analisou-se a atuação das funções do Estado na realização do fenômeno ora estudado, de forma a propor algumas sugestões de reforma da estrutura jurídico-legal que o origina, incidentes nos setores onde se entende como determinantes para a ocorrência da aludida situação de desequilíbrio entre forças. Não sem antes tecer algumas ponderações sobre o compromisso institucional de cada um dos poderes, voltado à continuidade democrática.

### *3.1. O papel dos poderes na consecução do atual modelo brasileiro de democracia*

Ao discutirem-se temas atinentes à democracia, é sabido que seu conceito vincula-se intimamente ao ideal de soberania da vontade popular, reconhecida e legitimada por meio de eleições livres. Conceito este que, por sua vez, impõe a distribuição equitativa do poder do Estado, a partir da divisão de suas funções, acompanhada do controle dos limites de sua autonomia. Uma vez que as autoridades constituídas pelo voto livre são meros representantes da vontade popular. Logo, a referida divisão dos Poderes convém exatamente para não conferi-lo a um único sujeito, assim como para a submissão de seus atos à legalidade, como meio de controle de eventuais arbítrios.

Esta lógica da divisão de Poderes foi idealizada por Montesquieu, ainda no século XVII. Segundo Alves (2002), o filósofo francês defendia que o Princípio da Independência dos Poderes, com cada um deles exercendo sua função de maneira harmônica com os demais, representa uma garantia de que a governabilidade ocorra de forma coerente e eficaz. Evitando a centralização de autoridade por parte de algum poder, tendente à condução do Estado de maneira tirânica, de forma atentatória às liberdades individuais.

Segundo Dallari (2007), a teoria da Separação dos Poderes já era idealizada desde o século XVI, por Nicolau Maquiavel em sua obra "O Príncipe". Contudo, salienta Bastos (2002) que a tese de Montesquieu diferenciava-se por defender que cada função deveria corresponder a um órgão distinto e autônomo aos demais. Ou seja, não havia qualquer vínculo de subordinação entre o Legislativo, o Executivo e o Judiciário.

No entanto, a Constituição Norte-Americana, no século XVIII, foi a precursora da ideia dos freios e contrapesos, denominado pelos americanos de sistema dos "checksand balances". O qual defende, basicamente, a existência de algum nível de intercâmbio entre as funções de cada Poder constituído, por meio de contenções mútuas. Segundo Dallari (2007), com base na finalidade única da preservação da liberdade do indivíduo, bem como da necessidade de maior eficiência do Estado, esta moderna concepção da Teoria da Separação dos Poderes, idealizada por Montesquieu, foi construída da maneira gradativa. À medida da evolução do Estado, e em função das notórias e inevitáveis divergências sócio-políticas.

É notório que a Constituição Federal Brasileira de 1988 consagrou o mencionado sistema idealizado pela Constituição Norte-Americana, apoiado em mecanismos de controle recíprocos entre os três poderes, atuando cada um de maneira independente e harmônica. Para Moraes (2002), a repartição de poderes, feita nesses moldes, visa assegurar a continuidade do Estado Democrático de Direito, buscando-se evitar o excesso de autoridade, bem como garantir os Direitos Fundamentais dos indivíduos.

A toda evidência, a teoria da separação dos poderes foi criada visando-se instituir contornos ao mero arbítrio do Estado. Entretanto, diante da evolução havida nas relações sociais, a participação do Estado em diversas áreas mostrou-se necessária. Carecendo, portanto, de sistemas jurídicos mais elaborados. Como consequência, pela necessidade de o Legislativo ver concretizada a aplicação das normas jurídicas produto de sua atividade típica, a este Poder impôs-se um maior conhecimento acerca das atividades do Poder Executivo. Principalmente dos instrumentos ao seu dispor, capazes para conferir materialidade à vontade do seu titular.

Tratando-se de tais instrumentos, especificamente aqueles aptos a provisionarem as demandas da coletividade de forma urgente são onde se insere a discussão sobre a edição de Medidas Provisórias. Sob o viés da possível mácula que este mecanismo pode causar ao princípio da separação e equilíbrio entre as funções do Estado, e por via de consequência, à democracia.

Friede (2006) afirma que somente com uma abordagem harmônica e equilibrada da chamada "tríade basilar" dos Poderes do Estado, de acordo com a doutrina de Montesquieu, é que se torna possível reproduzir, de forma permanente, a base necessária para assegurar as condições mínimas de uma legítima democracia. Que deve ser, segundo o mesmo autor, forte em sua essência, e permanente em sua acepção temporal.

No contexto da edição das Medidas Provisórias, tem-se que, visando regularizar determinada situação, por meio de uma prestação legislativa urgente e eficaz, foi que o constituinte de 1988 previu o referido instituto. De competência do Presidente da República, e submetida à imediata e obrigatória apreciação do Congresso Nacional, o art.62 do texto constitucional estabelece o processo legislativo, bem como as limitações impostas à edição das Medidas Provisórias. Dentre elas, a limitação de seu prazo de vigência, o qual, após findo os primeiros 45 dias de publicação da MP no Diário Oficial da União, impõe sua tramitação no chamado regime de urgência constitucional. Cuja principal consequência consiste em paralisar o processamento de todas as demais deliberações da Casa na qual estiver tramitando, até que se conclua sua votação.

É neste exato ponto da discussão onde repousam os principais questionamentos sobre a utilização desmedida do referido instrumento legislativo. Pois, diante da sua capacidade para sobrestar a pauta de deliberações de quaisquer das Casas Legislativas, questiona-se seu uso como meio estratégico para realização de indevidas ingerências na agenda do Congresso Nacional.

Quando o mandatário do Poder Executivo vale-se de tal expediente de forma abusiva, afrontando assim a autonomia do Poder Legislativo. Em que pese a prerrogativa à disposição do Parlamento, para rejeitar as Medidas Provisórias que forem submetidas à sua apreciação.

Nesta perspectiva, pode-se afirmar que a discussão sobre supostas ameaças à saúde de uma democracia, em uma conjuntura de excessivas interferências do Presidente da República nas atribuições típicas do Poder pelo qual a população se vê melhor representada, traduz uma legítima preocupação daqueles incumbidos da proteção do Estado Democrático de Direito. Chiesa (2002) aponta para uma possível desvirtuação havida no instituto nas últimas décadas. Segundo o autor, se fosse a Constituição seguida à risca, os problemas relacionados ao abuso na edição das Medidas Provisórias seriam eliminados. Principalmente, pelo fato de que aquilo que é criado para ser provisório e empregado apenas excepcionalmente, não pode ser permanentemente utilizado.

Outro argumento que não pode ser olvidado consiste na suposta natureza de ato político que as Medidas Provisórias carregam. Piçarra (1989) defende que a função legislativa traduz-se pela forma como o Estado cria e modifica o ordenamento jurídico. Enquanto que a função executiva busca concretizar os objetivos do Estado, porém dentro dos limites impostos pelas normas jurídicas. Ou seja, sob a ótica do referido autor, a teoria de Montesquieu impõe como condição a identificação havida entre o Estado e o Direito.

Contudo, para Kelsen (1992), em releitura à teoria defendida por Montesquieu, a separação dos poderes corresponde a um princípio de organização política. Para tanto existindo delimitações, coordenada e constitucionalmente estabelecidas entre as três funções do Estado. Pois para o autor, seria impossível atribuir-se a criação do direito a um órgão, e sua execução a outro, de modo tão exclusivo a ponto de que nenhum outro venha a cumprir simultaneamente ambas as funções.

Entende-se que, independentemente da natureza atribuída ao instituto, é inconteste que a manutenção da viabilidade de qualquer governo somente é possível a partir de um sistema mútuo de cooperação entre os poderes constituídos. Como um meio hábil para romper a estagnação deliberatória decorrente das suas excessivas edições, acompanhada das prejudiciais obstruções ocorridas nas pautas das Casas Legislativas.

Convém assegurar que o uso pelo Poder Executivo desta forma anômala de legislar não representa, a priori, uma violação ao equilíbrio entre os Poderes. Tendo em vista a previsão constitucional para sua edição, bem como das prerrogativas atribuídas ao Parlamento para discuti-las e deliberá-las de forma independente. Entretanto, o paradoxo existente entre os excessos legislativos promovidos pelo Poder Executivo, em contraponto à inação do Parlamento em discutir determinados temas relevantes, corrobora a existência da atual conjuntura de desequilíbrio entre as funções do Estado. Cujas vicissitudes somente serão equacionadas quando cada Poder da República incumbir-se de seu mister constitucional, voltado à preservação do regime democrático.

Segundo Souza (2001), não se pode aceitar que ocorra um verdadeiro descompasso entre o país formal e o real. Com o Poder Executivo legislando unilateral e autoritariamente, acompanhado pela complacência do Poder Legislativo e pela tolerância do Judiciário. Para o autor, são fatos que revelam um estágio de subdesenvolvimento político do país.

Concluindo, importante ressaltar a imprescindibilidade para a condução das políticas de Estado, de um instrumento de eficácia imediata como a Medida Provisória. Entretanto, é forçoso observar a imposição do constituinte pela excepcionalidade no seu uso, assim como dos demais requisitos limitadores, que foram idealizados para que ocorresse o controle político e jurisdicional incidente sobre a discricionariedade do Chefe do Poder Executivo. Porquanto, uma vez não atuando nesse sentido, instituir-se-á um ambiente governamental despótico, em sacrifício à separação dos poderes constituídos, fundamento tão essencial para qualquer democracia.

## 4. Conclusões

A presente pesquisa teve como objetivo realizar uma revisão bibliográfica em discussões sobre medidas provisórias, enquanto instrumento legislativo criado de forma atípica, mais precisamente no que tange às circunstâncias que justificam sua edição, bem como à observância do devido processo legislativo durante a fase de apresentação de emendas parlamentares, entre outras especificidades incidentes, capazes de afetar o equilíbrio e a autonomia entre os poderes constituídos.

Nesse sentido, vale dizer que este complexo ato de formação, e a permanência no ordenamento jurídico da medida provisória exigem a participação dos Poderes Executivo e Legislativo, cada um com uma parcela de competência diferente neste processo. Porém, não se deve descuidar dos riscos que a utilização deste expediente trazem à harmonia entre os Poderes, caso não sejam idealizadas mudanças em seus procedimentos de edição e conversão em lei ordinária. Buscando-se evitar uma conjuntura de submissão do Legislativo ao Executivo, diante do uso abusivo e despropositado das Medidas Provisórias, sem que seja infligida responsabilização alguma ao Chefe do Poder Executivo por tal prática. Acrescente-se a isto um provável excesso de cautela por parte do Poder Judiciário em efetuar um controle mais profícuo acerca da ocorrência de tais abusos, em respeito ao princípio da autonomia entre os Poderes.

Em princípio, defende-se a imprescindibilidade do uso de um instrumento de eficácia imediata como a Medida Provisória, para a condução das políticas de Estado. Entretanto, é forçoso observar a imposição do constituinte pela excepcionalidade no seu uso.

Desta feita, entende-se como necessária uma definição mais objetiva dos critérios estabelecidos pelo constituinte, a cargo da Suprema Corte, como meio de precaver o sistema jurídico da produção de legislação de urgência realizado de forma arbitrária pelo mandatário da nação. Neste contexto, acerca do papel de guardião do texto constitucional afeito ao Supremo Tribunal Federal, infere-se ter agido coerentemente a Corte, na decisão da Ação Direta de Inconstitucionalidade nº 5.127-DF. Ao declarar a inconstitucionalidade das reiteradas práticas havidas no âmbito do processo legislativo, consistentes na inclusão de matérias diversas àquela tratada na Medida Provisória, mediante emendas parlamentares. Coerência esta demonstrada, sobretudo na produção *ex nunc* dos efeitos desta decisão. Desta feita, a colenda Corte sinalizou o viés de orientação ao Poder Legislativo, carregado em seu decisório, para que a partir de então, o Congresso Nacional conduza o processo de conversão de Medidas Provisórias em Lei Ordinária baseado no princípio da pertinência temática.

Quanto ao Parlamento e as medidas que este poder deve empreender, aponta-se para a observância do imperativo constitucional referente à instituição das Comissões Mistas, como meio de evitar-se a frustração da sua finalidade precípua. Perante a atual conjuntura de usurpação de suas atribuições, em decorrência da praxe consistente na substituição do parecer da comissão, pela atuação de um Relator escolhido pela Presidência do Congresso Nacional. Para que assim seja assegurada uma distinção mais apurada sobre o ato normativo emanado do Poder Executivo. Sem esquecer-se de que a deliberação do colegiado também representa uma defesa da prerrogativa constitucionalmente conferida ao Poder Legislativo, no sentido da fiscalização do exercício anômalo da função legislativa pelo Poder Executivo.

Ainda na seara legislativa, também é premente a discussão de modificações que instituam isonomia aos prazos de tramitação das Medidas Provisórias entre as Casas Legislativas, diante da exiguidade do prazo para discussão e deliberação das Medidas, dado ao Senado Federal. Entendendo-se ser este um propício ensejo do qual aproveitam-se os parlamentares para a inclusão das matérias impertinentes ao conteúdo das Medidas Provisórias.

Em que pesem as críticas à sua sistemática, é preciso compreender que o uso desta forma atípica de legislar não implica, em princípio, em uma violação da autonomia do Poder Legislativo, haja vista a previsão constitucional para sua edição, bem como das prerrogativas atribuídas ao Parlamento para discuti-las e deliberá-las de forma independente.

Entretanto, a importância prática deste trabalho também consiste na discussão sobre a notória incongruência existente entre tais funções do Estado. De um lado, os excessos legislativos promovidos pelo Poder Executivo, contrapondo-se à inércia do Poder Legislativo em discutir determinados temas relevantes, de outro. Denotando a existência da atual conjuntura de desequilíbrio entre tais atribuições constitucionais, cujas impropriedades somente serão equacionadas quando cada Poder da República se incumbir de seu mister constitucional, voltado à preservação do regime democrático.

Neste sentido, reitera-se a defesa pela utilização das Medidas Provisórias, por representarem um importante instrumento apto a conferir viabilidade à qualquer governo. Principalmente quando diante da necessidade de for superadas algumas etapas na produção legislativa ordinária com maior rapidez e eficiência, devido à ocorrência de situações atípicas.

Entretanto, para que não ocorram violações ao equilíbrio entre os poderes, é preciso ser fielmente observadas às limitações constitucionais e legais à sua edição, bem como à sua conversão em legislação ordinária. Para tanto, fundamental é a existência de um sistema mútuo de cooperação entre o

Legislativo e o Executivo, acompanhado pelo zelo das garantias atinentes ao devido processo legislativo, sob controle da Corte Constitucional.

## Referências

ALVES, Leo da Silva. Quanto Custa o Processo Legislativo?Consulex: Revista Jurídica. Ano VI, n. 135, p.12-17, agosto 2002.

AMARAL JÚNIOR, José Levi do. Medida provisória. 2. ed. São Paulo: Saraiva, 2012.

AMARAL JÚNIOR, José Levi do. Medida Provisória e a sua conversão em lei: a Emenda Constitucional n. 32 e o papel do Congresso Nacional. São Paulo: Rev Tribunais, 2004.

BARONI, Danilo Mansano. Medidas provisórias. São Paulo: Pillares, 2004.

BASTOS, Celso Ribeiro. Curso de Direito Constitucional. São Paulo: Celso Bastos Editora, 2002.

BRASIL. Supremo Tribunal Federal. Ação Direta de Inconstitucionalidade nº 221-MC, Rel:ALVES, Moreira, voto do Min. Celso de Mello, julgamento em 29-3-1990.1993. Disponível em: < http://redir.stf.jus.br/paginadorpub/paginador.jsp?docTP=AC&docID=346262>. Acesso em 7 abr.2018

BRASIL. Supremo Tribunal Federal. Ação Direta de Inconstitucionalidade nº 5.127/DF. Relator p/ acórdão: FACHIN, Edson. 2016. Disponível em: <http://redir.stf.jus.br/paginadorpub/paginador.jsp?docTP=TP&docID=10931367>. Acesso em 7 abr. 2018.

BRASIL. Supremo Tribunal Federal. Ação Direta de Inconstitucionalidade nº 4.029/DF. Relator: FUX, Luiz. 2012. Disponível em: <http://redir.stf.jus.br/paginadorpub/paginador.jsp?docTP=TP&docID=2227089>. Acesso em 11 abr. 2018.

BRASIL. Supremo Tribunal Federal. Ação Direta de Inconstitucionalidade nº 2.527-MC/DF. Relator: GRACIE, Ellen. 2007. Disponível em: http://redir.stf.jus.br/paginadorpub/paginador.jsp?docTP=AC&docID=495496. Acesso em: 13 abr.2018.

BRASIL. Supremo Tribunal Federal. Ação Direta de Inconstitucionalidade nº 2213-MC/DF. Relator: MELLO, Celso de. 2002. Disponível em: <http://redir.stf.jus.br/paginadorpub/paginador.jsp?docTP=AC&docID=347486>. Acesso em: 20 abr.2018.

CASSEB, Paulo Adib. Processo Legislativo. Atuação das comissões permanentes e temporárias. São Paulo: Revista dos Tribunais, 2010.

CERQUEIRA, Marcelo. Medida Provisória: a miséria da lei. Revista Trimestral de Direito Público, São Paulo, n.11, 1995.

CHIESA, Clélio. Medidas provisórias: regime jurídico-constitucional. Curitiba: Juruá, 2002.

CLÈVE, Clèmerson Merlin. Medidas Provisórias. 3. ed. rev., atual. eampl. São Paulo: Editora RT, 2010.

CLÈVE, Clèmerson Merlin. Pertinência temática, lei de conversão ônibus e contrabando legislativo. Revista Jus Navigandi, Teresina, ano 20,n. 4510, 2015. Disponível em: https://jus.com.br/artigos/44276. Acesso em: 10 mar. 2018.

CUNHA, Lucas Rodrigues. Emendamento de medidas provisórias pelo Congresso Nacional: os projetos de lei de conversão no presidencialismo brasileiro. 2011.

CUNHA, Lucas Rodrigues.. Tramitação e emendamento das medidas provisórias: evolução institucional do Executivo e do Legislativo no Brasil. Revista Jurídica da Presidência. Brasília, v. 14, n. 103, p. 325- 355, jun/set. 2012.

DALLARI, Dalmo de Abreu. Elementos da teoria geral do Estado. 26. ed. São Paulo: Saraiva,2007.

FELLET, André e NOVELINO Marcelo (Org.) Constitucionalismo e Democracia. Salvador: ed. JusPodivm.2013.

FERREIRA FILHO, Manoel Gonçalves. Do Processo Legislativo, 6. ed. São Paulo: Saraiva, 2007.

FRIEDE, Reis. Curso de ciência política e teoria geral do Estado: teoria constitucional e relações internacionais. 3. ed. Rio de janeiro: Forense Universitária, 2006.

GRILLO, Vera Terezinha de Araújo. A separação dos poderes no Brasil: Legislação x Executivo. Blumenau: Ed. da FURB; Itajaí: Ed. da UNIVALI, 2000.

KELSEN, Hans. Teoria Geral do Direito e do Estado. São Paulo: Martins Fontes, 1992.

LENZA, Pedro. Direito Constitucional Esquematizado. 15. ed. São Paulo: Saraiva, 2011.

MARTINS, Ives Gandra da Silva; BASTOS, Celso Ribeiro. Comentários à Constituição do Brasil, vol. 4, tomo I. São Paulo: Saraiva, 1995.

MASSUDA, Janine Malta. Medidas provisórias: os fenômenos na reedição. Porto Alegre: Sergio Antonio Fabris Editor, 2001.

MENDES, Gilmar Ferreira; COELHO, Inocêncio Mártires; BRANCO, Paulo Gustavo Gonet. Curso de Direito Constitucional. 4. ed. São Paulo: Saraiva, 2009.

MORAES, Alexandre de. Direito Constitucional. 31. ed. São Paulo. Atlas, 2015.

MORAES, Alexandre de. Constituição do Brasil Interpretada e legislação constitucional. 1. ed. São Paulo: Atlas, 2002.

NICOLAU, Gustavo Rene. Medidas provisórias: o executivo que legisla: evolução histórica do constitucionalismo brasileiro. São Paulo: Atlas, 2009.

NIEBUHR, Joel Menezes. O Novo Regime Constitucional da Medida Provisória. São Paulo: Dialética, 2001.

PIÇARRA, Nuno. A Separação dos poderes como doutrina e princípio constitucional: um contributo para o estudo das suas origens e evolução. Coimbra: Coimbra Ed., 1989.

PIRES, Ednilton Andrade. A medida provisória e sua Evolução Constitucional. In: Ensaios sobre impactos da Constituição Federal de 1988 na sociedade brasileira, vol. 2. Brasília: Câmara dos Deputados, 2008.

SILVA, José Afonso da. Processo Constitucional de Formação das Leis. 2. ed. São Paulo: Editora Malheiros, 2007.

SOUZA. Wilson Alves de. Medidas provisórias na prática brasileira e suas implicações frente à teoria da separação de poderes. Ciência jurídica – ad litteras et verba. Ano XV. v. 98, p. 371, 2001.

TAVARES, André Ramos. Curso de Direito Constitucional. São Paulo: Saraiva, 2016.

TRINDADE, João. Processo Legislativo Constitucional. 2. ed. Brasília: JusPodivm. 2016.

VELLOSO, Carlos Mário da Silva. Delegação legislativa – a legislação por associações. Revista de Direito Público. n.90, abr./jun. 1989, p. 179-188.

# 3. Do Ativismo Judicial como Comportamento Antidemocrático e Enfraquecedor da Deliberação Política

*Sérgio Cabral dos Reis*
*Francisco Leite Duarte*

## Introdução

O ativismo judicial interfere no processo político? Em que medida se poderia dizer que o ativismo judicial possui natureza jurídica de comportamento antidemocrático? Essas questões, sobre as quais se pretende refletir neste estudo, são extremamente importantes, pois, como se sabe, contemporaneamente, além dos casos jurídicos que apresentam forte pauta moral, são crescentes os dados envolvendo o controle judicial de políticas públicas, principalmente quanto às demandas por prestações de saúde, casos esses que, muitas vezes, enquadram-se como exemplos de ativismo judicial.

Alguns julgados indicam que, em âmbito geral, os juízes entendem que, embora essa prerrogativa de definir uma questão moral ou de formular e executar políticas públicas recaia sobre os poderes políticos governamentais, ao Poder Judiciário, ainda que em bases excepcionais, admite-se determinar o alcance em definitivo da interpretação constitucional. Nesse sentido, os juízes, no geral, têm entendido que podem delimitar o exercício de um direito fundamental ou a viabilização de políticas públicas definidas pela própria

Constituição, especialmente quando os órgãos estatais competentes, por descumprirem os encargos político-jurídicos que sobre eles incidem em caráter impositivo, vierem a comprometer, com a sua inércia, a eficácia e a integridade de direitos sociais e culturais impregnados de estatura constitucional.

Imagina-se que os juízes, ordinariamente, acreditam que essa atuação encontre guarida no sistema jurídico, mas já é hora de começar a avaliar, em âmbito geral e abstrato, se as decisões desses casos realmente envolvem todos os aspectos da temática ou apenas parte deles. Acredita-se que, quando há excesso, ou seja, nos nítidos casos de ativismo judicial, os valores democráticos restam comprometidos, causando um patológico estranhamento interinstitucional, obscurecendo o espaço natural do dissenso e da deliberação política.

## 1. Fatores jurídico-filosóficos que impulsionaram o ativismo judicial

A "judicialização de políticas públicas de direitos fundamentais" e o "ativismo judicial" são fenômenos jurídicos distintos, porém marcantes das democracias modernas no mundo[50] (Alemanha, Itália, Espanha, França, Inglaterra e EUA), inclusive da sociedade brasileira atual, com amplas possibilidades democráticas e republicanas, valorizando, no geral, a cidadania[51]. Esses modelos comportamentais, todavia, não surgiram do nada. Pelo contrário, a partir da ideia de omissão administrativa e legislativa[52], foram inspirados, em maior ou menor medida, por diversas teorias doutrinárias, especialmente as mais recentes[53].

[50] Para um resumo dos motivos do surgimento do ativismo judicial em escala global, Cf. TATE, C. Neal. "Why the expansion of judicial power?". The global expansion of judicial power. Edited by C. Neal Tate and Torbjörn Vallinder. New York / London: New York University Press, 1995, p. 27-37.

[51] VIANNA, Luiz Werneck; CARVALHO, Maria Alice Rezende de; MELO, Manuel Palacios Cunha; BURGOS, Marcelo Baumann. A judicialização da política e das relações sociais no Brasil. 2. ed. Rio de Janeiro: Revan, 2014, p. 11, 153 e 260.

[52] BERIZONCE, Roberto Omar. "Activismo judicial y participación en la construcción de las políticas públicas". Revista de Processo, São Paulo, RT, ano 35, n. 190, p. 42, dez. 2010.

[53] A judicialização da vida e nos debates políticos é um fenômeno global. Nesse sentido, a partir da constitucionalização em diferentes lugares no mundo, Cf. HIRSCHL, Ran. "O novo constitucionalismo e a judicialização da política pura no mundo". Tradução de Diego Werneck Arguelhes e Pedro Jimenez Cantisano. Revista de Direito Administrativo, Rio de Janeiro, v. 251, p. 139-178, 2009.

No campo da filosofia política[54], por exemplo, com exceção das teses libertarianas[55], pode-se dizer que a adoção de aspectos sociais do "liberalismo igualitário"[56], do "comunitarismo"[57] e das "teorias do reconhecimento"[58] in-

[54] Acerca do conceito de Filosofia Política e seus pressupostos históricos, Cf. STRAUSS, Leo. "O que é a filosofia política?". Tradução de Francesca Cricelli. Leviathan – Cadernos de Pesquisa Política, n. 2, p. 167-193, 2011.

[55] Por todos, Cf. NOZICK, Robert. Anarquia, Estado e utopia. Tradução de Fernando Santos. São Paulo: Martins Fontes, 2011.Na doutrina brasileira, para uma visão geral do Libertarismo, Cf. FERES JÚNIOR, João; POGREBINSCHI, Thamy. Teoria política contemporânea: uma introdução. Rio de Janeiro: Elsevier, 2010, p. 56-69; BRANDÃO, Rodrigo. "Entre a anarquia e o estado de bem-estar social: aplicações do Libertarianismo à filosofia constitucional". Filosofia e teoria constitucional contemporânea. Daniel Sarmento coordenador. Rio de Janeiro: Lumen Juris, 2009, p. 527-576; MORAES, Wallace dos Santos de. "Estado mínimo contra a fase histórica camaleônica do estado capitalista: um estudo da teoria neoliberal de Robert Nozick". Curso de ciência política: grandes autores do pensamento político moderno e contemporâneo. Lier Pires Ferreira, Ricardo Guanabara e Vladimyr Lombardo Jorge organizadores. 2. ed. Rio de Janeiro: Elsevier, 2011, p. 451-478.

[56] RAWLS, John. O liberalismo político. Tradução de Álvaro de Vita. São Paulo: Martins Fontes, 2011, p. 158-165; RAWLS, John. O direito dos povos. Tradução de Luís Carlos Borges. São Paulo: Martins Fontes, 2004, p. 70-71; RAWLS, John. Uma teoria da justiça. Tradução de Almiro Pisetta e Lenita Maria Rímoli Esteves. São Paulo: Martins Fontes, 2002, p. 266-275. Para um panorama sobre a correlação entre o Liberalismo Político e a ideia de Justiça Política, Cf. CRUZ JR., Ademar Seabra da. Justiça como equidade: liberais, comunitarista e a autocrítica de John Rawls. Rio de Janeiro: Lumen Juris, 2004, p. 111-120. Para uma visão geral da teoria da justiça de John Rawls, na doutrina brasileira, ilustrativamente, Cf. DOBROWOLSKI, Samantha Chantal. "Uma teoria da justiça para os dilemas da sociedade contemporânea: anotações em torno da resposta liberal de John Rawls". Filosofia e teoria constitucional contemporânea. Daniel Sarmento coordenador. Rio de Janeiro: Lumen Juris, 2009, p. 577-611.

[57] Por todos, Cf. WALZER, Michael. Esferas da justiça: uma defesa do pluralismo e da igualdade. Tradução de Jussara Simões. São Paulo: Martins Fontes, 2003; SANDEL, Michael J. O liberalismo e os seus limites da justiça. Tradução de Carlos E. Pacheco do Amaral. 2. ed. Lisboa: Fundação Calouste Gulbenkian, 2005. Para uma visão resumida acerca das divergências entre "Liberalismo e "Comunitarismo" acerca da questão da justiça, Cf. FORST, Rainer. Contexto de justiça. Tradução de Denilson Luís Werle. São Paulo: Boitempo, 2010, p. 9-14. Ainda a respeito desse debate liberal-comunitarista, Cf. LOVETT, Frank. Uma teoria da justiça, de John Rawls. Tradução de Vinicius Figueira. São Paulo: Penso, 2013, p. 123-127.

[58] No discurso das teorias do reconhecimento em geral, não é incomum a referência à isonomia e à solidariedade, valores e princípios normativos que podem influenciar, hermeneuticamente, a criação de decisões judiciais proativas. Ilustrativamente, impõe-se registrar as ideias centrais de um grande expoente das teorias do reconhecimento, Axel Honneth. Para este autor, a ideia de autorrealização é fundamental à promoção da justiça. Nesse sentido, para um adequado conceito de reconhecimento e sua correlação com a autorrealização humana, revela-se fundamental compreender os processos sociais que visam à superação de situações

fluenciaram, em maior ou menor medida, a formação de um movimento mais atuante dos juízes em prol de uma sociedade mais justa. De igual modo, as recentes teorias da justiça que valorizam "concepções substanciais de democracia", com a exigência de forte inserção estatal na tutela de direitos sociais[59].

Na realidade, acarretaram o mesmo efeito reflexões críticas acerca da "crise do Estado Constitucional contemporâneo" diante da mundialização econômica[60], especialmente em um quadro visível de falência nas prestações sociais[61], e isso sem falar na "crise da Ciência"[62], a qual também envolve a passagem da modernidade para a pós-modernidade, que, com seus dilemas e paradoxos[63],

desrespeitosas, estigmatizantes e eventualmente humilhantes. A partir desses processos, é possível um horizonte normativo para pensar o justo. Conforme preleciona Axel Honneth, nas sociedades ocidentais contemporâneas, três dimensões, historicamente construídas, seriam centrais à autorrealização: a) o amor; b) os direitos; c) a estima social. A primeira delas, o amor, baseia-se em vínculos afetivos fortes, que são essenciais ao surgimento da autoconfiança. A segunda, os direitos, pauta-se pelo princípio de uma igualdade universal, merecida por todos os seres humanos por conta de sua condição humana, dela dependendo a experiência do autorrespeito. A terceira, a estima social, envolveria uma simetria da possibilidade de vir a ser estimado por eventuais contribuições à realização de objetivos sociais. Esta dimensão seria fundamental tanto à promoção da autoestima, como ao fortalecimento de uma solidariedade social mais ampla. Dessa forma, essas três dimensões alcançariam formas distintas de reconhecimento que serviriam de base para avaliar as condições de autorrealização. Por outro lado, há basicamente três formas de desrespeito capazes de cercear a autorrealização: a) violências físicas que impedem que os indivíduos disponham livremente de seus corpos; b) denegação de direitos que evidenciam os limites da igualdade universal; c) a depreciação apriorística de indivíduos. Impõe-se perceber, todavia, que essas práticas desrespeitosas são, na visão de Axel Honneth, capazes de impulsionar lutas por reconhecimento. Cf. HONNETH, Axel. Lutas por reconhecimento: a gramática moral dos conflitos sociais. Tradução de Luiz Repa. São Paulo: Editora 34, 2003.

[59] Por todos, Cf. SEN, Amartya. A ideia de justiça. Tradução de Denise Bottmann e Ricardo Doninelli Mendes. São Paulo: Companhia das Letras, 2011, p. 384-389.

[60] FARIA, José Eduardo. "Introdução: o judiciário e o desenvolvimento socioeconômico". Direito e globalização econômica: implicações e perspectivas. José Eduardo Faria organizador. 1. ed. 3ª tir. São Paulo: Malheiros, 2010, p. 11.

[61] FARIA, José Eduardo. O Estado e o direito depois da crise. São Paulo: Malheiros, 2011, p. 39.

[62] FARALLI, Carla. A filosofia contemporânea do direito: temas e desafios. Tradução de Candice Premaor Gullo. São Paulo: Martins Fontes, 2006, p. 67-83.

[63] BITTAR, Eduardo C. B. O direito na pós-modernidade. Rio de Janeiro: Forense Universitária, 2005, p. 336-343.

também acarretou mudanças paradigmáticas acerca do Direito[64], com significativas implicações no procedimento adotado pelos juízes em suas decisões.

Com efeito, diversos estudos depositaram no juiz a tarefa de concretizar adequadamente o texto constitucional, a exemplo do movimento de "direito alternativo"[65], da crítica sobre o caráter ideológico do Direito[66] e da "teoria crítica dos direitos humanos"[67].

Ademais, sem esquecer a paradigmática metáfora kelseniana da moldura normativa[68], que valoriza a discricionariedade judicial no momento da decisão[69], é certo dizer que o chamado "neoconstitucionalismo", inspirado, em um

64 Acerca das características do Direito na pós-modernidade, Cf. HESPANHA, António Manuel. Cultura jurídica europeia: síntese de um milênio. Coimbra: Almedina, 2015, p. 559-577.

65 Acerca das ideias que inspiraram o movimento de Direito Alternativo, Cf. CARVALHO, Amilton Bueno de. Magistratura e direito alternativo. 6. ed. Rio de Janeiro: Lumen Juris, 2003; PORTANOVA, Rui. Motivações ideológicas da sentença. 5. ed. Porto Alegre: Livraria do Advogado, 2003; SOUTO, Cláudio. Tempo de direito alternativo: uma fundamentação substantiva. Porto Alegre: Livraria do Advogado. 1997.

66 Sobre a correlação entre Ideologia e Direito, ilustrativamente, por todos, Cf. CLÈVE, Clèmerson Merlin. O direito e os direitos: elementos para uma teoria crítica do direito contemporâneo. 3. ed. Belo Horizonte: Fórum, 2011.

67 Sobre o tema, ilustrativamente, Cf. RUBIO, David Sanchez. Encantos e desencantos dos direitos humanos: de emancipações, libertações e dominações. Tradução de Ivone Fernandes Morcilho Lixa e Helena Henkin. Porto Alegre: Livraria do Advogado, 2014; FLORES, Joaquín Herrera. Teoria crítica dos direitos: os direitos humanos como produtos culturais. Tradução de Luciana Caplan, Carlos Roberto Diogo Garcia, Antonio Henrique Graciano Suxberger e Jefferson Aparecido Dias. Rio de Janeiro: Renovar, 2009.

68 Como Kelsen defende que existem várias possibilidades decisórias dentro da moldura normativa, é natural que, epistemologicamente, ele rejeite a "teoria da única resposta correta para o caso". Esta empreitada, segundo Kelsen, não pertence à Ciência do Direito, mas sim à política do Direito. Para uma visão completa de sua teoria da decisão, Cf. KELSEN, Hans. Teoria pura do direito. Tradução de João Baptista Machado. 6. ed. São Paulo: Martins Fontes, 1998, p. 387-397. Arnaldo Vasconcelos explica que, por incompatibilidade com a pureza metódica da Teoria Pura do Direito, Kelsen não se interessou pelo "mundo fenomênico, a vida das relações entre homens socialmente desiguais, com divergências em suas possibilidades e aspirações". Nesse sentido, "entre a realidade fática e a teoria, sacrificou-se, pois, sem a mínima contemplação, toda a realidade". Cf. VASCONCELOS, Arnaldo. Teoria pura do direito: repasse crítico de seus principais fundamentos. Rio de Janeiro: Forense, 2003, p. 218.

69 Há discricionariedade judicial, pois, dentro da moldura normativa, acomodam-se vários significados. Cf. COELHO, Fábio Ulhoa. Para entender Kelsen. 2. ed. 2ª tir. São Paulo: Max Limonad, 1997, p. 61.

ambiente de pluralismo valorativo[70], pela linguagem aberta e flexível do texto constitucional[71] e dos tratados de direitos humanos[72], revelou-se decisivo para a formação desse comportamento proativo dos juízes[73], especialmente pela tese da "hegemonia normativa dos princípios", com especial destaque para o "direito ao mínimo existencial" e a máxima da tutela da intangibilidade da "dignidade da pessoa humana"[74].

É certo também, nessa "era de desordem"[75], que a utilização de cláusulas gerais[76] e outros *standards* normativos de textura aberta, para a solução

[70] O pluralismo caracteriza as democracias contemporâneas. Nesse sentido, Cf. CITTADINO, Gisele. Pluralismo, direito e justiça distributiva: elementos de filosofia constitucional. 4. ed. 2ª Tir. Rio de Janeiro: Lumen Juris, 2013, p. 1 e 144.

[71] ZAGREBELSKY, Gustavo. Il diritto mite: legge, diritti, giustizia. Torino: Einaudi, 1992, p. 11-13.

[72] Para uma correção entre a textura extremamente aberta da Convenção Europeia de Direitos Humanos e o aumento do poder de criação judicial, com ausência de garantias de tutela isonômica de direitos, Cf. AZZARITI, Gaetano. "Verso un governo dei giudice? Il ruolo dei giudice comunitari nella costruzione dell'Europa politica". Rivista di Diritto Costituzionale, Torino, G. Giappichelli, p. 3-28, 2009.

[73] Acredita-se que até mesmo a Doutrina Social da Igreja Católica tenha influência, direta ou indireta, sobre a convicção de determinados juízes, quando decidem acerca de casos envolvendo políticas públicas de direitos sociais.

[74] Sobre os riscos de decisionismos arbitrários a partir da concretização do direito ao mínimo existencial e do princípio da dignidade da pessoa humana, Cf. SARLET, Ingo Wolfgang. "Dignidade da pessoa humana, abertura material do catálogo de direitos fundamentais na constituição federal de 1988 e os riscos de um pamprincipialismo – levando a sério as advertências de Lenio Streck". Hermenêutica, constituição e decisão judicial. Estudos em homenagem ao professor Lenio Luiz Streck. Alexandre Morais da Rosa, André Karam Trindade, Clarissa Tassinari, Márcio Gil Tostes dos Santos e Rafael Tomaz de Oliveira organizadores. Porto Alegre: Livraria do Advogado, 2016, p. 236.

[75] As concepções formais do Direito, do século XX, que concebem o Direito como um sistema de coerência lógica apriorística, criaram a chamada "era de ordem". Todavia, na contemporaneidade, tendo em vista que o sistema jurídico é cada vez mais aberto e permeável à incorporação de critérios que provêm de outras áreas de conhecimento (moral, economia, técnica sociologia etc.), vive-se sobre a "era de desordem". Nesse sentido, Cf. LORENZETTI, Ricardo Luis. Teoria da decisão judicial: fundamentos de direito. Tradução de Bruno Miragem. 2. ed. rev. São Paulo: RT, 2010, p. 359.

[76] No sentido de que as cláusulas gerais são justificadas pela complexidade das sociedades contemporâneas, que exigem um sistema jurídico aberto e flexível, Cf. ALVIM, Teresa Arruda; DANTAS, Bruno. Recurso especial, recurso extraordinário e a nova função dos tribunais superiores no direito brasileiro. 4. ed. rev., atual. e ampl. São Paulo: RT, 2017, p. 221.

de *hard cases*, possibilitaram uma expansão da criatividade judicial do Direito[77].

## 2. Do ofuscamento da política como uma das consequências do ativismo judicial

Observa-se que, embora bem intencionado e muitas vezes embasado em alguma das teorias mencionadas acima, o controle judicial de políticas públicas e de questões relacionadas a bens e serviços de saúde pública muitas vezes recai em ativismo judicial antidemocrático. O intento judicial, portanto, é democrático, mas a prática atenta contra um dos pilares do sistema democrático, que é o equilíbrio entre as funções estatais[78].

Não se pode imaginar, assim, que todos os problemas sociais sejam resolvidos pela atuação judicial, pois, como corretamente entende Antoine Garapon[79], "à justiça não cabe resolver todos os problemas, dar a última palavra em matéria de ciência ou de história, definir o bem político e responsabilizar-se pelo bem-estar das pessoas", pois esse papel cabe, prioritariamente, às funções legislativa e administrativa do Estado[80].

[77] Na tradição do Common Law, demonstrando que a indeterminabilidade do Direito em relação aos julgamentos dos chamados hard cases possibilita, nas democracias modernas, o exercício de uma certa função legislativa dos juízes e, com efeito, da criatividade judicial, Cf. HART, Herbert. O conceito de direito. Tradução de Antônio de Oliveira Sette-Câmara. São Paulo: Martins Fontes, 2009, p. 161-176 e 351-356. Sobre a discricionariedade judicial na tese de Hart, por conta da textura aberta do Direito, Cf. MACCORMICK, Neil. H. L. A. Hart. Tradução de Claudia Santana Martins. Rio de Janeiro: Elsevier, 2010, p. 171-177. Na doutrina brasileira, por todos, Cf. MOTTA, Francisco José Borges. Ronald Dworkin e a decisão jurídica. Salvador: JusPODVIM, 2017, p. 104.

[78] No sentido de que o ativismo judicial interferiu na reconfiguração da democracia contemporânea, Cf. SILVA, Edvaldo Fernandes da. "Excesso de jurisdição ou escassez de política? Apontamentos sobre a jurisdição constitucional brasileira à luz da evolução histórica do estado democrático de direito". Revista da Faculdade de Direito da UFMG, Belo Horizonte, n. 62, p. 210, jan./jun. 2013.

[79] GARAPON, Antoine. O juiz e a democracia: o guardião das promessas. Tradução de Maria Luiza da Carvalho. 2. ed. Rio de Janeiro: Revan, 2001, p. 265.

[80] É interessante observar, todavia, que há quem defenda que, no limiar do século XXI, está emergindo uma nova separação de poderes, decorrente do surgimento, em nível mundial, de novas formas institucionais que não podem ser categorizadas como legislativas, judiciais

O que se tem visto é que a judicialização[81] da política e das próprias questões cotidianas da vida, a exemplo da lesão a direitos de personalidade, tem sido um fenômeno de repercussão mundial, e a doutrina, ao tempo em que tem apontado suas causas, já vem estabelecendo severas críticas a esse modelo de resolução de problemas sociais[82]. Se, no caso do Brasil, a partir da consolidação da democracia[83], as causas demonstram um novo desenho institucional reservado à jurisdição contemporânea[84], as críticas podem ser resumidas na

ou executivas, levando a um conjunto diferente de desafios normativos. Cf. ACKERMAN, Bruce. "Adeus, Montesquieu". Tradução de Diego Werneck Arguelhes e Thomaz Henrique Junqueira de Andrade Pereira. Revista de Direito Administrativo – RDA, Rio de Janeiro, v. 265, p. 13-23, jan./abr. 2014.

81 "Judicialização"é um termo que tem sido empregado para significar que algumas questões políticas e sociais estão sendo decididas no âmbito do Judiciário, e não pelas instâncias políticas tradicionais: o Parlamento e o Poder Executivo. Trata-se de uma tendência mundial, que, no Brasil, tem como causas preponderantes a "redemocratização", que teve como ponto culminante a promulgação da atual Constituição, a "constitucionalização abrangente", tornando constitucionais matérias que antes eram submetidas ao princípio da legalidade ou ao processo político majoritário, e o "sistema misto de controle de constitucionalidade". Nesse sentido, Cf. BARROSO, Luís Roberto. O controle de constitucionalidade no direito brasileiro: exposição sistemática da doutrina e análise crítica da jurisprudência. 4. ed. rev. e atual. São Paulo: Saraiva, 2009, p. 332-333.

82 A doutrina, por exemplo, tem percebido que o ativismo judicial tem sido marcante em relação às decisões do STF, as quais estão cada vez mais presentes na mídia, em virtude da relevância dos temas nelas versados. Oscar Vilhena Vieira, para demonstrar a expansão de autoridade do STF, chega a falar em "supremocracia" e aponta as causas da sua construção institucional: (I) a ambição constitucional, ao tratar de todos os temas, gerando uma explosão da litigiosidade em torno da Carta Magna; (II) as competências superlativas do STF, que, na função de guardião constitucional, teve ampliado um elenco de demandas apreciadas em única instância, bem como a possibilidade de atuar como instância recursal. A instituição da repercussão geral no recurso extraordinário e da Súmula Vinculante, apesar de diminuírem a quantidade de processos apreciados pelo STF, concentra ainda mais os poderes desta Corte Suprema nas questões essenciais da sociedade. VIEIRA, Oscar Vilhena. "Supremocracia". Revista Direito GV, São Paulo,p. 446-450, jul./dez. 2008.

83 BRANDÃO, Rodrigo. "A judicialização da política: teorias, condições e o caso brasileiro". Revista de Direito Administrativo – RDA, v. 263, p. 214, mai./ago. 2013.

84 Resume, neste ponto, Celso Fernandes Campilongo: "A magistratura ocupa uma posição singular nessa nova engenharia institucional. Além de suas funções usuais, cabe ao Judiciário controlar a constitucionalidade e o caráter democrático das regulações sociais. Mais ainda: o juiz passa a integrar o circuito de negociação política. Garantir as políticas públicas, impedir o desvirtuamento privatista das ações estatais, enfrentar o processo de desinstitucionalização dos conflitos – apenas para arrolar algumas hipóteses de trabalho – significa atribuir ao magistrado uma função ativa no processo de afirmação da cidadania e da justiça substantiva.

exigência democrática de vedação de ativismo judicial, aqui entendido, de forma restritiva, como um comportamento ou uma atuação judicial que invade os espaços de competência constitucional das funções legislativa e de governo, que, neste caso, abrange o planejamento administrativo e a execução das políticas públicas previamente autorizadas pelo Legislativo.

Precisa-se ter o cuidado, todavia, para não se confundir determinados conceitos. É que "judicialização" e "ativismo judicial" são conceitos que, tecnicamente, não se confundem, pois, enquanto naquele a decisão decorre do sistema jurídico, neste, por apostar no protagonismo judicial e na discricionariedade[85],adota-se uma metodologia decisória que não se constrange diante das fontes do Direito[86].

O ativismo, normalmente associado ao desrespeito à separação de poderes[87], é o resultado de um desejo ou ato de vontade do órgão judicante de modificar, solipsisticamente, a realidade social circundante[88], e, nessa perspectiva, a expressão "ativismo judicial", compreendida restritivamente, representa um rótulo negativo, pois – diferentemente da expressão "autocontenção judicial" (*judicial restraint*), que rende deferência ao legislador democrático – encontra-se ligada à ideia de que o Poder Judiciário, para cumprir a Constituição,

Aplicar o direito tende a configurar-se, assim, apenas num resíduo da atividade judiciária, agora também combinada com a escolha de valores e aplicação de modelos de justiça". Cf. CAMPILONGO, Celso Fernandes. "Os desafios do Judiciário: um enquadramento teórico". Direitos humanos, direitos sociais e justiça. José Eduardo Faria organizador. 1. ed. 4ª tir. São Paulo: Malheiros, 2005, p. 49.

85 TRINDADE, André Karan; MORAIS, Fausto Santos de. "Ativismo judicial: as experiências norte-americana, alemã e brasileira". Revista da Faculdade de Direito da UFPR, Curitiba, n. 53, p. 159-160, 2011.

86 Nesse sentido, no ativismo judicial, há "uma atitude, a escolha de um modo específico e proativo de interpretar a Constituição, expandindo o seu sentido e alcance". Cf. BARROSO, Luís Roberto. O controle de constitucionalidade no direito brasileiro: exposição sistemática da doutrina e análise crítica da jurisprudência. 4. ed. rev. e atual. São Paulo: Saraiva, 2009, p. 335.

87 Na mídia, observa-se que há uma divergência de concepção entre o Brasil e os EUA. Neste país, há ênfase no ativismo como uma relação desviante entre o juiz e a lei (Constituição, precedentes etc.), ou seja, trata-se de uma questão de (des)obediência ao Direito, ao passo que, na análise da imprensa brasileira, verifica-se que a questão do "ativismo judicial" está mais diretamente relacionada à separação de poderes. Nesse sentido, Cf. ARGUELHES, Diego Werneck; OLIVEIRA, Fabiana Luci de; RIBEIRO, Fabiano Molhano. "Ativismo judicial e seus usos na mídia brasileira". Direito, Estado e Sociedade, n. 40, p. 34-64, jan./jun. 2012.

88 TASSINARI, Clarissa. Jurisdição e ativismo judicial. Porto Alegre: Livraria do Advogado, 2013, p. 147.

pode invadir a competência institucional reservada aos demais poderes estatais[89].No comportamento ativista, o juiz, desprezando a autonomia do Direito, decide com base em suas convicções pessoais e preferências ideológicas, com base em critérios não jurídicos[90].

Observe-se que, não obstante o necessário equilíbrio das funções estatais, a "judicialização", diferentemente do ativismo judicial, é inerente ao exercício da jurisdição constitucional, que, a despeito das naturais tensões institucionais decorrentes do Estado Democrático de Direito[91], transforma-se na garantia da eficácia dos direitos fundamentais sociais[92] e da própria democracia[93].

89 GUASTINI, Riccardo. Interpretare e argomentare. Milano: Giuffrè, 2011, p. 445-448.

90 ABBOUD, Georges. Processo constitucional brasileiro. – 2. ed. rev., atual. e ampl. – São Paulo: RT, 2018, p. 1261-1264.

91 Revela-se oportuno perceber, com base na lição de Gustavo Binenbojm, que o Estado Democrático de Direito é a síntese histórica de duas ideias originariamente antagônicas: a "democracia", fundada na soberania popular, e o "constitucionalismo", ligado à limitação de poder. A democracia constitucional, proclamada atualmente como o regime político ideal, "vive sob o influxo de uma tensão latente entre a vontade majoritária e a vontade superior expressa na Constituição". A jurisdição constitucional, desse modo, é uma instância de "poder contramajoritário", pois, fundada na ideia da supremacia da Constituição, limita o espaço decisório dos agentes políticos eleitos pelo povo, quando a decisão política contrariar princípios e direitos considerados como "inalienáveis" pelo poder constituinte originário, os quais são tidos como condições estruturantes e essenciais ao bom funcionamento do próprio regime democrático. A função da jurisdição constitucional, pois, "é mesmo a de anular determinados atos votados e aprovados, majoritariamente, por representantes eleitos", quando ofensivos à Constituição, sendo que essa "intervenção se dá a favor, e não contra a democracia". Cf. BINENBOJM, Gustavo. A nova jurisdição constitucional brasileira – legitimidade democrática e instrumentos de realização. 3. ed. rev., ampl. e atual. Rio de Janeiro: Renovar, 2010, p. 278.

92 ABBAMOVICH, Victor; COURTIS, Christian. Los derechos sociales como derechos exigibles. Madrid: Trotta, 2002, p. 37. No mesmo sentido, Cf. STRECK, Lenio Luiz. "Jurisdição constitucional e hermenêutica: perspectivas e possibilidades de concretização dos direitos fundamentais sociais no Brasil". Novos Estudos Jurídicos, v. 8, n. 2, p. 261, mai./ago. 2003. Observe-se que, com o reconhecimento da densidade normativa dos direitos sociais, o dogma da separação dos poderes sofreu uma reestruturação completa, tendo como base o cumprimento dos princípios e regras constitucionais. Assim, nas palavras de Walber de Moura Agra, "não há mais função típica ou atípica, mas uma atuação para estabelecer os freios e contrapesos, no sentido de que os mandamentos constitucionais possam ser cumpridos". Cf. AGRA, Walber de Moura. "Direitos sociais". Tratado de Direito Constitucional. Coordenação de Ives Gandra da Silva Martins, Gilmar Ferreira Mendes e Carlos Valder do Nascimento. Vol. 1. São Paulo: Saraiva, 2010, p. 535.

93 STRECK, Lenio Luiz. "Uma abordagem hermenêutica acerca do triângulo dialético de Canotilho ou de como ainda é válida a tese da Constituição dirigente (adequada a países de

É que constitucionalizar significa, em princípio, permitir a judicialização, pois as "escolhas políticas" passam a fazer parte dos domínios do Direito, mediante critérios de validade e adequação[94].

Sendo assim, a "judicialização" faz parte da democracia constitucional[95], ao passo que, no "comportamento ativista" (ativismo judicial), essas tensões chegam a um limite que coloca em xeque o próprio Estado Democrático de Direito[96], inclusive, atualmente, já existem propostas para diminuir, por exemplo, o poder decisório do STF[97], que sabidamente tem a competência formal de falar por último acerca da interpretação constitucional.

modernidade tardia)". Direitos fundamentais e Estado Constitucional: estudos em homenagem a J. J. Gomes Canotilho. Coordenação de George Salomão Leite e Ingo Wolfgang Sarlet. São Paulo: RT, 2009, p. 77. Observe-se que as democracias constitucionais da atualidade convivem permanentemente com a tensão constitutiva entre os poderes do Estado, institucionalmente estabelecidos, e entre estes e a esfera pública de forma ampla e geral, sem que possam ser desconsiderados os sistemas internacionais e comunitários de proteção a direitos humanos; e, para além destes, o próprio "transconstitucionalismo", cujas questões jurídicas perpassam os diversos tipos de ordens jurídicas. Nesse sentido, Cf. NEVES, Marcelo. Transconstitucionalismo. São Paulo: Martins Fontes, 2009.

94 DALH, Robert. A. "Tomada de decisões em uma democracia: a Suprema Corte como uma entidade formuladora de políticas nacionais". Tradução Grupo Primacy Translations. Revista de Direito Administrativo – RDA, v. 252, p. 42, set./dez. 2009.

95 Observe-se que a "democracia constitucional" ou o "constitucionalismo democrático" é o modelo contemporâneo de Estado Democrático de Direito. É formado por duas ideias com trajetórias diferentes, o "constitucionalismo" e a "democracia". O constitucionalismo caracteriza-se pelo "poder limitado" e pelos "direitos fundamentais", ideologia dominante no século XX. Já a democracia caracteriza-se pela "soberania popular" e pelo "governo da maioria". Nesse sentido, Cf. BARROSO, Luis Roberto. Curso de direito constitucional contemporâneo: os conceitos fundamentais e a construção do novo modelo. 6. ed. São Paulo: Saraiva, 2017, p. 67-68.

96 Conforme a doutrina, a postura ativista, normalmente, manifesta-se nas seguintes condutas: a) "a aplicação direta da Constituição a situações não expressamente contempladas em seu texto e independentemente de manifestação do legislador ordinário"; b) "a declaração de inconstitucionalidade de atos normativos emanados do legislador, com base em critérios menos rígidos que os de patente e ostensiva violação da Constituição"; c) "a imposição de condutas ou de abstenções ao Poder Público, notadamente em matéria de políticas públicas". Nesse sentido, Cf. BARROSO, Luís Roberto. O controle de constitucionalidade no direito brasileiro: exposição sistemática da doutrina e análise crítica da jurisprudência. 4. ed. rev. e atual. São Paulo: Saraiva, 2009, p. 335.

97 Embora se tenha entendido que o deslocamento da autoridade do sistema representativo para o Poder Judiciário é, antes de tudo, uma consequência do avanço das Constituições rígidas, dotadas de sistema de controle de constitucionalidade, já se vislumbram reações do

Dessa forma, apesar de a jurisdição constitucional ter a missão de concretizar a Constituição[98], deve-se vedar, a priori, comportamento judicial que é delineado por "critérios de política", e não por critérios preponderantemente jurídicos, por respeito à autonomia e à força normativa do Direito[99]. O "populismo judicial", nessa perspectiva, é ruim, pois subordina o processo decisório exclusivamente ao "sentimento social", e o Poder Judiciário pode até ser permeável aos anseios sociais de momento, mas deve garantir a autonomia e a previsibilidade relativa do Direito. Sendo assim, somente quem tem voto pode decidir, em uma democracia, com base no critério do "sentimento social".

Desrespeitar essa premissa, em uma espécie de "ativismo judicial político", significa incorrer em "ato antidemocrático", ou seja, decidir nos espaços reservados ao legislador e ao administrador é um comportamento inconstitucional, autoritário e pernicioso para o desenvolvimento da própria democracia, pois é um comportamento que vai além da tutela de direitos fundamentais[100]. Uma atuação judicial democrática, desse modo, é conduzida por critérios jurídicos.

Congresso Nacional em relação a essa atuação do STF, a exemplo da Proposta de Emenda Constitucional nº 33 (PEC 33/2011), que, na prática, diminui o poder do STF na intepretação constitucional. Em síntese, se aprovada, a PEC nº 33 modificaria o texto constitucional, para preconizar o seguinte: (I) exigência de 4/5 dos membros do tribunal para que uma lei seja considerada inconstitucional ou declarada a inconstitucionalidade de ato do poder público; (II) em ações que questionam a legalidade de emendas à Constituição Federal, a decisão do Supremo não será mais definitiva. Depois do julgamento pelo STF, o Congresso, por 3/5 de seus membros, terá de dizer se concorda ou não com a decisão. Se discordar, o assunto será submetido a plebiscito (consulta popular); (III) fica transferida do STF para o Congresso Nacional a competência para a aprovação em definitivo de Súmulas Vinculantes. Sobre o tema, Cf. BERCOVICI, Gilberto; LIMA, Martonio Mont'Alverne Barreto. "Separação de poderes e a constitucionalidade da PEC nº 33/2011". Pensar, Fortaleza, v. 18, n. 3, p. 787-803, set./dez. 2013.

[98] A Constituição, estabelecida pela nação, é um corpo normativo que, no Estado Democrático de Direito, tem duas funções importantes, quais sejam, o "estabelecimento das regras do jogo democrático", assegurando a participação política ampla, o governo da maioria e a alternância de poder, e, como a democracia não se resume ao princípio majoritário, "proteger valores e direitos fundamentais", mesmo que contra a vontade circunstancial de quem tem mais votos. Nesse sentido, Cf. BARROSO, Luís Roberto. O controle de constitucionalidade no direito brasileiro: exposição sistemática da doutrina e análise crítica da jurisprudência. 4. ed. rev. e atual. São Paulo: Saraiva, 2009, p. 339-340.

[99] DWORKIN, Ronald. Uma questão de princípio. Tradução de Luís Carlos Borges. São Paulo: Martins Fontes, 2001, p. 6, 113 e 135.

[100] LEITE, Roberto Basilone. O papel do juiz na democracia: ativismo judicial político x ativismo judicial jurisdicional. São Paulo: LTr, 2014, p. 23 e 25.

É inegável que a separação de "argumentos de política" e "argumentos de princípios jurídicos" não é tarefa fácil, mas é certo que só a mera preocupação em fazê-la já induz comportamento que, ao final, respeita os espaços da Política e da representação popular.

Sendo assim, além de ofuscar o papel da Política, o excesso de jurisdição, ou seja, uma atuação sem limites e sem qualquer padrão prévio de objetividade, mesmo que seja no campo das políticas públicas de saúde, pode contribuir para um ambiente antidemocrático[101], em que decisões sem critérios serão apenas a representação da vontade subjetiva dos juízes. Se essa afirmação é correta, precisa-se esclarecer, por outro lado, que a atuação proativa da jurisdição, além de solucionar o caso concreto, estimula a invenção de uma nova cultura política, sendo um efeito colateral de índole coletiva.

A questão central, portanto, é estabelecer os limites dessa atuação, exatamente para não prejudicar a continuidade de serviços essenciais à população, a pretexto de se concretizarem direitos sociais. É necessário, desse modo, encontrar um lugar de equilíbrio, sensível à percepção de que o juiz, apesar de comprometido com a efetividade da Constituição, não pode ultrapassar certos limites, para não colocar em risco os próprios postulados do Estado Democrático de Direito[102].

Um aspecto relevante, para que não haja um ativismo judicial antidemocrático, é que o Poder Judiciário não seja visto como uma figura paterna ou um superego de uma sociedade órfã[103], eliminando, principalmente na definição de políticas públicas, o espaço da política e da ampliação da participação popular nas decisões relevantes para a sociedade. Nesse sentido, diante de certo déficit político, o exercício da jurisdição nesta matéria deve ser restrita a "casos excepcionais", em situações objetivas de urgência, reservando sua atuação, fora dessas hipóteses, para um modelo procedimental que, simbolicamente,

[101] LEAL, Rogério Gesta. "As responsabilidades políticas do ativismo judicial: aspectos teórico-práticos da experiência norte-americana e brasileira". Ativismo judicial e déficits democráticos: algumas experiências latino-americanas e europeias. Rogério Gesta Leal e Mônia Clarissa Hennig Leal organizadores. Rio de Janeiro: Lumen Juris, 2011, p. 15.

[102] CLÈVE, Clémerson Merlin. "A eficácia dos direitos fundamentais sociais". Revista de Direito Constitucional e Internacional, São Paulo, RT, ano 14, v. 54, p. 36, jan./mar. 2006.

[103] Por todos, Cf. MAUS, Ingeborg. "Judiciário como Superego da sociedade: o papel da atividade jurisprudencial na 'sociedade órfã'". Tradução de Martonio Lima e Paulo Albuquerque. Novos estudos,CEBRAP, n. 58, p. 183-202, nov. 2000.

permite a construção de uma democracia participativa e inclusiva voltada para a formulação de políticas públicas. A ideia, que não se pode desenvolver neste singelo artigo, é que o fortalecimento da democracia participativa também ocorra por intermédio da jurisdição, que, nesses casos complexos e multidimensionais, passaria a dialogar com a sociedade e a política.

## 3. Reequilibrando as funções estatais no estado democrático de direito: do ativismo judicial à construção de pautas democráticas na interpretação constitucional

Observe-se, na perspectiva do que se estudou até agora, que a divisão das funções estatais teve o objetivo de evitar a concentração do poder de um governo em determinada instituição, evitando abusos[104]. Desde o início dos primeiros estudos acerca da Constituição norte-americana, já se tinha a ideia de que os três poderes estatais deveriam ser interdependentes, mas com a menor ingerência possível de um na esfera do outro, e a sua fonte de autoridade, inclusive na nomeação de seus representantes, era o povo[105]. Se, na época, concebia-se o Poder Judiciário como o mais fraco dos poderes[106], por ser destituído de força e sua atividade ser limitada a um julgamento de conflitos individuais, a situação inverteu-se atualmente, em especial pelos avanços da teoria do controle de constitucionalidade em questões envolvendo direitos fundamentais, quando se revela necessária a fixação dos limites de sua legitimidade e ingerência sobre o campo de atuação dos outros poderes, a exemplo da criação de políticas públicas de saúde ainda não disciplinadas por lei.

É que a noção de Estado Democrático de Direito, diante da tensão entre constitucionalismo e democracia, passa pelo equilíbrio entre as funções estatais. A democracia tem como base a inserção do povo no procedimento deliberativo acerca das decisões, procedimento esse que é disciplinado e limitado pelo constitucionalismo, que também estabelece determinações, a exemplo

104 BACHOF, Otto. Jueces y Constitución. Tradução de Rodrigo Bercovitz Rodríguez-Cano. Madrid: Editorial Civitas, 1985, p. 58.

105 HAMILTON, Alexander; MADISON, James; JAY John. O federalista. Tradução de Heitor Almeida Herrera. Brasília: UnB, 1984, p. 417.

106 Idem, p. 576.

de critérios substanciais de representatividade. Não é raro, nesse universo, haver choque entre a jurisdição constitucional e os poderes politicamente majoritários. É que se reservam à jurisdição constitucional os papéis de estabelecer função contra majoritária no controle dos direitos fundamentais e de representar, discursivamente, a sociedade. Esse aspecto, como denuncia Luís Roberto Barroso[107], é negligenciado pela doutrina, que não percebeu que, em uma democracia, todo poder político tem um papel representativo, que, no caso do Poder Judiciário, é manifestado pelas suas "razões decisórias", procurando, na medida do possível, convencer a sociedade[108] (legitimidade discursiva)[109].

É certo que a ideia de democracia, indissociável de um regime jurídico de direitos fundamentais, está além do mero respeito à vontade majoritária, pois, a partir da ideia de cooperação democrática entre as instituições e a racionalidade de seus limites, o seu conceito também é composto pelo ideal de participação, tolerância e liberdade, sem prejuízo do respeito à diferença.

107 Conforme preleciona Luís Roberto Barroso, "a democracia é muito mais do que a mera expressão numérica de uma maior quantidade de votos. Para além desse aspecto meramente formal, ela possui uma dimensão substantiva, que abrange a preservação de valores e direitos fundamentais. A essas duas dimensões — formal e substantiva — soma-se, ainda, uma dimensão deliberativa, feita de debate público, argumentos e persuasão. A democracia contemporânea, portanto, exige votos, direitos e razões". Cf. BARROSO, Luís Roberto. "A função representativa e majoritária das cortes constitucionais". Hermenêutica, constituição e decisão judicial: estudos em homenagem ao professor Lenio Luiz Streck. Alexandre de Morais da Rosa, André Karam Trindade, Clarissa Tassinari, Márcio Gil Tostes dos Santos e Rafael Tomaz de Oliveira organizadores. Porto Alegre: Livraria do Advogado, 2016, p. 160.

108 É certo que, diante do pluralismo nas democracias contemporâneas, o consenso deliberativo acerca de determinados temas complexos é praticamente impossível, razão pela qual esse não deve ser o escopo dos tribunais constitucionais. A justificação das decisões, nesse contexto, deve ser somente a de motivar a continuidade da cooperação democrática. Nesse sentido, Cf. SOUZA NETO, Cláudio Pereira de. Constitucionalismo democrático e governo das razões. Rio de Janeiro: Lumen Juris, 2011, p. 27.

109 No mesmo sentido, esclarecendo que, como a democracia tem dimensão deliberativa, as deliberações judiciais, como exemplo de "representação argumentativa", atuam em regime de complementaridade com as deliberações parlamentares, Cf. BERIZONCE, Roberto Omar. "Activismo judicial y participación en la construcción de las políticas públicas". Revista de Processo, São Paulo, RT, ano 35, n. 190, p. 46, dez. 2010. De igual modo, no sentido de que a esfera pública e os tribunais constitucionais são espaços que se caracterizam pela deliberação e pelo regime de complementaridade, Cf. SOUZA NETO, Cláudio Pereira de. Constitucionalismo democrático e governo das razões. Rio de Janeiro: Lumen Juris, 2011, p. 27.

Para Mauro Cappelletti[110], a atividade jurisdicional, que também é criativa de direitos, é plenamente democrática em todos esses aspectos, inclusive no respeito à vontade majoritária. Para ele, o bom juiz não é refém do formalismo legislativo, pois, consciente de suas limitações e fraquezas, retrai-se, de forma prudente, em determinados casos e, em outros, especialmente na tutela de direitos fundamentais, adota uma postura mais proativa. O resultado dessa atividade, entretanto, pode ser modificado pelo legislador, ou seja, a vontade majoritária, representada pela figura do "legislador, pode modificar os efeitos de uma decisão judicial, o que demonstra que a jurisdição não detém a última palavra no plano da regulamentação normativa"[111]. Sendo assim, há possibilidade de controle democrático sobre o exercício da jurisdição. Ademais, segundo Mauro Cappelletti, a jurisdição encontra-se sintonizada com a democracia, quando, pelo menos potencialmente, mantém contato direto com os problemas mais concretos e atuais da sociedade, traduzidos, no processo, nos pedidos que retratam as necessidades, aspirações e solicitações quotidianas de seus membros.

Essa constatação, todavia, se verdadeira, ainda é minimalista em relação aos valores democráticos que devem recair sobre o exercício da jurisdição, ou seja, precisa-se avançar mais a respeito da delimitação do que realmente seja uma jurisdição genuinamente democrática. Juízes democráticos não podem ser "superlegisladores", e, nessa perspectiva, devem estar atentos, de um lado, para a sobrecarga jurisdicional da Política e, no sentido oposto, para a instrumentalização da Política pelo Direito[112].

[110] CAPPELLETTI, Mauro. Juízes legisladores? Tradução de Carlos Alberto Alvaro de Oliveira. Porto Alegre: SAFE, 1993, p. 74, 92, 103-107 e 132.

[111] Louis Fisher também entende dessa forma, pois, segundo ele, os registros históricos comprovam que as decisões das cortes não são finais, tampouco infalíveis. As decisões judiciais, nesse sentido, somente se mantêm inatingíveis na medida em que o Congresso, o Presidente e o público em geral consideram-nas convincentes, razoáveis e aceitáveis. Cf. FISHER, Louis. Constitutional dialogues: interpretation as political process. Princeton: Princeton University, 1988, p. 244.

[112] CANOTILHO, J. J. Gomes. "Jurisdição constitucional e intranquilidade discursiva". Perspectivas constitucionais: nos 20 anos da Constituição de 1976. Jorge Miranda organizador. Vol. 1. Coimbra: Coimbra, 1996, p. 877 e 883.

Assim, deve-se distinguir como o fez Ronald Dworkin[113], as decisões baseadas em "princípios" das que se fundamentam em "políticas". Estas, por envolverem padrão relacionado a aspectos políticos, econômicos e sociais de uma determinada localidade, devem ser tomadas pelos ocupantes de cargos majoritários, ou seja, dos Poderes Legislativo e Executivo. Na prática, contudo, não se vislumbra essa distinção metodológica, o que significa que a jurisdição tem invadido os espaços constitucionais de competência das funções legislativa e administrativa, a pretexto de proferir decisões razoáveis, por intermédio da técnica da ponderação, ou seja, têm sido corriqueiras as decisões judiciais que, com o objetivo de estabelecer controle de constitucionalidade e tutelar direitos fundamentais, utiliza-se de parâmetros subjetivos, frequentemente por meio de opções morais e políticas.

Impõe-se perceber que, se o Poder Judiciário parte da premissa de que ele é o intérprete máximo da Constituição[114], a consequência é uma postura proativa, eventualmente excessiva, de apreensão de questões de índole política, além de precipitar o processo democrático no sentido de se retirar do foco o povo, que, por ser o titular e destinatário do poder, deve participar, na medida do possível, das deliberações públicas[115].

Com o ativismo judicial, em outras palavras, retira-se da população o senso de responsabilidade em relação aos assuntos estatais, especialmente os relativos à interpretação constitucional[116], sem prejuízo de enfraquecer o papel político do Legislativo[117]. É que, embora os tribunais também possam ser um

113 DWORKIN, Ronald. Uma questão de princípio. Tradução de Luís Carlos Borges. São Paulo: Martins Fontes, 2001, p. 6, 113 e 135.

114 Contra a primazia do Judiciário na interpretação constitucional, atribuindo um papel secundário ao Legislativo na definição de direitos a partir de desacordos morais, Cf. BENVINDO, Juliano Zaiden. "A 'última palavra', o poder e a história: o Supremo Tribunal Federal e o discurso de supremacia no constitucionalismo brasileiro". Revista de informação legislativa, v. 51, n. 201, p. 71-95, jan./mar. 2014.

115 SUNSTEIN, Cass R. Radicals in Robes: why extreme right-wing courts are wrong for America. New York: Basic Books, 2005, p. 42-43.

116 Nesse sentido, Cf. TUSHNET, Mark. Taking the Constitution Away from the Courts. New Jersey: Princeton University Press, 1999, p. 6-32 e 154-194.

117 Sobre a necessidade de preponderância do Legislativo sobre a jurisdição constitucional quanto ao processo de discussão e criação de direitos, Cf. WALDRON, Jeremy. "The core of the case against judicial review". The Yale Law Journal, n. 115, p. 1346-1360, 2006. Existem dois argumentos centrais para este autor: a) não existe razão para supor que os direitos

fórum para deliberações sociais em um contexto de desacordo, não se pode perder de vista que é no Legislativo que repousa maior grau de representatividade social, inclusive quanto às vozes divergentes[118]. Com efeito, se não são fixados os devidos limites, a tendência é que a jurisdição constitucional passe cada vez mais a se considerar como a instituição preferencial na aferição e na proteção dos valores da sociedade, o que demonstra que a premissa relatada acima é antidemocrática[119].

É preciso delimitar, diante desse quadro, parâmetros democráticos de procedimento, com incentivo à participação popular, e de proferimento de decisões, para evitar o voluntarismo subjetivista e a arbitrariedade. A delimitação desses parâmetros, entretanto, ficará para outro estudo, diante dos limites de artigo.

## 4. Conclusões

Atualmente, é notável a ampliação dos espaços decisórios na esfera judicial. A abertura semântica dos direitos fundamentais, das cláusulas gerais e de princípios constitucionais, inclusive da proteção à dignidade humana, tem proporcionado a existência de decisões que nem sempre respeitam os limites do Direito em sua relação com a Política, a Moral e a Economia. Ademais,

estariam melhor protegidos pelo exercício do judicial review do que por legislaturas democráticas; b) não obstante os resultados que o judicial review possa gerar, sob o ponto de vista da democracia, ele é ilegítimo. Nesse sentido, diante da legitimidade política do Legislativo, o controle judicial de constitucionalidade não se justifica em uma sociedade que apresente as seguintes características: a) existência de instituições democráticas em razoável bom funcionamento, incluindo uma legislatura representativa eleita em bases de sufrágio adulto universal; b) existência de instituições judiciais, também em razoável bom funcionamento, configuradas em bases não representativas para conhecer de demandas individuais, definir disputas e preservar o Estado de Direito; c) existência de compromisso da parte de muitos dos membros da sociedade e dos agentes públicos com a ideia de direitos individuais e de minorias; d) como esse compromisso não impede a ocorrência de desacordos teóricos acerca da existência de direitos, é preciso que os membros da sociedade, movidos de boa-fé, tenham efetivo compromisso em dar sentido a esses direitos ("The core of the case against judicial review". The Yale Law Journal, n. 115, p. 1346 e 1360, 2006).

[118] WALDRON, Jeremy. Law and disagreement. Oxford: Oxford University Press, 1999, p. 16.

[119] BARBOZA, Estefânia Maria de Queiroz. Jurisdição constitucional: entre constitucionalismo e democracia. Belo Horizonte: Fórum, 2007, p. 89.

algumas dessas decisões, no contexto do controle de políticas públicas, inclusive em demandas por prestações de saúde, têm sido rotuladas de "ativistas", exatamente por invadirem os espaços de atuação das outras esferas de poder, suspendendo a legalidade vigente para dar lugar às convicções pessoais e ao discricionário senso de justiça do juiz.

Não se discute, no contexto atual, que a complexidade da sociedade pós-moderna não admite mais juízes que atuem apenas declarando a vontade normativa, em completa desconexão com a realidade concreta. Pelo contrário, como se sabe, "texto normativo" e "norma" são fenômenos jurídicos que não se confundem, sendo esta última resultante da criação judicial, no processo hermenêutico de tomada de decisão. Ocorre que, mesmo no processo judicial de concretização do texto constitucional, impõe-se respeitar os limites da superação de poderes, sob pena de se comprometer a essência do Estado Democrático de Direito.

Afinal, os juízes não foram eleitos, e o resultado da decisão, mesmo que correto e relevante, deve respeitar os parâmetros procedimentais e decisórios relativos ao exercício adequado da jurisdição. Ademais, o comportamento ativista dos juízes, por desprezar o Direito para decidir com base em seus valores subjetivos e ideologias, acaba ofuscando o espaço essencial da política, pois suplanta outros palcos anteriores de dissenso e de deliberação democrática. Em outros termos, o ativismo judicial ofusca a capacidade de mobilização política da sociedade. Nessa perspectiva, impõe-se revalorizar o papel do legislador e do governo na definição e na concretização das políticas públicas, reservando à jurisdição um campo de atuação meramente subsidiário, normalmente apenas em situações de extrema urgência quanto à tutela de direitos.

## Referências

ABBAMOVICH, Victor; COURTIS, Christian. Los derechos sociales como derechos exigibles. Madrid: Trotta, 2002.

ABBOUD, Georges. Processo constitucional brasileiro. – 2. ed. rev., atual. e ampl. – São Paulo: RT, 2018.

ACKERMAN, Bruce. Adeus, Montesquieu. Tradução de Diego Werneck Arguelhes e Thomaz Henrique Junqueira de Andrade Pereira. In:Revista de Direito Administrativo – *RDA*, Rio de Janeiro, v. 265, p. 13-23, jan./abr. 2014.

AGRA, Walber de Moura. Direitos sociais. In:Tratado de Direito Constitucional. Coordenação de Ives Gandra da Silva Martins, Gilmar Ferreira Mendes e Carlos Valder do Nascimento. Vol. 1. São Paulo: Saraiva, 2010.

ALVIM, Teresa Arruda; DANTAS, Bruno. Recurso especial, recurso extraordinário e a nova função dos tribunais superiores no direito brasileiro. 4. ed. rev., atual. e ampl. São Paulo: RT, 2017.

ARGUELHES, Diego Werneck; OLIVEIRA, Fabiana Luci de; RIBEIRO, Fabiano Molhano. Ativismo judicial e seus usos na mídia brasileira. In: Direito, Estado e Sociedade, n. 40, p. 34-64, jan./jun. 2012.

AZZARITI, Gaetano. Verso un governo dei giudice? Il ruolo dei giudice comunitari nella costruzione Dell Europa politica. In:Rivista di Diritto Costituzionale, Torino, G. Giappichelli, p. 3-28, 2009.

BACHOF, Otto. Jueces y Constitución. Tradução de Rodrigo Bercovitz Rodríguez-Cano. Madrid: Editorial Civitas, 1985.

BARBOZA, Estefânia Maria de Queiroz. Jurisdição constitucional:*entre constitucionalismo e democracia*. Belo Horizonte: Fórum, 2007.

BARROSO, Luís Roberto. Curso de direito constitucional contemporâneo: os conceitos fundamentais e a construção do novo modelo. 6. ed. São Paulo: Saraiva, 2017.

BARROSO, Luís Roberto. A função representativa e majoritária das cortes constitucionais. In:Hermenêutica, constituição e decisão judicial:estudos em homenagem ao professor Lenio Luiz Streck. Alexandre de Morais da Rosa, André Karam Trindade, Clarissa Tassinari, Márcio Gil Tostes dos Santos e Rafael Tomaz de Oliveira (Orgs). Porto Alegre: Livraria do Advogado, 2016.

BARROSO, Luís Roberto. O controle de constitucionalidade no direito brasileiro: exposição sistemática da doutrina e análise crítica da jurisprudência. 4. ed. rev. e atual. São Paulo: Saraiva, 2009.

BENVINDO, Juliano Zaiden. A última palavra, o poder e a história: o Supremo Tribunal Federal e o discurso de supremacia no constitucionalismo brasileiro. In: Revista de informação legislativa, v. 51, n. 201, p. 71-95, jan./mar., 2014.

BERCOVICI, Gilberto; LIMA, Martonio Mont´Alverne Barreto. Separação de poderes e a constitucionalidade da PEC n° 33/2011. In: Pensar, Fortaleza, v. 18, n. 3, p. 787-803, set./dez. 2013.

BERIZONCE, Roberto Omar. Activismo judicial y participación en la construcción de las políticas públicas. In: Revista de Processo, São Paulo, RT, ano 35, n. 190, p. 37-70 dez. 2010.

BINENBOJM, Gustavo. A nova jurisdição constitucional brasileira – legitimidade democrática e instrumentos de realização. 3. ed. rev., ampl. e atual. Rio de Janeiro: Renovar, 2010.

BITTAR, Eduardo C. B. O direito na pós-modernidade. Rio de Janeiro: Forense Universitária, 2005.

BRANDÃO, Rodrigo. A judicialização da política: teorias, condições e o caso brasileiro. In:Revista de Direito Administrativo – *RDA*, v. 263, p. 214, mai./ago. 2013.

BRANDÃO, Rodrigo. Entre a anarquia e o estado de bem-estar social: aplicações do Libertarianismo à filosofia constitucional. In: Filosofia e teoria constitucional contemporânea. Daniel Sarmento (Coord.). Rio de Janeiro: Lumen Juris, 2009.

CAMPILONGO, Celso Fernandes. Os desafios do Judiciário: um enquadramento teórico. In: Direitos humanos, direitos sociais e justiça. José Eduardo Faria (Org.). 1. ed. 4ª tir. São Paulo: Malheiros, 2005.

CANOTILHO, J. J. Gomes. Jurisdição constitucional e intranquilidade discursiva. In:Perspectivas constitucionais: nos 20 anos da Constituição de 1976. Jorge Miranda (Org.). Vol. 1. Coimbra: Coimbra, 1996.

CAPPELLETTI, Mauro. Juízes legisladores?.Tradução de Carlos Alberto Alvaro de Oliveira. Porto Alegre: SAFE, 1993.

CARVALHO, Amilton Bueno de. Magistratura e direito alternativo. 6. ed. Rio de Janeiro: Lumen Juris, 2003.

CITTADINO, Gisele. Pluralismo, direito e justiça distributiva: elementos de filosofia constitucional. 4. ed. 2ª Tir. Rio de Janeiro: Lumen Juris, 2013.

CLÈVE, Clèmerson Merlin. O direito e os direitos: elementos para uma teoria crítica do direito contemporâneo. 3. ed. Belo Horizonte: Fórum, 2011.

CLÈVE, Clèmerson Merlin. A eficácia dos direitos fundamentais sociais. In: *Revista de* Direito Constitucional e Internacional, São Paulo, RT, ano 14, v. 54, p. 28-39, jan./mar. 2006.

COELHO, Fábio Ulhoa. Para entender Kelsen.2. ed. 2ª tir. São Paulo: Max Limonad, 1997.

CRUZ JR., Ademar Seabra da. Justiça como equidade:liberais, comunitarista e a autocrítica de John Rawls. Rio de Janeiro: Lumen Juris, 2004.

DALH, Robert. A. Tomada de decisões em uma democracia: a Suprema Corte como uma entidade formuladora de políticas nacionais. Tradução Grupo Primacy Translations. In:Revista de Direito Administrativo – *RDA*, v. 252, p. 25-43, set./dez. 2009.

DOBROWOLSKI, Samantha Chantal. Uma teoria da justiça para os dilemas da sociedade contemporânea: anotações em torno da resposta liberal de John Rawls. In: Filosofia e teoria constitucional contemporânea. Daniel Sarmento (Coord.). Rio de Janeiro: Lumen Juris, 2009.

DWORKIN, Ronald. Uma questão de princípio. Tradução de Luís Carlos Borges. São Paulo: Martins Fontes, 2001.

FARALLI, Carla. A filosofia contemporânea do direito: temas e desafios. Tradução de Candice Premaor Gullo. São Paulo: Martins Fontes, 2006.

FARIA, José Eduardo. O Estado e o direito depois da crise. São Paulo: Malheiros, 2011.

FARIA, José Eduardo. Introdução: o judiciário e o desenvolmento sócio-econômico. In: Direito e globalização econômica: implicações e perspectivas. José Eduardo Faria organizador. 1. ed. 3ª tir. São Paulo: Malheiros, 2010.

FERES JÚNIOR, João; POGREBINSCHI, Thamy. Teoria política contemporânea: uma introdução. Rio de Janeiro: Elsevier, 2010.

FISHER, Louis. Constitutional dialogues: interpretation as political process. Princeton: Princeton University, 1988.

FLORES, Joaquín Herrera. Teoria crítica dos direitos: os direitos humanos como produtos culturais. Tradução de Luciana Caplan, Carlos Roberto Diogo Garcia, Antonio Henrique Graciano Suxberger e Jefferson Aparecido Dias. Rio de Janeiro: Renovar, 2009.

FORST, Rainer. Contexto de justiça. Tradução de Denilson Luís Werle. São Paulo: Boitempo, 2010.

GARAPON, Antoine. O juiz e a democracia: o guardião das promessas. Tradução de Maria Luiza da Carvalho. 2. ed. Rio de Janeiro: Revan, 2001.

GUASTINI, Riccardo. Interpretare e argomentare.Milano: Giuffrè, 2011.

HAMILTON, Alexander; MADISON, James; JAY John. O federalista. Tradução de Heitor Almeida Herrera. Brasília: UnB, 1984.

HART, Herbert. O conceito de direito. Tradução de Antônio de Oliveira Sette-Câmara. São Paulo: Martins Fontes, 2009.

HESPANHA, António Manuel. Cultura jurídica europeia: síntese de um milênio. Coimbra: Almedina, 2015.

HIRSCHL, Ran. O novo constitucionalismo e a judicialização da política pura no mundo. Tradução de Diego Werneck Arguelhes e Pedro Jimenez Cantisano. In: Revista de Direito Administrativo, Rio de Janeiro, v. 251, p. 139-178, 2009.

HONNETH, Axel. Lutas por reconhecimento: a gramática moral dos conflitos sociais. Tradução de Luiz Repa. São Paulo: Editora 34, 2003.

KELSEN, Hans. Teoria pura do direito. Tradução de João Baptista Machado. 6. ed. São Paulo: Martins Fontes, 1998.

LEAL, Rogério Gesta. As responsabilidades políticas do ativismo judicial: aspectos teórico--práticos da experiência norte-americana e brasileira. In: Ativismo judicial e déficits democráticos: algumas experiências latino-americanas e europeias. Rogério Gesta Leal e Mônia Clarissa Hennig Leal (Orgs). Rio de Janeiro: Lumen Juris, 2011.

LEITE, Roberto Basilone. O papel do juiz na democracia: ativismo judicial político x ativismo judicial jurisdicional. São Paulo: LTr, 2014.

LORENZETTI, Ricardo Luis. Teoria da decisão judicial: fundamentos de direito. Tradução de Bruno Miragem. 2. ed. rev. São Paulo: RT, 2010.

LOVETT, Frank. Uma teoria da justiça, de John Rawls. Tradução de Vinicius Figueira. São Paulo: Penso, 2013.

MACCORMICK, Neil. H. L. A. Hart.Tradução de Claudia Santana Martins. Rio de Janeiro: Elsevier, 2010.

MAUS, Ingeborg. Judiciário como Superego da sociedade: o papel da atividade jurisprudencial na 'sociedade órfã'. Tradução de Martonio Lima e Paulo Albuquerque. In: Novos estudos.CEBRAP, n. 58, p. 183-202, nov. 2000.

MORAES, Wallace dos Santos de. Estado mínimo contra a fase histórica camaleônica do estado capitalista: um estudo da teoria neoliberal de Robert Nozick. Curso de ciência política: grandes autores do pensamento político moderno e contemporâneo. Lier Pires Ferreira, Ricardo Guanabara e Vladimyr Lombardo Jorge (Orgs.). 2. ed. Rio de Janeiro: Elsevier, 2011.

MOTTA, Francisco José Borges. Ronald Dworkin e a decisão jurídica. Salvador: *Jus*PODVIM, 2017.

NEVES, Marcelo. Transconstitucionalismo. São Paulo: Martins Fontes, 2009.

NOZICK, Robert. *Anarquia, Estado e utopia.* Tradução de Fernando Santos. São Paulo: Martins Fontes, 2011.

PORTANOVA, Rui. Motivações ideológicas da sentença. 5. ed. Porto Alegre: Livraria do Advogado, 2003.

RAWLS, John. O liberalismo político. Tradução de Álvaro de Vita. São Paulo: Martins Fontes, 2011.

RAWLS, John. O direito dos povos. Tradução de Luís Carlos Borges. São Paulo: Martins Fontes, 2004.

RAWLS, John.Uma teoria da justiça. Tradução de Almiro Pisetta e Lenita Maria Rímoli Esteves. São Paulo: Martins Fontes, 2002.

RUBIO, David Sanchez. Encantos e desencantos dos direitos humanos: de emancipações, libertações e dominações. Tradução de Ivone Fernandes Morcilho Lixa e Helena Henkin. Porto Alegre: Livraria do Advogado, 2014.

SANDEL, Michael J. O liberalismo e os seus limites da justiça. Tradução de Carlos E. Pacheco do Amaral. 2. ed. Lisboa: Fundação Calouste Gulbenkian, 2005.

SARLET, Ingo Wolfgang. Dignidade da pessoa humana, abertura material do catálogo de direitos fundamentais na constituição federal de 1988 e os riscos de um *pamprincipialismo* – levando a sério as advertências de Lenio Streck. In:Hermenêutica, constituição e decisão judicial. Estudos em homenagem ao professor Lenio Luiz Streck. Alexandre Morais da Rosa, André Karam Trindade, Clarissa Tassinari, Márcio Gil Tostes dos Santos e Rafael Tomaz de Oliveira (Orgs). Porto Alegre: Livraria do Advogado, 2016.

SEN, Amartya. A ideia de justiça. Tradução de Denise Bottmann e Ricardo Doninelli Mendes. São Paulo: Companhia das Letras, 2011.

SILVA, Edvaldo Fernandes da. Excesso de jurisdição ou escassez de política? Apontamentos sobre a jurisdição constitucional brasileira à luz da evolução histórica do estado democrático de direito. In: Revista da Faculdade de Direito da UFMG, Belo Horizonte, n. 62, p. 209-230, jan./jun. 2013.

SUNSTEIN, Cass R. Radicals in Robes: why extreme right-wing courts are wrong for America.New York: Basic Books, 2005.

SOUTO, Cláudio. Tempo de direito alternativo: uma fundamentação substantiva. Porto Alegre: Livraria do Advogado. 1997.

SOUZA NETO, Cláudio Pereira de. Constitucionalismo democrático e governo das razões. Rio de Janeiro: Lumen Juris, 2011.

STRAUSS, Leo. O que é a filosofia política?. Tradução de Francesca Cricelli. In: Leviathan – Cadernos de Pesquisa Política, n. 2, p. 167-193, 2011.

STRECK, Lenio Luiz. Uma abordagem hermenêutica acerca do triângulo dialético de Canotilho ou de como ainda é válida a tese da Constituição dirigente (adequada a países de modernidade tardia). In: Direitos fundamentais e Estado Constitucional: estudos em homenagem a J. J. Gomes Canotilho. Coordenação de George Salomão Leite e Ingo Wolfgang Sarlet. São Paulo: RT, 2009.

STRECK, Lenio Luiz. Jurisdição constitucional e hermenêutica: perspectivas e possibilidades de concretização dos direitos fundamentais sociais no Brasil. In: Novos Estudos Jurídicos, v. 8, n. 2, p. 257-301, mai./ago. 2003.

TASSINARI, Clarissa. Jurisdição e ativismo judicial. Porto Alegre: Livraria do Advogado, 2013.

TATE, C. Neal. Why the expansion of judicial power?. In: The global expansion of judicial power. Edited by C. Neal Tate and Torbjörn Vallinder. New York / London: New York University Press, 1995.

TRINDADE, André Karan; MORAIS, Fausto Santos de. Ativismo judicial: as experiências norte-americana, alemã e brasileira. In: Revista da Faculdade de Direito da UFPR, Curitiba, n. 53, p. 137-164, 2011.

TUSHNET, Mark. Taking the Constitution Away from the Courts. New Jersey: Princeton University Press, 1999.

VASCONCELOS, Arnaldo. Teoria pura do direito: repasse crítico de seus principais fundamentos. Rio de Janeiro: Forense, 2003.

VIANNA, Luiz Werneck; CARVALHO, Maria Alice Rezende de; MELO, Manuel Palacios Cunha; BURGOS, Marcelo Baumann. A judicialização da política e das relações sociais no Brasil. 2. ed. Rio de Janeiro: Revan, 2014.

VIEIRA, Oscar Vilhena. Supremocracia. In: Revista Direito GV, São Paulo, p. 441-463, jul./dez. 2008.

WALDRON, Jeremy. The core of the case against judicial review. In: The Yale Law Journal, n. 115, p. 1346-1360, 2006.

WALDRON, Jeremy.Law and disagreement. Oxford: Oxford University Press, 1999.

WALZER, Michael. Esferas da justiça: uma defesa do pluralismo e da igualdade. Tradução de Jussara Simões. São Paulo: Martins Fontes, 2003.

ZAGREBELSKY, Gustavo. Il diritto mite: *legge, diritti, giustizia*. Torino: Einaudi, 1992.

# Parte II

# Opinião Pública, Debate e Proteção Criminal

# 1. Direito Penal e Opinião Pública: do Populismo ao Inflacionamento

*Acacio Miranda da Silva Filho*

## Introdução

O termo populismo foi cunhado na década de 1940, inicialmente para descrever medidas adotadas por governantes que atuavam exclusivamente com vistas à obtenção de popularidade, por meio da realização de medidas sem qualquer amparo em elementos capazes de comprovar a sua efetividade.

O termo comumente está associado a líderes carismáticos, em países onde há grandes problemas sociais, como a miséria, a pobreza, e, consequentemente, a violência.

As medidas populistas podem ser observadas em quase todas as áreas de atuação do Poder Público, como, por exemplo, na distribuição de cestas básicas às comunidades carentes em detrimento à realização de políticas educacionais ou de saúde, ou na construção de grandes obras, que não disponham de qualquer utilidade social.

Passadas quase 07 (sete) décadas do surgimento do termo, a sociedade passou por diversas transformações, sendo uma delas a massificação dos meios de comunicação, como consequência da liberdade de informação.

Este fenômeno social reverberou dois resultados: 1ª) a maioria considerável da população tem acesso à informação; 2ª) os líderes populistas usam as informações disponibilizadas à população como forma de obtenção de aceitação e popularidade.

E neste ponto reside o tema cerne do presente trabalho: A junção da massificação dos meios de comunicação, fenômeno que se convencionou chamar de "Sociedade do Espetáculo"[120], com o fenômeno social que se classificou como "Sociedade do Risco"[121], levou ao surgimento de uma nova modalidade de populismo: O Penal.

Essa modalidade tem suas bases em dois fatores, quais sejam:

- Os discursos do pânico e do medo, fundamentados nos índices de criminalidade e de violência que supostamente são alarmantes. Estes discursos são difundidos, principalmente, através dos meios de comunicação de massa, o que caracteriza a vertente midiática;
- Os membros dos Poderes instituídos, especialmente os membros do Executivo e do Legislativo, aproveitando a sensação de insegurança criada pela propagação deste discurso do medo, e sob o falso pretexto de solucionar esta situação, editam leis casuais, sem bases dogmáticas, em desacordo com critérios coerentes com preceitos político criminais, o que, na maioria das situações, redunda em legislações ineficazes, sem contar a clara incoerência destas com os preceitos constitucionais vigentes.

A respeito disso, Gerardo Landrove Díaz [122]escreveu:

> El actual contexto político y científico de expansión del Derecho Penal general a creación de delitos nuevos, la imposición de penas cada vez más severas y labúsqueda de uma mayor eficácia – obviamente, represiva – frente a la criminalidade. Y todo ello em aras de la seguridade ciudadana; em definitiva, tolerância cero ante uma patologia social cuyos Orígenes no parecen interessar al sistema que lagenera.

[120] Guy Debord
[121] Ulrich Beck
[122] El NuevoDerecho Penal, Tirant Le Blanch, 2010. P.54.

> Tal sesgo político-criminal se justifica por la classe política ante la opinión pública com una serie de expressivas fórmulas repetidas uma y outa vez, hasta convertise en una familiar cantinela: ha ligado la hora de la "mano dura", de la limpeza de nuestrascalles, delcumpliemento íntegro de las condenas, de acabar con la impunidad de los delincuentes juveniles, de no ser cicateros en el recurso a la prisión preventiva, de ponerfin al espectáculo de que los delincuentes "entren por una puerta y salgan por outra" de lo sestablecimientos penitenciários porque "la prisión funciona" y de que algunos – al menos – deben "pudrirse" en la cárcel.

Ademais, o Populismo Penal ocasiona a formulação de normas destituídas de fundamentos político-criminais razoáveis, além de carecer da opinião de cientistas e de estatísticas da sua eficácia.

Segundo Luiz Flávio Gomes[123]:

> Age sob a égide obscurantista da fé, ou seja, da crença enganosa que o seu remédio funciona. Explora a primitiva e atávica reação emotiva da população frente ao crime e confere às suas leis a finalidade da coesão da sociedade. Ocorre que estas leis são puramente simbólicas, isto é, não vêm para resolver nenhum problema, e sim, para iludir a crendice popular.

A violência desperta a atenção da população, o que torna a exploração de condutas criminosas algo rentável, em termos de números de audiência para os meios de comunicação, e, e por consequência, aos políticos, que ao empunharem a bandeira do combate a criminalidade acaba ganhando votos.

Importam salientar que esse fenômeno de expansão do Direito Penal, motivado pela "pressão popular", diante da sensação de insegurança, ocasiona uma série de restrições as garantias individuais, o que acaba tornando os próprios "postulantes" das medidas mais severas os seus principais "destinatários".

Some-se a tudo isso, o interesse que a violência desperta na população.

123 Populismo Penal Midiático – Caso Mensalão, Mídia Disruptiva e Direito Penal Crítico. São Paulo: Saraiva, 2012.

Desde o século XV, Francesco Carnelutti[124] já escrevia sobre a fascinação que as pessoas têm em acompanhar o deslinde de casos que envolvam crimes notórios, e até os não tão notórios.

Essa fascinação faz proliferar programas que exploram a violência, todos eles detentores de substancial audiência, esta composta por pessoas ávidas por acompanhar a desgraça alheia, e, consequentemente, sujeitas ao estado de terror imposto através destes meios de comunicação.

Guy Debord definiu a Sociedade do Espetáculo como "*aquela onde as relações sociais são impostas pela mídia*", e nesta relação da mídia com o Direito Penal surge o Populismo Penal Midiático.

Esta modalidade de populismo corresponde ao papel da mídia na difusão deste discurso de medo, e a sua influência na expansão irresponsável do Direito Penal, como instrumento legitimador deste discurso.

E nesta legitimação popular reside o maior perigo do populismo penal midiático: enquanto os legisladores, e as demais categorias de políticos, enfrentam resistência da população em geral, a imprensa dispõe de confiança e credibilidade, razão pela qual suas indicações são tidas como verdades incontentáveis.

Ou seja, os políticos populistas têm a sua agenda legislativa pautada pela imprensa, e esta, por sua vez, a pretexto de exercer a liberdade de informação, acaba por desrespeitar garantias fundamentais do homem, como a presunção de inocência, o direito ao silêncio, o sigilo do julgamento, e, muitas vezes, a honra do acusado.

A nosso ver, essa influência da mídia leva a construção de paradigmas absolutos perante a população que dispõe de menor capacidade reflexiva, ocasionando ainda mais medo, mais revolta, e, consequentemente, maiores prejuízos a todos.

Já em 1980, na obra intitulada o "Livro dos Abraços", no texto chamado "Cultura do Terror 6/6, Eduardo Galeano escreveu sobre a influência da mídia nos cidadãos, fato que, apesar de relatado em um livro de contos, exemplifica com clareza os pontos que se pretende discutir.

[124] As Misérias no Processo Penal.

Pedro Algorta, advogado, mostrou-me o gordo expediente do assassinato de duas mulheres em Montevidéu.
A acusada, Alma Di Agosto, tinha confessado. Estava presa fazia mais de um ano; e parecia condenada a apodrecer no cárcere o resto da vida.
Seguindo o costume, os policiais tinham violado e torturado a mulher.
Depois de um mês de contínuas surras, tinham arrancado de Alma várias confissões. As confissões eram muito parecidas entre si, como ela tivesse cometido o mesmo assassinato de várias formas diferentes.
Em cada confissão havia personagens diferentes, pitorescos fantasmas sem nome ou domicílio, porque a máquina de dar choques converte qualquer um em fecundo romancista; e em todos os casos a autora demonstrava ter a agilidade de uma atleta olímpica, os músculos de uma forçuda de parque de diversões e a destreza de uma matadora profissional. Mas o que surpreendia era a riqueza de detalhes: em cada confissão, a acusada descrevia com precisão milimétrica roupas, gestos, cenários, situações, objetos...
Alma Di Agosto era cega.
Seus vizinhos, que a conheciam e gostavam dela, estavam convencidos de que ela era culpada:

- Por que? – Perguntou o Advogado.
- Porque os jornais dizem.
- Mas os jornais mentem – disse o advogado.
- Mas o rádio também diz – explicaram os vizinhos –. E até a televisão".

## 1. Populismo penal

É notório que nas últimas 03 (três) décadas o mundo vem passando por transformações de cunho político e social. Há um maior acesso as informações de forma geral, o que deixa ainda mais evidentes as desigualdades entre as classes sociais, as mazelas perpetradas em alguns países e os problemas enfrentados pela humanidade.

Em alguns países do mundo, essa mudança fica ainda mais evidente, como é o caso do Brasil.

Desde o encerramento do regime de exceção política[125] que vigorou no país durante quase duas décadas, houve uma notória expansão do acesso livre aos meios de comunicação, assim como houve um aumento significativo dos problemas sociais, fator que redundou, entre outras razões, no aumento dos índices de criminalidade[126].

A soma destes dois fatores relegou a política-criminal a um papel secundário, e passou a buscar o consenso através do apoio popular a medidas repressivas duras e irracionais.

Essa estratégia decorre da demagogia no discurso / método / técnica empregados (razão para o uso do termo populismo[127]) e na consequente expansão do Direito Penal sem bases teóricas que a sustente (razão para o uso do termo penal ou punitivo).

Luiz Flávio Gomes[128] classifica o fenômeno como

> o método hiperpunitivista que se vale do senso comum, o saber popular, as emoções e as demandas geradas pelo delito e pelo medo do delito, para conquistar o consenso ou apoio da população em torno da imposição de mais rigor penal (mais repressão e mais violência) como solução para o problema da criminalidade.

Ainda sobre o tema, há a lição de Miranda Estrampes[129]:

> Asistimos en la actualidad a una perversa utilización del Derecho penal por parte de laclase política en su conjunto. Tal fenómeno, verdadero populismo punitivo, implica un permanente recurso al Derecho penal para hacer frente a determinados problemas sociales caracterizados, confrecuencia, por surepercusión mediática.

[125] A ditadura militar esteve comandou o país entre 1964 e 1985.

[126] Segundo dados do delitrômetro do Instituto Avante Brasil, entre 1980 e 2012 ocorreram 1.200.000 (um milhão e duzentos mil) homicídios no Brasil. Acesso em 13 de julho de 2016

[127] Luiz Flávio Gomes. Op.cit. P. 28: "No plano político o populismo se caracteriza pela manobra da vontade da massa, do povo, guiada por um líder carismático, que procura atender suas demandas e promover tendencialmente o exercício tirânico do poder".

[128] Op.cit. p.28

[129] El populismo penal (Análisis crítico del modelo penal securitário). P.43

Resta evidente, face aos elementos expostos, que o populismo penal é uma, se não a principal, razão para o atual estágio de expansão do Direito e do Processo Penal.

A simples leitura do sumário / índice da obra do Professor Jesús María Silva Sánchez[130] demonstra, já em seu capítulo 1, algumas das causas da expansão do Direito Penal: – O efetivo aparecimento de novos riscos; – a institucionalização da insegurança; – a sensação social de insegurança; – e o descrédito de outras instâncias de proteção.

A partir disso, fica demonstrado o estado de medo que vigora na população em virtude do suposto aumento da insegurança e do crescimento dos índices de criminalidade.

Ocorre que, em virtude do populismo, o debate e o enfrentamento as verdadeiras causas da criminalidade – os problemas sociais – são relegados a um papel secundário, visto que a edição de novas leis penais, a imposição de penas mais severas e outras medidas punitivas, escondem a incapacidade dos governantes de alcançar soluções mais justas e abrangentes.

Nesse sentido, vai o tirocínio de Landrove Díaz[131]:

> [...] desde el poder político se aier a la inseguridad ciudadana, estereotipadamente reducida a la violência callejera, para justificar, como casisiempre, el incremento de la présion punitiva, habida cuenta su incapacidade para alcanzar otras respuestas menos lesivas y más justas. [...] Así, la demagogia y el electoralismo estabilizan, refuerzan y magnífican el miedoya existente o, incluso, lo propician para justificar – uma y outra vez – la ampliación del Derecho penal. Deliberadamente se aborda uma utilización populista del Derecho penal para generaren la opinión pública uma imagen positiva de preocupación ante una determinada problemática social.
>
> Progresivamente, la lei penal va alcanzando protagonismo en el discurso político y, sobre todo, en el discurso político electoral; en definitiva, la utilización del Derecho penal como arma política, a un que sólo

[130] La Expansión del Derecho Penal – Aspectos de la Política criminal em las sociedades postindustriales. Buenos Aires: Edisofer, 2012.
[131] Op.cit. P.58 e 59.

> brinde soluciones meramente simbólicas que permiten eludir a sus promotores las próprias responsabilidades políticas.
> El moderno Derecho penal, al tempo que pierde independência teórica, tiende a convertise em um recurrente y dúctil instrumento de propaganda electoral.

Além do quanto citado, outro problema decorre da expansão populista do Direito Penal, porque, enquanto se dá grande valoração a reação da opinião pública, e os seus possíveis ganhos políticos, a opinião dos especialistas do assunto, o resultado de suas pesquisas e todos os outros elementos técnicos e científicos são desprezados.

Essa inobservância teórica conduz o Direito Penal a um caminho distante das suas bases, deixando a intervenção jurídico penal de estar fundamentados na tutela bens jurídicos considerados essenciais, na proporcionalidade, na adequação e, principalmente, o Direito Penal deixa de ser de *"ultima ratio" e* passa a ser de *"prima ratio"*.

Em face de todos os argumentos expostos, o Populismo Penal pode ser classificado como o fenômeno atual de construção do Direito Penal, utilizado por líderes populistas, com vistas a obtenção de vantagens e popularidade, através da expansão indevida das leis penais, do aumento da sua gravidade, do aumento de penas e da intensificação dos instrumentos investigatórios, tendo como fundamento para tanto a comoção gerada por um suposto estado de medo arraigado pelo senso comum. E tudo isso em detrimento a evolução científica e teórica da disciplina.

Partindo dessa premissa, passamos a análise das espécies de populismo existentes, sob a nossa ótica.

## 2. Populismo penal – Espécies

### *2.1. Populismo penal midiático (espetaculização do Direito Penal)*

Landrove Díaz[132], em capítulo exclusivamente dedicado aos meios de comunicação de massa, diz que a percepção do sistema penal à população em geral

132 Op.cit.p.63

decorre de 02 (dois) canais: – a experiência direta com o sistema, provavelmente na condição de vítima ou acusado, ou através de intermediários, sendo o principal deles os próprios meios de comunicação em massa, sendo válido incluir atualmente as redes sociais.

Conforme já citado anteriormente, a liberdade de informação, somada ao amplo acesso aos meios de comunicação e a fascinação que o crime exerce nas pessoas, criou um novo e rentável nicho de mercado aos operadores dos meios de comunicação social: a conversão da violência em notícia.

É notório que a violência é um fator presente desde os primórdios da sociedade, e com o passar dos tempos ela passou a ser onipresente[133], devendo o cidadão tolerá-la em seu meio social.

Contudo, a imprensa transforma a violência em espetáculo, conferindo a esta dramaticidade superior a real, e, consequentemente, fazendo com que os cidadãos em geral atribuam a esta um dimensionamento irreal, distante da sua percepção sensorial[134].

Ademais, outra característica inerente às notícias que envolvem a violência é a sua seletividade, no sentido que os temas publicados são previamente selecionados, dando-se preferência aqueles que causem maior comoção social, e, obviamente, tragam maiores índices de audiência.

Nesse diapasão, a criminalidade de massa sempre é mais explorada que as outras mazelas sociais, uma vez que desperta muita mais curiosidade na população em geral.

E neste ponto surge a questão cerne do populismo penal: quanto maior é a exploração da criminalidade de massa, maior é a sensação de risco vivenciada pela população, e, como consequência, maiores serão os pleitos para "solucionarem" o problema, e um maior número de soluções "mágicas" aparecerá.

A esse respeito, Zaffaroni[135] diz:

> Dissemos, desde o nosso primeiro encontro, que existe uma criminologia midiática que pouco tem a ver com a acadêmica. Poder-se-ia dizer que, em paralelo às palavras da academia, há uma outra criminologia

133 HASSEMER, Winfried. La omnipresente violência. EstudiosPenales y Criminilógicos. Santiago de Compostela: Universidade, XV, 1990-1991, p.181.

134 LIRA, Rafael. Mídia Sensacionalista. São Paulo: Atlas, 2014, p.15.

135 A palavra dos Mortos. São Paulo: Saraiva, 2012, p.303.

> que atende a uma criação da realidade através da informação, da subinformação ou da desinformação midiática, em convergência com preceitos e crenças, que se baseia em uma etiologia criminal simplista, assentada em uma causalidade mágica.

Disso, pode-se concluir que o populismo penal midiático corresponde a exploração da violência pelos meios de comunicação em massa, fazendo com que a população em geral viva sob um constante estado de pânico, e que anseie por "respostas" conferidas pelos poderes constituídos.

Estas "respostas" a serem dadas pelos poderes constituídos correspondem as outras formas de populismo, o legislativo e o judicial.

### *2.2. Populismo penal legislativo*

O primeiro aspecto a ser ressaltado diz respeito à função do Direito Penal, que é a manutenção da ordem social através da previsão de determinadas condutas tidas como crimes.

Sob a perspectiva positivista, os crimes são as condutas previstas na legislação penal, cuja sanção a ser imposta no caso de desrespeito é a pena.

Diante disso, cabe ao legislador escolher quais condutas serão criminalizadas, em um ato de voluntariedade e poder[136]. Tal circunstância corresponde ao conceito formal de crime.

Apesar disso, a evolução da sociedade, conduziu o Direito Penal a uma função mais atual, que corresponde à tutela dos bens jurídicos essenciais[137] a manutenção da vida em sociedade.

Esta circunstância está associada à legitimação na aplicação do Direito Penal, que depende de elementos estruturais (dano material ou imaterial) e de um conteúdo (bem jurídico merecedor da tutela penal).

Obviamente, as teorias mais modernas do Direito Penal, entre elas o Direito Penal de "Ultima Ratio", dispõe que a criminalização de uma conduta depende de justificativas vinculadas ao conceito material de Direito Penal, ou seja, não basta a confecção da norma pelo legislador, sendo necessário que

136 Segundo o artigo 22, da Constituição Federal, cabe a União legislar em matéria penal.

137 Luiz Regis Prado. Bens Jurídicos Constitucionais. São Paulo: Revista dos Tribunais, 2010.

esta esteja legitimada na importância social do bem tutelado, e no grau de lesividade ou perigo proporcionado pela sua prática.

E a partir daí cabe o tratamento do populismo penal legislativo, uma vez que este instituto corresponde à confecção de leis pelo poder legislativo, com vistas à criminalização de determinada conduta, somente para satisfazer anseios de combate a violência, de forma irracional.

Sob o aspecto do conceito material do direito penal, a expansão do direito penal não encontra bases aptas a sustentá-la, uma vez que os seus aspectos legitimadores são desprezados, dando-se preferência ao discurso punitivista, e, consequentemente, a edição de novas leis que não dispõe de elementos que justifiquem a sua edição.

Desde 1989, várias foram as alterações ao Código Penal e edições de Leis Penais Especiais, muitas delas sem qualquer amparo político-criminal.

Cita-se como exemplo a alteração promovida ao artigo 273, do Código Penal, através da Lei 9.677, de 1998.

Conforme tivemos a oportunidade de comentar [138], em 1997 a imprensa brasileira noticiou a exaustão um caso envolvendo a alteração de componentes na fórmula de remédios por parte dos gestores do maior laboratório de manipulação do país.

A notoriedade do caso gerou comoção popular, e, consequentemente, levou o legislador a alterar a quantidade de pena aplicável ao crime. Desde a edição da lei, a pena mínima corresponde a 10 (dez) anos e a máxima a 15 (quinze) anos.

Obviamente, a alteração de componentes na fórmula de um creme estético apresenta periculosidade social, contudo, a lesão social operada por esta conduta é menor quando comparado a um do crime de estupro, por exemplo.

Ocorre que, a pena do crime de estupro vai de 06 (seis) a 12 (doze) anos, ou seja, um crime que tem maior gravidade está sujeito a sanções mais brandas, exclusivamente porque o legislador quis dar uma resposta a sociedade durante a exploração do tema pela imprensa.

Ressalta-se, que são inúmeros os exemplos onde o legislador sobrepõe a sua vontade – conceito formal de direito penal – a justificação para a existência

138 MIRANDA S. FILHO, ACACIO. Código Penal Comentado. Barueri: Manole, 2016, p. 711.

do crime – conceito material de direito penal –, isso em virtude do anseio popular pelo combate a criminalidade.

### *2.3. Populismo judicial*

As duas formas anteriores de populismo penal têm um aspecto em comum: são consequências da "espetaculização"[139] do direito penal e do processo penal.

O problema é que a exploração que a imprensa dá aos crimes, além do tratamento legal trazido pelo Poder Legislativo, não são fins em si mesmos, uma vez que as duas circunstâncias dependem do resultado final do espetáculo: o julgamento penal.

> O fascínio pelo crime, em um jogo de repulsa e identificação, a fé nas penas, apresentadas como remédio para os mais variados problemas sociais, somados a um certo sadismo, fazem do julgamento penal um objeto privilegiado de entretenimento
> O problema é que o processo penal, instrumento de racionalização do poder penal, para atender à finalidade de entreter, acaba por sofrer uma mutação. No processo penal voltado para o espetáculo não há especo para garantir direitos fundamentais...
> A dimensão da garantia, inerente ao processo penal no Estado Democrático de Direito, desaparece para ceder lugar à dimensão de entretenimento.[140]

Ou seja, as consequências do populismo penal midiático e legislativo são devastadoras, mas não envolvem o julgamento do caso em concreto, por ser este mister do Poder Judiciário.

Contudo, no momento, em que os órgãos deste poder deixam de lado a observância das garantias que lhe são próprias, a fim de construir decisões que agradem a maioria da população, agindo sob o discurso do "bem contra o mal", surge a consequência nefasta do populismo penal judiciário: A sobreposição das garantias fundamentais pelo desejo de punir.

[139] Termo cunhado a partir da já citada obra de Rubens R.R.Casara
[140] Rubens R.R.Casara. Op.cit. p, 11.

Inúmeros são os casos em que isso tem ocorrido atualmente no Brasil, e o que causa mais perplexidade não é o fato dos juízes, que são técnicos especializados e cientes da sua função social, aceitarem agir em conformidade a este jogo, mas o fato destes magistrados encamparem a figura de "salvadores da pátria", mesmo que isso custe a imparcialidade da magistratura.

Em resumo, o populismo penal judicial corresponde a atuação do Poder Judiciário sob o impulso do punitivismo penal, em detrimento da preservação das garantias fundamentais e da observância dos limites de atuação dos órgãos julgadores.

## 3. Opinião pública, sociedade do espetáculo e sociedade do risco (conclusão)

O conceito de opinião pública[141] está vinculado à análise de determinados temas de discussão por grupos que constituem uma parcela da população. No momento em que este grupo adquire expressividade e os temas discutidos passam a ter relevância social é alcançado o seu caráter público.

Obviamente, a opinião pública não será formada pela totalidade das opiniões sobre o assunto, mas por uma parcela relevante delas, devendo ainda ser uma expressão genuína da vontade popular, uma vez que o termo opinião traz implícita a ideia de liberdade de expressão ou livre manifestação de pensamento.

Ademais, inúmeros são os elementos que contribuem para a formação da opinião pública, uma vez que a personalidade das pessoas, e consequentemente, as suas ideias e opiniões, decorrem do meio em que estas vivem, das pessoas com que estas convivem, das informações que lhe são passadas, da forma como essas informações são passadas, da interpretação que cada um dá aos fatos aos quais tem acesso, além de outros elementos internos e externos.

Em suma, a opinião pública decorre da soma das opiniões de uma parcela considerável das pessoas que compõe um grupo social, a partir dos pontos de similitude das opiniões externadas por cada um dos membros.

14 À partir do trazido por Giovana Oliscshievis in Revista Vernáculo, n, 17, 2006.

O ponto de interesse da opinião pública em termos de populismo penal reside na sua formação de forma a satisfazer determinados interesses, que não são os da maioria da população.

Conforme dito, a opinião pública é composta a partir da soma de elementos internos e externos dos membros do grupo que a compõe, podendo determinadas pessoas impor aos membros do grupo a sua vontade, de forma que estes a absorvam sem realizar uma reflexão sobre o seu conteúdo.

E nesse ponto entram os meios de comunicação em massa, afinal, não há uma forma mais eficaz de propagação e defesa de uma ideia do que estes. No momento em que uma ideia é "jogada" ao grande público, e este a absorve sem um juízo de reflexão, passando a propagá-la, está formada a opinião pública que não decorre da opinião do grande público.

O segundo aspecto diz respeito à Sociedade do Espetáculo, que segundo Guy Debord constitui "aquela onde as relações sociais são impostas pela mídia", e ainda, "se apresenta como uma imensa acumulação de espetáculos. Tudo o que era vivido diretamente tornou-se uma representação".

Disso, chega-se a conclusão que na sociedade atual as relações humanas são influenciadas por imagens produzidas e consumidas por elas, uma vez que na sociedade do espetáculo os homens são atores e espectadores uns dos outros, de forma que estes influenciam e são influenciados na construção do "espetáculo".

A sociedade do espetáculo tem suas raízes fincadas em aspectos bastante atuais e facilmente perceptíveis.

Uma pequena olhada nas redes sociais mostra que a vida real cedeu espaço a virtual, onde as pessoas dão maior valoração as imagens e ao que estas representam, do que as sensações pessoais e aos sentimentos.

Em se tratando de populismo penal, a Sociedade do Espetáculo é o ambiente mais propício para a sua existência, uma vez que as relações sociais conflituosas são exploradas pela mídia, que as propaga constantemente, fazendo com que a criminalidade desperte a curiosidade do público, para depois causar repulsa e intranquilidade.

Por fim, há a Sociedade do Risco, composta por dois aspectos principais: – os avanços tecnológicos na sociedade pós – industrial que levaram a valorização de novos bens, os quais estão constantemente expostos a danos e perigos, ou seja, que estão sob constante risco em virtude da ação dos homens; – a crescente evolução tecnológica e social conduz a uma maior competitividade entre os cidadãos, e, consequentemente, conduz à marginalidade parcela da população que não dispõe da mesma capacidade ou das oportunidades que os demais.

Diante disso, percebe-se que a criminalidade adquiriu novos patamares, uma vez que bens até então pouco cuidados passam a ter um papel importante, e, como consequência da sua valorização (caso do meio ambiente, dos delitos informáticos, entre outros) passam a ser objeto de constante preocupação social, além da manutenção e do crescimento da criminalidade tradicional.

E o aspecto mais contundente da sociedade do risco é o surgimento de uma constante sensação de insegurança na população, uma vez que a possibilidade de serem praticados crimes das mais variadas espécies, que possam atingir um número indeterminável de pessoas ou bens coletivos, ou, que atinjam uma única pessoa ou bens individuais, é uma constante.

Por fim, há que se fazer a análise conjunta dos 03 (três) institutos até aqui analisados, a fim de se alcançar as razões do populismo penal.

A formação da opinião pública é feita de forma maculada, através da constante exploração da criminalidade pelos meios de comunicação em massa, fazendo com que a sensação de insegurança alcance patamares irreais, principalmente porque as principais vítimas desta criminalidade são pessoas iguais aos espectadores.

E isso vira um círculo vicioso, posto que a sensação de insegurança vai aumentado na medida em que a crença das pessoas no crescimento da criminalidade aumenta, e com tudo isso, vai aumentando também a fascinação por esta criminalidade, que alcança pessoas comuns, e parecidas com o espectador.

E nesse ponto surge a oportunidade para os populistas, uma vez que estes usam essa fascinação e o receio como meio para alcançarem benefícios pessoais, como maiores índices de audiência (populismo midiático), votos, idolatria e/ou prestígio popular (populismo legislativo e judicial).

E a mais nefasta consequência na fórmula composta pela junção destes 03 (três) elementos é o desprezo pela política-criminal, uma vez que estas fazem com que a opinião pública acredite que a imposição de penas mais severas, que a criminalização indistinta de condutas, que o tolhimento de garantias fundamentais, entre outros, são a solução para o "problema" da criminalidade, ao invés da existência de programas sociais.

A esse respeito, vale a lição de Débora de Souza Almeida[142]:

> [...] a influência do populismo midiático na opinião pública, haja vista que, não bastasse veicular diuturnamente um retrato delitivo que não corresponde exatamente à realidade, dissemina amplamente, sob a escora de uma funesta lógica binária, valores antidemocráticos materializados em *"argumentos preestabelecidos como los únicos posibles em el debate penal"*, estimulando sentimentos de insegurança e medo.

O principal resultado prático dessa fórmula é a expansão do Direito Penal através da confecção de várias leis penais[143], e na alteração das já existentes, tudo isso de forma açodada, sem a participação dos especialistas na matéria. A esse respeito, Landrove Díaz[144] diz que: "Los agentes sociales que resultan determinantes en la adopción y contenido de las decisiones legislativas penaleshan sofrido, en los últimos tempos, modificaciones de largo alcance e trascendencia".

E ainda:

> En efecto, los conocimientos y opiniones de los expertos en la matéria se han desacreditado y geeran una progressiva desconfianza. Y tal descrédito alcanza no sólo a los teóricos de las ciências penales, sino también a los operadores jurídicos implicados em la aplicación del Derecho a la ejecución penal.
> Consecuentemente, sonotros los agentes sociales que influen en lãs decisiones legislativas, hasta el punto de configurarse una espécie de "democracia directa" surgida de una opinión pública, y de supercepción de la realidade y de los conflitos sociales, en cuya elaboración juegan un decisivo papel – como ya se indicó – los médios de comunicación social. Se trata, pues, de que em lacreación y aplicación del Derecho penal se atiendan sus demandas diretamente, sin intermediários y

142 Op.cit. 224 e 225.

143 Usando como exemplo o Brasil, uma mera análise às leis penais existentes evidencia que as principais foram editadas à partir de 1989, ou seja, nas últimas décadas.

144 Op.cit. 67.

expertos capaces de ponderar lãs compleja simplicaciones de cualquier decisión político-criminal".

Em face de todo o exposto, resta nítido que a população é duplamente prejudicada por esta fórmula, uma vez que é usada como massa de manobra, para que os populistas possam colher frutos pessoais, além do fato destas medidas afetarem diretamente a própria população, uma vez que os criminosos potenciais, em sua maioria, são pessoas do mesmo nível social dos que defendem o "hiperpunitivismo" sem critérios.

E mais. Enquanto há o crescimento dos mandamentos de criminalização, há a diminuição nos investimentos sem benefícios sociais, como as de saúde, educação, cultura, entre outras.

## Referências

BECCARIA, C. Dos delitos e das penas, 2.ed. Edipro, 2015.

CARLI, C.V.de; CAPARRÓS, E.F; GARCIA, N.R. Lavagem de Capitais e Sistema Penal, Verbo Jurídico. 2009.

CARNELUTTI, F. As Misérias do Processo Penal. Pillares, 2009.

CARVALHO, LG.G.C.de. Processo Penal e Constituição, 4.ed., Lumen Juris.2004.

CASARA, R.R.R. Processo Penal do Espetáculo. Empório do Direito, 2016.

CONDE, F. M. Direito Penal do Inimigo. Juruá, 2012.

CUNHA, P.F. A constituição do crime, Coimbra Editora.2009.

D'ALESSIO, AJ. Elementos de Derecho Penal y Procesal Penal, La Ley. 2011.

DIAZ, G.L. El nuevo derecho Penal, Tirant le Blanch. 2010.

FERNANDES, A. S. Processo Penal Constitucional, 5.ed., Revista dos Tribunais.

GOMES, LF; ALMEIDA, D.S. Populismo Penal Midiático – Caso Mensalão, Mídia Disruptiva e Direito Penal Crítico, Saraiva. 2012.

GOMES, L.F; GAZOLO, L.W. Populismo Penal Legislativo, Salvador: Juspodium, 2016.

JAKOBS, G.; MELIÁ, M.C. Direito Penal do Inimigo. Livraria dos Tribunais, 2012.

LOPES, Aury Lopes JR. Direito Processual Penal, 11. ed., Saraiva, 2014.

LUISI, L. Os Princípios Constitucionais Penais, 2. ed., Sergio A. Fabris. 2005.

MACHADO, M.R.A. Sociedade do Risco e Direito Penal. Ibccrim, 2005.

MARTINEZ, O. S. Los Principios em el Derecho y la Dogmática Penal, S.L. Dykinson. 2011.

MARTINS, R.C. A hora dos cadáveres adiados. Atlas, 2013.

MOLINA, A. G.P.de. Víctima, prevención del delito y tratamento del delincuente. Comares. 2011.

ORDEIG, E.G. Concepto y método de la ciência del Derecho Penal, Tecnos. 2011.

QUEIROZ, P. Funções do Direito Penal – Legitimação versus Deslegitimação. Revista dos Tribunais, 2005.
PIPOLLÉS, J.L.D. A política criminal na encruzilhada. Livraria, do Advogado, 2015.
ROXIN, C. A proteção de bens jurídicos como função do Direito Penal, 2. ed., Livraria do advogado. 2010.
SÁNCHEZ, JM.S. Eficiência e Direito Penal, 11. ed., Manole. 2012.
SÁNCHEZ, JM.S. La expansión del Derecho Penal, B de F Ltda. 2011.
SÁNCHEZ, JM.S. Tiempos de Derecho Penal, B de F Ltda. 2011.
VALLEJO, M.J. El Concepto de Acciónen la Dogmática Penal, S.A. Colex. 1998.
WELZEL, H. O novo sistema jurídico-penal, Revista dos Tribunais. 2010.
ZAFFARONI, E.R. A palavra dos Mortos, Saraiva, 2012.

# 2. A Progressão de Regime Prisional no Estado Democrático de Direito

*Adeildo Nunes*
*Plínio Leite Nunes*

## Introdução

O processo de execução penal, no Brasil, ainda é pouco estudado. Muitos, ainda hoje, afirmam que a execução da pena é parte integrante do processo penal. Somente após a vigência da Lei Federal nº 7.210, de 1984, a Lei de Execução Penal, com criação dos juízes da Execução Penal, a execução da pena passou a ser realizada em autos apartados, numa Vara de Execuções Penais, uma vez que antes disso ela era concretizada no bojo dos autos do processo de conhecimento criminal. A criação das guias de recolhimento, outrossim, contribuiu para que o processo executivo penal pudesse adquirir a sua autonomia, como hoje acontece, depois de frustradas tentativas. O certo é que a autonomia do Direito de Execução Penal – Direito Penitenciários para muitos – é uma realidade, já que a matéria está constitucionalizada (art. 24, I, CF/1988), possui legislação específica (Lei nº 7.210/1984) e é disciplina obrigatória nas faculdades de Direito do País.

Hoje, induvidosamente, a persecução penal no Brasil é dividida em três grandes fases: a) a investigação criminal; b) o processo penal; e, finalmente,

c) o processo de execução penal. É claro que a execução da pena só pode ser instaurada, com a existência de uma sentença penal condenatória, que, aliás, é o título executivo que legitima o início do processo executivo. Se a sentença for absolutória imprópria, impondo medidas de segurança, também é preponderante a instauração do processo de execução da medida de segurança, que também é regido pela Lei de Execução Penal.

A progressão de regime prisional – instituto criado no Brasil com Código Penal de 1940, mas que só adquiriu prosperidade com a Lei de Execução Penal de 1984 – aos poucos vem sendo pesquisada pela doutrina brasileira, gerando, ainda hoje, enormes divergências jurisprudenciais, sem contar que temas controvertidos aos poucos estão sendo objeto de estudos por parte dos doutrinadores. É dizer: embora vigente no Brasil desde 1940, somente a partir dos anos 90 do século passado é que houve uma preocupação com a discussão da matéria, donde se conclui que os assuntos aqui tratados ainda não estão deveras sedimentados pela doutrina e pela jurisprudência dos nossos tribunais.

Bem por isso, os presentes comentários surgiram com a visível intensão de focalizar o instituto da progressão de regime, hoje visto como um forte contributo para a integração social dos condenados à pena privativa de liberdade, mas que ainda é olhada como sinônimo de "regalia prisional". Sem a pretensão de esgotar a matéria, apresentamos comentários resumidos sobre a sua história, sua definição, objetivos, sobre a legislação brasileira que vem tratando da matéria, alguns temas controvertidos e, finalmente, oferecendo conclusões concretas e objetivas sobre os temas abordados.

## 1. Breve histórico

O instituto da progressão de regime surgiu na Inglaterra (1840), com a denominação de Sistema Progressivo Inglês. O preso de bom comportamento carcerário e com aptidões para o trabalho era premiado com regalias durante o cumprimento da pena. Em 1854, Walter Croffon criou o Sistema Progressivo Irlandês, copiando o modelo inglês, porém, oferecia aos condenados de bom comportamento, depois de algum tempo de cumprimento da pena, a oportunidade de transferência para colônias agrícolas, com trabalho orientado. Em torno de 1795, o coronel Manuel Montesinos cria o Sistema Penitenciário

Montesinos, na Espanha, implantando o estudo e o trabalho renumerado para os condenados. César Leal assegura:

> Era um sistema que buscava se desvencilhar dos ideais que direcionavam outros modelos, e era dividido em três fases: a) dos ferros, onde os reclusos, acorrentados, trabalhavam no interior da prisão; b) do trabalho, aqui não mais submetidos a correntes, cabendo ao detento escolher o local de trabalho; c) liberdade intermediária, onde as visitas a familiares e o trabalho externo eram permitidos.[145]

No Brasil, o sistema progressivo no cumprimento da pena, com efeito, surgiu com o advento do Código Penal de 1940, quando houve a previsão do isolamento absoluto do condenado nos três primeiros meses de cumprimento da sanção penal, seguido de trabalho comum durante o dia, com a possibilidade de transferência do apenado para uma colônia penal e, finalmente, com a obtenção do livramento condicional. Com a aprovação da Lei Federal nº 6.416/1977, o isolamento inicial passou a ser facultativo, quando foram introduzidos os atuais regimes fechado, semiaberto e aberto. Com a Lei Federal nº 7.209/1984 – que reformulou a Parte Geral do Código Penal de 1940 – houve a exclusão definitiva do isolamento inicial. Foi a Lei Federal nº 7.210, de 1984 (art.112), a Lei de Execução Penal, quem expressamente definiu pela primeira vez o instituto da progressão de regime e estipulou os pressupostos essenciais para a obtenção do benefício. Pela Lei Federal nº 13.769/2018, deu-se a introdução dos §§ 3º e 4º ao art. 112 da LEP. Finalmente, com a vigência da Lei Federal nº 13.964/2019, a denominada "Lei Anticrime", uma nova redação foi dada ao art. 112 da LEP, cujo teor será objeto de comentários no presente trabalho.

## 2. Definição

Pode-se definir a progressão de regime prisional, como o instituto de execução penal, autorizada por decisão judicial, que transfere um condenado a uma

145 LEAL, César Barros. **Prisão: crepúsculo de uma era.** Belo Horizonte: Del Rey, 2001. p. 36.

pena privativa de liberdade, de um regime prisional mais rigoroso, para o regime imediatamente menos rigoroso, com base no tempo de cumprimento de pena e na sua conduta carcerária. Como se vê, a progressão de regime prisional só pode existir no âmbito do devido processo legal, através de ordem judicial, depois de observados os seus requisitos objetivos e subjetivos que são exigidos pela lei. O instituto, porém, não é só um benefício penitenciário, como muitos imaginam. A outra finalidade objetiva da progressão, é oferecer ao apenado um contributo para a sua integração social, uma das finalidades da própria execução da pena (art. 1º, Lei de Execução Penal). Como ao condenado é fixada uma quantidade de pena previamente estabelecida na sentença, e o Brasil não adota a pena de morte ou prisão perpétua, o apenado, por certo, deverá retornar ao convívio social, daí porque, aos poucos, a sua readaptação social deve ser sempre perseguida.

Lado outro, quando o juiz da Execução Penal autoriza a progressão de regime do apenado, do fechado para o semiaberto, por exemplo, sem dúvidas, também está oferecendo aos administradores das nossas prisões e à sociedade, a oportunidade de contribuírem com essa readaptação social, daí porque, no regime semiaberto, cabe disponibilizar ao condenado os meios necessários para que a sua reintegração social seja efetivada, com esmero e seguindo os ditames da lei: trabalho, profissionalização, disciplina e reaproximação familiar, principalmente.

Como o Brasil adota três regimes prisionais – fechado, semiaberto e aberto –, levando-se em conta que na progressão de regime a transferência do condenado será sempre de um regime mais rígido para o imediatamente menos rigoroso, de logo se conclui, com efeito, que a progressão do regime fechado para o aberto, diretamente, a denominada progressão por salto, não pode ser realizada. É que o sistema progressivo exige que o condenado conheça de perto e tenha acesso a todos os regimes prisionais, antes da extinção do processo de execução da pena.

Por fim, cabe observar que a transferência de regime só é possível com base em decisão judicial adotada no devido processo de execução da pena, obedecidos os princípios constitucionais da ampla defesa e do contraditório.

## 3. A Legislação Brasileira

Com a aprovação da Lei Federal nº 7.210/1984, a Lei de Execução Penal, pela primeira vez o legislador brasileiro definiu os critérios objetivos e subjetivos para a obtenção da progressão de regime prisional, ao estabelecer a possibilidade do juiz da Execução Penal transferir o condenado, de um regime mais rígido, para um regime prisional menos rigoroso, desde que o apenado houvesse cumprindo 1/6 (um sexto) da pena, apresentasse bom comportamento carcerário e o exame criminológico aconselhasse.[146]

Com o advento da Lei Federal n 8.072/1990, a Lei dos Crimes Hediondos, deu-se a proibição da progressão para todos os condenados que tivessem praticado crimes contidos em seu elenco criminal. Porém, em 1997, com a Lei Federal nº 9.455, deu-se a regulamentação do crime de tortura, quando, expressamente, o legislador estabeleceu o regime inicialmente fechado para os torturadores. Sabendo-se que o crime de tortura é equiparado aos hediondos, por força da Constituição Federal de 1988,[147]essa atitude legislativa gerou uma insegurança jurídica inusitada na história brasileira, uma vez que enquanto uma lei proibia a progressão, outra, da mesma hierarquia, passou a permitir. A grande maioria dos juízes brasileiros, amparados no Código Penal de 1940,[148] passou a fixar o regime inicialmente fechado, para todos os condenados pela prática de crimes hediondos ou equiparados; outros, por sua vez, deixavam a fixação do regime para o juiz da Execução Penal. Enfim, essa insegurança jurídica só se desfez com o advento da decisão histórica do Supremo Tribunal Federal, em fevereiro de 2006, quando o seu plenário, apreciando *habeas corpus*, julgou inconstitucional o dispositivo da Lei 8.072/1990 que proibia a concessão da progressão.

Com a Lei Federal nº 10.792/2003, que deu nova redação ao art. 112, da Lei de Execução, deu-se, também, a exclusão do exame criminológico como pressuposto para a obtenção da progressão. A Súmula Vinculante nº 26, do Supremo Tribunal Federal,[149] todavia, tornou o exame facultativo, desde que

[146] Art. 112, Lei de Execução Penal

[147] Art. 5º, XLIII, CF/1988

[148] Ver art. 2º, § único, Código Penal de 1940.

[149] "Para efeito de progressão de regime no cumprimento de pena por crime hediondo ou equiparado, o juízo da execução observará a inconstitucionalidade do art. 2º, da Lei nº 8.072,

realizado com base em decisão judicial fundamentada. De 2003 até hoje, são requisitos para a concessão do benefício, o bom comportamento carcerário do apenado e o tempo de cumprimento da pena.

Em 2007, contudo, o Congresso Nacional veio a aprovar a Lei nº 11.464, definindo que para os crimes hediondos ou equiparados o tempo de cumprimento da pena exigido passou a ser de 2/5 (dois quintos), para os considerados não reincidentes, e 3/5 (três quintos), para os reincidentes. Neste prisma, o tempo de cumprimento exigido para a progressão passou a depender do tipo de ilícito penal cometido: 2/5 ou 3/5 para os crimes hediondos e equiparados cometidos a partir de 28.03.2007 (tortura terrorismo e tráfico ilícito de drogas) e 1/6 em relação aos demais delitos.

Com a aprovação da Lei Federal nº 13.769, de 19.12.2018, que acrescentou os §§ 3º e 4º ao art. 112, da Lei de Execução Penal, deu-se a criação da progressão de regime especial, beneficiando exclusivamente a mulher gestante, que for mãe ou responsável por criança ou por pessoas deficientes, que passaram a fazer jus à progressão de regime, desde que, cumulativamente: a) não tenha cometido crimes com o uso de violência ou grave ameaça; b) se não houver cometido crimes contra filhos ou dependentes: c) se não for integrante de organizações criminosas; d) se primária e de bom comportamento carcerário e, finamente, e) desde que tenha cumprido pelo menos 1/8 (um oitavo) da pena. Todavia, se a beneficiária da progressão, depois de beneficiada, vier a cometer um crime doloso ou uma falta grave caberá a revogação da progressão, por conseguinte, com o retorno da apenada para o regime em que estava, quando houve o deferimento da progressão. A Lei nº 13.769/2018, por fim, definiu que aqueles que tenham cometido crimes hediondos ou equiparados também passarão a ser submetidos aos mesmos critérios estabelecidos para as gestantes, mãe ou responsável por crianças e pessoas deficientes, exceto no tocante ao tempo de cumprimento. É dizer: aquele que tivesse crimes hediondos ou equiparados a partir de 19.12.2018 e até 23.01.2020 (quando a Lei nº 13.964/2019 entrou em vigor), para obter a progressão de regime, deveria cumprir 2/5 ou 3/5 da pena, apresentar bom comportamento carcerário,

de 25.07.1990, sem prejuízo de avaliar se o condenado preenche, ou não, os requisitos objetivos e subjetivos do benefício, podendo determinar, para tal fim, de modo fundamentado, a realização de exame criminológico".

além de não fazer parte de organizações criminosas e não ter cometido crimes contra filhos ou dependentes.

Em síntese, à luz do disposto na redação dada pela Lei nº 10.792/2003 ao *caput* do art. 112 da Lei de Execução Penal e no art. 2º, § 2º da Lei dos Crimes hediondos (dispositivos revogados pela Lei nº 13.964/2019), para os que cometessem crimes não hediondos ou equiparados, para a progressão do regime prisional, era exigido o cumprimento de 1/6 (um sexto) da pena e o bom comportamento carcerário. Se o crime praticado fosse de natureza hedionda ou equiparado, cometido até 19.12.2018, era exigido 2/5 (dois quintos) de cumprimento da pena, para os considerados não reincidentes, e 3/5 (três quintos) para os reincidentes, além do bom comportamento carcerário. Se a prática do crime hediondo ou equiparado ocorresse após 20.12.2018, além de 2/5 e 3/5 como tempo de cumprimento de pena, também passaram a ser exigidos do apenado o bom comportamento carcerário, a não participação em organizações criminosas, desde que o apenado e não houvesse cometido delitos contra filhos ou dependentes. Tratando-se de crime praticado contra a administração pública, cumpre lembrar que além dos requisitos objetivos e subjetivos descritos no art. 112, da Lei de Execução Penal, será sempre exigida a reparação do dano que o apenado causou, ou a devolução do produto do ilícito pratico, moldes do art. 33, §4º, do Código Penal, acrescido pela Lei nº 10.763/2003.

Lado outro, praticado crime hediondo ou equiparado, ou se beneficiária da progressão com base em gestação, condição de mãe ou responsável por pessoas deficientes, se depois da progressão cometer um novo crime doloso ou uma falta grave, caberá a revogação da progressão, com o consequente retorno ao regime em que estava quando deu-se a progressão.

Ocorre, porém, que com a aprovação da Lei Federal nº 13.964/2019, que entrou em vigor em 23.01.2020, o instituto da progressão de regime sofreu uma profunda reforma, conferindo-se uma nova redação ao *caput* do art. 112 da Lei de Execução Penal, estipulando-se que o tempo de cumprimento de pena para a obtenção do benefício passou a ser exigido numa escala crescente (de 16% a 70%), de acordo com o ilícito penal cometido, com a reincidência criminal do condenado e a participação do recluso em organizações criminosas.[150]

[150] Art. 112. A pena privativa de liberdade será executada em forma progressiva com a transferência para regime menos rigoroso, a ser determinada pelo juiz, quando o preso tiver cumprido

A Lei nº 13.964/2019, além disso, estabeleceu novas regras sobre a interrupção no tempo de cumprimento de pena e sobre a proibição para a sua concessão, por exemplo, assuntos que ainda serão analisados no presente trabalho.

## 4. Alguns pontos controvertidos

O instituto da progressão de regime prisional, ao longo da sua história, sempre apresentou situações deveras controvertidas, do ponto de vista doutrinário[151] e jurisprudencial. Cabe apontar, sem esgotar a matéria, alguns deles:

a) **Depois de unificadas as penas (art. 111, LEP), como deve ser a contagem do tempo de cumprimento da pena, para fins de progressão de regime?** Até o Superior Tribunal de Justiça pacificar a matéria, unificadas as penas, a contagem do tempo tinha como base a data do trânsito em julgado da sentença penal referente à última condenação. O STJ, como já anotado, pacificou o entendimento, ao definir, acertadamente, que unificadas as penas, a data-base para a contagem do tempo de cumprimento da pena será sempre a data da prisão do apenado. Evidentemente, ao lado do tempo efetivo de cumprimento

ao menos: I – 16% (dezesseis por cento) da pena, se o apenado for primário e o crime tiver sido cometido sem violência à pessoa ou grave ameaça; II – 20% (vinte por cento) da pena, se o apenado for reincidente em crime cometido sem violência à pessoa ou grave ameaça; III – 25% (vinte e cinco por cento) da pena, se o apenado for primário e o crime tiver sido cometido com violência à pessoa ou grave ameaça; IV – 30% (trinta por cento) da pena, se o apenado for reincidente em crime cometido com violência à pessoa ou grave ameaça; V – 40% (quarenta por cento) da pena, se o apenado for condenado pela prática de crime hediondo ou equiparado, se for primário; VI – 50% (cinquenta por cento) da pena, se o apenado for: a) condenado pela prática de crime hediondo ou equiparado, com resultado morte, se for primário, vedado o livramento condicional; b) condenado por exercer o comando, individual ou coletivo, de organização criminosa estruturada para a prática de crime hediondo ou equiparado; ou c) condenado pela prática do crime de constituição de milícia privada; VII – 60% (sessenta por cento) da pena, se o apenado for reincidente na prática de crime hediondo ou equiparado; VIII – 70% (setenta por cento) da pena, se o apenado for reincidente em crime hediondo ou equiparado com resultado morte, vedado o livramento condicional.

151 Ver NUNES, Adeildo. **Progressão e regressão de regime prisional.** Curitiba: Juruá, 2018.

da pena, deve-se adicionar o tempo efetivamente remido e a detração, observadas, sempre, possíveis comutações de penas.

Observe-se a seguinte decisão:

> I – Firmou-se nesta Corte, nos termos do entendimento do col. Pretório Excelso, orientação no sentido de não admitir habeas corpus substitutivo do recurso adequado, situação que implica o não conhecimento da impetração, ressalvados casos excepcionais em que, configurada flagrante ilegalidade apta a gerar constrangimento ilegal, seja possível a concessão da ordem de ofício. II – Este Superior Tribunal de Justiça se posicionava no sentido de que a superveniência de nova condenação, no curso da execução da pena, determinava a unificação das reprimendas e a fixação de nova data-base para a concessão de benefícios. III – A Terceira Seção desta Corte Superior de Justiça, ao julgar o REsp n. 1.557.461/SC, Relator o Ministro Rogério Schietti Cruz, e o Habeas Corpus n. 381.248/MG, com Relator para o acórdão o Ministro Sebastião Reis Júnior, modificou a orientação anterior e sedimentou o entendimento de que a alteração da data-base para a concessão de novos benefícios executórios, em razão da unificação das penas, não encontra respaldo legal. IV – A decisão que modificou o termo a quo para novos benefícios da execução, em face da unificação de penas, estabelecendo como novo marco a data do trânsito em julgado da última sentença condenatória, está em confronto com a nova orientação jurisprudencial firmada pela Terceira Seção desta Corte Superior de Justiça e, portanto, configura constrangimento ilegal. Habeas corpus não conhecido. Ordem concedida de ofício para afastar a fixação da data do trânsito em julgado da última sentença condenatória como novo marco para a concessão de benefícios, em consequência da unificação das penas.[152]

[152] STJ; HC 459459-MS; 5ª T; Rel. Min. Felix Fisher; j. 09.10.2018.

b) **O cometimento de falta grave, pelo beneficiado pela progressão de regime, importa na interrupção na contagem do tempo de cumprimento da sanção penal, para efeitos de um novo pedido de progressão?** Depois de decisões judiciais divergentes sobre a matéria, por parte dos juízes da Execução Penal e dos nossos tribunais, o Superior Tribunal de Justiça consolidou a jurisprudência, com a edição da Súmula nº 534,[153] cuja matéria foi pacificada com a redação dada ao § 6º do art. 112 da LEP, pela Lei nº 13.964/2019.[154] Significa, portanto, que se o apenado for beneficiado com a progressão de regime (do fechado para o semiaberto, por exemplo) e no novo regime cometer uma falta grave, o apenado deverá cumprir a sanção disciplinar correspondente (art. 50, LEP), com a consequente regressão de regime prisional (art. 118, LEP) e, se a falta ocorreu após 23.01.2020, para a aquisição de uma nova progressão, o tempo de cumprimento de pena deverá ser calculado com base na data do cometimento da infração disciplinar, computando-se o período remanescente. Vale lembrar, entretanto, que para a caracterização da falta grave é sempre exigida a instauração de procedimento administrativo, com ampla defesa,[155] e a regressão deverá ser realizada para o regime imediatamente mais grave.

c) É possível a progressão de regime ou sua regressão por salto? Diz-se que a progressão de regime é por salto, quando ela é realizada do regime mais rígido (fechado) para o menos rigoroso (aberto). Ao contrário, a regressão será por salto, quando a decisão judicial autoriza o apenado a ser transferido do regime mais benéfico (aberto), para o mais grave (fechado). Este tema, com efeito, sempre foi muito controvertido. Porém, com a edição da Súmula 491, o Superior Tribunal de Justiça pacificou o entendimento de que a progressão por salto

[153] A prática de falta grave interrompe a contagem do prazo para a progressão de regime de cumprimento de pena, o qual se reinicia a partir do cometimento desta infração.

[154] § 6º O cometimento de falta grave durante a execução da pena privativa de liberdade interrompe o prazo para a obtenção da progressão no regime de cumprimento da pena, caso em que o reinício da contagem do requisito objetivo terá como base a pena remanescente.

[155] Ver art. 59, Lei de Execução Penal e Súmula 533, Superior Tribunal de Justiça

não é admitida.[156]Assim, a progressão de regime deve ser realizada do fechado para o semiaberto ou do semiaberto para o aberto. Se a progressão por salto não é admitida, evidentemente que a regressão de regime também deve se submeter aos mesmos critérios.[157] De efeito, apenado que progrediu do fechado para o semiaberto, que venha a cometer falta grave deverá retornar para o fechado. Da mesma forma cabe lembrar que quando o condenado progride do fechado para o semiaberto e depois do semiaberto para o aberto e, neste regime, vem a frustrar os fins da execução (art. 118, §1º, LEP), a regressão deve se dá do aberto para o semiaberto, uma vez proibida a regressão por salto. Réu condenado em regime semiaberto, lado outro, jamais poderá regredir para o regime fechado, sob pena de violação ao princípio constitucional da coisa julgada e ao título executivo, que é a sentença penal condenatória.

d) **O juiz da Execução Penal pode indeferir o pedido de progressão de regime com base na gravidade do crime ou na quantidade da pena?** Ao analisar o pedido de progressão de regime, cabe à autoridade judiciária competente observar se os requisitos objetivos e os subjetivos estão presentes. À luz do disposto no art.112, da Lei de Execução Penal, se o crime cometido não fizer parte do rol dos hediondos (Lei 8.072/90) e nem for a eles assemelhados (tortura, terrorismo e tráfico de drogas), o tempo de cumprimento exigido é de 1/6 (um sexto) do total da pena. Depois disso, neste caso, cabe ao juiz observar se o requerente tem bom ou mau comportamento carcerário. Tratando-se de crimes hediondos ou equiparados, além do comportamento carcerário do apenado, o apenado terá que haver cumprindo 2/5 (dois quintos) da pena, se não reincidente, ou 3/5 (três quintos), se reincidente. É possível que o juiz, em despacho motivado, requisite exame criminológico do condenado (Súmula Vinculante nº 26, STF). Cabe lembrar, por oportuno, que após a vigência da Lei Federal

[156] É inadmissível a chamada progressão *per saltum* de regime prisional.

[157] Ver NUNES, Adeildo. **Progressão e regressão de regime prisional.** Curitiba: Juruá, 2018, pp. 179-181.

nº 13.769/2018, que introduziu dois parágrafos ao art. 112, da Lei de Execução Penal, foram estabelecidos novos critérios para a progressão, em relação àqueles que cometem crimes hediondos ou equiparados e às mulheres gestantes, mães de crianças e pessoas que apresentem deficiência. Assim, fora dos requisitos delineados na lei e aqui reproduzidos, não é possível ao magistrado criar novos pressupostos, como fez o ministro Barroso, que exigiu a quitação da multa como requisito para a progressão.[158]Delmanto diz: "É patentemente ilegal a decisão que indefere progressão sob a alegação de que o crime grave, tendo o condenado longa pena a cumprir; afinal a prática de crimes graves não é prevista em qualquer dispositivo legal vigente no Brasil como justa causa para indeferir o benefício. Ao ser condenado o réu já recebe uma pena e não pode ser punido novamente por este fato".[159]

e) É possível a progressão de regime prisional mesmo sem que haja uma sentença penal condenatória? Uma das exigências para que o processo de execução da pena possa ser iniciado é a existência de uma sentença penal condenatória (art. 105, LEP). Significa, assim, que a sentença penal condenatória, como é o título executivo que legitima a existência do processo de execução da pena, torna inviável o início do processo executório sem a presença do *decisum* condenatório. O Juiz Bruno Azevedo, titular da Comarca de Guarabira, no Estado da Paraíba, diante de um caso concreto, resolveu realizar a progressão de regime, beneficiando determinado condenado, mesmo antes da existência da sentença penal condenatória. No caso concreto, o réu estava detido há cerca de onze meses, acusado da prática do delito constante do art. 14, da Lei Federal nº 10.826/2003 (porte ilegal de arma de fogo). Em sua fundamentação o juiz esclareceu que "se condenado fosse, a pena prevista em abstrato para o delito seria fixada entre dois a quatro anos e multa". Ocorre, por fim, que uma antecipação da progressão, sem a presença do título executivo, viola frontalmente o princípio

158 Ver Ação Penal nº 470.

159 DELMANTO, Celso; DELMANTO, Fábio M. de Almeida; DELMANTO, Roberto; DELMANTO JÚNIOR, Roberto. **Código penal comentado.** 8. ed. São Paulo: Saraiva, 2010. p. 222.

constitucional da inocência, já que o réu, neste caso, não pode ser considerado culpado. A denominada progressão virtual, por isso, vulnera princípios constitucionais e não possui regra jurídica autorizativa.

f) **Em sede de execução penal, é permitida a progressão de regime prisional na colaboração premiada?** Sabe-se que o acordo de colaboração premiada, regulamentado pela Lei Federal nº 12.850/2013, permite que o acordo seja realizado na fase de investigação criminal (antes ou durante), no bojo do processo penal e, por fim, em sede de execução da pena. À luz do disposto no art. 5º, §5º, da Lei 12.850/2013, o colaborador poderá progredir de regime prisional, mesmo que não atenda aos requisitos delineados no art. 112, da Lei de Execução Penal. Trata-se, assim, de uma situação excepcional, autorizada pela lei, que autoriza a progressão, mesmo que o apenado não tenha satisfeito os requisitos objetivos e subjetivos para a aquisição do benefício.

g) É possível a proibição da progressão do regime prisional, mesmo que expressa em lei? A Lei Federal nº 8.072/1990, a denominada Lei dos Crimes Hediondos, em sua redação original, estabelecia que a prática do crime hediondo ou assemelhado impediria a progressão de regime, já que o regime prisional deveria ser o integralmente fechado. Porém, o plenário do Supremo Tribunal Federal, em 23.02.2006, por maioria de votos, declarou a inconstitucionalidade do dispositivo da Lei nº 8.072/1990 que proibia a progressão, entendendo que a norma violava os princípios constitucionais da individualização da pena e da igualdade. A Lei Federal nº 13.964//2019, ao acrescer o § 9º ao art. 2º, da Lei nº 12.850/2013, resolveu confrontar a jurisprudência consolidada do STF, no momento em que proibiu a progressão de regime para aqueles que, declarados por sentença, integrem organizações criminosas ou tenham praticado crimes por meios dessas organizações.[160] Embora a regra só seja aplicada nos casos específicos de incidência do

[160] § 9º O condenado expressamente em sentença por integrar organização criminosa ou por crime praticado por meio de organização criminosa não poderá progredir de regime de cumprimento de pena ou obter livramento condicional ou outros benefícios prisionais se houver elementos probatórios que indiquem a manutenção do vínculo associativo.

crime organizado, a verdade é que essa proibição persiste vulnerando princípios constitucionais básicos que certamente serão exaltados, novamente, pelo Supremo Tribunal Federal.

## 5. O Projeto de Lei do Senado nº 513/2013

Já aprovado no Senado Federal e atualmente em discussão na Câmara dos Deputados, o Projeto de Lei do Senado nº 513/2013, do senador Renan Calheiros, dá nova redação ao art. 112, da Lei de Execução Penal, mantendo a necessidade do cumprimento de 1/6 (um sexto) da pena e do bom comportamento carcerário do apenado, para a progressão. A grande inovação, contudo, está no fato de que a transferência do condenado não será mais viabilizada através de ordem judicial, mas sim por ordem do diretor do estabelecimento prisional. Presentes, portanto, os requisitos para a obtenção do benefício caberão ao diretor do presídio realizar a transferência de regime, registrando a progressão no registro eletrônico de controle de penas, de livre acesso pelos órgãos responsáveis pela execução penal.

Porém, observando o diretor da prisão que o condenado não tem bom comportamento carcerário, neste caso, caberá a instauração de incidente processual na Vara de Execuções Penais competente, a quem caberá dirimir se é o caso de progressão ou de indeferimento do pedido.

O Projeto, que cria a progressão de regime automática, entretanto, silencia sobre a necessidade de o diretor do presídio, depois de realizar a transferência, faz ou uma comunicação ao juiz da Execução Penal ou ao Ministério Público. O projeto, de uma vez por todas, estabelece a interrupção para a contagem do prazo para fins de nova progressão, quando o beneficiado comete falta grave após a progressão realizada. Outra inovação importante do Projeto está na necessidade de observância, sempre, do conteúdo do título executivo (a sentença penal condenatória). Assim, réu condenado em regime semiaberto, jamais poderá regredir para o regime fechado, como infelizmente hoje existe. O respeito à coisa julgada, assim, passa a prevalecer, pelo menos na visão do projeto que ainda depende de decisão da Câmara dos Deputados.

## 6. Conclusões

I) Por progressão de regime prisional entende-se a transferência do apenado, por ordem judicial, de um regime prisional mais rigoroso, para um regime imediatamente menos rígido, observados os requisitos objetivos e subjetivos exigidos pela lei;

II) A progressão de regime chegou ao Brasil, somente, com o advento do Código Penal de 1940, mas só foi transformada em instituto de execução penal, porém, depois da aprovação da Lei Federal nº 7.210/1984, a Lei de Execução Penal. Ao longo dos anos, a Lei de Execução Penal vem sendo constantemente alterada, mormente no que tange à progressão de regime, no mais das vezes para reduzir requisitos para a obtenção do benefício, embora a última inovação trazida pela Lei nº 13.964/2019 tenha dificultado o deferimento do benefício.

III) Atualmente, um dos requisitos objetivos para a obtenção do benefício, o tempo de cumprimento da sanção penal (tempo efetivo de prisão, acrescido da remição e da detração da pena), exige-se o cumprimento de 16% (dezesseis por cento) da pena, no mínimo, e 70% (setenta por cento), no máximo, para os crimes cometidos após 23.01.2020, mas tratando-se de condenada gestante, mãe de crianças ou responsáveis por pessoas deficientes, o tempo de cumprimento exigido é de 1/8 (um oitavo) da pena;

IV) Para os crimes comuns (não hediondos ou equiparados), praticados até 23.01.2020, o tempo de cumprimento de pena será equivalente a 1/6 (um sexto) do total da condenação;

V) Tratando-se de crimes hediondos (Lei 8.072/90) ou assemelhados (tortura, terrorismo e tráfico de drogas), praticados até 28.03.2007, o tempo de cumprimento de pena necessário será de 1/6 (um sexto).[161] Se, entretanto, o ilícito penal foi cometido entre 28.03.2007 a 23.01.2020, exigir-se-á 2/5 (dois quintos) para os considerados não reincidentes ou 3/5 (três quintos) para os reincidentes em crimes hediondos ou equiparados;

[161] Ver Súmula 471, Superior Tribunal de Justiça.

VI) Especificamente em relação às mulheres gestantes, mães de crianças ou responsáveis por deficientes, para a progressão de regime deverá ser exigido 1/8 (um oitavo) da pena, independentemente da data do cometimento do ilícito penal, pois, neste caso, a lei deve retroagir porque beneficia o infrator;

VII) O bom comportamento carcerário é o requisito subjetivo exigível, sempre, para a progressão de regime, independentemente do ilícito penal cometido. A Lei de Execução Penal não define o que seja "bom ou mau comportamento carcerário", mas a nova redação dada ao inciso III ao art. 83 do Código Penal, sobre os requisitos para a obtenção do livramento condicional tenha passado a exigir comprovado bom comportamento durante a execução da pena e o não cometimento de falta grave nos últimos 12 (doze) meses, que podem ser utilizados por analogia, como pressupostos para a progressão do regime prisional;

VIII) Relativamente às mulheres gestantes, mães de crianças ou responsáveis por pessoas deficientes, a Lei Federal nº 13.769/2018 estabeleceu outros requisitos especiais para a obtenção da progressão (ver § 3º, art. 112, LEP).

IX) Além disso, nos crimes praticados contra a administração pública, também exige-se a reparação do dado ou a devolução do produto do crime;

X) Para os criminosos partícipes de organizações criminosas ou em relação àqueles que praticaram ilícios penais por meios dessas organizações, após 23.01.2020, reconhecidas essas condições em sentença judicial, não importa o crime perpetrado, restou proibida a concessão do benefício (§9º, art. 2º, Lei 12.850/2013);

XI) O Projeto de Lei do Senado nº 513/2013, atualmente na Câmara dos Deputados, cria a progressão de regime automática, realizada pelo diretor do estabelecimento prisional, presentes os requisitos objetivos e subjetivos delineados na lei. Se o diretor entender que os requisitos não estão presentes, deve ser instaurado um incidente processual, na Vara de Execuções Penais, cabendo ao juiz dirimir a controvérsia. O PLS exalta a coisa julgada presente no título executivo.

## Referências

DELMANTO, Celso; DELMANTO, Fábio M. de Almeida; DELMANTO, Roberto; DELMANTO JÚNIOR, Roberto. Código penal comentado. 8. ed. São Paulo: Saraiva, 2010.
LEAL, César Barros. Prisão: crepúsculo de uma era. Belo Horizonte; Del Rey, 2001.
MARCÃO, Renato Flávio. Curso de execução penal. 9.ed. São Paulo: Saraiva, 2015,
NUNES, Adeildo. Da execução penal. 3.ed. Rio de Janeiro: Forense, 2013.
NUNES, Adeildo. Progressão e regressão de regime prisional. Curitiba: Juruá, 2018.

# 3. Estudo sobre a Redução da Maioridade Penal no Brasil

*Gustavo Barbosa de Mesquita Batista*

## Introdução

A proposta de alteração, por intermédio de Emenda Constitucional, do dispositivo do art. 228 da Constituição da República Federativa do Brasil no tocante à Maioridade Penal demonstra existirem aspirações de mudança do Modelo Político Criminal e Dogmático Penal em vigor a partir de uma ideologia de controle social mais repressiva e calcada no expansionismo penal. Recentemente vitoriosa nas urnas, esta proposta retratará um autêntico embate entre democracia e jurisdição constitucional, entre maiorias democráticas históricas e exercício da força contra majoritária constitucional por parte do Guardião da Constituição, levando-se em consideração que o disposto no art. 228 da CR/88 pode ser interpretado como "cláusula pétrea" constitucional.

O Brasil possui estatísticas alarmantes de crimes violentos, os dados acerca da prática de homicídios não nos deixam pensar diferente, quando alcançamos a trágica marca de mais de 60.000 mortes por ano (FONTE: Atlas da Violência 2017, IPEA). Fatalmente, o cotidiano da população mais desfavorecida e pobre é o mais afetado por esta violência. O volume de homicídios é somente a "ponta do iceberg" da violência social haja vista que: estupros, roubos, extorsões, violência doméstica e abusos de poder acrescentam um amplo espectro de insegurança social e humana ao cotidiano brasileiro. Inescapável ao cidadão comum a busca de soluções práticas para lidar com este cenário de violência e de abusos que restringe os seus direitos. Também é inescapável a desconfiança quanto ao modelo penal liberal por intermédio de discursos proferidos com base nos números oficiais, passando-se a buscar promessas de ações e de práticas institucionais em "Defesa da Sociedade" contra a "bandidagem". Aqui a insegurança faz estragos na confiança social das instituições e normas vigentes, estimulando soluções emergenciais que necessitam de uma maior reflexão e crítica com relação às suas consequências.

A redução da maioridade penal se reúne a outras medidas de caráter emergencial punitiva para a crise de segurança (direito penal de emergência) e promove um debate acirrado com relação ao modelo penal liberal vigente. O presente estudo vislumbra lançar reflexões críticas a este debate a partir das categorias de Política Criminal e da Dogmática Jurídica Penal como conjunto de conhecimentos, conceitos e instrumentos aptos a responderem eficientemente aos questionamentos presentes nesta demanda de criminalização. De antemão, no campo do Direito e das Ciências Sociais e Aplicadas em geral, nem sempre a "emergência" de uma determinada solução corresponde a uma escolha racional ou apta a produzir os efeitos desejados. O que sabemos é que há no campo da emoção muito fervor em torno das práticas penais punitivas e é preciso recolocar a matéria penal no âmbito da ciência dogmática penal e da Política Criminal, dotando-a de racionalidade.

## 1. O critério de fixação da maioridade penal adotado no Brasil

O conceito de responsabilidade penal sempre esteve atrelado à ideia de autonomia da vontade. É responsável penalmente quem age com livre vontade e consciência tendo por finalidade produzir uma conduta tipificada como crime (HUNGRIA, 1958, p.322). Esta vontade livre e consciente deve ser exercida com amadurecimento e razão. Sempre existiu uma pergunta em aberto para os diversos pensadores do campo da responsabilidade jurídica sobre "Qual seria a idade da razão?" Em que momento, o ser humano alcança uma capacidade psíquica, um amadurecimento da consciência, que o torna responsável por sua conduta? A idade para, conforme o próprio texto expresso pelo Código Penal brasileiro no art. 26: "entender o caráter ilícito do fato ou de se determinar conforme este entendimento" é igual para todos em quaisquer lugares? Ressalte-se que no processo de desenvolvimento humano o autocontrole e as "etiquetas de comportamento" fazem parte do aprendizado social, sendo o comportamento desviante, inclusive, um componente passível deste aprendizado. Assim:

> A criança antissocial está simplesmente olhando um pouco mais longe, recorrendo à sociedade em vez de recorrer à família ou à escola para lhe fornecer a estabilidade que necessita a fim de transpor os primeiros e essenciais estágios de seu crescimento emocional (...) A delinquência indica que alguma esperança subsiste. Vocês verão que, quando a criança se comporta de modo antissocial, não se trata necessariamente de uma doença, e o seu comportamento antissocial nada mais é, por vezes, do que um SOS, pedindo o controle de pessoas fortes, amorosas e confiantes (WINNICOT, 1999: p. 130-131).

Impossível não reparar que existem várias instituições envolvidas neste processo originário de formação do sujeito, em especial, a família e a escola, daí os estímulos e reforços primários que antecedem a qualquer necessidade de intervenção do Estado. Fixar a idade da razão no campo penal é mesmo uma opção político criminal e nem sempre uma tarefa fácil, restando sempre lacunosa e defeituosa, porque daí precisarmos, antes de tudo, nos dar conta das "assimetrias" culturais, formativas e civilizatórias, por vezes, presente no âmbito de nossa própria sociedade que provocam uma imensa variação de desenvolvimento psíquico subjetivo:

> Se existe um paiz, ao qual melhor se accomode a realização de semelhante idéa, é justamente o Brazil. As influencias mesológicas, climatéricas e sociaes, variam com as grandes distancias, que separam, por exemplo, os sertões do litoral; e diversos também devem ser os resultados que taes influencias possam produzir no desenvolvimento psycho dos indivíduos. E`razoável, por tanto, notar no código este defeito: a taxação legal da menoridade de quatorze anos para tornar irresponsável a todo e qualquer que, no território brazileiro, commetta um acto qualificado criminoso (BARRETO, 2003: p. 15-16)

Tobias Barreto fazia ainda referência de como a norma vinha estabelecida no art. 10 do Código Criminal do Império do Brasil que fixava a maioridade penal aos 14 anos (PIERANGELI, 2001: p. 238). Dialogamos aqui com a obra de Barreto, porque atualmente o modelo penal vigente adotou igualmente uma solução rígida, semelhante àquela aplicada no Código Mello Franco, apenas com a fixação de uma faixa etária maior (o art. 27 do Código Penal fixou 18 anos para a maioridade penal). Obviamente, a proposta de Tobias se insurge contra esta ideia de medida fixa da idade penal pelas razões que expõe. O Código Penal de 1890 declarou a inimputabilidade absoluta apenas aos menores de 09 (nove) anos e criou uma faixa de relativa incapacidade entre 09 (nove) e 14 (quatorze) anos, pelo que observamos a seguinte redação:

> Art. 27. Não são criminosos:
> § 1º Os menores de 9 annos completos;
> § 2º Os maiores de 9 e menores de 14, que obrarem sem discernimento (PIERANGELI, 2001, p. 275)

A plena capacidade penal continuava iniciando aos 14 (quatorze) anos, mas, na época do primeiro Código Penal Republicano, publicado em 1890, já se propunha a criação de uma faixa de "capacidade relativa" a ser analisada no caso concreto e que principiava aos 09 (nove) anos. Os estudos comparativos de Barreto, no clássico: *Menores e Loucos*,davam conta de que esta "faixa de responsabilidade relativa" era comum em diversas outras legislações, citando a Itália e estados alemães entre os lugares em que esta medida era adotada (BARRETO, 19-21).

A tônica era conferir ao julgador a oportunidade de "corrigir injustiças numa hipótese fática real" e promover uma análise concreta das assimetrias de maturação psíquica dos sujeitos. Uma presunção fixa de maioridade traria transtornos ao não permitir esta análise adequada ao caso, lembrando, igualmente, da restrição da analogia em matéria penal, bastante alertada por parte dos penalistas, mas refutada por quem se insurgia diante dos "critérios fixos da lei" e da impossibilidade do intérprete corrigir lacunas ou interpretar a norma de forma extensiva (BARRETO, 2003, p. 3-7). De qualquer sorte, para esta faixa de "capacidade relativa" o Código Penal estabelecia restrição com relação à sanção penal que seria aplicada:

> Art. 30. Os maiores de 9 annos e menores de 14 que tiverem obrado com discernimento, serão recolhidos a estabelecimentos disciplinares industriaes, pelo tempo que ao juiz parecer, comtanto que o recolhimento não exceda à idade de 17 annos (PIERANGELI, 2001: p. 276)

O critério exclusivamente biológico-cronológico retornou com a Consolidação das Leis Penais de Vicente Piragibe, aprovada pelo Decreto 22.213 de 14 de Dezembro de 1932, assinado por Getúlio Vargas, estipulando, em seu art. 27, a idade penal de 14 (quatorze) anos (PIERANGELI, 2001, p. 331). A redação originária do Código Penal de 1940 estabelecia o seguinte:

> Art. 23. Os menores de dezoito anos são penalmente irresponsáveis, ficando sujeitos às normas estabelecidas na legislação especial. (PIERANGELI, 2003: p. 444)

A Reforma da Parte Geral do Código de 1984 manteve o critério biocronológico como único instrumento de fixação da maioridade penal com a seguinte redação do art. 27 do Código Penal: *Os menores de 18 (dezoito) anos são penalmente inimputáveis, ficando sujeitos às normas estabelecidas na legislação especial.* Não existe, portanto, no Código Penal reformado em 1984 qualquer "faixa de responsabilidade relativa" como observou no remissivo histórico que estava presente no primeiro Código Penal da República. Assim, temos claramente adoção de um critério fixo no tocante à idade para a responsabilidade penal, o que igualmente demonstra uma opção político criminal de natureza liberal, restringindo o alcance de interpretações analógicas e extensivas que flexibilizam o alcance fixo da maioridade penal estabelecido.

O poder constituinte originário de 1988, no art. 228 da Constituição da República brasileira fixou o seguinte:

> Art. 228. São Penalmente inimputáveis os menores de dezoito anos, sujeitos às normas da legislação especial.

O dispositivo da Parte Geral do Código Penal reformado em 1984 foi expressamente recepcionado pela Ordem Constitucional de 1988. Confirmou-se, assim, a opção político criminal favorável a um critério fixo para o estabelecimento da maioridade penal por parte do Poder Constituinte originário de 1988. A idade de 18 (dezoito) anos como o momento em que se principia a responsabilidade penal tornou-se, desde então, matéria constitucional.

Até os 18 (dezoito) anos, as crianças e adolescentes, na sua peculiar condição de "pessoas em desenvolvimento", ficarão submetidos à disciplina de legislação especial que pode sujeitá-los a um procedimento próprio de avaliação da responsabilidade e a medidas de prevenção e de contenção específicas quanto à prática criminal. O Sistema é distinto daquele aplicado aos adultos, ou seja, às pessoas após terem completado 18 (dezoito) anos. Abrimos aqui um parênteses para recordar que mesmo o Código Penal de 1890, ao estabelecer uma capacidade relativa entre 09 e 14 anos de idade, limitou a possibilidade da sanção penal nesta faixa etária. De forma peculiar, criou uma hipótese diferenciada de imputação, agora estabelecida pelo tratamento da reação ao desvio praticado com base em normativas diferentes. O Estatuto da Criança e do Adolescente estabelece em seu art. 2º que se considera criança qualquer *pessoa em desenvolvimento até os 12 (doze) anos de idade incompletos e adolescente dos 12 (doze) aos 18 (dezoito) anos de idade* (CURY; AMARAL E SILVA; MENDEZ, 2000, p. 14).

O que dizer com relação à fixação desta "idade da razão"? De fato, estudos da Psicologia do Desenvolvimento Humano determinam que o amadurecimento da consciência e da possibilidade de dotar a ação de um sentido compartilhado socialmente só pode ser alcançado a partir de certa idade. Decerto, esta maturidade se diferencia de acordo com os sujeitos e os fatos sociais (WINNICOT, 1999, p. 138-147). É mais fácil, naturalmente, pelo convívio a disciplina acerca da violência de que a disciplina acerca da vida financeira ou da atuação fiscal do Estado. São compreensões distintas para as quais se amadurece em tempos distintos da vida. Os sujeitos igualmente possuem laços familiares e oportunidades distintas que proporcionam experiências diversificadas e diferenciados momentos para um desenvolvimento humano e psíquico adequado a determinados fatos da vida: morte, sofrimento físico e psíquico, probidade e ética, etc... Nada disso, impede o reconhecimento de que há momentos próprios neste desenvolvimento psíquico e emocional pelo que não podemos exigir um comportamento semelhante ao dos adultos por parte dos adolescentes. Igualmente, não podemos submetê-los às mesmas instituições e normas comuns aos adultos pela inexigibilidade de conformidade ao direito diante da prática de condutas para as quais inexiste um pleno desenvolvimento psíquico de determinação:

> Não só pesquisadores de renome internacional (como Gesell, Freud, Bühler, Piaget, Erikson, Cláparède, Zazzo, Sears, Bowlby e outros) contribuíram decisavamente para a compreensão de tudo quando singulariza a criança e o adolescente, diferenciando-os, sobe múltiplos aspectos, dos adultos, como também uma impressionante massa de milhares de pesquisas, caracterizadas por crescentes refinamentos conceituais e metodológicos, serviu para avançar enormemente os conhecimentos e a compreensão do desenvolvimento da criança, no contexto de ambientes extraordinariamente complexos com os da atualidade. O que sabemos sobre processos básicos de natureza psicológica nos primeiros anos de vida humana, sobre fatos que contribuem para retardar ou causar danos ao desenvolvimento, sobre riscos, distúrbios, anomalias e dificuldades que geram uma infância infeliz e prenunciam conflitos e problemas sérios na futura pessoa adulta, é mais que suficiente para justificar a compreensão do caráter fundamental dos chamados "anos formativos" que, em média, correspondem aos dois primeiros decênios da vida. As óbvias fragilidade e vulnerabilidade das crianças e os recursos limitados de que dispõem tanto no plano das capacidades físicas como de natureza cognitiva, emocional e social, ganham dimensões particularmente preocupantes num mundo caracterizado por rápidas mudanças sociais, tecnológicas, científicas e econômicas, às voltas com as transições e mudanças na família, a presença e a tentação dos tóxicos, as crescentes liberdades sexuais e os crescentes riscos, a influência avassaladora da televisão na vida, no comportamento, nas expectativas e na construção pessoal da realidade, os infortúnios associados à pobreza e ao despreparo para viver de modo feliz e sadio, conviver e exercer uma cidadania responsável (CURY; AMARAL E SILVA; MENDEZ, 2000, p.15-16)

A sociedade é um grande mosaico, onde não podemos extrair uma "igual oportunidade" de aprendizagem e socialização. Quando a fixação da idade penal é uma "presunção" obtida por meio de uma análise político criminal, diante do quadro social e de como ele se apresenta, vislumbra-se claramente a busca de um elemento limitativo imposto à intervenção do Estado. Por outro lado, é igualmente uma "presunção" de que a partir dos 18 (dezoito) anos todas as pessoas tenham passado por contatos humanos e experiências familiares, institucionais e sociais que lhes permitam reconhecer o significado normativo de suas práticas e de se determinarem de acordo com esta compreensão. Esta presunção de imputabilidade não admite prova em contrário (COSTA Jr., 2002, p. 119). Assim, somente a partir dos 18 (dezoito) anos tornam-se os jovens aptos a responder penalmente por aquilo que praticarem, porque têm perfeita consciência e liberdade para agir conforme o sentido pelo qual agem em razão de um amplo período de experiência e aprendizado social. Há, então, aos 18 (dezoito) anos um "completo desenvolvimento" das habilidades psíquicas de um ser humano, o que igualmente o torna passível de "compartilhar as instituições sociais e normativas" dos adultos.

O critério biocronológico retrata uma opção político criminal que confere um "tempo social de amadurecimento psíquico" às pessoas, produzindo a ideia de um período necessário de experiências sociais e contatos humanos para o estabelecimento da idade da razão. O efeito desta opção político criminal é mesmo retardar o início da repressão penal dos indivíduos, optando por outras medidas, em virtude de acreditar que durante este "tempo social" ofertado, as demais instituições da sociedade poderiam agir com maior eficiência diante de determinadas práticas desviantes de crianças e adolescentes, conseguindo restabelecer melhor a ordem perdida. Não significa uma "irresponsabilização", mas uma graduação das formas de atribuir a responsabilização, confiando a outras instâncias sociais não apenas um papel "educativo", mas igualmente solucionador dos conflitos e distribuidor das imputações, numa consideração de que mesmo em espaços privados, importantes normas de conduta são respeitadas. Aqui é feito igual consideração de que as penas são males a serem utilizados como último recurso e na ausência de respostas sociais menos violentas e mais eficazes, adequadas ao sujeito e suas experiências sociais.

O critério adotado no Código Penal brasileiro pós-reforma de 1984 foi exclusivamente cronológico-biológico, a opção político criminal não fez relativizações, adotou um modelo absoluto. Neste ponto, concedeu ao "tempo social do amadurecimento psíquico" certa intangibilidade, evitando, porventura, tratamentos desiguais e juízos diferenciados a partir da análise de uma faixa etária de "relativa culpabilidade". Não deixa de ser uma opção que, na análise de casos concretos, pode provocar algumas distorções, mas o legislador buscou uma solução mais abrangente e racional, aqui, propriamente, instrumental, pela avaliação utilitária de custos e benefícios desta fixação absoluta da idade penal. O critério dogmático estabelecido reduz a possibilidade de casuísmos e oferta um modelo de fixação estável.

## 2. O modelo penal brasileiro como matéria constitucional e a maioridade penal enquanto cláusula pétrea

O modelo penal brasileiro, conforme a classificação Político Criminal elaborado por Delmas-Marty (2004, p. 81-89), pode ser definida "idealmente" como um modelo estatal e liberal, sobretudo pelo respeito aos princípios liberais constitucionais de: legalidade penal, presunção de não culpabilidade, juízo e promotor naturais, ampla defesa e do contraditório, devido processo legal e vedação de provas obtidas por meios ilícitos.

Logicamente, este modelo político criminal ideal construído a partir da Constituição da República informa todo o sistema e as práticas penais, ainda que apresentando inconsistências e "desconstitucionalizações fáticas". Aqui a remissão fica no sentido da origem constitucional e garantista do modelo penal brasileiro, a referência que sempre devemos fazer igualmente em termos de política criminal para evitarmos opções comuns na doutrina penal de não referir a Constituição como a fonte primária e fundamental do sistema. Esta omissão da referência à Constituição por parte de alguns doutrinadores, como, por exemplo, no caso de Mezger durante os anos 30 do século XX, não é nada inocente, mas comprometida com modelos ou práticas criminais autoritárias (MUÑOZ-CONDE, 2009, p. 54-59).

As garantias individuais penais vêm descritas, em sua maioria, no art. 5º da Constituição da República Federativa do Brasil, mas a sua previsão legal, neste dispositivo, não exclui outros direitos e garantias individuais decorrentes de normas e princípios da Constituição de 1988. Definir o modelo político criminal brasileiro como um modelo estatal liberal traz, por consequência, algumas questões básicas, levando-se em conta um "modelo político criminal" ideal:

a) O Estado detém o monopólio da violência punitiva e estipula a um Poder Estatal a atividade de conhecer os fatos de imputação criminal e impor a reação proporcional e legalmente adequada a eles;
b) As garantias penais devem funcionar como limite ao Poder de Punir do Estado, assegurando ao acusado o direito de defesa e contraditório e a presunção de não culpabilidade. O Estado só pode punir com base em provas produzidas dentro de um processo de cognição acusatório legítimo, ou seja, perante um juízo natural e imparcial;
c) O modelo estatal liberal é irrenunciável e assegura a todos um idêntico tratamento a partir de uma "igualdade de consideração" das garantias e normas estabelecidas pelo Estado sobre os indivíduos. Há nesta atuação do Poder Estatal uma "prevenção geral limitativa" que protege todos os indivíduos de outras formas de reação não proporcionais e organizadas horizontalmente pela própria sociedade, tipo vinganças, linchamentos e extermínios.

Neste cenário, a maioridade penal vem estipulada no art. 228 da Constituição da República Federativa do Brasil, no Capítulo VII do Título referente à Ordem Social, tratando: Da Família, Da Criança, Do Adolescente e Do Idoso. Há, certamente, nas referências à criança, ao adolescente e ao idoso, um conjunto normativo que pode se correlacionar ao que dispõe o §2º do art. 5º como direitos e garantias fundamentais previstos na própria norma constitucional. A sociedade é composta por indivíduos e estas várias identidades de sujeitos individuais que compõe o organismo social são, possivelmente, *adultas, crianças, adolescentes ou idosas* não há como fugir desta classificação correspondente às etapas de desenvolvimento cronológico, psíquico e humano para qualquer pessoa. É lógico que uma regra constitucional que estipule "limite ao poder de punir" do Estado torna-se uma garantia individual fundamental. A extensão das garantias individuais fundamentais foi autorizada, por parte do poder constituinte originário, com base em princípios e normas da Constituição ou de "Tratados Internacionais que a República Federativa do Brasil faça parte". Quando o art. 228 estipula uma limitação à intervenção punitiva do Estado, podemos afirmar que:

> Neste sentido, o legislador constitucional optou por dar especial proteção àqueles indivíduos que, pela sua idade e transformações dela decorrentes, não são capazes inteiramente de perceber a ilicitude de seus atos. É por isso que a inimputabilidade penal aos 18 anos constitui um direito individual, assim como a não aplicação da pena de morte e certas garantias de cunho tributário também o são (GRAU; TELLES JR., 2003: p. 30)

O art. 60, § 4º, inciso IV da Constituição de 1988 estipula que não podem ser objeto de Emenda à Constituição "os direitos e garantias individuais", tornando-os cláusulas pétreas. Ora, diante do disposto no art. 5º, § 2º resumir os direitos e garantias individuais apenas aos que taxativamente estejam descritos neste artigo da norma constitucional é impossível, porque a extensão foi autorizada, alcançando, sobretudo, outras normas constitucionais. Aqui, vale a regra hermenêutica:

> Como um subsistema, as normas que compõem a Constituição não podem ser interpretadas apartadamente, pois umas condicionam outras, influenciando-se mutuamente, de modo que não se pode interpretar umas sem ter presente a significação das demais. Cada norma constitucional concorre para integrar o sentido das outras, formando uma rede interpenetrante que confere coerência e unidade ao sistema pela conexão recíproca de significados (LIMA, 2012: p. 53)

Caso esta restrição ocorresse, o poder constituinte originário teria proibido, estipulando de forma clara, alterações ao art. 5º da Constituição, mas não o fez. Estabelecemos, aqui, pelo menos duas observações lógicas para isso:

a) A ordem limitativa da Constituição da República Federativa do Brasil de 1988 não se encontra apenas no art. 5º da Constituição, há outros limites ao Poder Estatal em sede tributária, social, econômica e cultural estipulados em várias outras normas da Constituição que repercutem junto ao cotidiano social como "direitos e garantias individuais";
b) O art. 5º não possui apenas uma ordem constitucional limitativa, mas igualmente uma ordem criminalizadora (PASCHOAL, 2003: p. 17-24).

Esta posição criminalizadora da Constituição não é alcançada como Cláusula Pétrea, uma vez que a estrutura de "conservação" da forma originária da Constituição, determinando uma proibição de alteração normativa para as futuras gerações, alcança apenas os "direitos e garantias individuais". O que não significa ausência de força normativa para a ordem criminalizadora constitucional ou mesmo a possibilidade de sua alteração pela legislação ordinária sem respeito ou vinculação à hierarquia constitucional. Todavia, a parcela do art. 5º que não trata de "direitos e garantias individuais", mas de uma ordem criminalizadora é mutável pelas futuras gerações por via de Emenda Constitucional. Por sua vez, "os direitos e garantias individuais" previstos em outras normas da Constituição são, por correspondência lógica, cláusulas pétreas, vedando-se completamente a alteração do texto constitucional que os reconhece.

Quanto aos Tratados Internacionais que abrangem o objeto relacionado à matéria da maioridade penal temos a Convenção Americana de Direitos Humanos (1969) e a Convenção dos Direitos da Criança (1989) das Nações Unidas. O Pacto de San José da Costa Rica, ratificada pelo Decreto nº 678 de 06 de novembro de 1992 da Presidência da República, estabelece no seu art. 5.º, alínea 5 que: *Os menores, quando puderem ser processados, devem ser separados dos adultos e conduzidos a tribunal especializado, com a maior rapidez possível, para seu tratamento.* A preocupação foi estabelecer um regime especial de custódia e execução da pena para os "menores", observando que esta classificação da "menoridade" competiria ao Estado-Parte (MASTRODI; BARREIRA, 2016, p. 5-8).

A Convenção dos Direitos da Criança, ratificada pelo Decreto nº 99.710 de 21 de novembro de 1990 da Presidência da República, considera como *Criança, todo ser humano com idade inferior a 18 anos, a menos que a legislação Pátria fixe outra idade para a aquisição da maioridade.* A classificação como "criança" alude a uma forma de imputação de fatos e de responsabilidade peculiar a sua condição psíquica e cognitiva, para além de repetir no art. 37, a ideia da excepcionalidade e especialidade da privação de liberdade em ambiente distinto dos adultos como já havíamos referido no mesmo sentido ao apontarmos dispositivo similar da Convenção Americana de Direitos Humanos.

Com isso, observamos que a norma internacional não trabalha com conceitos como "menoridade" ou "inimputabilidade" (MASTRODI; BARREIRA, 2016, p.5). Logicamente, pretende que a criança seja respeitada em sua condição particular de "sujeito em desenvolvimento", mas, em princípio, não estabeleceram um limite de idade para o início da responsabilização penal. Logicamente, ao considerar alguém com idade inferior aos 18 anos como criança, fixa um parâmetro com bases em estudos científicos que auxiliam a análise político criminal para o estabelecimento da maioridade penal. Por outro lado, mesmo para aqueles países que iniciem a repressão penal antes dos 18 (dezoito) anos, foi recomendado que estes "jovens delinquentes" (considerados "crianças" pelas "normas internacionais") fiquem submetidos à privação de liberdade em lugar distinto ao local da prisão de adultos. A ideia é proteger esta condição de "pessoa em desenvolvimento" de interferências nocivas a sua integridade física, moral e ao pleno desenvolvimento psíquico e cognitivo.

O art. 228 da Constituição da República Federativa do Brasil de 1988 está adequado à normativa internacional, porque estipula aos menores de 18 anos de idade o tratamento numa legislação especial em caso de práticas equivalentes aquelas criminais. Obviamente, de acordo com este entendimento, estipula o tratamento da questão criminal envolvendo crianças e adolescentes por instituições diferentes daquelas dos adultos, incluindo aí a impossibilidade de internamento numa prisão comum aos adultos. Esta última assertiva, na realidade, a imposição mais clara das Normas Internacionais sobre a matéria, uma vez que não se trata de imputabilidade ou inimputabilidade aos 18 (dezoito) anos, mas de um maior cuidado institucional, para não misturar jovens e adultos numa mesma instituição prisional.

## 3. Delinquência juvenil e teorias criminológicas

Os estudos criminológicos podem desenvolver uma abordagem a partir de uma ideia de sociedade baseada num contexto de única identidade ou da tentativa de uma formação gregária envolvendo diversos grupos sociais que se comunicam entre si, produzindo incompreensões e conflitos. Da primeira concepção, desenvolvem-se teorias funcionais com base no estudo das oportunidades e mediação entre as estruturas econômicas e sociais (MOLINA; GOMES, 2002, p. 349-355). Na segunda dimensão, observamos a existência de conflitos, da dificuldade de se firmar uma posição de identidade social única e hegemônica, havendo uma intensa comunicação e produção de linguagens entre vários grupos sociais diferentes (MOLINA; GOMES, 2002, p. 355-363).

Os grupos representam identidades de classe social, etnográficas e culturais, de gênero e, porque não afirmamos, de gerações humanas diversas. Entre os vários conflitos sociais, posicionamos um conflito intergeracional, que propõe uma dificuldade de comunicação e identificação de uma geração de pessoas com outra que lhe precede. Neste espaço, surge a oportunidade para a delinquência juvenil, muitas vezes produto de uma "subcultura delinquente", de alienação ou de rebelião à cultura socialmente hegemônica reproduzida normativamente (ANITUA, 2008, p. 497-507). Pode, em si mesmo, não retratar apenas uma "oportunidade de consumo" que se resolve pela solução ou diminuição dos problemas relacionados à anomia entre a estrutura econômica e os fins culturalmente estabelecidos, ou seja, entre a ausência de ampla distribuição dos meios legítimos para se alcançar um determinado fim ou valor culturalmente compartilhado, como buscam explicar as teses funcionais (MERTON, 2002, p. 218-219). Por vezes, retrata tão somente a busca pela afirmação de uma identidade própria que marca pretensões e aspirações comuns de uma determinada geração e os comportamentos desviantes são expressões deste desejo de mudança e de "rebeldia" contra costumes e tradições observados pelas gerações antecedentes. Assim, descrevendo os estudos de Albert K. Cohen da Universidade de Connecticut sobre delinquência juvenil:

> Cohen verificou a existência de subculturas criminosas nas gangues de delinquentes juvenis (...) Cohen descrevia a subcultura criminosa desses grupos de jovens enquanto um sistema de crenças e valores que surgem da interação com outros jovens em situação similar e que resolvem, por seu intermédio, os problemas de adaptação causados pela cultura dominante. Ele combatia as explicações psicológicas da criminalidade entre jovens e explicava a delinquência individual não por conta da personalidade particular, mas sim porque poderia existir em qualquer personalidade, se as circunstâncias permitem o contato

com modelos de delinquências ao invés de modelos que respeitem a lei (ANITUA, 2008, p. 499-500)

Não há como estipular uma causa única para a delinquência juvenil, sendo ela expressa dentro de uma perspectiva multifatorial. Igualmente, é compreensível que se repita, a partir da adolescência desviante, o mesmo fenômeno de aumento da violência observado junto à criminalidade adulta. Especialmente, dissociada da realidade das periferias dos grandes centros urbanos e da associação ao tráfico e sua ocupação territorial violenta, a atitude da redução maioridade pode agravar os problemas relacionados ao recrutamento e início das atividades criminais por parte dos adolescentes. Os soldados do tráfico são em boa parte "soldados crianças", não precisamos ir até a África para observar este problema específico que estimula violência entre gerações, mas deixa meninos e meninas de todo o país vulneráveis a este recrutamento (SOARES, 2006, p. 289-293). Esta marginalização a partir do mercado de drogas facilita o acesso às armas e à prática de violências por parte de adultos e adolescentes (CARVALHO, 2010, p. 77-84).

Neste cenário, poder-se-ia perguntar: a redução da maioridade penal para 16 (dezesseis) anos, deixaria estas pessoas menos vulneráveis ao recrutamento pelas organizações criminosas que operam nos territórios das periferias de grandes cidades brasileiras? Não provocaria, proporcionalmente, uma redução da idade de recrutamento destes jovens? Resolveria, de fato, o problema da criminalidade violenta praticada por adolescentes?

## 4. Conclusões

É inegável a participação de adolescentes em crimes com violência e grave ameaça às pessoas. Muito embora, o volume desta participação de adolescentes não seja significativo, ocasiona clamor público por sua divulgação midiática e o sensacionalismo comum que permeia a comunicação social dos fatos policiais no Brasil.

Decerto, a sociedade exige dos governos providências e as deficiências e vulnerabilidades em instituições sociais como a família e a Escola fazem o problema cair diretamente sobre o âmbito de atuação do Estado e ocupar espaço nas discussões político criminais. Entretanto, já vimos que há um limite constitucional estabelecido para esta intervenção de natureza punitiva.

O art. 228 da Constituição da República Federativa do Brasil de 1988 determinou que os menores de dezoito (18) anos quando praticarem crimes estão sujeitos à legislação especial.

Na Alemanha, por exemplo, foi estabelecido um Código Penal Juvenil, aplicável aos jovens entre 14 e 17 anos, com medidas que alcançam um período máximo de 05 (cinco) anos (COSTA JR, 2002, p. 121). Atualmente, no caso de cometimento de crimes graves, é possível que estas medidas sejam estendidas para um período máximo de 10 (dez) anos (GERMOGLIO, 2011, p. 9). Excepcionalmente, o magistrado pode aplicar o Código Penal Juvenil ao jovem adulto entre 18 e 21 anos, justificando a adoção do parâmetro normativo mais favorável na análise do caso concreto (GERMOGLIO, 2011, p. 8).

O primeiro Código Penal Juvenil Alemão foi publicado em 1923, embora os Tribunais Juvenis tenham uma existência anterior. Durante o nazismo, foi estatuído no ano de 1943 um Código para o Tribunal Juvenil que possibilitava a imputação de penas aos menores a partir dos 12 (doze) anos de idade, inclusive a pena de morte aos jovens infratores considerados perigosos, situação normalmente vedada neste tipo de legislação especial que, raramente, aplica até mesmo sanções privativas de liberdade (GERMOGLIO, 2011, p. 5-6).

Há com referência a estas experiências europeias quanto ao estabelecimento de uma "capacidade relativa", uma proposta interessante de Bitencourt:

> Admitimos, de *lege ferenda*, a possibilidade de uma terceira via, para amainar a fúria punitiva: nem a responsabilidade penal do nosso Código Penal, nem as medidas socioeducativas do Estatuto da Criança e do Adolescente, mas uma elevação da restrição da liberdade, como se fora uma espécie de responsabilidade penal diminuída, com consequências diferenciadas, para os infratores jovens com idade entre dezesseis e vinte anos, cujas sanções devam ser cumpridas em outra modalidade de estabelecimento (patronato para menores infratores), exclusivas para menores, com tratamento adequado, enfim, um tratamento especial, com a presença e participação obrigatória e permanente de psicólogos, psiquiatras, terapeutas e assistentes sociais (2012, p. 469)

Todavia, observamos no Estatuto da Criança e do Adolescente que a partir dos 12 (doze) anos de idade, os adolescentes podem sofrer procedimento de apuração de ato infracional e a imposição de medidas de socioeducativas. Estas medidas socioeducativas são assim chamadas por eufemismo, porque, na prática, muitas são verdadeiras penas. Há, entre elas, a medida socioeducativa de internação, art. 112, VI, da Lei nº 8.069/90 (ECA) que funciona como autêntica forma privativa de liberdade. Logo, o Brasil possui sim um sistema que permite a contenção dos adolescentes a partir dos 12 (doze) anos de idade, aproximando-se do modelo de "capacidade relativa" que já foi anteriormente adotado no País, apenas sujeitando tais medidas a partir da legislação especial.

Claramente, observamos que devido à possibilidade de intervenção estatal, atribuindo medidas socioeducativas aos adolescentes infratores, há faculdade do exercício da contenção e reação do Estado aos atos infracionais equiparados a crimes praticados por adolescentes a partir dos 12 (doze) anos de idade. Assim sendo, o que sugerimos seria uma reforma legal do Estatuto da Criança e do Adolescente ao invés de uma Emenda Constitucional, bastando incrementar ou aumentar restrições e formas institucionais das medidas socioeducativas para o caso, específico, da prática de atos infracionais equiparados a crimes hediondos com violência e grave ameaça às pessoas por parte dos adolescentes.

A medida igualmente não submeteria os adolescentes infratores às instituições penais dos adultos, atendendo, neste aspecto, os dispositivos internacionais que tratam da matéria e respeitando uma cláusula de não retrocesso do *standard* de tratamento das crianças e adolescentes no Brasil. A reforma no Estatuto da Criança e do Adolescente, exigindo um quórum parlamentar bem inferior, que alteraria os dispositivos referentes às medidas socioeducativas empregadas, possibilitando desde a internação a outras medidas aplicáveis por um maior período de tempo, bem como articulando tudo isso com outras políticas de segurança e prevenção de crimes violentos, não implicaria "redução da maioridade penal" e respeitaria os limites impostos pela Constituição e o *standard* de tratamento exigido pelas normativas internacionais.

Outro ponto desta Reforma do Estatuto da Criança e do Adolescente, a partir do Título III da lei, tratando: Da Prática de Ato Infracional, seria dispor de forma clara acerca do exame de insanidade mental de adolescentes infratores, estendendo a medida inclusive às crianças em desenvolvimento, a partir de certa idade, exatamente para não deixar de compreender situações graves que atualmente acontecem e deixam o Estado sem quaisquer instrumentos de reação.

Desta forma, revisando as condições, formas, processamento e tempo de imposição das medidas socioeducativas para os adolescentes infratores e estabelecendo a possibilidade de medida de segurança excepcional para "atos infracionais violentos e classificados como hediondos" praticados por adolescentes ou crianças infratoras desde que quando submetidas ao Exame Psiquiátrico seja constatada a insanidade mental, já dotaríamos o Estado brasileiro de condições suficientes para reagir à altura diante de eventuais problemas relacionados à prática criminal de adolescentes ou crianças, sem que fosse necessário revisar constitucionalmente a idade penal.

Por fim, todas estas medidas seriam adotadas em instituições diversas daquelas programadas para o atendimento dos adultos em situações comparadas de análise e atribuição de responsabilidade.

## Referências


ANITUA, Gabriel Ignacio. *Histórias dos Pensamentos Criminológicos.* Rio de Janeiro: ICC-Revan, 2008.

BARRETO, Tobias. *Menores e Loucos em Direito Criminal.* Ed. fac-sim. Brasília: Senado Federal, 2003.

BITENCOURT, Cezar Roberto. *Tratado de Direito Penal*: Parte Geral I. 17. ed. São Paulo: Saraiva, 2012.

CARVALHO, Salo de. *A Política Criminal de Drogas no Brasil*: estudo criminológico e dogmático da Lei 11.343/06. 5. ed. Rio de Janeiro: Editora Lumen Juris, 2010.

COSTA JR, Paulo José da. *Comentários ao Código Penal.* 7. ed. São Paulo: Editora Saraiva, 2002.

CURY, Munir; AMARAL E SILVA, Antônio Fernando do; MENDEZ, Emílio García (Coords.). *Estatuto da Criança e do Adolescente Comentado*: comentários jurídicos e sociais. São Paulo: Editora Malheiros, 2000.

DELMAS-MARTY, Mireille. *Os Grandes Sistemas de Política Criminal.* Trad. Denise Radanovic Vieira. Barueri-SP: Manole, 2004.

GERMOGLIO, Leonardo Britto. *O Desenvolvimento do Sistema Sancional Juvenil na Alemanha.* IN: BDJUR/STJ Disponível em: https://bdjur.stj.jus.br/jspui/bitstream/2011/43550/desenvolvimento_sistema_sancional_germoglio.pdf. Acesso em: 13 nov. 2018.

GRAU, Eros Roberto; TELLES Jr., Godofredo. A Desnecessária e Inconstitucional redução da maioridade penal. In: LEAL, César Barros; PIEDADE Jr., Heitor (Orgs.). In:*Idade da Responsabilidade Penal*. Belo Horizonte: Del Rey, 2003.

HUNGRIA, Nelson. *Comentários ao Código Penal*. V.1. Tomo 2. 4. ed. Rio de Janeiro: Forense, 1958.

IPEA. Atlas da Violência. Disponível em: http://www.ipea.gov.br/portal/images/170602_atlas_da_violencia_2017.pdf. Acesso em: 13 nov. 2018.

LIMA, Alberto Jorge Correia de Barros. *Direito Penal Constitucional*: princípios constitucionais penais. São Paulo: Saraiva, 2012.

MASTRODI, Josué; BARREIRA, Jônatas Henrique. O Problema Constitucional da Redução da Maioridade Penal.In: *Revista Brasileira de Ciências Criminais*. Vol. 125 (Novembro de 2016). Disponível em: http://www.mpsp.mp.br/portal/page/portal/documentacao_e_divulgacao/doc_biblioteca/bibli_servicos_produtos/bibli_boletim/bibli_bol_2006/RBCCrim_n.125.04.PDF. Acesso em: 15 nov. 2018.

MERTON, Robert K. *Teoría Y Estructura Sociales*. Trad. Florentino M. Torner y Rufina Borques. Mexico: Fondo de Cultura Económica, 2002.

MOLINA, Antonio Garcia-Pablos de; GOMES, Luiz Flávio. *Criminologia*. 4. ed. São Paulo: Editora Revista dos Tribunais, 2002.

MUÑOZ-CONDE, Francisco. *Edmund Mezger e o Direito Penal do Seu Tempo*: estudos sobre o direito penal no nacional-socialismo. Trad. Paulo César Busato. 4. ed. Rio de Janeiro: Lumen Juris, 2005.

PASCHOAL, Janaína Conceição. *Constituição, Criminalização e Direito Penal Mínimo*. São Paulo: Editora Revista dos Tribunais, 2003.

PIERANGELI, José Henrique. *Códigos Penais do Brasil*: evolução histórica. 2. ed. São Paulo: Editora Revista dos Tribunais, 2001.

SOARES, Luís Eduardo. *Legalidade Libertária*. Rio de Janeiro: Editora Lumen Juris, 2006.

WINNICOT, Donald W. *Privação e Delinquência*. Trad. Álvaro Cabral. São Paulo: Martins Fontes, 1999.

# 4. Qual o Valor da Palavra da Vítima nos Casos de Violência Doméstica e Familiar contra a Mulher?

*Alice Bianchini*

## Introdução

Quando se trata de crimes de violência doméstica e familiar contra a mulher, em razão das características peculiares que cercam a ocorrência do fato (relação de afeto entre agressor e vítima, ciclo da violência, normalmente perpetrado no ambiente doméstico, sem presença de testemunhas, etc.) também se torna diferenciada a forma como é valorada a palavra da vítima. Doutrina e jurisprudência têm dado um valor diferenciado para tais tipos de crimes como se verá a seguir.

## 1. Posicionamentos doutrinários e jurisprudenciais

### *1.1. Posição de tribunais*

Na edição n. 41[162] da "Jurisprudência *em Tese*", elaborado pelo STJ, e especial sobre a Lei Maria da Penha, foram elencadas diversas decisões que tratam de

[162] Disponível em: http://www.stj.jus.br/internet_docs/jurisprudencia/jurisprudenciaemteses/Jurisprud%EAncia%20em%20teses%2041%20-%20Lei%20Maria%20da%20Penha.pdf, p. 3

violência praticada em relação de namoro já cessada. A tese e os acórdãos no sentido da tese são trazidos a seguir[163]:

> TESE 13: Nos crimes praticados no âmbito doméstico e familiar, a palavra da vítima tem especial relevância para fundamentar o recebimento da denúncia ou a condenação, pois normalmente são cometidos sem testemunhas.

Acórdãos sobre a tese:

- HC 318976/RS, Rel. Ministro LEOPOLDO DE ARRUDA RAPOSO (DESEMBARGADOR CONVOCADO DO TJ/PE), QUINTA TURMA, Julgado em 06/08/2015,DJE 18/08/2015
- RHC 051145/DF, Rel. Ministro SEBASTIÃO REIS JÚNIOR, Julgado em 11/11/2014,DJE 01/12/2014
- AgRg no AREsp 423707/RJ, Rel. Ministro NEFI CORDEIRO, Julgado em 07/10/2014,DJE 21/10/2014
- HC 263690/RJ, Rel. Ministro MOURA RIBEIRO, QUINTA TURMA, Julgado em 17/10/2013,DJE 24/10/2013
- AgRg no AREsp 213796/DF, Rel. Ministro CAMPOS MARQUES (DESEMBARGADOR CONVOCADO DO TJ/PR), QUINTA TURMA, Julgado em 19/02/2013,DJE 22/02/2013
- HC 151204/RJ, Rel. Ministra MARILZA MAYNARD (DESEMBARGADORA CONVOCADA DO TJ/SE), QUINTA TURMA, Julgado em 23/10/2012,DJE 26/10/2012
- HC 179364/DF, Rel. Ministro MARCO AURÉLIO BELLIZZE, QUINTA TURMA, Julgado em 07/08/2012,DJE 16/08/2012

Decisões Monocráticas sobre a tese

- AREsp 547181/DF, Rel. Ministro ROGERIO SCHIETTI CRUZ, Julgado em 25/05/2015,Publicado em 03/06/2015

[163] Consulta realizada em junho de 2016.

- AREsp 574212/DF, Rel. Ministro JORGE MUSSI, QUINTA TURMA, Julgado em 25/11/2014,Publicado em 28/11/2014
- AREsp 329687/DF, Rel. Ministra LAURITA VAZ, QUINTA TURMA, Julgado em05/06/2013,Publicado em 12/06/2013

Algumas ementas sobre o tema, todas retiradas de julgados do STJ:

> [...] CRIME DE AMEAÇA. VIOLÊNCIA DOMÉSTICA. ESPECIAL RELEVÂNCIA À PALAVRA DA VÍTIMA COMO FUNDAMENTO PARA A CONDENAÇÃO. *[...] 3. A palavra da vítima tem especial relevância para fundamentar a condenação pelo crime de ameaça, mormente porque se trata de violência doméstica ou familiar. [...].*STJ,AgRg no AREsp 423707/RJ, Rel. Min. Nefi Cordeiro, j. em 07/10/2014. (Grifo nosso)

> RECURSO EM HABEAS CORPUS. LEI MARIA DA PENHA. MEDIDAS PROTETIVAS DE URGÊNCIA. FUNDAMENTAÇÃO. PALAVRA DA VÍTIMA. POSSIBILIDADE. PRECEDENTES. 1. *Em se tratando de casos de violência doméstica em âmbito familiar contra a mulher, a palavra da vítima ganha especial relevo para o deferimento de medida protetiva de urgência, porquanto tais delitos são praticados, em regra, na esfera da convivência íntima e em situação de vulnerabilidade, sem que sejam presenciados por outras pessoas.*[...] 3. Estando em conflito, de um lado, a preservação da integridade física da vítima e, de outro, a liberdade irrestrita do suposto ofensor, atende aos mandamentos da proporcionalidade e razoabilidade a decisão que restringe moderadamente o direito de ir e vir do último. STJ, RHC 34035/AL, Rel. Min. Sebastião Reis Júnior, j. em 05/11/2013. (Grifo nosso)

> AGRAVOREGIMENTAL NO AGRAVO EM RECURSO ESPECIAL. *VIOLÊNCIA DOMÉSTICA E FAMILIAR. PALAVRA DA VÍTIMA. ASSUNÇÃO DE ESPECIAL IMPORTÂNCIA.*[...] 1. O recurso encontra-se fundamentado na negativa de vigência aos artigos 41 e 395, inciso III, do CPP, sob o argumento da falta de justa causa para a ação penal que investiga o crime de ameaça ocorrido no âmbito familiar, tendo em vista que a simples palavra

da vítima, sem os demais meios probatórios, não configura indício suficiente de autoria e materialidade a autorizar o recebimento da ação penal. 2. *No que tange aos crimes de violência doméstica e familiar,entende esta Corte que a palavra da vítima assume especial importância, pois normalmente são cometidos sem testemunhas.* STJ,AgRg no AREsp 213796/DF, Rel. Campos Marques (Desembargador Convocado do TJPR), j. em 19/02/2013. (Grifo nosso)

Os Tribunais de Justiça também têm decidido de tal forma. Confira-se alguns julgados:

- *"Em crimes que envolvem violência doméstica, a palavra da vítima merece especial valor, sobretudo quando em sintonia com as provas produzidas."* TJDF, Acórdão 900407. No mesmo sentido são as seguintes decisões do TJDF: Acórdão 900830, Unânime, e Avila, 2ª Turma Criminal, j. em 15/10/2015; Acórdão 899048, Unânime, Rel.Cesar Laboissiere Loyola, 2ª Turma Criminal, j. em 08/10/2015; Acórdão 896485, Unânime, Relator: Esdras Neves, 1ª Turma Criminal, j. em24/09/2015; Acórdão 877453, Unânime, Relator: SILVA LEMOS, 1ª Turma Criminal, j. em12/06/2015. Acórdão n. 918750, 20140110021780APR, Relator: Silvânio Barbosa dos Santos, 2ª Turma Criminal, j. em04/02/2016, Publicado no DJE: 15/02/2016. Pág.: 197; Acórdão n. 912095, 20130210048999APR, Relator: Roberval Casemiro Belinati, 2ª Turma Criminal, j. em10/12/2015, Publicado no DJE: 18/12/2015. Pág.: 105; Acórdão n. 908335, 20140610007924APR, Relator: Jesuino Rissato, 3ª Turma Criminal, j. em 26/11/2015, Publicado no DJE: 01/12/2015.[164]

- "A decisão está baseada na palavra da vítima, que possui especial relevo e credibilidade nos delitos de violência doméstica, que são praticados, em regra, na esfera da convivência íntima e em situação de vulnerabilidade, sem que sejam presenciados por outras pessoas."

[164] Disponível em: http://www.tjdft.jus.br/institucional/jurisprudencia/jurisprudencia-em-foco/lei-maria-da-penha-na-visao-do-tjdft/crimes-e-procedimentos/relevancia-da-palavra-da-vitima

TJDF – PET: 20150020205129, Rel. Esdras Neves, j. em24/09/2015, 1ª Turma Criminal, Publicado no DJE : 01/10/2015.

– "Inviável a tese de absolvição por insuficiência de provas quando as declarações da ofendida são coerentes, ratificadas em Juízo sob o crivo do contraditório, e corroboradas por outras provas acostadas aos autos. O crime de ameaça é formal, qual seja, a consumação independe do resultado naturalístico – a intimidação da ofendida. [...] *É cediço que a palavra da vítima, no tocante aos crimes que envolvem relações domésticas, reveste-se de especial credibilidade, pois são cometidos na maioria das vezes sem a presença de testemunhas oculares.* TJDF, Acórdão 915110, 20140410058204APR, Rel.Humberto Adjuto Ulhôa, 3ª Turma Criminal, j. em21/01/2016.

– "NOS CRIMES OCORRIDOS NO ÂMBITO FAMILIAR, A PALAVRA DA VÍTIMA TEM MAIOR RELEVANCIA, UMA VEZ QUE, TAL DELITO TENDE A OCORRER SEM TESTEMUNHAS. [...] *o acervo probatório se mostrou suficiente* em demonstrar que a conduta do apelante foi tida como típica, em especial a palavra da vítima, que, em crimes decorridos no âmbito familiar, ganha certo relevo probatório, uma vez que, tais delitos não são praticados na presença de terceiros, configurando como um meio probante mais concreto à elucidação dos fatos, ainda mais quando se apresenta com precisão de detalhes, como no presente caso, sendo impossível, portanto, a absolvição pretendida pela defesa."TJPA ,APL 201430196960, Data de publicação: 14/11/2014.

– "A Lei n. 11.340/06, intitulada 'Lei Maria da Penha', tem como objetivo coibir a violência doméstica e familiar, que na maioria das vezes ocorre às escuras, dentro do próprio ambiente domiciliar, ausente de testemunhas presenciais. Assim, nos delitos tipificados na nova lei, *de suma importância é a palavra da vítima* para o melhor elucidar dos fatos, de modo que comprovadas a materialidade e a autoria do delito de violência doméstica, impossível a absolvição"TJSC,AC 2009.024627-0, 3ª Câmara Criminal, Rel. Des. Moacyr de Moraes Lima Filho, j. 13/10/2009.

- "PRETENDIDA A ABSOLVIÇÃO POR AUSÊNCIA DE PROVAS – PALAVRA DA VÍTIMA QUE TEM ESPECIAL RELEVÂNCIA, CORROBORADA PELA PROVA TESTEMUNHAL – DEMONSTRAÇÃO DE QUE A CONDUTA IMPÕE MEDO NA VÍTIMA". TJSC, Rel. Getúlio Corrêa, j. em 17/11/2014.
- "Em casos de violência contra a mulher – seja ela física ou psíquica –, a palavra da vítima é de fundamental importância para a devida elucidação dos fatos, constituindo elemento hábil a fundamentar um veredicto condenatório, quando firme e coerente, máxime quando corroborada pelos demais elementos de prova encontrados nos autos".TJSC, ACrim 2013.029436-0, Des. Paulo Roberto Sartorato, j. 20.08.2013.

- "Nos crimes de violência doméstica, a palavra da vítima tem especial relevância probatória, quando em consonância com as demais provas existentes nos autos." TJMG, APR 10073120027658001/MG, Câmaras Criminais/7ª CÂMARA CRIMINAL, Relator: Sálvio Chaves, **j. em**09/10/2014.

- "Em crimes cometidos no âmbito doméstico, a palavra da vítima é de extrema relevância, na medida em que, via de regra, as agressões ocorrem na clandestinidade, ou seja, no próprio ambiente familiar e sem a presença de testemunhas. TJMG,HC 10000130835242000/MG, Câmaras Criminais / 5ª CÂMARA CRIMINAL, Rel. Júlio César Lorens, j. em 03/12/2013.

- "O conjunto probatório mostra-se idôneo e firme no sentido de esclarecer a materialidade e a autoria, não se havendo falar em absolvição por insuficiência de provas. São estes os fundamentos pelos quais, com o parecer, nego provimento ao recurso".TJMS, *Processo 0061291-71.2012.8.12.0001.*

- "A PALAVRA DA VÍTIMA TEM ESPECIAL RELEVÂNCIA EM CRIMES COMETIDOS COM VIOLÊNCIA DOMÉSTICA. NÃO HAVENDO ELEMENTOS NOS AUTOS QUE A CONTRARIE, NÃO

HÁ POR QUE DESACREDITÁ-LA, SOBREMANEIRA QUANDO AMPARADA POR OUTROS ELEMENTOS DE CONVICÇÃO." TJRS,Apelação Criminal 70052745643, Primeira Câmara Criminal, Rel. Des. Julio Cesar Finger, j. em 10/04/2013.

- "Em crimes decorrentes de violência doméstica, a palavra da vítima é de suma relevância, principalmente quando vem acompanhada de prova da materialidade do delito. Caso em que o réu não trouxe aos autos nenhum elemento de prova capaz de desfazer a versão trazida na peça acusatória." TJRS, AC 70052937026, Segunda Câmara Criminal, Relator: José Ricardo Coutinho Silva, j. em17/09/2015.

- "Em crimes de violência doméstica, diante da divergência das versões apresentadas pelo acusado e pela vítima, prepondera esta, por tratar de crimes praticados, em geral, sem a presença de testemunhas, pois no ambiente doméstico." TJRS, Rel. Catarina Rita Krieger Martins, j. em01/03/2012, Terceira Câmara Criminal.

- "Em crimes de violência doméstica, que via de regra *são perpetrados no ambiente residencial, sem outras testemunhas, a palavra firme e convicta da vítima assume especial relevância, ainda mais que essa tem como único interesse apontar o verdadeiro culpado pela infração e não incriminar gratuitamente alguém. Ademais, as lesões se encontram devidamente comprovadas pela prova técnica." TJRS, Apelação Crime 70043429604, Primeira Câmara Criminal, Rel. Manuel José Martinez Lucas, Julgado em 19/10/2011.*

- "Nos crimes de violência doméstica, os quais, geralmente, ocorrem à distância de testemunhas, a palavra da ofendida assume especial relevo, consistindo em prova suficiente para a condenação." TJRS, Apelação Crime 70042446518, Quarta Câmara Criminal, Rel. Gaspar Marques Batista, j.em 29/06/2011.

- "A palavra da vítima, nos crimes cometidos no âmbito da violência doméstica, quando firme e coerente, *é prova suficiente para justificar sentença condenatória.* Especialmente quando corroborada por outros elementos de provas colhidos na instrução, como no caso destes autos. 2. Inexistindo prova judicial capaz de invalidar a versão firme e coerente apresentada pela vítima, que foi corroborada com depoimentos testemunhais, não há que se falar em absolvição do apelante." TJPI,ACR 201100010060882 PI, Rel. Des. Joaquim Dias de Santana Filho, j. em10/04/2012, 2ª. Câmara Especializada Criminal.

- "Lesão corporal. Violência doméstica. Palavra da vítima. Relevância, devido à natureza da infração, praticada, quase sempre, na clandestinidade *Prova suficiente a autorizar a condenação.*" TJPR, 8259970, Rel. Campos Marques, j. em08/03/2012, 1ª Câmara Criminal.

- "Tratando-se de crime envolvendo violência doméstica e familiar, assume especial relevo a palavra da ofendida, em razão de tais infrações serem comumente praticadas na esfera da convivência íntima e em situação de vulnerabilidade, sem que sejam presenciadas por outras pessoas, mormente se confortada por outros elementos de provas." TJRJ, APL 00270792920128190001/RJ, Rel. Des. Joaquim Domingos de Almeida Neto, j. em 10/12/2015.

Como bem enfatiza o Tribunal Superior de Justiça da Argentina:

> "En los procedimientos judiciales vinculados con la problemática de la violencia doméstica, la prueba de los hechos denunciados por la víctima no es una tarea simple y ello es así porque se trata de hechos que normalmente transcurren en la intimidad o en circunstancias en las que sólo se encuentran presentes la víctima y el agresor. Por tal motivo, en estos supuestos, los testimonios de las personas directamente involucradas en el conflicto revisten fundamental entidad para analizar y confrontar las diversas hipótesis en cuanto a las circunstancias en las que presumiblemente habrían tenido lugar los hechos que son denunciados."[165]

[165] Violencia de género y doméstica. Amenazas. Amplitud y estándares probatorios. Prueba directa e indirecta. Presunciones. Valor del testimonio de la víctima ("Taranco"). Tribunal Superior de Justicia CABA.

Também a doutrina e a jurisprudência portuguesas têm-se orientado no sentido de, nos crimes de violência doméstica, "conferir especial valor ao depoimento da mulher, dadas as circunstâncias em que normalmente são perpetrados, ou seja, no recesso do lar, onde normalmente não há a presença de testemunhas."[166]No ano de 2017, o FONAVID – Fórum Nacional de Juízas e Juízes de Violência Doméstica e Familiar contra a Mulher[167] elaborou o seguinte enunciado, exclusivo para o âmbito do deferimento de medida protetiva de urgência prevista na Lei Maria da Penha:

> ENUNCIADO 45 – Prevê que as medidas protetivas de urgência previstas na Lei 11.340/2006 podem ser deferidas de forma autônoma, apenas com base na palavra da vítima, quando ausentes outros elementos probantes nos autos.

### *1.2. Posição da doutrina*

Na doutrina, a corrente predominante, é no sentido de que a palavra da vítima, desde, claro, que acompanhada de outras provas, mesmo que circunstanciais, pode ensejar um decreto condenatório. Confiram-se algumas lições.

- Eugênio Pacelli: "Semelhante conclusão assume relevância ainda maior no que se refere aos chamados crimes contra a dignidade sexual,

[166] TÁVORA, Mariana Fernandes. O sistema português. In: ÁVILA. Thiago André Pierobom de. (Coord.). Modelos europeus de enfrentamento à violência doméstica: experiências e representações sociais. Brasília: ESMPU, 2014, p. 158.

[167] "O Fórum, que congrega magistrados de todos os Estados brasileiros e do Distrito Federal envolvidos com a temática de violência doméstica e familiar, tem como objetivo propiciar a discussão permanente das questões relacionadas à aplicabilidade da Lei nº 11.340/2006, compartilhar experiências e uniformizar procedimentos pertinentes à temática, além de proporcionar a compreensão, com profundidade, dos aspectos jurídicos da legislação e também dos contornos que envolvem outras disciplinas relacionadas, sob a perspectiva da efetividade jurídica e aperfeiçoamento dos magistrados e equipes multidisciplinares. O Fonavid é o maior, senão o único Fórum no mundo de tal proporção, que promove a integração de Juízes de Direito para prevenir e combater a violência doméstica e familiar contra a mulher, assunto que tem despertado a preocupação e o interesse de toda a sociedade, da mídia e das instituições governamentais e não-governamentais, cabendo destacar que se trata de um Fórum de origem genuinamente brasileira." Disponível em: http://www.amb.com.br/fonavid/historico.php. Acesso em 20 novembro 2018.

quando a palavra da vítima é sempre de capital importância, para fins de condenação."[168]

- Guilherme de Souza Nucci: "Sustentamos que a palavra isolada da vítima, sem testemunha a confirmá-la, pode dar margem à condenação do réu, desde que resistente e firme, harmônica com as demais circunstâncias colhidas ao longo da instrução."[169]
- Jorge Henrique Schaefer Martins: "A vítima, por ter sido atingida pelo fato, portanto dele participado de alguma forma, pode esclarecer pontos relevantes, advindo dos seus informes, mormente nos crimes sexuais – praticados, via de regra, a descoberto de testemunhas –, os dados que permitem o julgamento."[170]
- Luís Fernando de Moraes Manzano: "Nos crimes contra o patrimônio e contra a liberdade sexual, que são normalmente cometidos longe de olhares auspiciosos de testemunhas oculares, segundo a jurisprudência a palavra da vítima merece especial credibilidade. Isso não significa que a sentença condenatória possa se alicerçar somente na palavra dela."[171]
- Renato Brasileiro de Lima: "em virtude do sistema da livre persuasão racional do juiz, tem-se que o valor probatório das declarações do ofendido é relativo. Logicamente, nos crimes cometidos às ocultas, a palavra da vítima ganha um pouco mais de importância, mas daí não se pode concluir que seu valor seria absoluto."[172]

Tratando especificamente da palavra da vítima nos crimes de violência doméstica e familiar contra a mulher, tem-se o seguinte entendimento:

- Rosane M. Reis Lavigne e Cecilia Perlingeiro: "É notório que a violência dessa natureza ocorre, em grande parte, sem testemunhas

[168] OLIVEIRA, Eugênio Pacelli de. Curso de processo penal. 16. Ed. São Paulo, Atlas, 2012, p..425.

[169] NUCCI, Guilherme Souza. Manual de processo penal e execução penal. 8. ed. São Paulo: RT, 2011, p. 457.

[170] MARTINS, Jorge Henrique Schaefer. Prova Criminal. Juruá, Curitiba, 1996, p.117.

[171] MANZANO, Luís Fernando de Moraes. Curso de Processo Penal. 2. ed. São Paulo. Atlas, 2012, p. 398.

[172] LIMA, Renato Brasileiro de.Curso de Processo Penal. Rio de Janeiro: Impetus, 2013, p. 667.

presenciais. Ao dar ensejo ao pedido de medidas protetivas, a palavra da vítima, com suas marcas visíveis e invisíveis relata, via de regra, anamnese até então oculta, na qual finca raiz a violência geradora do pedido de amparo e tutela. Deve sua palavra ser valorada. Depreciar seu depoimento implica abandonar a vítima à própria sorte e contribui para a falta de efetividade dos mecanismos conquistados".[173]

Com uma visão bem diversa do tema e também fazendo referência específica à Lei Maria da Penha, convém trazer o pensamento de Roberto Flávio Cavalcanti[174], que entende que, "em caso de dúvida, a decisão seja dada em prol do acusado (princípio do *in dubio pro reo*)." Confira-se a lição trazida pelo autor:

> É praticamente um dogma do direito processual penal moderno e democrático, regido pelo sistema acusatório, que cabe à acusação todo ônus de provar a culpa ou dolo do acusado, como decorrência do artigo 5º, inciso LVII da Constituição, pois "*se ninguém será considerado culpado até o trânsito em julgado de sentença penal condenatória*", é de rigor que, em caso de dúvida, a decisão seja dada em prol do acusado (princípio do *in dubio pro reo*):
> "*Por força da regra probatória, a parte acusadora tem o ônus de demonstrar a culpabilidade do acusado além de qualquer dúvida razoável, e não este de provar sua inocência. Em outras palavras, recai exclusivamente sobre a acusação o ônus da prova, incumbindo-lhe demonstrar que o acusado praticou o fato delituoso que lhe foi imputado na peça acusatória.*" (LIMA, Renato Brasileiro de,*Curso de Processo Penal.* Niterói: Impetus, 2013, p. 09) [...]
> Ora, a Lei Maria da Penha é uma norma processual penal infraconstitucional, não sendo nenhuma exceção à regra no que toca à observância dos princípios constitucionais, devendo, do mesmo modo que outras

[173] LAVIGNE, Rosane M. Reis; PERLINGEIRO, Cecilia. Das medidas protetivas de urgência – artigos 18 a 21. In: CAMPOS, C. H. Lei Maria da Penha comentada em uma perspectiva jurídico-feminista. Rio de Janeiro: Lumen Juris, 2011. p. 297.

[174] CAVALCANTI, Roberto Flávio. Princípio do in dubio pro reo e Lei Maria da Penha. **Revista Jus Navigandi**, Teresina, ano 20, n. 4372, 21 jun.2015. Disponível em: <https://jus.com.br/artigos/35078>.

> normas da mesma estatura, respeitar a mesma sistemática acusatória delineada mais acima.
>
> Todavia, vem se consolidando no seio do Superior Tribunal de Justiça entendimento subversivo, talvez na intenção de "dar satisfações" à sociedade para que se possa ver que o Judiciário vem cumprindo a contento com seu papel de política criminal, combatendo a violência doméstica e familiar contra a mulher condenando mais e mais "agressores".
>
> Parece que na contramão de um processo penal democrático, pelo menos nos crimes que envolvem a aplicação da Lei Maria da Penha em ambiente de clandestinidade, prevalece uma comodista visão de que o acusado deva ser condenado, mesmo em estado de dúvida, de sorte que o princípio do *in dubio pro reo* é substituído pelo princípio do *in dubio pro societate*.
>
> É estarrecedor que o STJ venha dinamitando o princípio do *in dubio pro reo* em razão de uma política criminal vitimista, comodista e banal. *Ora, se a simples palavra da vítima é suficiente para sustentar uma condenação, na prática inverte-se o ônus da prova em desfavor da defesa, que deve se encarregar de provar sua inocência*, o que contradiz a garantia do artigo 5º, inciso LVII!
>
> Assim, a Lei Maria Penha fez questão de afirmar com redundância os direitos fundamentais das mulheres, mas trouxe a reboque interpretações que "coisificam" o acusado; que o despersonalizam para simplesmente satisfazer a vontade da vítima em querer condená-lo, o que é absurdo, devendo agora o acusado ao mesmo tempo se defender e provar sua inocência.

A preocupação expressada foi contemplada pela jurisprudência espanhola, tendo sido criados, exatamente para que se possa trazer mais segurança ao tema relativo ao valor da palavra da vítima, alguns critérios que auxiliam o julgador. É esse o assunto que será abordado no próximo item.

## 2. Circunstâncias que devem estar presentes para que a palavra da vítima possa conduzir a um decreto condenatório

A jurisprudência espanhola sedimentou entendimento de que, para que a declaração da vítima seja considerada prova suficiente, devem se fazer presentes as seguintes circunstâncias[175]:

– *ausência de incredibilidade subjetiva:* não pode existir um motivo de ressentimento, inimizade, vingança, ou desejo de obter vantagem processual em outro processo promovido contra o acusado (guarda de filho, pensão alimentícia etc.) ou outro fim espúrio que privasse o testemunho de aptidão para gerar este estado subjetivo de segurança em relação às informações trazidas. Trata-se de valorar o testemunho emitido em relação ao agressor.

Este elemento que é relativamente fácil de analisar nas causas em que agressor e vítima não se conhecem, torna-se, no entanto, de muito difícil valoração no seio de relações pessoais violentas que podem contar com uma embaralhamento psicológico da agredida, "que normalmente quer denunciar, porém também quer, paradoxalmente – iniciar uma convivência feliz com o agressor. É nestas situações de violência doméstica que se deve apelar para uma maior sensibilidade do juiz que permita valorar com acerto as confusas e, não raro, contraditórias declarações da vítima."[176]

Também é importante ressaltar que o fato de vítima e réu estarem envolvidos em outras disputas judiciais (separação judicial litigiosa, guarda de filhos, pensão alimentícia etc.) por si só, não é suficiente para afastar a credibilidade subjetiva da vítima. Como bem destacam RubySibony, Mª *Ángeles* Serrano Ochoa e Olga Reina,

[175] ARCE FERNANDEZ, Ramón. FARIÑA, Francisca. Evalución psicológica forense de la credibilidad y daño psíquico en casos de violencia de género mediante el sistema de evalución global. In: FARIÑA, Francisca, ARCE Ramón, BUELA-CASAL Gualberto (eds.). Violencia de género: tratado psicológico y legal. Madrid: Biblioteca Nueva, 2015, p. 149.

[176] SORIANO, Olga Fuentes. El enjuiciamiento de la violencia de género. Madrid: Iustel, 2009, p. 128.

> la existencia de situaciones anteriores que propicien malas relaciones entre dos personas no excluirá *per se* la posibilidad de actos de violencia de género, o dicho de otro modo, no significará que la afirmación de haber sido agredida tenga necesariamente que ser falsa.[177]

Outras vezes, a incredibilidade da vítima é gerada pelo fato de ela não desejar o resultado do processo, ou seja, a condenação do agressor.

> Nestas situações, a vítima oculta parte dos acontecimentos, oferece versões acidentais para as lesões, diminui o valor real do dano provocado ou simplesmente não se apresenta no curso do processo penal ou busca fazer cessar o processo penal. Mais adiante, superadas as suas capacidades de adaptação ao clima violento, o medo ou o submetimento e após comprovar o escasso resultado de sua atitude de perdão, a vítima busca conseguir a ruptura urgente e, para isso, pode se valer da simulação como instrumento.[178]

– *verossimilitude*: o testemunho da vítima, pelo fato de que, obviamente, é parte da causa, há que estar rodeado de certas corroborações periféricas de caráter objetivo que o dote de aptidão probatória, como por exemplo, laudos médicos, testemunhas de referência (vizinhos, por exemplo).

Ainda de conformidade com Ruby Sibony, Mª *Ángeles* Serrano Ochoa e Olga Reina,

> Esto supone que La declaración de la víctima ha de ser lógica en si misma, o sea, no contraria a las reglas de la lógica vulgar o de la común

[177] SIBONY, Ruby, SERRANO OCHOA, Mª Ángeles, REINA, Olga.La prueba y el derecho a la dispensa del deber de declarar por la testigo-víctima en los procedimientos de violencia de género. Disponível em: http://noticias.juridicas.com/conocimiento/articulos-doctrinales/4652--la-prueba-y-el-derecho-a-la-dispensa-del-deber-de-declarar-por-la-testigo-victima-en-los--procedimientos-de-violencia-de-genero/

[178] CARRILLO DE ALBORDOZ, Eduardo. Aspectos clínicos y médico-legales de la violencia de género. In: FARIÑA, Francisca, ARCE Ramón, BUELA-CASAL Gualberto (eds.). Violencia de género: tratado psicológico y legal. Madrid: Biblioteca Nueva, 2015, p. 174.

> experiencia, lo que exige valorar si su versión es o no insólita, u objetivamente inverosímil por su propio contenido...y que La declaración de la víctima ha de estar rodeada de corroboraciones periféricas de carácter objetivo obrantes en el proceso."[179]

- *persistência na incriminação:* a incriminação "há que se prolongada em um tempo plural, sem ambiguidades nem contradições."[180] Havendo modificações ou contradições elas têm que ser mínimas e no sentido de não comprometer a linha acusatória.[181]

Este fator de ponderação

> supone, tanto la persistencia o ausencia de modificaciones en las sucesivas declaraciones prestadas por la víctima sin contradecirse ni desdecirse, como en la concreción en la declaración que ha de hacerse sin ambigüedades, generalidades o vaguedades y por último la coherencia o ausencia de contradicciones, manteniendo el relato la necesaria conexión lógica entre sus diversas partes.[182]

Talvez esse critério seja o de mais difícil alcance. Quando a mulher revela a violência sofrida, frequentemente ela passa a vivenciar outras espécies de vitimização: a que ocorre quando há reprovação de sua iniciativa pelo agressor, pela sociedade, principalmente os membros da família, e, caso ela

179 Disponível em: http://www.mjusticia.gob.es/cs/Satellite/Portal/1292427358027?blobheader=application%2Fpdf&blobheadername1=Content-Disposition&blobheadername2=EstudioDoctrinal&blobheadervalue1=attachment%3B+filename%3D1503_MART%C3%8DNEZMORA.pdf&blobheadervalue2=1288790579474.

180 ARCE FERNANDEZ, Ramón. FARIÑA, Francisca. Evalución psicológica forense de la credibilidad y daño psíquico en casos de violencia de género mediante el sistema de evalución global. In: FARIÑA, Francisca, ARCE Ramón, BUELA-CASAL Gualberto (eds.). Violencia de género: tratado psicológico y legal. Madrid: Biblioteca Nueva, 2015, p. 149.

181 SORIANO, Olga Fuentes. El enjuiciamiento de la violencia de género. Madrid: Iustel, 2009, p. 130.

182 Disponível em: http://www.mjusticia.gob.es/cs/Satellite/Portal/1292427358027?blobheader=application%2Fpdf&blobheadername1=Content-Disposition&blobheadername2=EstudioDoctrinal&blobheadervalue1=attachment%3B+filename%3D1503_MART%C3%8DNEZMORA.pdf&blobheadervalue2=1288790579474.

chegue ao sistema de justiça, pode vivenciar, ainda, a banalização da sua dor pelos representantes do Estado.[183] Ademais, a exposição da violência sofrida normalmente causa na vítima sentimentos pessoais contraditórios (deveria ou não ter denunciado?).

Ademais, todas essas emoções, pressões pessoais, familiares e sociais, bem como a forma como ela é tratada pelo sistema de justiça (que pode ter sido acolhedora ou não), dentre outras situações, podem ir se alterando no transcorrer do processo penal e, influenciando, portanto, no seu ânimo. Consequência direta: a depender de como ela se encontra no dia de prestar declaração, a sua fala pode demonstrar titubeio, fugas, relativização dos fatos, etc. São frequentes na declaração da vítima, e que podem ser compreendidas pelo fato de ter padecido (ou até mesmo ainda padecer) diretamente das consequências da realização do delito.

Algumas características que comumente se fazem presentes na declaração da vítima:

Os três critérios criados pela jurisprudência espanhola (*ausência de incredibilidade subjetiva, verossimilitude e persistência na incriminação*)são muito importantes para uma melhor condução do tema, mas, como adverte Olga Fuentes Soriano[184], trazendo o posicionamento do próprio Tribunal Supremo Espanhol (TS), com esta jurisprudência não se pretende elevar os três requisitos

> em categorias de exigências quase normativas, de necessária observância, de sorte que faltando alguma, o depoimento deve ser considerado inverídico; e pelo contrário, concorrendo todas elas se tem a segurança

[183] Sobre o tema: FOLEY, Gláucia Falsarella apud FERNANDES, Valéria DiezScarance. Lei Maria da Penha: o processo penal no caminho da efetividade. São Paulo: Atlas, 2015, p, 125

[184] TS de 5 de junho de 2001 apud SORIANO, Olga Fuentes. El enjuiciamiento de la violencia de género. Madrid: Iustel, 2009, p. 97.

e garantia da sinceridade, com obrigação de ater-se a tal declaração, por estar adornado dos ditos condicionamentos.

Prossegue o TS afirmando que um tal entendimento levaria a que em casos em que houve desavenças graves de caráter prévio entre ofensor e ofendida, como frequentemente ocorre nas separações judiciais litigiosas seria impossível condenar o autor do delito somente com o testemunho da vítima, se ela tivesse a má sorte de que sua declaração não contasse ou contasse com poucas corroborações objetivas.

Na decisão cujo trecho abaixo será transcrito, da lavra do TJSP, houve condenação do marido por lesão corporal contra sua esposa (CP, art. 129, § 9º), apesar de a vítima ter alterado a sua versão dos fatos em juízo (ou seja, sem preencher o *requisito 3*). A fundamentação, entretanto, para o decreto condenatório baseou-se no conjunto probatório existente nos autos, que, por sua vez, permitia, na visão órgão julgador, concluir-se pela materialidade e autoria. Confira-se:

> Apelação. Lesão corporal de natureza leve (art. 129, § 9º, do C.P.) Recurso defensivo. Absolvição pretendida. Insuficiência probatória. Descabimento. Autoria e materialidade comprovadas. Exculpatórias contraditórias e isoladas por parte do recorrente e depoimentos coesos da vítima e de testemunha, aliados ao exame pericial. Atipicidade e insignificância da conduta. Improcedência. Laudo atesta a ocorrência de escoriação e esquimose. Lei Maria da Penha estabelece política criminal de tutela contra a violência doméstica não compatível com a alegação de mínima lesividade. Reconciliação e harmonia conjugal – Tal situação não se presta a afastar a incidência da norma penal cogente, tampouco a aplicação da pena. Condenação de rigor. Dosimetria. Penas bem dosadas – Sentença mantida. Recurso improvido". [...]
> A vítima [...] na delegacia, confirmou a violência praticada pelo réu, afirmando ter recebido chineladas e um soco. Asseverou ainda que já fora vítima de outras agressões anteriormente, mas que nunca tinham resultado ferimentos (fls. 09). *Já em juízo, afirmou que o soco foi apenas de raspão e que o recorrente jogou o chinelo nela. Por fim, alegou que não há mais brigas e que está em boa convivência com o marido (fls. 60/62).*

> *Cumpre ressaltar que, apesar de em juízo, após o restabelecimento da harmonia conjugal, a vítima tentar minimizar as declarações anteriormente prestadas na delegacia, ainda assim reconheceu a ocorrência de violência por parte do recorrente.*
> Por sua vez, a testemunha *tal*, em ambas as fases da persecução penal, negou ter presenciado os fatos, mas afirmou que encontrou a vítima com o olho roxo. Narrou ainda que Maria Aparecida confirmou que o marido a havia agredido (fls. 17 e 58/59).
> Assim, a palavra da vítima, aliada ao depoimento da testemunha e os demais elementos probatórios amealhados, são suficientemente robustos, dando conta de que o acusado é mesmo o autor do delito em questão, restando amplamente comprovada a sua intenção dolosa em ofender a integridade física da vítima.
> Destarte, não há que se falar em absolvição por insuficiência de provas. TJSP, Apelação 0004810-33.2012.8.26.0637, 11ª CÂMARA DE DIREITO CRIMINAL, Rel. Des. Salles Abreu.

Os critérios trazidos pela jurisprudência espanhola são, portanto, importantes pautas de valoração, criadas com o intuito de dar uma condução mais segura no momento de se sopesar as declarações da vítima.

## 3. Conclusões

A violência doméstica e familiar contra a mulher possui características especiais que necessitam ser conhecidas e contextualizadas. De todas elas, as que mais interessam ao tema relativo à valoração da palavra da vítima são as seguintes:

- **relação de afeto entre agressor e vítima**: É muito comum que entre vítima e agressor exista uma relação de afetividade, sendo uma pessoa muito próxima do outro.

  Um dos fatores mais importantes que faz como que a mulher não rompa com a situação de violência é a existência de vínculo afetivo com o agressor. É ele o homem por quem se enamorou e, frequentemente, o pai de seus filhos. Os sentimentos são complexos e ambivalentes, e que não existiriam ante um agressor desconhecido.[185]

- **ciclo da violência**: Loren Walker, em 1979, identificou que existem três fases distintas localizadas em um ciclo de violência íntimo-afetiva: a construção da tensão, em conjunto com o aumento da percepção de perigo; o ápice de tensão, em que as agressões chegam ao incidente mais violento; e, por fim, a etapa do arrependimento.[186]

Para complicar ainda mais a situação, nas poucas hipóteses em que os fatos foram praticados na frente de testemunhas, normalmente, elas são os familiares (incluindo filhos), cujos depoimentos podem vir carregados de sentimentos (positivos ou negativos), podendo comprometer o conhecimento do ocorrido, ou de sua verdadeira dimensão. É também comum que a mãe não deseje que os filhos e filhas testemunhem como forma de preservação da saúde psíquica das crianças.

Por conta de tudo isso, dois são os riscos igualmente possíveis: de um lado, risco de se chegar a um resultado injusto para o processado e, de outro, risco de não se diminuir os índices de impunidade, absolvendo quem era culpado e deixando a vítima em uma situação ainda mais vulnerável (inclusive pelo fato de que as medidas protetivas de urgência, caso existam, não poderão subsistir). Há também toda a estigmatização que se abaterá sobre a vítima, já que pesará sobre ela a suspeita (para alguns praticamente a certeza) de que tenha mentido ao incriminar o companheiro, dificultando ainda mais, assim, as possibilidades de que ela venha a romper com o ciclo de violência.

Exige-se do magistrado, portanto, neste momento, um exame bastante crítico e apurado que determine

185 GUTIERREZ SAN MIGUEL, Begoña. Tienen efecto las capanãsde prevención de la violencia de género?In: DEL POZO, Marta (Dir.), GALLARDO RODRÍGUEZ, Almudena (Coord.).¿Podemos erradicar la violencia de genero? análisis, debate y propuestas. Granada: Editorial Comares, 2015, p. 89.

186 WALKER, Loren. The Battered Woman Sindrome. Nova York: Spring Publishing Company LLC, 2009, p. 91.

> la credibilidad, coherencia, verosimilitud, persistencia y falta de mendacidad de la incriminación en el testimonio de la víctima, o, en el supuesto que la hubiere, la resistencia a esa incriminación en el relato del presunto ofensor, de manera tal que se adviertan las razones por las cuales se ha privilegiado un testimonio por sobre el otro.[187]

A legislação argentina, inclusive, possui disposição específica sobre a valoração da palavra da vítima. Consta nos arts. 16 e 31 da Ley 26.485, de março de 2009 – Ley de protección integral para prevenir, sancionar y erradicar la violencia contra las mujeres en los ámbitos en que desarrollen sus relaciones interpersonales:

> ARTICULO 16. – Derechos y garantías mínimas de procedimientos judiciales y administrativos.
> Los organismos del Estado deberán garantizar a las mujeres, en cualquier procedimiento judicial o administrativo, además de todos los derechos reconocidos en la Constitución Nacional, los Tratados Internacionales de Derechos Humanos ratificados por la Nación Argentina, la presente ley y las leyes que en consecuencia se dicten, los siguientes derechos y garantías: [...]
> i) A la amplitud probatoria para acreditar los hechos denunciados, teniendo en cuenta las circunstancias especiales en las que se desarrollan los actos de violencia y quienes son sus naturales testigos;
>
> ARTICULO 31. – Resoluciones.
> Regirá el principio de amplia libertad probatoria para acreditar los hechos denunciados, evaluándose las pruebas ofrecidas de acuerdo con el principio de la sana crítica. Se considerarán las presunciones que contribuyan a la demostración de los hechos, siempre que sean indicios graves, precisos y concordantes.

[187] Violencia de género y doméstica. Amenazas. Amplitud y estándares probatorios. Prueba directa e indirecta. Presunciones. Valor del testimonio de la víctima ("Taranco"). Tribunal Superior de Justicia CABA. Disponível em: http://www.pensamientopenal.com.ar/fallos/38901--violencia-genero-y-domestica-amenazas-amplitud-y-estandares-probatorios-prueba-directa

A Lei Maria da Penha, diferentemente da legislação argentina acima transcrita, não traz nenhuma diretiva sobre o assunto, mas, pode-se, a partir dos princípios que ela estabelece, e, de igual forma, assentando-se nos documentos internacionais de proteção da mulher, chegar à conclusão de que, se de um lado a palavra da vítima, isoladamente, não pode levar a um decreto condenatório, de outro, a situação específica de dificuldade de prova exige do julgador uma atenção redobrada a todos os elementos probatórios indiretos ou indiciários de carácter objetivo, corroborante ou periférico dos fatos denunciados. Todos os detalhes do fato devem ser minuciosamente analisados. O julgador precisa aproveitar ao máximo, por exemplo, o momento do interrogatório e da oitiva da vítima, a fim de que possam ser esclarecidas todas as circunstâncias do fato narrado na denúncia.

E não é só isso: nas circunstâncias em que as provas objetivas são muito frágeis, além do magistrado, todos os demais atores jurídicos (delegado, defensoria pública, ministério público e magistrado), assim como os nãos jurídicos (equipe multidisciplinar, peritos, etc.) precisam estar conscientes da necessidade de se chegar aos mínimos detalhes (p. ex. laudo de exame de corpo de delito bem detalhado), de buscar descortinar todos os indícios constantes do processo. Tudo, claro, realizado dentro dos rigores legais, sem extrapolar, de nenhuma forma, as funções que cada um dos atores desempenha no processo penal.

Em relação à equipe multidisciplinar, prevê o art. 30 da LMP que juiz, Ministério Público e Defensoria podem solicitar e a equipe irá fornecer subsídios por escrito ao juiz, ao Ministério Público e à Defensoria Pública, mediante laudos ou verbalmente em audiência.

> Lei Maria da Penha
> Art. 30. Compete à equipe de atendimento multidisciplinar, entre outras atribuições que lhe forem reservadas pela legislação local, fornecer subsídios por escrito ao juiz, ao Ministério Público e à *Defensoria Pública*, mediante laudos ou verbalmente em audiência, e desenvolver trabalhos de orientação, encaminhamento, prevenção e outras medidas, voltados para a ofendida, o agressor e os familiares, com especial atenção às crianças e aos adolescentes.

Além disso, não se pode esquecer que de acordo com o art. 12, § 3º da Lei Maria da Penha "são admitidos como meios de prova os laudos ou prontuários médicos fornecidos por hospitais e postos de saúde".

O não agir com uma atenção redobrada dos atores jurídicos e não jurídicos nos casos que envolvem violência doméstica e familiar contra a mulher, pode lebar a que

> una significativa cantidad de episodios de violencia que tienen lugar puertas adentro o en ámbitos de relativa invisibilidad, a pesar de que sea declamado un derecho de las mujeres a una – vida libre de violencias, queden impunes por la modalidad unilateral y convenientemente escogida por su autor.[188]

De conformidade com pesquisa levada a cabo na Espanha, somente 0,4% das denúncias por violências machistas foram consideradas falsas.[189]

No Brasil, outro importante levantamento dá cabo de que das mulheres mortas por pessoas de seu ciclo de conhecidos (maridos, ex-parceiros, etc.) 45% delas o motivo do feminicídio foi a separação recente do casal ou pedido de rompimento por parte da mulher; 30% foi motivado por ciúmes, sentimento de posse ou machismo.

## Referências

ARANHA, Adalberto José Q. T. De Camargo. Da prova no Processo Penal. 6. ed. São Paulo: Saraiva, 2004.

ARCE FERNANDEZ, Ramón. FARIÑA, Francisca. Evalución psicológica forense de la credibilidad y daño psíquico en casos de violencia de género mediante el sistema de evalución global. In: FARIÑA, Francisca, ARCE Ramón, BUELA-CASAL Gualberto (eds.). Violencia de género: tratado psicológico y legal. Madrid: Biblioteca Nueva, 2015.

[188] Violencia de género y doméstica. Amenazas. Amplitud y estándares probatorios. Prueba directa e indirecta. Presunciones. Valor del testimonio de la víctima ("Taranco"). Tribunal Superior de Justicia CABA. Disponível em: http://www.pensamientopenal.com.ar/fallos/38901-violencia-genero-y-domestica-amenazas-amplitud-y-estandares-probatorios-prueba-directa

[189] Disponível em: https://elpais.com/politica/2016/03/17/actualidad/1458206253_890573.html. Acesso em 23 novembro 2018.

CARRILLO DE ALBORDOZ, Eduardo. Aspectos clínicos y médico-legales de la violencia de género. In: FARIÑA, Francisca, ARCE Ramón, BUELA-CASAL Gualberto (eds.). Violencia de género: tratado psicológico y legal. Madrid: Biblioteca Nueva, 2015.

CAVALCANTI, Roberto Flávio. Princípio do in dubio pro reo e Lei Maria da Penha. Revista Jus Navigandi, Teresina, ano 20, n. 4372, 21 jun.2015. Disponível em: https://jus.com.br/artigos/35078.

FERNANDES, Valéria Diez Scarance. Lei Maria da Penha: o processo penal no caminho da efetividade. São Paulo: Atlas, 2015.

GUTIERREZ SAN MIGUEL, Begoña. Tienen efecto las capanãs de prevención de la violencia de género?In: DEL POZO, Marta (Dir.), GALLARDO RODRÍGUEZ, Almudena (Coord.).¿Podemos erradicar la violencia de genero? análisis, debate y propuestas. Granada: Editorial Comares, 2015, p. 89.

LAVIGNE, Rosane M. Reis; PERLINGEIRO, Cecilia. Das medidas protetivas de urgência – artigos 18 a 21. In: CAMPOS, C. H. Lei Maria da Penha comentada em uma perspectiva jurídico-feminista. Rio de Janeiro: Lumen Juris, 2011. p. 297.

LIMA, Renato Brasileiro de. Curso de Processo Penal. Rio de Janeiro: Impetus, 2013, p. 667.

MANZANO, Luís Fernando de *Moraes*. Curso de Processo Penal. 2. ed. São Paulo. Atlas, 2012, p. 398.

MARTINS, Jorge Henrique Schaefer. Prova Criminal. Juruá, Curitiba, 1996, p.117.

NUCCI, Guilherme Souza. Manual de processo penal e execução penal. 8. ed. São Paulo: RT, 2011, p. 457.

OLIVEIRA, Eugênio Pacelli de. Curso de processo penal. 16. Ed. São Paulo, Atlas, 2012, p..425.

SIBONY, Ruby, SERRANO OCHOA, Mª Ángeles, REINA, Olga.La prueba y el derecho a la dispensa del deber de declarar por la testigo-víctima en los procedimientos de violencia de género. Disponível em: http://noticias.juridicas.com/conocimiento/articulos-doctrinales/4652-la-prueba-y-el-derecho-a-la-dispensa-del-deber-de-declarar-por-la-testigo-victima-en-los-procedimientos-de-violencia-de-genero/

SORIANO, Olga Fuentes. El enjuiciamiento de la violencia de género. Madrid: Iustel, 2009, p. 130.

TÁVORA, Mariana Fernandes. O sistema português. In: ÁVILA. Thiago André Pierobom de. (Coord.). Modelos europeus de enfrentamento à violência doméstica: experiências e representações sociais. Brasília: ESMPU, 2014, p. 158.

WALKER, Loren. The Battered Woman Sindrome. Nova York: Spring Publishing Company LLC, 2009, p. 91.

# 5. Os Rumos da Política Criminal Pós-Neoliberal

*Plínio Leite Nunes*

## 1. Uma aproximação ao conceito de política criminal

A política criminal constitui uma das dimensões da política de Estado ou governamental[190] (como a política social, ambiental, econômica etc.). Representa, assim, ato de poder e decisão (nos campos administrativo, legislativo e judicial). Trata-se de um conjunto de decisões ou medidas de Estado, não necessariamente jurídicas nem de cunho exclusivamente criminal, voltadas ao tratamento da *questão criminal* em sentido amplo (isto é, relativamente ao crime, ao criminoso, à vítima e ao processo). Seu objetivo declarado é, segundo os valores e a realidade de cada ordem social, controlar os níveis de criminalidade, prevenindo-a ou contra ela reagindo de modo a mantê-la em níveis toleráveis e necessários à convivência social livre e ordenada.

## 2. Movimentos político-criminais

Embora desde o século XIX tenha assumido *status* científico, a maturidade epistemológica da política criminal apenas se conforma, verdadeiramente,

[190] Cf. SANZ MULAS, Nieves. *Manual de política criminal*. Trad. Luiz Renê G. do Amaral e Marna FrancoLopes M. Filizola. Florianópolis: Tirant lo Blanch, 2019, p. 15.

ao longo do século XX a partir das experiências norte-americana e europeia no período pós-Segunda Guerra e do aporte teórico das doutrinas que emergem da filosofia liberal do século XVIII e do positivismo criminológico do século XIX. Todo esse caldo cultural, filosófico e jurídico viria a se refletir de modo não linear e não necessariamente homogêneo nas práticas e no discurso jurídico-penal da segunda metade do século XX até os dias atuais. Nos últimos sessenta anos, ao menos *quatro* grandes movimentos político-criminal se tornaram hegemônicos no mundo ocidental: a) o previdenciarismo penal; b) a política criminal de incapacitação seletiva; c) a política criminal neoliberal; d) a política criminal pós-neoliberal.

### *2.1. Política criminal ressocializadora*

O primeiro desses grandes movimentos se desenvolve ao longo dos anos 50 e 60 sob as bases do estado de bem-estar social, do predomínio do modelo fordista-keynesiano ancorado no trabalho estável na fábrica e em um contexto de baixos níveis de criminalidade. Esse "mundo inclusivo, uno e concorde", como designou Jock Young[191], cuja tônica estava na assimilação das faixas cada vez mais amplas da sociedade (a baixa classe operária, mulheres e jovens), forneceu as condições ideias ao aperfeiçoamento e consolidação da concepção *ressocializadora da pena.*

Neste modelo, que se desenvolve sob as premissas do paradigma científico positivista, a ênfase do controle social do crime se projeta sobre a *pessoa* do sujeito desviante (prevenção especial positiva), tendo na execução penal seu espaço de operatividade. Sua ideia-força: a possibilidade de correção ou reabilitação (adaptação artificial) do infrator através de uma pena individualizada.

No previdenciarismo penal,[192] há uma destacada simbiose entre teoria e prática, ciência e justiça. Há, por assim dizer, uma gestão compartilhada do problema criminal entre o sistema de justiça criminal e a administração pública. Nessa articulação, exercem função central as sentenças indeterminadas

[191] YOUNG, Jock. *A sociedade excludente*: exclusão social, criminalidade e diferença na modernidade recente. Trad. Renato Aguiar. Rio de Janeiro: Revan, 2002, pp. 18-19.

[192] GARLAND, David. *A cultura do controle*: crime e ordem social na sociedade contemporânea. Trad. André Nascimento. Rio de Janeiro: Revan, 2008.

com o benefício da *parole*[193] (liberdade antecipada do condenado). O modelo opera da seguinte maneira: a) fase judicial: apura-se o crime e, se condenado o acusado, é-lhe aplicada uma pena indeterminada (com mínimo de cumprimento) ou de longa duração; b) fase de execução penal (fase desjurisdicionalizada): o condenado se sujeita a um programa penal individualizado e a avaliações periódicas por parte de comissões administrativas penitenciárias (*parole board*). A elas, e não a um juiz, cabe decidir sobre o retorno do apenado ao convívio social, segundo cálculos de risco de reincidência criminal.[194]

Embora tenha influenciado outros muitos sistemas de justiça criminal ao redor do planeta – inclusive o Brasil, ao inspirar as reformas penais de 1984 (e, de modo particular, a Lei de Execução Penal) – essa tendência político-criminal perderia força a partir da metade dos anos 70.

### 2.2. *Política criminal da incapacitação seletiva*

O segundo grande movimento político-criminal surge a partir de meados da década de 70 em substituição ao paradigma penal-previdenciarista. Ele se caracteriza, fundamentalmente, como um modelo político-criminal do *controle* e da *incapacitação seletiva*, centrado nas "classes perigosas" e delinquentes habituais. Nos EUA, o modelo seria moldado por duas forças fundamentais: a descrença na eficácia ressocializadora da pena e o declínio do clima de conformidade social e estabilidade econômica que marcou os *anos dourados*.

Os anos 70 se notabilizaram pelo rescaldo dos movimentos sociais (direitos civis, igualdade racial, dentre outros), pelas pressões internas e externas pelo fim da Guerra do Vietnã e pelo início da cruzada bélica e moralizante contra as drogas em nível global, sob liderança dos EUA. Foi também o período que mergulhou o mundo ocidental (e os EUA, em particular) numa grave crise econômica. A alta da inflação, acentuada queda das bolsas e o aumento acelerado do desemprego produzidos pela crise foram acompanhados pelo aumento substancial dos níveis de criminalidade violenta e juvenil do período. Não demoraria muito para que, nesse instável ambiente e sob massiva e sensacionalista propaganda comunicacional, a elevação das taxas de criminalidade

193 DIETER, Mauricio Steagemann. *Política criminal atuarial*: a criminologia do fim da história. Rio de Janeiro: Revan, 2013, p. 52.

194 DIETER, Mauricio Steagemann. *Política criminal atuarial*. Ob. cit., p. 52.

fosse rapidamente associada à "benevolência" do sistema criminal e à "incapacidade" dos órgãos de persecução e execução penal de contê-la. Nesse mesmo contexto, o medo do crime e a sensação generalizada de insegurança instigada pela *mass media* dariam um tom emocional ao problema criminal, agora encarado como problema social "de primeira magnitude e como uma característica da cultura contemporânea."[195]

Essa ambiência se tornou propícia ao recrudescimento de movimentos conservadores forjados no seio da nova direita americana em torno do tríptico mercado livre/responsabilidade individual/valores patriarcais.[196] Na esteira desses movimentos, o crime passaria a ser visto como "o lado patológico do convívio social, a criminalidade como uma doença infecciosa e o criminoso como um ser daninho".[197]A ênfase político-criminal, assim, deslocou seu centro de gravidade para práticas de controle do crime baseadas na repressão e inocuização seletiva por meio da gestão policial e judiciária da pobreza, vista como o foco das incivilidades, dos desvios e das desordens de ruas.

Diante desse cenário, o processo de formulação das políticas de controle do crime se tornou profundamente politizado e populista. O crime foi redramatizado. A prisão, revigorada, passou a ser vista como instrumento legal de *defesa social* e contenção (incapacitação) das "classes pobres e perigosas".

### 2.3. *Política criminal neoliberal*

A *penalidade neoliberal* representa o terceiro grande movimento político-criminal da segunda metade do século XX. Suas bases são forjadas a partir da nova mentalidade punitiva que emergiu sob a lógica eficienticista da incapacitação seletiva, realimentada a partir da década 80 pelos processos de transnacionalização da guerra às drogas e o avanço da globalização e do modelo neoliberal (nos EUA e no Reino Unido).

195 GARLAND. David. *A cultura do controle.* Ob. cit., p. 54; No mesmo sentido: CHRISTIE, Nils. *La industria del control del delito.* Ob. cit., p. 22.

196 WACQUANT, Löic. *As prisões da miséria.* Trad. André Telles. Rio de Janeiro: Revan, 2001, pp. 24-25.

197 Cf. SILVA FRANCO, Alberto. *Crimes hediondos.* 6.ed. São Paulo: Revista dos Tribunais: 2010, p. 85.

O penalismo neoliberal alia a visão mercadológica do globalismo econômico ("mão invisível" do mercado) com a perspectiva encarceradora ("mão forte" do Estado). Com o início do desmonte do estado social de bem-estar rumo ao estado mínimo e desregulado, o aumento da desigualdade social e a precarização do trabalho responsável pela pauperização relativa e absoluta de amplos contingentes do proletariado urbano, o sistema penal se tornou uma importante engrenagem no modelo neoliberal, sendo basicamente duas as funções que desempenha: preservar as condições estruturais da ordem capitalista e, ao mesmo tempo, manter o controle sobre as grandes massas pauperizadas.

Nesse contexto, a penalidade neoliberal, enquanto dura resposta à erosão social e às desordens provocadas pela desregulamentação da economia, reflete-se no endurecimento das práticas de controle e repressão à criminalidade urbana, baseado no binômio *exclusão-castigo* dos indesejáveis. A gestão da miséria, neste processo, tem como eixos principais a super estruturação das agências oficiais de controle, a radicalização da política de criminalização das drogas no governo Reagan – a mais ampla, violenta e devastadora política criminal de que se tem notícia na história – e o encarceramento em massa.

Nessa conjuntura, a prisão consolida-se como referencial das respostas punitivas ao crime, passando a servir a três funções que pouco têm a ver com o controle da criminalidade: abrigar as frações excedentes da classe operária (mão-de-obra desqualificada que não pode ser absorvida pelo mercado); forçar as frações da classe trabalhadora pós-industrial a aceitar o trabalho assalariado precário (afinal, seria preferível sujeitar-se a condições humilhantes de trabalho à vida prisional); e confinar seus elementos mais perturbadores e descartáveis. Nessas condições, como afirmou Zygmunt Bauman, o confinamento é, antes de tudo, uma "alternativa ao emprego, uma maneira de utilizar ou neutralizar uma parcela considerável da população que não é necessária à produção e para a qual não há trabalho (...)".[198]

[198] Cf. BAUMAN, Zygmunt. *Globalização*: as consequências humanas.Trad. Marcus Penchel. Rio de Janeiro: Jorge Zahar Ed., 1999, pp.119-120.

## 2.4. *Política criminal pós-neoliberal*

Quase meio século depois, o modelo neoliberal emite sinais de esgotamento. O liberalismo econômico corroeu as bases do estado social, tornando-o frágil e incapaz de responder à complexidade e aos novos desafios da sociedade globalizada. No capitalismo financeiro, as disparidades sociais se aprofundaram: tornou os ricos mais ricos; os pobres, mais pobres. E descartáveis (os ricos já não precisam da mão-de-obra operária como antes). Neste sentido, produziu e consolidou o desemprego estrutural, condenando bilhões de pessoas a sobreviverem de subempregos e a condições degradantes de exploração laboral. Nesse mesmo capitalismo – volátil e especulativo – as riquezas já não são produzidas no âmbito fechado das fábricas, mas no ambiente virtual das bolsas de valores. A maximização do lucro, por sua vez, já não depende da força do trabalho, mas da capacidade de consumo massivo.

Os graves efeitos e disparidades sociais gerados pelo globalismo econômico parecem ecoar, nas últimas duas décadas, na multiplicação de movimentos sociais de contestação ao *establishment* e às premissas que dão sustentação à estrutura de poder das elites econômicas. Estimulados pelo estrangulamento socioeconômico, o aumento da repressão e da opressão, e pela descrença na política e no sistema representativo atual (cuja estrutura preserva o poder nas mãos dos políticos de sempre), esses movimentos populares, plurais e de vários espectros ideológicos, opõem-se fundamentalmente: ao estado mínimo, ao grande capital financeiro; aos privilégios das elites econômicas; à exploração e precarização do trabalho; à estrutura política tradicional; à opressão de regimes oligárquicos.

Nesse mesmo contexto, conformou-se uma nova ordem social. Na era digital, as sociedades globalizadas se tornaram exacerbadamente individualizadas, polarizadas e intolerantes (com o outro). Os laços comunitários, que antes as uniam, foram desfeitos no ambiente virtual das redes sociais. No seio dessa mesma sociedade, emergem o nacionalismo exacerbado e o repúdio a imigrantes em contraste com os movimentos sociais que se ampliam em torno da defesa da igualdade racial e de gênero.

Diante dessa nova e complexa configuração global, a economia do castigo precisou se reinventar, combinando velhos métodos de um passado distante (pré-capitalista) com técnicas inovadoras de controle e vigilância, de sorte a manter os níveis de punitividade elevados e, ao mesmo tempo, responder à crescente demanda por mais direito penal (para o outro) e às disparidades produzidas pelo capitalismo sem emprego.

A velha-nova política criminal do terceiro milênio, assim, preserva a matriz ideológica e o núcleo duro da penalidade neoliberal dos anos 80 e 90: segue reativa, seletiva e simbólica. Não obstante, caracteriza-se pela tendência à diversificação e antecipação das formas de controle (para além do sistema penal) que articula *incapacitação seletiva, necropolítica* e *prisionfare.*

Nessa velha-nova forma de tratar a questão criminal, uma parte expressiva da massa dos indesejáveis segue vigiada, selecionada, capturada e rapidamente incapacitada pelo sistema. Nesse processo, a prisão cautelar e a justiça negociada exercem um papel crucial, uma vez que permitem antecipar o momento punitivo (prisão provisória) e legitimar, no menor tempo e menor custo possíveis, a criminalização dos mais débeis (*plea bargaining*). Outra parte da grande massa, capturada pelo radar das agências de segurança, mas que não pode ou não interessa ser absorvida pelo sistema, será simplesmente eliminada. A necropolítica combina métodos pré-capitalistas (pena capital), gerencialismo (redução de custos) e solução final para aqueles que já são invisíveis socialmente ou, quando não, são vistos como entes perigosos que precisam ser eliminados ao menor custo possível. Ela tem sido uma alternativa eficaz e mais barata em regiões periféricas do planeta, nas quais a "guerra às drogas" ainda constitui o eixo central da política de segurança pública, interna e transnacionalizada.

Há, ainda, uma outra parte dos indesejáveis que o próprio estado policial não terá condições de alcançar pelos métodos usuais de criminalização primária e secundária: a) porque não se encaixam no estereótipo de inimigos sociais; b) porque o custo da criminalização é maior do que o seu benefício. Para esta parcela, a sistemática vigilância do estado é o método. Ele se baseia naquilo que Löic Wacquant denomina de *prisionfare.*[199]Conforme observa, a penalização não está mais limitada ao encarceramento. Ela se estende de forma similar para além dele, nos mais diversos campos das relações sociais. Assim ocorre, por exemplo, em relação aos programas modernos de assistência

[199] LÖIC, Wacquant. The Wedding of Workfare and Prisonfare Revisited. In: *Social Justice* 38, 1-2 (maio 2011), pp. 203-221.

social aos mais pobres nos EUA e Europa, que obrigam a participação forçada dos assistidos em subempregos como condição para o recebimento de apoio público (*workfare*), e exigem deles o cumprimento de certas regras e padrões comportamentais sob permanente supervisão. Segundo Wacquant, o *workfare* e a prisão neutralizante seriam guiados pela mesma filosofia de comportamento moral e empregariam as mesmas técnicas de controle, incluindo o estigma, a vigilância, restrições punitivas e sanções graduais com o fim de "corrigir" a conduta de seus clientes. Assim, considera que "o bem-estar transformado em *workfare* e a prisão despida de suas pretensões reabilitadoras formam, agora, uma única malha organizacional lançada sobre os pobres de acordo com uma divisão do controle por gênero: o *workfare* dá conta das mulheres e crianças e o *prisonfare* cuida de seus homens, isto é, os maridos, irmãos e filhos dessas mesmas mulheres".[200]

O conceito de *prisonfare*, por analogia com bem-estar social, designa, assim, um fluxo das políticas públicas – que abrange categorias, programas e discursos – que enfrenta as doenças urbanas, lançando mão da polícia, dos tribunais, das cadeias, das prisões e de suas extensões. O que também inclui o livramento (*parole*) e a liberdade condicional (*probation*) que, hoje, colocam sob tutela da Justiça milhões de indivíduos nos EUA, que se somam aos mais outros milhões de indivíduos trancafiados.

## 3. A política criminal brasileira pós-regime militar

No Brasil (e, de resto, na própria América Latina), a influência desses grandes movimentos político-criminais se revelou tardia. A hegemonia da doutrina da segurança nacional e a própria instabilidade política gerada por sucessivos golpes militares (Brasil, Argentina, Chile, dentre outros) durante os anos 60-70 interditaram qualquer forma de debate livre e científico em torno de programas político-criminais que efetivamente respondessem às necessidades desses países.

No caso brasileiro, porém, as últimas décadas evidenciam que a filosofia garantista e reabilitadora da pena que norteou as reformas penais de 1984 foi

[200] LÖIC, Wacquant. The Wedding of Workfare and Prisonfare Revisited. Ob. cit..

completamente abandonada pelos programas político-criminais que se seguiram à reabertura democrática. Independentemente da coloração partidária e do espectro ideológico dos governos que se sucederam nos últimos trinta anos, a trajetória da política criminal brasileira foi e continua marcada pela ênfase repressivista, simbólica e criminalizadora da pobreza e dos segmentos mais vulneráveis em uma sociedade marcadamente desigual, patriarcal e racista.

Considerada a política criminal em suas três dimensões fundamentais (legislativa, executiva e judicial), observa-se, grosso modo, uma tendência ao *autoritarismo cool* que caracteriza as práticas e o discurso punitivo da América Latina: expansão do direito penal (criminalização primária); incremento da repressão violenta e genocida (criminalização secundária), sobretudo em relação à criminalidade patrimonial e às drogas; endurecimento do sistema de execução penal; mitigação de garantias processuais; forte apelo midiático.

Longe de impactar nos níveis de criminalidade – que, de um modo geral, se elevaram – as práticas político-criminais inspiradas na retórica da "guerra total" à delinquência se tornaram, elas próprias, um problema social: aumentaram exponencialmente os gastos públicos nas áreas de segurança pública e prisional, agravaram a superlotação prisional e produziram um aumento expressivo da violência policial contra as populações negra e jovem das periferias do país, alvos preferenciais do sistema.

## 4. Política criminal e pacote anticrime: uma tragédia anunciada

Ignorando o fracasso dessa política de "guerra total" ao crime (ou simplesmente pretendendo ampliá-lo e perpetuá-lo), o Congresso Nacional brasileiro aprovou o assim denominado *Pacote Anticrime*, convertido na Lei 13.964, de 24 de dezembro de 2019. O *Pacote Anticrime* nasce sob o signo do "combate à criminalidade dos poderosos". Ele reforça e reafirma velhas e comprovadamente ineficazes práticas político-criminais amparadas no recrudescimento punitivo, na incapacitação seletiva (crimes violentos, patrimoniais e de drogas), no superdimensionamento dos poderes das agências de controle, na ampliação dos meios de intervenção do estado penal e na relativização de direitos e garantias fundamentais no âmbito do processo penal.

Nada há de novo no horizonte. Em realidade, a retórica de "combate à corrupção" esconde o reforço na punitividade dos débeis e da massa de despossuídos (os clientes de sempre do sistema). Enquanto brada pela moralização nas relações do poder público e o "fim" dos privilégios e da tolerância com a criminalidade das elites dominantes, imuniza e deixa intocável o panteão dos poderosos.

A Lei 13.964/19 repete os mesmos erros de outras legislações de índole marcadamente punitivista. É o que faz, por exemplo, ao endurecer o regime de cumprimento da pena privativa de liberdade, ampliandoo tempo máximo de execução para 40 anos (autêntica prisão perpétua!) e fixando requisitos mais rigorosos para obtenção de benefícios no curso da execução penal. Com efeito, a Lei 8.072/90 já nos mostrou, e da pior forma possível, qual o preço que se paga quando criamos graves entraves à libertação de condenados no âmbito da execução da pena: o colapso do sistema.

Outros muitos pontos, já objeto de acerbas críticas doutrinárias, também são dignos de questionamento, seja porque reforçam uma tendência repressivista, seja porque tendem a agravar problemas já crônicos do sistema (prisional e judicial): a criação de causas suspensivas da prescrição; ampliação do instituto da justiça negociada e os meios de intervenção do estado penal; a institucionalização da violência policial sob a roupagem da legítima defesa, dentre outros.

## 5. Conclusões

A evolução das práticas político-criminais no Brasil, do presente e de um passado não muito distante, evidencia de modo mais ou menos seguro o viés repressivista e incapacitante que caracteriza o controle do crime no contexto brasileiro pós-regime militar. Da forma como articuladas ao longo das décadas, têm aprofundado a contradição entre os fins declarados da política criminal (manter a criminalidade em níveis toleráveis) e o exercício do poder punitivo na realidade social.

Apesar de alguns avanços importantes obtidos como a Lei 12.403/11 (que introduziu medidas alternativas à prisão) e a introdução das audiências de custódia no processo penal brasileiro, os níveis de punitividade ainda se mostram elevados e fora de controle. No caso específico da Lei 13.964/19, embora seus efeitos ainda não possam ser sentidos na prática, algo parece inegável: estamos, de fato, diante de uma tragédia anunciada.

## Referências


BAUMAN, Zygmunt. *Globalização*: as consequências humanas.Trad. Marcus Penchel. Rio de Janeiro: Jorge Zahar Ed., 1999.

DIETER, Mauricio Stegemann. *Política criminal atuarial*: a criminologia do fim da história. Rio de Janeiro: Revan, 2013.

GARLAND, David. *A cultura do controle*: crime e ordem social na sociedade contemporânea. Trad. André Nascimento. Rio de Janeiro: Revan, 2008.

WACQUANT, Löic. *As prisões da miséria*. Trad. André Telles. Rio de Janeiro: Revan, 2001.

_____, Löic. *Punir os pobres*: a nova gestão da miséria nos Estados Unidos. Trad. Sérgio Lamarão. 3.ed. Rio de Janeiro: Revan, 2007

_____. The Wedding of Workfare and Prisonfare Revisited. In: *Social Justice* 38, 1-2 (2011-12), pp. 203-221.

SANZ MULAS, Nieves. *Manual de política criminal*. Trad. Luiz Renê G. do Amaral e Marna Franco Lopes M. Filizola. Florianópolis: Tirant lo Blanch, 2019.

SILVA FRANCO, Alberto. *Crimes hediondos*. 6.ed. São Paulo: Revista dos Tribunais: 2010.

YOUNG, Jock. *A sociedade excludente*: exclusão social, criminalidade e diferença na modernidade recente. Trad. Renato Aguiar. Rio de Janeiro: Revan, 2002.

# Parte III

# Direito, Inocência e Argumentação

# 1. Sustentação Oral nos Tribunais

*José Ailton Garcia*
*Valdir Rodrigues de Sá*

## Introdução

Este trabalho busca analisar e demonstrar, de forma fundamentada e crítica, a importância da realização da sustentação oral nos tribunais, quais são as suas vantagens, o que dispõe o Código de Processo Civil, o Regimento Interno do Tribunal de Justiça do Estado de São Paulo, a doutrina especializada e a jurisprudência. Além disso, serão expostas dicas e técnicas para uma boa oratória, acarretando maiores chances de sucesso no litígio.

O tema foi escolhido, tendo em vista que muitos advogados ainda não utilizam esse instituto processual, de vital importância para o exercício da advocacia, bem como auxilia na obtenção do sucesso na causa que está defendendo. Apesar de sua importância, nem todo advogado fará uso da sustentação oral, porém dominar com qualidade as técnicas de oratória poderá ser de extrema utilidade durante sua atividade profissional.

A sustentação oral nos tribunais se torna necessária, uma vez que permite ao advogado expor suas razões pessoal e oralmente aos desembargadores, com a possibilidade de utilização das linguagens verbal e corporal para a persuasão e, ainda, formas de convencimento, cuja utilização não é possível através do papel, mas sim da fala.

O objetivo é demonstrar a importância da sustentação oral e como fazer uso desse instituto de forma segura e adequada, através da naturalidade, da emoção, imagem que passará aos ouvintes, conhecimento sobre o assunto e sobre si mesmo, autoconfiança e, por fim, conduta pessoal exemplar.

Estruturado em seis tópicos, o primeiro aborda o conceito e uma pequena história da sustentação oral, enfatizando sua importância nos julgamentos realizados nos tribunais. O segundo tópico aborda as hipóteses de cabimento da sustentação oral, previstas no Código de Processo Civil, no Regimento Interno do Tribunal de Justiça do Estado de São Paulo e, por fim, na doutrina e na jurisprudência. O terceiro tópico fala da sustentação oral em si e das técnicas para a obtenção do sucesso relativo à causa em litígio. O quarto tópico fala sobre a possibilidade da leitura de memoriais na sustentação oral. O quinto traz jurisprudências que trazem a nulidade de julgamento por falta de sustentação oral.

## 1. Conceituação e histórico

### *1.1. O que é sustentação oral e qual a sua importância?*

No dia da sessão de julgamento dos recursos e ações previstos no art. 937 do Código de Processo Civil, o recorrente, o recorrido e o Ministério Público, quando este deva intervir, têm a opção de expor oralmente suas razões, pelo período máximo de 15 (quinze) minutos cada um.

Mas o que isso significa? Em breves palavras, sustentar oralmente é a exposição oral dos motivos pelos quais o recurso deve ou não ser admitido, podendo cada parte, como dito no parágrafo anterior, tentar convencer o órgão julgador pelo tempo máximo e improrrogável de 15 (quinze) minutos.

A vantagem da utilização deste instituto processual se encontra no fato de, no ato da sustentação oral, o advogado ter a possibilidade de utilizar técnicas de convencimento, expressões corporais, tonalidade vocal, bem como poderá dirimir quaisquer dúvidas que o processo possa ter deixado.

Assim, o órgão julgador poderá proferir sua decisão com maior chance de acerto, procedendo-se ao objetivo do Direito, que é chegar o mais próximo possível da justiça.

### 1.2 *Histórico da sustentação oral no processo civil brasileiro*

O instituto da sustentação oral esteve previsto no ordenamento jurídico brasileiro desde o CPC/1939 (Decreto-Lei 1.608/1939), o qual instituiu, em seu art. 875, que:

> "Na sessão de julgamento, feita a exposição dos fatos e proferido o voto pelo relator, o Presidente, *se o recurso não for de embargos declaratórios*, dará sucessivamente, ao recorrente e ao recorrido, a palavra pelo prazo improrrogável de *quinze minutos* a cada um, para a sustentação das respectivas conclusões, prosseguindo-se de acordo com o regimento interno do Tribunal, depois de dada novamente a palavra ao relator para que, expressamente, confirme ou reconsidere o seu voto" (*grifos nossos*).

Podemos verificar que a sustentação oral é um direito das partes desde os primórdios do direito processual brasileiro, dada a sua importância quando da realização dos julgamentos. Além disso, analisando o artigo supracitado, concluímos que o tempo previsto para que a parte exponha suas razões perante o órgão julgador, sempre foi de 15 (quinze) minutos. Em outras palavras, o legislador desde sempre considerou esse tempo mais do que suficiente para que o orador possa convencer o julgador das razões de admitir ou não o recurso.

Outra passagem que merece destaque neste artigo é o fato de que a sustentação oral não era cabível apenas no julgamento do recurso de embargos de declaração, ao contrário do que o código sucessor dispunha, como veremos a seguir.

A sustentação oral continuou prevista quando da promulgação do CPC/73, mais precisamente em seus arts. 554 e 565, que determinavam, respectivamente:

> "Na sessão de julgamento, depois de feita a exposição da causa pelo relator, o presidente, se o recurso não for de *embargos declaratórios ou de agravo de instrumento*, dará a palavra, sucessivamente, ao recorrente e ao recorrido, pelo prazo improrrogável de *15 (quinze) minutos* para cada um, a fim de sustentarem as razões do recurso.Desejando proferir

> sustentação oral, poderão os advogados requerer que na sessão imediata seja o feito julgado em primeiro lugar, sem prejuízo das preferências legais" (grifos nossos).

Mais uma vez verificamos o tempo de 15 (quinze) minutos para a realização da sustentação oral pelas partes, afirmando a suficiência desse período para expor suas razões na forma oral.

Cabe destacar que no CPC/73, a sustentação oral não era cabível nem no julgamento do recurso de embargos de declaração nem no de agravo de instrumento. Dito isso, podemos observar que o legislador do atual Código de Processo Civil incluiu a sustentação oral não apenas em alguns recursos, como também na ação rescisória, no mandado de segurança e na reclamação, bem como em outras hipóteses porventura previstas em lei ou no regimento interno do respectivo tribunal, tornando-se cada vez mais comum e possível sua utilização nas sessões de julgamento.

## 2. Hipóteses de cabimento (CPC, Regimento Interno do Tribunal de Justiça do Estado de São Paulo, doutrina e jurisprudência)

O art. 937 do Código de Processo Civil determina as hipóteses de cabimento da sustentação oral, bem como o procedimento adequado para sua realização, estabelecendo que cada parte e, eventualmente, o Ministério público, terá direito a 15 (quinze) minutos, improrrogáveis, para expor seus argumentos.[201]

> Art. 937. Na sessão de julgamento, depois da exposição da causa pelo relator, o presidente dará a palavra, sucessivamente, ao recorrente, ao recorrido e, nos casos de sua intervenção, ao membro do Ministério Público, pelo prazo improrrogável de 15 (quinze) minutos para cada um, a fim de sustentarem suas razões, nas seguintes hipóteses, nos termos da parte final do *caput* do art. 1.021:
> I – no recurso de apelação;
> II – no recurso ordinário;

[201] Melo: 2016, p. 856.

III – no recurso especial;
IV – no recurso extraordinário;
V – nos embargos de divergência;
VI – na ação rescisória, no mandado de segurança e na reclamação;
VII – (VETADO);
VIII – no agravo de instrumento interposto contra decisões interlocutórias que versem sobre tutelas provisórias de urgência ou da evidência;
IX – em outras hipóteses previstas em lei ou no regimento interno do tribunal.

Essas hipóteses são taxativas no Código de Processo Civil, porém, como aduz o inciso IX, pode haver previsão de sustentação oral em outras leis, bem como no regimento interno do tribunal.

Nas palavras de Melo, *os advogados tanto do recorrente quanto do recorrido, assim também o membro do Ministério Público, quando lhe cabe intervir, tem o direito de sustentar oralmente as suas razões, pelo prazo improrrogável de 15 (quinze) minutos, no dia da sessão de julgamento.*[202]

Quem desejar sustentar oralmente as suas alegações, poderá requerer, até o início da sessão de julgamento, que o processo seja julgado em primeiro lugar.[203] Além disso, a sustentação oral poderá ser realizada através de videoconferência ou por meio de outro recurso tecnológico de transmissão de sons e imagens em tempo real, nos casos em que o advogado tiver domicílio profissional diverso do Tribunal. Entretanto, para que isso aconteça, o advogado deverá requerê-lo e justificá-lo até a realização da sessão.[204]

Importante ressaltar que, nos processos de competência originária (ação rescisória, mandado de segurança e reclamação), caberá sustentação oral no agravo interno interposto contra decisão do relator que o extinga.[205]

Em comparação ao CPC/1973, seu art. 554 definia o cabimento da sustentação oral por exclusão, ou seja, era possível sustentar oralmente quando o recurso não fosse de agravo nem de embargos de declaração.[206] O Código de

[202] Melo: 2017, p. 53.
[203] § 2º do art. 937 do Código de Processo Civil.
[204] Melo: 2016, p. 856, e § 4º do art. 937 do Código de Processo Civil.
[205] § 3º do art. 937 do Código de Processo Civil.
[206] Tucci: 2016, p. 1284.

Processo Civil atual ainda veda a sustentação oral em embargos de declaração, mas passou a permitir sua realização no agravo de instrumento, nos casos previstos no inciso VIII do art. 937, bem como no agravo interno, hipótese do § 3º do mesmo artigo.

Merece destaque a regra contida no § 1º do art. 937 do Código de Processo Civil, que trata da sustentação oral no incidente de demandas repetitivas. Neste caso, autor e réu do processo originário e o Ministério Público terão o tempo de 30 (trinta) minutos cada um. Caso haja outros interessados que desejem se manifestar oralmente, estes terão, também, 30 (trinta) minutos, mas deverão inscrever-se com dois dias de antecedência.[207]

Nessa mesma linha, o regimento interno do Tribunal de Justiça do Estado de São Paulo prevê o cabimento do instituto da sustentação oral nos arts. 146 a 151. A seguir, analisaremos cada hipótese prevista da referida norma.

Para que o advogado possa exercer seu direito à sustentação oral em sessão já designada, ele deverá comunicar o oficial de câmara até o início dos trabalhos e no local de sua realização.[208] Caso o orador utilizar-se de incontinência de conduta ou de linguagem, o presidente da sessão poderá advertir-lhe e, em caso de reiteração, cassar-lhe a palavra.[209]

O Regimento Interno mencionado veda, salvo disposição legal em contrário, a sustentação oral em embargos de declaração, incidente de suspeição, conflito de competência, arquivamento de inquérito ou representação criminal e agravo que não seja de instrumento ou interno.[210]

Caso haja mais de uma sustentação oral no mesmo processo, deverá ser seguida uma ordem: nos autos originários, primeiro falará o autor ou impetrante. Já nos recursos, quem falará primeiro é o recorrente e, por último, o Ministério Público, quando este não for autor, impetrante ou recorrente. Na hipótese de haver recurso adesivo, o recorrente principal falará primeiro e, se as partes forem recorrentes e recorridas, o autor ou impetrante falará primeiro.[211]

207 Tucci; 2016, p. 1285.

208 Art. 146 do Reg. Interno do TJSP.

209 Art. 146, § 1º, do Regimento Interno do TJSP (RI-TJSP).

210 Art. 146, § 2º, do Reg. Interno do TJSP.

211 Art. 147, *caput* e § 1º, do Reg. Interno do TJSP.

No caso de intervenção, o interveniente falará por último. Nas ações penais, o assistente do Ministério Público falará depois deste. No processo civil, quando houver litisconsortes ou terceiros intervenientes não representados pelo mesmo procurador, o tempo será contado em dobro e dividido igualmente entre os do mesmo grupo, salvo convenção em contrário.[212]

Importante destacar que, se a parte tiver mais de um advogado, o tempo será dividido entre eles, salvo acordo de modo diverso.[213] A sustentação oral poderá ser renovada sempre que o feito retorne à Mesa.[214]

Por fim, para a realização da sustentação oral no tribunal, os advogados e membros do Ministério Público deverão estar trajados com vestes talares.[215]

O Tribunal de Justiça do Estado de São Paulo já se pronunciou a respeito do cabimento da sustentação oral:

> O julgamento da apelação levado a efeito atropelou o comando legal, por deixar de designar nova sessão e impossibilitar eventual sustentação oral, não constando que o advogado se encontrava presente.[216]
> Faculto aos interessados manifestação em dez dias de eventual oposição a julgamento virtual de recurso futuro para sustentação oral. [217]
> Note-se que mesmo inadmitido o recurso, há de ser majorada a verba de sucumbência, à vista do trabalho desenvolvido pelos advogados do apelado (apresentação de contrarrazões recursais, acompanhamento do andamento do feito em sede recursal e, eventualmente, apresentação de sustentação oral)".[218]

[212] 2º e 3º do art. 147 do Reg. Interno do TJSP.

[213] Art. 149 do Reg. Interno do TJSP.

[214] Art. 150 do Reg. Interno do TJSP.

[215] Art. 151 do Reg. Interno do TJSP.

[216] TJSP. Embargos de Declaração nº 2011595-69.2017.8.26.0000/50002. Rel. Des. Carmem Lúcia da Silva. 18ª Câmara de Direito Privado. DJE 06/11/2018

[217] TJSP. Apelação nº 0020667-91.2013.8.26.0053. Rel. Des. Teresa Ramos Marques. 10ª Câmara de Direito Público. DJe 06/11/2018.

[218] TJPS. Apelação nº 1005419-74.2016.8.26.0114. Rel. Des. Sérgio Gomes. 37ª Câmara de Direito Privado. DJe 31/10/2018.

O Superior Tribunal de Justiça também já julgou a respeito da sustentação oral:

> Vistos, relatados e discutidos esses autos em que são partes as acima indicadas, acordam os Ministros da Primeira Seção do Superior Tribunal de Justiça, na conformidade dos votos e das notas taquigráficas, o seguinte resultado de julgamento: "Retomado o julgamento, a Seção, por maioria, em questão de ordem, permitiu a renovação das sustentações orais das partes e admitiu as sustentações orais dos *amici curiae*.[219]
>
> Processo Penal E Penal. Agravo Regimental em Mandado de Segurança. Decisão do juízo de 1º grau. Incompetência. Art. 105, I, B, da Constituição Federal. Súmula 41/STJ. Supressão de instância. Sustentação oral. Agravo regimental. Impossibilidade. Agravo improvido e pedido indeferido.
>
> A defesa não logrou demonstrar qual o prejuízo experimentado, restringindo-se a sustentar a existência de uma decisão monocrática anterior à reunião do Conselho Permanente e a impossibilidade de sustentação oral no julgamento dos embargos de declaração.[220]

## 3. A sustentação oral nos tribunais

A partir de agora, iremos analisar as características necessárias para que o advogado possa expor oralmente suas razões de maneira adequada e eficiente. Essas características podem ser classificadas em: credibilidade, subdividida em naturalidade, emoção, imagem, conhecimento sobre o assunto, autoconfiança e conduta pessoal exemplar; técnicas, recursos, planejamentos e clareza; expressão verbal, facial, emocional e corporal; e uso da voz, o controle da respiração e o vocabulário adequado.

[219] STJ. Embargos de Divergência em Recurso Especial 1403532/SC. Rel. Min. Napoleão Nunes Maia Filho. DJe 18/12/2015.

[220] STJ. Recurso Ordinário em Habeas Corpus 58940 / PB. Rel. Min. Joel Ilan Paciornik. Quinta Turma. DJe 15/10/2018.

### 3.1. *Credibilidade ao expor o assunto*

Um dos principais objetivos do advogado, durante a realização da sustentação oral, é que a informação passada seja aceita sem resistência pelos desembargadores. Para que isso ocorra, é necessário que o advogado transmita credibilidade em seu modo de falar. Mas, afinal, o que é credibilidade?

A credibilidade é um conjunto de características que o orador precisa ter para convencer o ouvinte acerca de suas alegações. De acordo com Polito (2014, p. 29), essas características são: naturalidade, emoção, imagem, conhecimento sobre o assunto, autoconfiança e, por fim, conduta pessoal exemplar.

A primeira característica que o orador precisa ter é naturalidade, a qual, na opinião de Polito (2014, p. 29), é a técnica mais relevante da comunicação. Os ouvintes esperam que o advogado se expresse com desenvoltura e espontaneidade. Em outras palavras, o advogado precisa agir sem artificialismos, como se estivessem agindo com pessoas de seu cotidiano. Assim, quanto mais perto de sua verdadeira imagem conseguirem chegar, melhores comunicadores serão.

Vale observar que ser natural não significa agir com descaso com a linguagem correta. Aliás, não só durante a sustentação oral, mas em qualquer ambiente em que o advogado, pessoal ou profissionalmente, se expresse, ele deverá utilizar a norma culta da língua portuguesa.

Ao agir de forma artificial e/ou sem boa pronúncia, o ouvinte poderá duvidar das boas intenções do advogado. Assim, para realizar uma boa sustentação oral, o requisito principal que o advogado precisa ter é a naturalidade em falar e agir.

Em seguida vem a emoção. Para que a tese do advogado seja aceita, ele deve falar de forma que os ouvintes aceitem suas ideias. Para isso, ele deve ter, além da naturalidade estudada no item anterior, energia, envolvimento, emoção (Polito: 2014, p. 33). Ou seja, ele não deve falar só por falar, como se estivesse apenas cumprindo um protocolo, mas deve transmitir o entusiasmo com que abraça a causa, transmitindo a verdade com a importância que ela representa.

Transmitir uma mensagem com emoção pode significar a conexão de todas as características da comunicação. A emoção deve estar presente desde a entonação da voz do orador até na sua comunicação visual. Ao se valer da emoção, o orador precisará parecer sempre verdadeiro, ou seja, não adianta dizer que está feliz ou triste se os ouvintes não sentirem a felicidade ou a tristeza, vindas do orador. Dessa forma, recomenda-se que o advogado precisará usar sua disposição, energia e vontade para que as palavras se baseiem em seu comportamento.

No que tange à imagem do advogado, vale aquela máxima que diz "a primeira impressão é a que fica". Em outras palavras, antes de conhecer a competência, a capacidade, a honestidade do advogado, o ouvinte irá analisar a imagem apresentada pelo orador. Suponhamos que um dos advogados que irá realizar a sustentação oral se apresente sem o traje adequado, ou com cabelo bagunçado ou mesmo com a barba por fazer, ao passo que o outro está adequadamente trajado, com a barba feita e o cabelo penteado. Ora, qual dos dois advogados passará maior credibilidade?

Assim, para transmitir maior confiança ao ouvinte, necessário se faz que o orador tenha uma boa imagem. Vale ressaltar que esse atributo tem a capacidade de quebrar possíveis resistências dos ouvintes e torná-los mais receptivos à mensagem passada pelo orador (POLITO, p. 36).

Quanto ao conhecimento sobre o assunto, é imprescindível que, durante a sustentação oral no tribunal, o advogado esteja embasado nas informações que adquiriu com a atividade profissional, com a experiência e com os estudos que realizou ao longo de sua carreira. É recomendável o orador possuir mais informações do que necessitará expor, bem como que leia, estude, pesquise, prepare-se com antecedência sobre a tese jurídica que irá defender.

É muito importante ter autoridade no assunto que será apresentado. Os ouvintes só confiarão nas palavras do orador se este demonstrar conhecimento do que está expondo. Dessa forma, percebendo o domínio do orador sobre o assunto, aceitarão a autoridade e respeitarão sua competência.

Agora vamos ao penúltimo elemento da credibilidade: a autoconfiança: para que o indivíduo se sinta competente, ele precisa manter o domínio sobre o corpo em todas as situações sociais (POLITO, p. 41). Caso isso não ocorra, sua confiança estará ameaçada e, consequentemente, os ouvintes perceberão essa falta de domínio sobre o corpo.

Em outras palavras, o advogado que não tiver ou não demonstrar confiança ao exercer a sustentação oral, ele indicará sua insegurança e, portanto, poderá não convencer os ouvintes de suas alegações. Daí advém a importância do combate ao medo de falar, ou seja, o medo de falar em público não combina com a profissão de advogado. Portanto, o advogado precisa compreender as causas desse medo, que pode ser por três razões: falta de conhecimento sobre o assunto e/ou falta de prática em falar em público e/ou falta de autoconhecimento.

Ao conhecer a razão da qual resulta o medo, a próxima etapa é combatê-lo. Como? Podemos citar três alternativas, quais sejam: conhecer o assunto com profundidade; praticar e adquirir experiência (neste caso, pratique mesmo fora dos tribunais, apenas para treinar expor suas razões a outras pessoas); e identificar suas qualidades.

Apesar de existirem essas e outras dicas para combater o medo, vale ressaltar que o medo não irá desaparecer, mas o advogado irá aprender a dominá-lo, para que, no momento da sustentação oral no tribunal, não transpareça esse medo aos desembargadores e, como já dito anteriormente, terá mais chance de passar credibilidade a todos os ouvintes.

Além de todas essas qualidades, característica da credibilidade, para exercer uma boa sustentação oral, é essencial, também, que o advogado possua uma conduta exemplar, ou seja, para que as palavras do advogado tenham credibilidade, elas devem encontrar respaldo no próprio exemplo pessoal.

Essa qualidade é de vital importância para quem exerce a advocacia. Mas o que significa possuir conduta exemplar? Nas palavras de Polito (p. 46), a conduta exemplar está associada à coerência, ou seja, o advogado, no caso, deve demonstrar nas atitudes que age do modo como fala. Como exemplo, podemos citar o advogado que prega que seus colegas tenham respeito uns pelos outros, porém, na prática, não respeita os outros advogados. Neste caso, o advogado não possui conduta pessoal exemplar, pois fala uma coisa e age de maneira diversa.

### 3.2. *Técnicas, recursos, planejamentos e clareza*

Para auxiliar o advogado na exposição de suas razões, são necessárias algumas técnicas de apresentação, de modo a transmitir a mensagem que o ajudará a obter sucesso na sustentação oral. Algumas dessas técnicas são: falar de improviso e ler em público.

Falar de improviso significa falar sem ter preparado a apresentação de forma adequada. Em outras palavras, o orador tem conhecimento acerca do assunto, porém foi convidado a falar "espontaneamente", sem preparo.

Assim, quando o advogado fala com desenvoltura, pois é um assunto já conhecido, ele passará mais segurança aos ouvintes e, por conseguinte, terá mais chances de convencê-los de suas razões.

Ler em público ainda não é um hábito para muitos advogados, quem dirá falar com eficiência. Para atender às exigências dos ouvintes, Polido (2014, p. 166/171) nos recomenda manter o contato visual com os ouvintes, manter o papel na altura correta (parte superior do peito, para ler com mais facilidade e não esconder o rosto perante o público), fazer poucos gestos e fazer pequenas marcações no texto, para facilitar a interpretação da mensagem.

Além dessas técnicas, há também recursos de apoio ao advogado que irá realizar a sustentação oral. Um deles é o roteiro escrito, que pode ser feito da seguinte maneira: escrever em uma folha de papel algumas frases que ajudem a ligar a sequência do que irá se falar. Cada frase conterá a essência do pensamento que deseja comunicar.

Outro recurso que pode ser utilizado pelo advogado é um esquema mental. É similar ao roteiro escrito, porém as ideias não ficam no papel, e sim na memória. Neste caso, como os tópicos precisam ser memorizados, recomenda-se que sejam relacionados em pequena quantidade e de maneira simples.

Entretanto, de nada adianta o advogado possuir a técnica e recorrer à ajuda dos recursos, se ele não planejar a apresentação das razões orais. Para isso, recomenda-se seguir algumas etapas, com o objetivo de organizar a ordem dos argumentos que irá expor.

A primeira etapa é iniciar sua fala cumprimentando, formalmente, todos os que estão presentes na sala de audiência. Em seguida, o advogado deve procurar conquistar aqueles a quem dirigirá a palavra e, consequentemente, despertar suas atenções e interesses. Há algumas maneiras de conquistar os ouvintes, como, por exemplo, elogiar a plateia; usar frases impactantes; valer-se de fato bem-humorado; entre outros.

O próximo passo é informar os ouvintes, resumidamente, sobre o que irá ser falado, com argumentos concatenados e claros. Além disso, é necessário que o advogado não cometa excessos, ou seja, deve se falar apenas o necessário, evitando repetições e argumentos desnecessários. Ao finalizar a exposição das razões, o advogado pode recapitular, em uma ou duas frases, o que acabou de dizer, bem como encerrar com informações consistentes, que possam levar os ouvintes a refletirem sobre o que foi dito.

É de extrema importância que o advogado seja claro ao falar. De acordo com Aquino (2010, p. 46), por mais complicado que seja o assunto, é possível ser mostrado com clareza. Caso o assunto seja claro, mas o orador não, uma dica é usar frases simples e curtas para melhor se comunicar com os ouvintes.

### *3.3. Expressão corporal*

Além da voz e da palavra, a expressão corporal também é responsável por transmitir a mensagem do advogado aos ouvintes. Na análise da expressão corporal, são observadas algumas atitudes, essenciais para transmitir uma boa imagem a quem está ouvindo o advogado.

Como exemplo dessas atitudes, podemos mencionar que o advogado não deve colocar a mão no bolso durante a sustentação oral; ao gesticular, deve se manter no meio termo, ou seja, deve evitar a ausência e o excesso de gesticulação; deve evitar ficar de braços cruzados; a postura não deve ser de alguém derrotado nem de modo arrogante.

Polito (2014, p. 104) traz algumas sugestões de comportamento que o advogado pode seguir para desenvolver uma boa expressão corporal: faça um gesto para cada informação predominante na frase; faça o movimento a partir do ombro; olhe para os ouvintes; posicione-se naturalmente sobre as duas pernas; use o semblante para se comunicar com mais expressividade.

Assim, podemos concluir que a expressão corporal do advogado é tão importante quanto a argumentação, o conhecimento e a entonação vocal utilizada na sustentação oral, uma vez que a aparência e os gestos têm o condão, também, de convencimento acerca da credibilidade passada aos ouvintes.

### *3.4. O uso da voz, o controle da respiração e o vocabulário adequado*

Polito (2014, p. 48) transcreve uma passagem de Majada (1951), o qual sabiamente nos ensina que o tom da fala deve ser o mesmo de uma conversa interessante e animada, ou seja, o advogado deve falar como o faz em seu dia a dia, não sendo recomendado usar tom artificial e estudado.

Quando qualquer pessoa fala, todo o organismo passa a funcionar e expressar seu comportamento físico e emocional. Ao analisar o uso da voz, devemos estar atentos a alguns aspectos, principalmente à respiração, ao volume vocal, à velocidade da fala e ao uso correto do vocabulário associado à boa pronúncia das palavras.

A boa voz depende de uma respiração adequada. Em uma sustentação oral, quando o advogado precisa falar por certo período de tempo, a boa respiração é essencial para que a comunicação seja equilibrada e consistente. A respiração correta para falar é realizada com a região abdominal, sendo que o tórax deve ficar praticamente imóvel (POLITO: 2014, p. 51).

Ao controlar a respiração, o orador deve se atentar, também, ao volume da voz, bem como ao ambiente em que irá falar (acústica). Caso exponha para um número pequeno de pessoas, deverá falar em um volume menor, ao passo que, ao articular para maior número de pessoas, o volume deve ser adequado para que todas ouçam da mesma forma. Além disso, o discurso deve estar em um volume significativo para despertar interesse nos ouvintes.

Já a velocidade da fala dependerá da emoção, respiração e articulação do orador, uma vez que, se a pronúncia for boa, o advogado poderá ser compreendido mesmo que a fala esteja em uma velocidade mais rápida, mas, se tiver alguma deficiência de dicção, deverá falar mais lentamente para que os ouvintes possam entender a mensagem.

Se o advogado fala muito rápido ou muito devagar, ele deverá corrigir a velocidade para torná-la apropriada à comunicação. Porém, há uma ressalva: a mudança de velocidade não poderá alterar o modo de ser do advogado, ou seja, não deverá prejudicá-lo ao desenvolver seu raciocínio.

Por fim, é essencial que o advogado utilize o vocabulário adequado em sua oratória. Quanto mais amplo e abrangente for, mais segura será sua comunicação, ou seja, se possuir um extenso vocabulário, consequentemente terá mais facilidade para externar suas emoções e opiniões. Porém, vale ressaltar que o advogado deve associar o bom vocabulário com a automatização para a fala, a qual é conquistada com o tempo, através de estudo, experiência, prática e observação.

Assim, ao observar os cuidados acima mencionados, o advogado terá suas chances de vencer a causa maior, pois estará apta a controlar suas emoções e as consequências dela advindas, principalmente a emoção, transparecendo confiança e certeza para com aqueles que o estão ouvindo.

## 4. Leitura de memoriais na sustentação oral

### *4.1. Proposta de emenda*

Uma proposta que objetivava regrar a sustentação oral dos advogados acabou gerando um intenso debate no Pleno do STJ no final de 2015. Tratava-se de proposta de alteração no regimento interno da Corte que vedaria a leitura de memoriais durante a sustentação oral.

A Proposta de Emenda Regimental nº 14/2015 que incluía a expressão, "porém vedada a leitura de memoriais" à parte final do *caput* do art. 160 do Regimento Interno do STJ era de autoria da ministra Nancy Andrighi. Na ocasião de análise da emenda, o ministro Humberto demonstrou grande preocupação de que a alteração iria ferir o Estatuto da OAB (Lei nº 8.906/94)[221].

### *4.2. CNJ decide pela possibilidade da leitura*

Em início de 2016, o Conselho Nacional de Justiça (CNJ) ratificou de forma unânime a decisão do conselheiro Fabiano Silveira que proibiu o Poder Judiciário de impedir advogados de lerem memoriais durante sustentações orais. Silveira adotou esse entendimento ao analisar regra interna do Tribunal de Justiça do Mato Grosso do Sul que tratava do assunto. Na análise do conselheiro, o Judiciário não pode censurar ou estabelecer preferências em relação à conduta profissional dos advogados.

O artigo 378 do Regimento Interno do Tribunal de Justiça de Mato Grosso do Sul delimita: "Na sustentação oral é permitida a consulta a notas e apontamentos, vedada a leitura de memoriais". Ao conceder a liminar, o conselheiro do CNJ classificou o dispositivo de "ingerência injustificável na autonomia profissional do advogado" e questionou o fato de a regra excluir o Ministério Público. Na ocasião, o conselheiro argumentou:

> O verdadeiro problema não está no modo como o advogado faz uso da palavra, e sim na qualidade do discurso por ele proferido. Uma

[221] <https://jus.com.br/artigos/45218/a-independencia-do-advogado-e-a-tentativa-de--proibicao-da-leitura-de-memoriais-em-sustentacao-oral-no-stj>.Acesso em 30 novembro de 2018.

> sustentação de improviso, malfeita, pode produzir estrago tão grande ou maior do que a leitura monocórdia e entediante de memoriais. A responsabilidade é do advogado pela escolha que faz, e ela não é pequena.[222]

Como bem comentou o Ministro Humberto Martins em seu voto, rechaçando a da Proposta de Emenda, "a independência do advogado desponta como elemento fundamental do regime jurídico da advocacia, sendo condição intrínseca ao exercício da advocacia". Ainda, em sua argumentação contra a proibição da leitura, completou:

> aos tribunais cabe tão somente, no exercício de seu autogoverno, definir o tempo de sustentação e os casos em que ela será admitida, mas não o modo como o advogado irá fazê-la [...] A proibição de leitura de memoriais constitui, data vênia, uma indevida restrição à independência profissional dos advogados, atingindo o contraditório e a ampla defesa.

## 5. Nulidade de julgamento por falta de sustentação oral

A previsão da sustentação oral no art. 937 do Código de Processo Civil pode ser visto como uma extensão do direito à ampla defesa prevista no Art. 5º, inc. LV da Constituição Federal, porque, como já foi amplamente exposto, a oportunidade de sustentar as razões do seu recurso, ou as contrarrazões do recurso da parte adversária, no dia do julgamento perante os tribunais é um complemento à defesa, ou seja, mais um artifício possível a favor da defesa do cliente.

Dessa forma, nas situações em que tal possibilidade é, de alguma maneira, impedida de ser realizada, pode-se alegar cerceamento de defesa e pleitear a nulidade do julgamento. As jurisprudências a seguir exemplificam que caso

[222] <https://www.conjur.com.br/2016-jan-19/cnj-suspende-regra-impedia-advogado-ler-sustentacao-oral>. Acesso em 30 de novembro de 2018.

a garantia da sustentação oral seja desrespeitada, isso implicará na nulidade do julgamento.

> PEDIDO DE INTIMAÇÃO PARA SUSTENTAÇÃO ORAL. NÃO ATENDIMENTO. CERCEAMENTO DE DEFESA. CONFIGURAÇÃO. NULIDADE. RECONHECIMENTO. RECURSO PROVIDO. 1. A República Federativa do Brasil, fundada, entre outros, na dignidade da pessoa humana e na cidadania, consagra como garantia "aos litigantes, em processo judicial ou administrativo, e aos acusados em geral, [...] o contraditório e ampla defesa, com os meios e recursos a ela inerentes" (art. 5º, LV). 2. Se, ainda que formulada previamente à sessão do julgamento do habeas corpus, a intimação não é feita e, por conta disso, a defesa não realiza sustentação oral, evidencia-se ofensa à ampla defesa, o que implica nulidade do julgamento do aludido writ. Precedentes. 3. No caso em exame, foi formulado pedido expresso de intimação do causídico para a sessão de julgamento, o que não ocorreu. 4. Recurso provido para anular o julgamento do writ originário (HC n. 2033971-49.2017.8.26.0000), a fim de que outro seja proferido, após a devida intimação da defesa, para que esta possa exercer o direito à sustentação oral. Julgadas prejudicadas as demais insurgências. Encontrado em: Vistos, relatados e discutidos os autos em que são partes as acima indicadas, acordam os Ministros da Quinta Turma do Superior Tribunal de Justiça, por unanimidade, dar provimento ao recurso, nos termos do voto do Sr. Ministro Relator. Os Srs. Ministros Joel Ilan Paciornik, Felix Fischer, Jorge Mussi e Reynaldo Soares da Fonseca votaram com o Sr. Ministro Relator. T5 – QUINTA TURMA DJe 25/04/2018 – 25/4/2018 RECURSO ORDINARIO EM HABEAS CORPUS RHC 93137 SP 2017/0329558-5 (STJ) Ministro RIBEIRO DANTAS

> PROCESSO PENAL. RECURSO EM *HABEAS CORPUS*. *WRIT* ORIGINÁRIO. PEDIDO EXPRESSO DE INTIMAÇÃO ACERCA DA SESSÃO DE JULGAMENTO. PLEITO NÃO ATENDIDO. CERCEAMENTO DE DEFESA. NULIDADE. RECONHECIMENTO. PEDIDO DE REVOGAÇÃO DA PRISÃO PREVENTIVA. PREJUDICIALIDADE.

RECURSO ORDINÁRIO PROVIDO. Embora não haja previsão legal para que a defesa seja intimada do julgamento da ação mandamental de habeas corpus, a jurisprudência deste Superior Tribunal de Justiça, em conformidade com o Supremo Tribunal Federal, consolidou o entendimento no sentido de que a ausência de comunicação ao advogado constituído acerca da data da sessão de julgamento do writ, para garantir a este o direito à sustentação oral, implica cerceamento de defesa e, portanto, a nulidade do julgado, desde que essa intimação tenha sido expressamente solicitada pelo impetrante. 2. No caso em exame, verifica-se que o impetrante do habeas corpus originário requereu, expressamente, a sua intimação "da data de sessão do julgamento" do feito, o que não foi atendido pelo Tribunal de origem. 3. Em consequência, prejudicada a análise do pleito referente à revogação da prisão preventiva. 4. Recurso provido para anular o julgamento do HC n. 2017.004870-3, devendo-se proceder à renovação do julgamento do writ originário mediante prévia intimação do advogado constituído nos autos acerca da data da sessão de julgamento.
Encontrado em: Vistos, relatados e discutidos os autos em que são partes as acima indicadas, acordam os Ministros da Quinta Turma do Superior Tribunal de Justiça, por unanimidade, dar provimento ao recurso, nos termos do voto do Sr. Ministro Relator. Os Srs. Ministros Joel Ilan Paciornik, Felix Fischer, Jorge Mussi e Reynaldo Soares da Fonseca votaram com o Sr. Ministro Relator. T5 – QUINTA TURMA DJe 26/02/2018 – 26/2/2018 RECURSO ORDINARIO EM HABEAS CORPUS RHC 86727 RN 2017/0165586-0 (STJ) Ministro RIBEIRO DANTAS

NULIDADE POR CERCEAMENTO DO DIREITO DE DEFESA. NULIDADE DE INTIMAÇÃO. PUBLICAÇÃO EM NOME DE ADVOGADO DIVERSO DO INDICADO PELA PARTE. O entendimento pacificado nesta Corte superior, consubstanciado na Súmula nº 427, é no sentido de que a intimação de advogado diverso daquele indicado expressamente nos autos é nula, salvo quando não há prejuízo à defesa da parte. No caso, apesar de a reclamada ter requerido ao juízo de origem que sua intimação fosse feita em nome do advogado Rodrigo Silveira Lima, as intimações acerca da inclusão do processo

em pauta de julgamento do recurso ordinário e do respectivo acórdão foram publicadas em nome de advogado diverso, restando evidente o prejuízo causado, eis que ficou impossibilitada de acompanhar o feito e de valer-se do direito à sustentação oral perante a Corte regional. Cerceamento do direito de defesa configurado. Recurso de revista conhecido e provido. fls. PROCESSO Nº TST-ARR-679-22.2016.5.07.0033 Firmado por assinatura digital em 11/10/2018 pelo sistema AssineJus da Justiça do Trabalho, conforme MP 2.200 -2/2001, que instituiu a Infra-Estrutura de Chaves Públicas Brasileira.
**Encontrado em:** 5ª Turma DEJT 19/10/2018 – 19/10/2018 ARR 6792220165070033 (TST) Breno Medeiros

O condão de levar um julgamento a sua nulidade, demonstra a importância da sustentação oral, que mais que um artifício, constitui a chance de o advogado argumentar, esclarecer e trazer informações que muitas vezes os julgadores não tiveram tempo de tomar conhecimento. O impacto de uma sustentação oral pode sim trazer efeitos transformadores, revertendo uma decisão para o benefício do cliente.

Por isso, a sua ausência, desde que requerida pelo advogado, configura cerceamento de defesa, legitimando, assim, a nulidade do julgamento.

## 6. Considerações finais

Com base na exposição apresentada, entende-se que a sustentação oral é primordial para o convencimento dos magistrados que compõem as turmas julgadoras. Ao expor suas razões com credibilidade, aqui incluídos a naturalidade, a emoção, a imagem, o conhecimento, a autoconfiança e a conduta pessoal, o advogado terá maiores chances de alcançar o sucesso na causa defendida.

Ao agir com naturalidade, dosando as emoções, apresentando uma boa imagem pessoal, o advogado demonstra aos julgadores que possui profundo conhecimento sobre o assunto tratado, transmitindo confiança em sua fala e em seus argumentos, comportando-se de modo adequado, se enquadrando no que se espera de um bom advogado e valorizando ainda mais a sua categoria profissional.

Necessário se faz a identificação e o enfrentamento dos próprios medos. Com isso, o advogado terá sua confiança e credibilidade elevadas e a atuação perante os tribunais será eficaz!

Por fim, vimos, com base em conhecimentos científicos, técnicos e práticos, imprescindíveis formulações para se elevar o nível da sustentação oral perante os Tribunais. Tudo isso visando uma melhor e substancial preparação do colega advogado e advogada, a fim de que se possa representar adequadamente a sua classe, o seu cliente e expor com excelência sua própria imagem profissional.

## Referências


AQUINO, Ítalo de Souza. Como Falar em Encontros Científicos. 5.ed. São Paulo: Saraiva, 2010.

FIORIN, José Luiz. Argumentação. São Paulo: Contexto, 2016.

LIGIERA, Wilson Ricardo. Lições de oratória. São Paulo: Lumiar, 2019 (no prelo).

LIGIERA, Wilson Ricardo. Curso intensivo de oratória e expressão verbal. São Paulo: Lumiar, 2019 (no prelo).

MAJADA, Arturo. Oratória forense. Barcelona: Bosch, 1951. *In*: POLITO, Reinaldo. Oratória para Advogados e Estudantes de Direito. São Paulo: Saraiva, 2014.

MELO, Nehemias Domingos de. Lições de Processo Civil de Acordo com o Novo CPC. 1.ed. v. 3. São Paulo: Rumo Legal, 2017.

MELO, Nehemias Domingos de. Novo CPC anotado – comentado – comparado. 2.ed. São Paulo: Rumo Legal, 2016.

MEZZAROBA, Orides; MONTEIRO, Cláudia Servilha. Manual de metodologia da pesquisa no direito. 7.ed. São Paulo: Saraiva, 2017.

MIRA Y LÓPES, Emilio (1894-1964). Quatro gigantes da alma. Tradução rev. e prefaciada por Cláudio de Araújo Lima. 29.ed. Rio de Janeiro: José Olympio, 2012.

TUCCI, José Rogério Cruz e; *et al.* Código de processo civil anotado. Rio de Janeiro: LMJ Mundo Jurídico, 2016.

POLITO, Reinaldo. Oratória para Advogados e Estudantes de Direito. São Paulo: Saraiva 2014.

# 2. Espetáculos e Espetáculos no Processo Penal: Reconhecendo os Dois Lados de uma Mesma Moeda Nefasta[223]

*Paulo Silas Taporosky Filho*

> *"Observem os grandes jornais de língua inglesa. Quando falam, sei lá, de um incêndio ou de um acidente de carro, evidentemente não podem dizer o que acham daquilo. Então inserem no artigo, entre aspas, as declarações de uma testemunha, um homem comum, um representante da opinião pública. Pondo-se aspas, essas afirmações se tornam fatos, ou seja, é um fato que aquele sujeito tenha expressado tal opinião. Mas seria possível supor que o jornalista tivesse dado a palavra somente a quem pensasse como ele. Portanto, haverá duas declarações discordantes entre si, para mostrar que é fato que há opiniões diferentes sobre um caso, e o jornal expõe esse fato irretorquível. A esperteza está em pôr antes entre aspas uma opinião banal e depois outra opinião, mais racional, que se assemelhe muito à opinião do jornalista. Assim o leitor tem a impressão de estar sendo informado de dois fatos, mas é induzido a aceitar uma única opinião como a mais convincente." (*Trecho de "Número Zero", de Umberto Eco).

[223] Artigo (adaptado para o livro) originalmente escrito ao término da disciplina "Direito Processual Penal Contemporâneo" na Universidade Federal do Paraná (UFPR) – ministrada pelo professor Jacinto Nelson de Miranda Coutinho no segundo semestre de 2017 (última turma que teve a honra de cursar a disciplina com o grande mestre do processo penal antes de sua aposentadoria junto à UFPR).

## Introdução

A televisão, a rádio, o jornal, a revista – seja qual for o meio utilizado pela mídia, a propagação dos casos penais constitui manchetes que vendem, pois convencem, engajam, encantam, influenciam, dominam. É através dos noticiários que muitas das opiniões são feitas, elaboradas, construídas, formadas. No âmbito do processo penal, isso enseja em consequências sérias – muitas vezes drásticas. Daí a necessidade constante de se refletir o papel e seus reflexos – quando exercido de maneira desarrazoada – da mídia no campo do processo penal, uma vez que seus efeitos são sentidos e produzidos dentro do processo que trata daquele caso penal exposto nos noticiários.

Assim sendo, num primeiro momento busca se demonstrar que a preocupação com o tema já envolve juristas há décadas, trazendo como exemplo alguns diálogos sobre processo penal entre o Brasil e a Itália, os quais consistem numa breve análise, pela perspectiva brasileira, de uma convenção ocorrida na Itália no ano de 1961, cujos debates estabelecidos no evento foram produzidos no livro *Primi Problemi della Riforma del Processo Penale.*

Na sequência, cuida em se expor a questão do efeito midiático exacerbado junto ao processo penal, que acarreta em consequências internas e externas ao processo, corroborando assim para com aquilo que pode se chamar de processo penal do espetáculo.

Esse fenômeno da espetacularização costuma ser abordado de forma crítica muitas vezes a partir da análise de posturas desarrazoadas da acusação ou do próprio órgão julgador. Entretanto, a mácula desse fenômeno se faz presente quando também a própria defesa busca, de alguma forma, utilizar-se de tal subterfúgio em seu benefício, constituindo esse o outro lado da moeda do problema aqui tratado. É sobre isso que se trabalha no tópico seguinte.

Por fim, pontua-se a necessidade de se retomar os basilares principiológicos que fundacionam um imperioso Processo Penal Constitucional, o que só é possível a partir do momento em que cada agente jurídico reconhece o seu lugar (e suas vicissitudes inerentes à condição humana) no jogo processual, concluindo-se pela necessidade de um firmamento nos alicerces que dão razão à existência de um processo penal.

## 1. O passado que se repete de forma tardia – diálogos sobre processo penal entre Brasil e Itália

Não é de hoje que a preocupação sobre a espetacularização do processo penal reside nos debates críticos no âmbito jurídico – e não apenas nesse chão em que se estabelece o direito, já que a problemática é extensa demais para caber num único saber, de modo que o problema avança para outros campos, outras áreas, outros ambientes.

Carnelutti já dizia há tempos que cada vez mais "o processo interessa à opinião pública. Os jornais ocupam boa parte de suas páginas para a crônica dos delitos e dos processos", acarretando assim no problema de que se assiste "ao processo do mesmo modo com que deliciam o espetáculo cinematográfico"[224]. Tem-se então o espetáculo que alimenta o interesse – ou seria o interesse que alimenta o espetáculo? Provavelmente a questão se trata de um círculo sem fim, que se retroalimenta e acaba permanecendo sempre presente, em voga, de modo que o espetáculo processual ganha cada vez mais força, despertando a atenção dos incautos e dos ardilosos, cada qual satisfazendo suas pretensões ao participar ativa ou passivamente do grande show processual.

Interessante notar que, dentre as diversas semelhanças que são perceptíveis através da análise e dos diálogos sobre processo penal entre o Brasil e a Itália, a espetacularização do processo era, e ainda é, uma questão que gera preocupação e recebe atenção dos estudiosos. Veja-se, por exemplo, a Convenção ocorrida entre os dias 15 a 17 de setembro de 1961, em Veneza, promovida pelo *Centro di Cultura e Civilta della Fondazione Giorgio Cini*, que reuniu um grupo de grandes nomes[225] do processo penal como uma iniciativa concreta para discutir a necessidade da reforma do código de processo penal italiano, cujos debates foram fielmente produzidos no livro *Primi Problemi della Riforma del Processo Penale*, organizado por Giuseppe De Luca. Durante as discussões que

[224] CARNELUTTI, Francesco. **As Misérias do Processo Penal.** 3. ed. Leme: CL EDIJUR, 2015, p. 6.

[225] Girolamo Bellavista, Aldo Cabrini, Alessandro Caprioglio, Francesco Carnelutti, Giovanni Conso, Franco Cordero, Giuseppe De Luca, Alfredo De Marsico, Amedeo Foschini, Gaetano Foschini, Guido Gonella, Antonio Grieco, Giuseppe Lattanzi, Bruno Liguori, Giuseppe Guido Loschiavo, Carlo Massa, Gaetano Nardella, Remo Pannain, Biagio Petrocelli, Scipione Piacenza, Giandomenico Pisapia, Giuseppe Sabatini, Mario Scancellari, Guiliano Vassalli, Giuseppe Velotti, Stanislao Vista e Salvatore Zingale.

lá foram feitas, Bellavista registrou suas preocupações sobre a midiatização dos julgamentos, defendendo em sua fala a necessidade de regulamentar o direito de informação sobre o processo que seria transmitido pela imprensa:

> *Bisogna regolare il diritto d'informazione dibattimentale. Quando siamo al dibattimento la stampa non è altro che un pubblico allargato, un grande megafono che travalica le mura delle assise e si proietta nelle piazze e nelle case anche attraverso la televisione. Questo è un diritto che si può riconoscere alla stampa, a patto però che essa sia fedele, sia la proiezione senza colore delprocesso, del dibattimento, senza commenti e aggiunte; niente colore, che si risolve sempre in tendenziosità, in deformazione nella rappresentazione della realtà processuale, e non giova alla giustizia.*[226][227]

Essa era uma preocupação que já se tinha à época na Itália, uma vez que a espetacularização do processo vinha causando suas conhecidas consequências. Isso levou Carnelutti a considerar o problema quando da elaboração de seu projeto de reforma total do Código de Processo Penal italiano, tendo registrado na introdução da exposição de sua proposta:

> *I maggiori poteri attibuiti al presidente per limitare la pubblicità del dibattimento tendono soprattutto a proteggere l'imputato e i testimoni dal dano, che può loro cagionare la esibizione alla curiosità del pubblico di fatti o circostanze interessante la loro vita privata, delle quali sai necessaria la conoscenza da parte del giudice; e, i genere, a diminuire, se non a sopprimere, il carattere specttacolare, che vanno sempre più assumindo i cosiddetti grandi processi.*[228][229]

[226] LUCA, Giuseppe De (Editore). **Primi Problemi della Riforma del Processo Penale.** Venezia: Sansoni Editore, 1962. p. 36-37

[227] "O direito de debater a informação deve ser regulamentado. Quando estamos no julgamento, a imprensa nada mais é do que uma audiência ampliada, um grande megafone que vai além das paredes dos assizes e é projetado nas praças e casas até mesmo através da televisão. Este é um direito que pode ser reconhecido para a imprensa, desde que seja fiel, e a projeção sem cor do processo, do julgamento, sem comentários e acréscimos; nenhuma cor, que é sempre resolvida em tendência, em deformação na representação da realidade do julgamento, e não beneficia a justiça" (Tradução livre pelo autor)

[228] "Os principais poderes concedidos ao presidente para limitar a publicidade do julgamento tendem principalmente a proteger o réu e as testemunhas do dano, o que pode levá-los a mostrar a curiosidade do público sobre fatos ou circunstâncias interessantes da sua vida privada,

Desnecessário dizer que essa preocupação permanece ativa e constante, sendo que, aqui no Brasil, o fenômeno do espetáculo processual toma proporções cada vez maiores – principalmente ao se considerar as grandes operações policialescas que caem na graça do público ávido pelo show de horrores que orquestrado contra o instituto processual penal e a Constituição Federal. É por isso que Jacinto Nelson de Miranda Coutinho denuncia o Brasil em sua "mentalidade hodierna, muito ligada a um pensamento de Lei e Ordem e conduzida por imbrogli verbais ditados pelos meios de comunicação"[230].

Em que pese o avanço da espetacularização do processo penal, que conquista cada vez mais novos entusiastas – atores internos e externos do jogo processual, a questão merece análise pelo viés crítico, uma vez que por mais que se trate de algo que está aí, produzindo seus nefastos efeitos, deve ser trabalhada com as devidas ponderações quando dizem respeito à supressão de direitos e garantias processuais constitucionalmente resguardados, pois conforme pontua Jader Marques, "provocando o constrangimento epistemológico que incumbe à doutrina, resta deixar aqui registrado que "espetacularizar" a dor e as misérias do processo penal é uma atitude, no mínimo, deprimente, perversa e inaceitável"[231].

## 2. O espetáculo processual promovido pela mídia

O receio para com a forma pela qual um processo é noticiado se dá justamente pelos riscos inerentes da espetacularização. Tome-se o exemplo literário de Umberto Eco destacado na citação que inicia o presente texto. As nuances possíveis e existentes são diversas, já que variadas são as formas de se transmitir uma notícia. E o público receptor disso que se noticia é convencido em

que você precisa saber do juiz; e, em geral, diminuir, se não suprimir, o caráter espetacular, que cada vez mais assume os chamados grandes processos" (Tradução livre pelo autor)

229 CARNELUTTI, Francesco. **Verso la Riforma del Processo Penale.** Napoli: Morano Editore, 1963. p. 23

230 COUTINHO, Jacinto Nelson de Miranda. **Temas de Direito Penal & Processo Penal (por prefácios selecionados).** Rio de Janeiro: Lumen Juris, 2010. p.33

231 MARQUES, Jader. **Inquérito policial: sigilo ou espetáculo?** Disponível em: <http://emporiododireito.com.br/leitura/inquerito-policial-sigilo-ou-espetaculo-por-jader-marques>. ISSN: 2446-7405. Acesso em 07/12/2017

grande parte das vezes, ou seja, a perspectiva que se intenciona transmitir com a notícia será aquela adotada pelo receptor, podendo esse ser ou não parte oriunda do próprio caso. Ademais, conforme explica Samira Schultz Mansur, "o poder persuasivo dos meios de comunicação é tanto que a partir do que é apresentado (de forma sistemática e organizada) por eles, grupos sociais se condicionam a falar sobre o assunto mais divulgado"[232]. É assim que os julgamentos corriqueiros no sistema judicial acabam se transformando em grandes casos – a grandiosidade do julgamento só assim se torna gralhas à espetacularização promovida, na maioria das vezes, pela mídia.

As causas e os efeitos do fenômeno da espetacularização do processo são vários, mas de nenhum desses pode-se tirar algo de proveitoso. Uma coisa é informar, outra é se aproveitar do ato de informar para espetacularizar. A mídia influencia, determina o que será o assunto nos bares, no café e nos almoços de domingo em família. Daí a cautela necessária para com o processo enquanto espetáculo, uma vez que os efeitos disso refletem diretamente no próprio caso.

Pelo viés da criminologia, enquanto segmento de controle informal, dizem Airto Chaves Junior e Fabiano Oldoni que "a grande mídia é quem determina qual a mensagem que irá passar ao público e, via de regra, esta mensagem visa incutir medo, pânico e sensação de insegurança coletiva"[233]. Esse é justamente um dos efeitos drásticos que o noticiar dos casos pré, durante e após os julgamentos gera na população em geral, pois, conforme pontua Paulo Incott, "a mídia aparece como mecanismo necessário e suficiente para eleger, acusar, julgar e condenar determinados agentes. Dá origem, força e efetividade a processos de criminalização sobre pessoas ou sobre grupos"[234].

232 MANSUR, Samira Schultz. **Comunicação: uma breve reflexão sobre seus possíveis efeitos**. Disponível em: <http://emporiododireito.com.br/leitura/comunicacao-uma-breve-reflexao-sobre-seus-possiveis-efeitos-por-samira-schultz-mansur>. ISSN: 2446-7405. Acesso em 07/12/2017

233 CHAVES JUNIOR, Airto; OLDONI, Fabiano. **Para Que(m) Serve o Direito Penal? uma análise criminológica da seletividade dos segmentos de controle social.** Rio de Janeiro: Lumen Juris, 2014. p. 54

234 INCOTT JR, Paulo Roberto. **Populismo judiciário, mídia e processos de criminalização.** Disponível em: <http://www.salacriminal.com/home/populismo-judiciario-midia-e-processos-de-criminalizacao>. ISSN: 2526-0456. Acesso em 07/12/2017

Vive-se uma constante sensação de insegurança, a qual é implantada, fomentada e potencializada pelos meios de comunicação. O registro pelas câmeras da cena de um crime é transmitido em rede nacional, insuflando o sentimento humano que faz com que se queira imediatamente que justiça seja feita. Mas qual justiça? E a que custo? Esse sentimento que a todos ronda e permeia permanece sendo aceso a todo instante, principalmente quando o caso se torna um espetáculo que é incessantemente apresentado pela mídia como uma forma de lembrança daquele episódio que a todos chocou. Passa-se então a clamar por uma justiça que possui um único significado, o qual possui um final predeterminado: a condenação certa do acusado. Augusto Jobim do Amaral vai dizer que "um furor persecutório, muitas vezes histérico e irracional, normalmente monopolizado pela direita na legitimação de forças reacionárias, acaba por reintroduzir o pior do autoritarismo em matéria penal"[235]. Daí que se passa a pleitear pela condenação a qualquer custo, pois, com Eduardo Newton, "o medo e a sua propagação pela mídia trazem como consequência e a elaboração de um discurso voltado para o recrudescimento penal"[236]. O destino do acusado nos grandes casos midiáticos tende a ser certo, estabelecendo-se sua condição de culpado desde o início do processo!

Marcelo Semerevidencia que "sem freios, o poder punitivo tende ao arbítrio"[237]. O problema é que além da ausência de freios promovida por parcela de atores jurídicos, principalmente aqueles responsáveis por dizer o direito no campo do jogo processual – eles, os magistrados, tem-se que a mídia fomenta esse ímpeto desmedido de querer se dizer qualquer coisa sobre qualquer coisa (Lenio Streck), deixando de se observar todo o chão que erige o sistema, conduzindo-se o caminho processual de maneira a melhor agradar ao público.

A partir do momento em que um caso "cai na mídia", abrem-se as comportas para o decisionismo, para punitivismo exacerbado, para a condenação a

[235] ROSA, Alexandre Morais da; AMARAL, Augusto Jobim do. **Cultura da Punição: a ostentação do horror.** Rio de Janeiro: Lumen Juris, 2014. p. 44-45

[236] NEWTON, Eduardo Januário. Os desafios da defesa criminal na era midiática In: GOSTINSKI, Aline; PRAZERES, Deivid Willian dos; MINAGÉ, Thiago (Orgs.). **Tempo de Resistência.** Empório do Direito: Florianópolis, 2017. p. 77

[237] SEMER, Marcelo. **Princípios Penais no Estado Democrático.** 1. ed. São Paulo: Estúdio Editores.com, 2014. p. 7

qualquer custo, para o flagelo do acusado, enfim, para as misérias do processo penal, pois por mais que se possa dizer com Carnelutti que "o delito é uma desordem e o processo serve para restaurar a ordem"[238], a influência na mídia no julgamento acaba por transformar o processo em espetáculo, de modo que se faz necessário problematizar a questão da dita 'ordem' pela perspectiva de como se vê a situação no campo prático.

Os efeitos do fenômeno, como mencionado, não se dão apenas nos agentes externos ao processo – os espectadores, mas também são sentidos e exercem influência concreta dentro do campo do julgamento. Como muito bem pontua Rubens Casara:

> no julgamento-espetáculo, todos querem exercer bons papeis na trama. Ninguém ousa atuar contra os desejos da audiência, sempre manipuláveis, seja por um juiz-diretor talentoso, seja pelos grupos econômicos que detém os meios de comunicação de massa. Paradoxalmente, os atores jurídicos mais covardes, aqueles que têm medo de decidir contra a opinião pública(da), os que para atender ao "desejo de audiência" violam a lei e sonegam direitos fundamentais, são elevados à condição de heróis.[239]

Eis onde reside quiçá o maior dos problemas da espetacularização: a parte interna do próprio processo. Diz-se dos agentes que compõem o jogo processual – acusação, defesa e julgador, seja como personificados estiverem (promotor, assistente, juiz, membros do júri, advogado, defensor público...). Durante a condução do processo, não há um casulo no qual o procedimento se insere, protegendo-se do mundo externo. O contato de todas as partes inseridas no âmbito do julgamento permanece ativo para com os fatores extraprocessuais. Isso inclui a mídia, cujos efeitos muitas vezes acabam repercutindo nesses próprios agentes do processo.

[238] CARNELUTTI, Francesco. **As Misérias do Processo Penal.** 3. ed. Leme: CL EDIJUR, 2015. p.59

[239] CASARA, Rubens R. R. **Processo Penal do Espetáculo: ensaios sobre o poder penal, a dogmática e o autoritarismo na sociedade brasileira.** 1ª Ed. Florianópolis: Empório do Direito, 2015. p. 13-14

O magistrado que vê o seu rosto estampado nas manchetes como o responsável pela condução de um grande caso, pode acabar sendo seduzido pela vaidade, de modo que, evitando desagradar a mídia, o público, e zelando pela sua então cultuada imagem, passa a adotar uma postura enérgica, decisionista, intransigente à custo das garantias processuais e ao arrepio dos direitos do acusado. Zela-se pela própria imagem ao mesmo tempo em que se sepulta o processo.

É por isso, dentre outras coisas, que Jacinto Nelson de Miranda Coutinho destaca que aqueles que se situam no campo do direito deveriam aprender, e muito, com os psicanalistas, uma vez que "os psicanalistas tratam da chance para que as pessoas possam se equilibrar. Nós, não! Nós matamos gente, porque a força da nossa caneta é muito grande; produz um buraco no qual tu metes a cabeça e ela vai cortada"[240].

Cabe aqui então, nesse sentido, a reflexão crítica trazida por Jefferson Gomes:

> Em regra, os veículos de comunicação são protegidos constitucionalmente para exercer livremente a expressão e também têm a censura proibida. Porém, a reflexão que fica é: pode a mídia agira de maneira livre e descontrolada, etiquetando pessoas a todo o tempo e maculando por vezes a atuação do judiciário no processo penal? Nos parece que a resposta mais adequada à este questionamento é não.[241]

## 3. Os dois lados de uma mesma moeda

Não há um lado bom nisso tudo. A espetacularização do processo ou as influências que a mídia proporciona nesse campo são como ervas daninhas difíceis de serem cortadas. Uma vez que ali nascem, crescem e tendem a dominar todo o campo onde deveriam estar sedimentadas as bases e arestas que erigem e regulam o processo penal num viés constitucional.

240 COUTINHO, Jacinto Nelson de Miranda. **Direito e Psicanálise: interlocuções a partir da literatura.** 1ª Ed. Florianópolis: Empório do Direito, 2016. p. 30

241 GOMES, Jefferson de Carvalho. **A Criminalização na Sociedade do Espetáculo: aportes hermenêuticos para a contenção do ativismo judicial.** Dissertação (Mestrado em Direito) - Universidade Católica de Petrópolis. Petrópolis, p. 23. 2018.

Se por um lado há toda a necessária crítica contra o viés punitivista que se instaura com o processo como espetáculo, o qual acaba por tolher algo além da liberdade do acusado, sendo aqui necessário registrar o alerta de Afrânio Silva Jardim no sentido de que "é preciso que a grande imprensa e o público em geral não pensem que a prisão é um martírio, como era na Idade Média"[242], por outro, há de se reconhecer o espaço admitido para o direito penal, o qual, em que pese as críticas cabíveis em vários de seus níveis, trata-se de uma medida decorrente de um ato civilizatório.

Diz-se quando o fenômeno é utilizado em favor daquele lado que geralmente sofre com as amarguras da espetacularização. A publicidade do processo pode acabar sendo benéfica para qualquer um dos lados opostos no jogo processual, maculando-se de igual forma, seja como for, a ideia de processo. Sobre a publicidade enquanto jogada por uma das partes, Alexandre Morais da Rosa destaca que "não há controle, até porque os vazamentos (de todos os lados) tornam-se táticas, tanto da acusação como da defesa. Assim, a mídia deixou de ser um mecanismo de informação para se situar no jogo processual diante da sua capacidade de manipulação"[243].

Essa manipulação pode sufocar inclusive o *jus puniendi* quando esse se fizer necessário. Imagine-se uma situação em que os jogos de poder se façam presentes logo na fase da investigação preliminar, quando um determinado criminoso, na condição de investigado, detentor de um poderio que enseje em influência nos meios de comunicação, acabe se utilizando da mídia como forma de manobra a fim de que esquivar de sua responsabilização, aniquilando as possibilidades, das mais variadas formas possíveis (constrangendo midiaticamente os responsáveis pela condução da investigação, por exemplo, ensejando num descrédito indevido ao procedimento investigativo), de que o trabalho de investigação prossiga como deveria ser. Essa situação pode ser pensada concretamente em qualquer fase procedimental do processo. No Tribunal do Júri, por exemplo, a mídia pode ser utilizada estrategicamente

[242] JARDIM, Afrânio Silva. **Do processo penal do espetáculo ao processo penal da humilhação.** Disponível em: <http://emporiododireito.com.br/leitura/do-processo-penal-do-espetaculo-ao-processo-penal-da-humilhacao-por-afranio-silva-jardim>. ISSN: 2446-7405. Acesso em 07/12/2017

[243] ROSA, Alexandre Morais da. **Guia do Processo Penal Conforme a Teoria dos Jogos.** 4º Ed. Florianópolis: Empório do Direito, 2017. p. 343

pelo acusado que detenha algum tipo de poder de influência nesse aspecto, ocorrendo assim uma forma de espetáculo às avessas, já que o jogo ardiloso do espetáculo do processo seria jogado somente em seu favor.

É por isso que aqui se diz que a moeda tem seus dois lados – em que pese somente um deles seja amplamente conhecido. O equilíbrio no jogo processual deve existir, não merecendo pender qualquer tipo de espetacularização para qualquer dos lados.

Alexandre Morais da Rosa pontua que "a utilização da mídia nos julgamentos não é novidade. Com o novo padrão das mídias em tempo real, denominadas interativas, fica muito fácil plantar notícias, trapacear, subornar e conspirar em favor das pretensões, nem sempre justificáveis, apelando-se para o moralismo de espuma ou o desejo de um mundo melhor"[244]. Isso não pode ser aceito num processo penal democrático, por mais que se reconheça que acontece. Nem para um lado, nem para outro.

## 4. Pela retomada dos princípios basilares do processo penal constitucional

A mídia é um fator exógeno do processo que acaba por interferir em toda a estrutura processual desenhada pela Constituição Federal. Isso porque, como aqui pontuado, essa acaba por influenciar os agentes responsáveis pela condução do jogo processual. Paulo Ferrareze diz que "aquilo que escapa à razão fica de fora de um sistema processual que preestabeleça como um julgamento deve ser"[245]. O problema é que isso que escapa à razão acaba se fazendo presente no processo, geralmente de forma pouco salutar, ensejando em vícios que se instauram na procedimentalização da coisa e corrompem o sistema enquanto posto.

Lenio Streck e Rafael Tomaz de Oliveira vão dizer que "um Estado Democrático de Direito apenas sobrevive, em todo o seu esplendor, na medida em

[244] ROSA, Alexandre Morais da; TRINDADE, André Karam. **Precisamos Falar Sobre Direito, Literatura e Psicanálise.** 1. ed. Florianópolis: Letras e Conceitos, Lda & Empório do Direito, 2015. p. 17

[245] FERRAREZE FILHO, Paulo. **Manual Politicamente Incorreto do Direito no Brasil.** Rio de Janeiro: Lumen Juris, 2016. p 108

que as garantias processuais penais consagradas no texto das Constituições e das leis processuais têm sua concretização devidamente realizada pelos Tribunais"[246]. É diante disso que a retomada (se é que pode se falar em retomada de uma pretensão até hoje não efetivada) de um processo penal ancorado em basilares constitucionais deve ser efetivada. Ainda com Lenio Streck, há que se questionar a razão pela qual as seguintes perguntas são respondidas no campo prático de modo não condizente com a principiologia que sustenta o processo penal:

> por que livrar o direito da lei e da Constituição? A Constituição não é boa? Não é ela que estabelece, inclusive, o poder do Poder Judiciário? Mas não é que obriga o Judiciário a fundamentar? E não é nela que está escrito que o Legislativo legisla e o Judiciário julga, aplicando a lei feita pelo legislativo?[247]

Isso porque, como se viu, um dos efeitos nefastos que a mídia gera na condução do processo penal é o decisionismo que rompe com toda e qualquer barreira constitucional. Regramentos constitucionais deixam de ser observados por juízes que buscam condenar a qualquer custo. Previsões textuais nos códigos não são seguidas sob o argumento da instrumentalidade das formas, já que o que importa mesmo é a finalidade, e essa finalidade, não confessada, em muitas das vezes, é a condenação do acusado, cuja decisão em tal sentido já foi tomada logo no início do jogo processual. Tudo isso para agradar, sob os holofotes, os espíritos incautos e sedentos que a tudo acompanham na condição de espectadores do espetáculo processual.

É por tudo isso, buscando-se evitar o imbróglio que se instaura e permanece em decorrência da intervenção dos meios de comunicação na condução do processo, que Djeff Amadeus explicita que "a mídia [...] não pode pautar o judiciário e o Ministério Público"[248].

[246] STRECK, Lenio Luiz; OLIVEIRA, Rafael Tomaz de. **O Que é Isto – as garantias processuais penais?** Porto Alegre: Livraria do Advogado Editora, 2012. p104

[247] STRECK, Lenio Luiz. **Juiz Não é Deus: juge n'est pas Dieu.** Curitiba: Juruá, 2016. p. 123

[248] FERREIRA, Djefferson Amadeus de Souza. **Ensaios Sobre Processo Penal, Hermenêutica e a Crise de Paradigmas no Direito Brasileiro.** 1. ed. Florianópolis: Empório do Direito, 2016. p. 29

Para tanto, a fim de que se logre êxito nessa pretendida retomada dos princípios basilares que devem conduzir o processo penal, Alexandre Morais da Rosa e Salah H. Khaled Jr. aduzem que "é necessária também uma transformação da prática, uma mudança no próprio pensar que possibilite a reforma de um lugar que é, afinal, habitado e moldado por pessoas"[249], ou seja, conforme destaca Anna Carolina Faraco Lamy, "de nada adianta reformar uma norma se a cultura e tendência da sociedade, o que é naturalmente reproduzido nas decisões judiciais de um determinado país, são voltados à defesa da inquisitoriedade, e da redução de direitos fundamentais"[250].

O processo penal deve ser observado enquanto tal e conforme sua base constitucional, bem como segundo sua função limitadora do poder estatal – e não apenas como o meio necessário para a concretização dos efeitos do direito penal. Camilin Poli explica que "o processo pode ser definido como o conjunto (sistema) de atos preordenados, pelo qual se reconstitui o fato por meio das provas, tendo como finalidade o acertamento do caso penal [...], verificando a aplicação (ou não) da sanção penal"[251].

Assim sendo, deve-se buscar o resgate daquele processo penal sonhado e intencionado, de matiz acusatória, sem que sofra com influências externas que ensejam em posturas inaceitáveis de seus agentes internos.

São por essas e outras razões que Gilson Bonato vai dizer que "há que se repensar o processo. Há que se resgatar a ideia de processo como sendo o espaço privilegiado do debate, do diálogo, da fala e da escuta, do respeito aos princípios constitucionais, já que se busca e se luta por um processo realmente justo"[252].

[249] ROSA, Alexandre Morais da; KHALED JR, Salah H. **In dubio pro hell: profanando o sistema penal.** Rio de Janeiro: Lumen Juris, 2014. p. 41

[250] LAMY, Anna Carolina Pereira Cesarino Faraco. O processo penal brasileiro e a consciência inquisitória. In: COUTINHO, Jacinto Nelson de Miranda; PAULA, Leonardo Costa de; SILVEIRA, Marco Aurélio Nunes da (Orgs.) **Mentalidade Inquisitória e Processo Penal no Brasil: anais do congresso internacional "diálogos sobre processo penal entre Brasil e Itália".** Volume 1. Empório do Direito: Florianópolis, 2016. p. 177

[251] POLI, Camilin Marcie de. **Sistemas Processuais Penais.** 1ª Ed. Florianópolis: Empório do Direito, 2016. p 32-33

[252] BONATO, Gilson. **Devido Processo Legal e Garantias Processuais Penais.** Rio de Janeiro: Lumen Juris, 2003. p. 192

Ao considerar a espetacularização que cada vez mais cresce no âmbito processual, conforme sustentam Alexandre Morais da Rosa e Salah H. Khaled Jr., "recompor o lugar e a função do Direito e do Processo Penal parece ser o desafio atual diante da espetacularização das prisões e investigações criminais acompanhadas pela mídia"[253]. É um dos não tão atuais desafios a serem superados.

Daí a importância de se reconhecer a função e a responsabilidade política (no sentido dworkiniano) inerente à figura do juiz principalmente, uma vez que no Estado Democrático de Direito o magistrado acaba por assumir uma posição específica, de modo que, conforme explica Aury Lopes Jr., "a legitimidade de sua atuação não é política, mas constitucional, consubstanciada na função de proteção dos direitos fundamentais de todos e de cada um, ainda que para isso tenha de adotar uma posição contrária à opinião da maioria"[254].

É, portanto, sobre os atores que deve se dar a mudança. Nesse sentido, Camilin de Poli diz que "não basta mudar a lei. É necessário mudar a racionalidade. É preciso mudar a mentalidade dos operadores do direito, dos legisladores, bem como de todos s envolvidos, a fim de se criar uma cultura de respeito aos direitos individuais, isto é, uma cultura de respeito à cidadania"[255].

Para tanto, ampliar os horizontes é condição necessária para a superação da problemática aqui exposta e de outras que maculam o processo penal. O jurista que julga poder pensar e agir racionalmente a todo instante, acreditando que fatores como a mídia e a espetacularização penal não podem o influenciar em seu processo de tomada de decisão e nos demais atos praticados enquanto agente processual, equivoca-se em sua ingenuidade ou arrogância. É preciso ter ciência de que todo cuidado é pouco quando se está situado num ambiente em que diversos fatores, internos e externos, tendem a influenciar comportamentos. Isso porque, conforme aduzem Paola Bianchi e Alexandre Morais da Rosa, "em geral, o jurista é obcecado por ele mesmo, e o pleno domínio

[253] ROSA, Alexandre Morais da; KHALED JR, Salah H. **Neopenalismo e Constrangimentos Democráticos.** Florianópolis: Empório do Direito, 2015. p. 44

[254] LOPES JR., Aury. **Direito Processual Penal.** 9. ed. São Paulo: Saraiva, 2012. p. 1068

[255] POLI, Camilin Marcie de. Acusatório de corpo e inquisitório de alma: quando a prática desdiz a lei. In: COUTINHO, Jacinto Nelson de Miranda; PAULA, Leonardo Costa de; SILVEIRA, Marco Aurélio Nunes da (Orgs.) **Mentalidade Inquisitória e Processo Penal no Brasil: diálogos sobre processo penal entre Brasil e Itália.** Volume 2. Empório do Direito: Florianópolis, 2017. p. 108-109

da racionalidade. Impulsionado pelo excesso de confiança em sua pseudo capacidade de percepção do mundo, aposta de modo ingênuo em suas crenças, sustentadas como verdades absolutas em um universo de incerteza"[256].

Há de se estar atento para os espetáculos e espetáculos que se estabelecem sobre os casos penais. A moeda da espetacularização possui seus dois lados, ambos refletindo negativamente na condução do processo como um todo.

O problema da influência da mídia e seus efeitos no processo penal, como se viu, existem há tempos. Já passou da hora de superá-los. Um importante passo nesse sentido é o reconhecimento do agente processual, da parte, do estudioso, enfim, do jurista, enquanto indivíduo sujeito a erros, podendo, portanto, ser influenciado pelos mais diversos fatores, pois possui suas idiossincrasias. O fundamental é que, dando-se conta disso, saiba agir segundo requer a sua função e assim proceda, evitando-se desta forma o macular do procedimento e possibilitando-se a retomada das bases principiológicas constitucionais que devem conduzir um processo penal democrático.

## 5. Conclusões

Não há como não reconhecer a grande influência que a mídia exerce, interna e externamente, no processo penal.

Essa influência acarreta em diversas consequências no processo, as quais são sentidas no desenrolar do próprio caso criminal que recebe os holofotes do processo penal do espetáculo.

Diante da impossibilidade de se fugir disso, não resta alternativa ao jurista que não o firmamento nos fundamentos que erigem um processo penal democrático, competindo a este não apenas a ciência da existência dos critérios constitucionais de base, mas também o reconhecimento de sua falibilidade inerente à condição humana, de modo que o fator 'processo penal do espetáculo' pode influenciar até o mais racional dos agentes jurídicos, devendo então se visar um agir pela transformação na cultura jurídica como um todo,

[256] WOJCIECHOWSKI, Paola Bianchi; ROSA, Alexandre Morais da. **Vieses da Justiça: como as heurísticas e vieses operam nas decisões penais e a atuação contraintuitiva.** Florianópolis: EModara, 2018. p. 75

evitando-se assim máculas indevidas contra a pessoa do acusado que se vê vítima desse fenômeno, a qual eventualmente repercute na decisão do caso penal.

## Referências

BONATO, Gilson. Devido Processo Legal e Garantias Processuais Penais. Rio de Janeiro: Lumen Juris, 2003.

CARNELUTTI, Francesco. Verso la Riforma del Processo Penale. Napoli: Morano Editore, 1963.

CARNELUTTI, Francesco. As Misérias do Processo Penal.3.ed. Leme: CL EDIJUR, 2015.

CASARA, Rubens R. R. Processo Penal do Espetáculo: ensaios sobre o poder penal, a dogmática e o autoritarismo na sociedade brasileira. 1.ed. Florianópolis: Empório do Direito, 2015.

CHAVES JUNIOR, Airto; OLDONI, Fabiano. Para Que(m) Serve o Direito Penal?: uma análise criminológica da seletividade dos segmentos de controle social. Rio de Janeiro: Lumen Juris, 2014.

COUTINHO, Jacinto Nelson de Miranda. Temas de Direito Penal & Processo Penal (por prefácios selecionados). Rio de Janeiro: Lumen Juris, 2010.

COUTINHO, Jacinto Nelson de Miranda; PAULA, Leonardo Costa de; SILVEIRA, Marco Aurélio Nunes da (Orgs.) Mentalidade Inquisitória e Processo Penal no Brasil: anais do congresso internacional "diálogos sobre processo penal entre Brasil e Itália". Volume 1. Empório do Direito: Florianópolis, 2016.

COUTINHO, Jacinto Nelson de Miranda; PAULA, Leonardo Costa de; SILVEIRA, Marco Aurélio Nunes da (Orgs.) Mentalidade Inquisitória e Processo Penal no Brasil: diálogos sobre processo penal entre Brasil e Itália. Volume 2. Empório do Direito: Florianópolis, 2017.

COUTINHO, Jacinto Nelson de Miranda. Direito e Psicanálise: interlocuções a partir da literatura. 1.ed. Florianópolis: Empório do Direito, 2016.

ECO, Umberto. Número Zero. 4.ed. Rio de Janeiro: Record, 2015

LUCA, Giuseppe De (Editore). Primi Problemi della Riforma del Processo Penale. Venezia: Sansoni Editore, 1962.

FERREIRA, Djefferson Amadeus de Souza. Ensaios Sobre Processo Penal, Hermenêutica e a Crise de Paradigmas no Direito Brasileiro. 1.ed. Florianópolis: Empório do Direito, 2016.

GOMES, Jefferson de Carvalho. A Criminalização na Sociedade do Espetáculo: aportes hermenêuticos para a contenção do ativismo judicial. Dissertação (Mestrado em Direito) – Universidade Católica de Petrópolis. Petrópolis. 2018.

GOSTINSKI, Aline; PRAZERES, Deivid Willian dos; MINAGÉ, Thiago (Orgs.).Tempo de Resistência. Empório do Direito: Florianópolis, 2017.

JARDIM, Afrânio Silva. Do processo penal do espetáculo ao processo penal da humilhação. In: Empório do Direito. Disponível em: <http://emporiododireito.com.br/leitura/do-processo-penal-do-espetaculo-ao-processo-penal-da-humilhacao-por-afranio-silva-jardim>. ISSN: 2446-7405. Acesso em 07 dez. 2017.

FERRAREZE FILHO, Paulo. Manual Politicamente Incorreto do Direito no Brasil. Rio de Janeiro: Lumen Juris, 2016.

INCOTT JR, Paulo Roberto. Populismo judiciário, mídia e processos de criminalização. In: Sala de Aula Criminal. Disponível em: <http://www.salacriminal.com/home/populismo-judiciario-midia-e-processos-de-criminalizacao>. ISSN: 2526-0456. Acesso em 07 dez. 2017.

LOPES JR., Aury. Direito Processual Penal. 9.ed. São Paulo: Saraiva, 2012.

MANSUR, Samira Schultz. Comunicação: uma breve reflexão sobre seus possíveis efeitos. In: Empório do Direito. Disponível em: <http://emporiododireito.com.br/leitura/comunicacao-uma-breve-reflexao-sobre-seus-possiveis-efeitos-por-samira-schultz-mansur>. ISSN: 2446-7405. Acesso em 07 dez. 2017.

MARQUES, Jader. Inquérito policial: sigilo ou espetáculo?In: Empório do Direito. Disponível em: <http://emporiododireito.com.br/leitura/inquerito-policial-sigilo-ou-espetaculo-por-jader-marques>. ISSN: 2446-7405. Acesso em 07 dez. 2017.

POLI, Camilin Marcie de. Sistemas Processuais Penais. 1. ed. Florianópolis: Empório do Direito, 2016.

ROSA, Alexandre Morais da. Guia do Processo Penal Conforme a Teoria dos Jogos. 4.ed. Florianópolis: Empório do Direito, 2017.

ROSA, Alexandre Morais da; AMARAL, Augusto Jobim do. Cultura da Punição: a ostentação do horror. Rio de Janeiro: Lumen Juris, 2014.

ROSA, Alexandre Morais da; KHALED JR, Salah H. In dubio pro hell: profanando o sistema penal. Rio de Janeiro: Lumen Jurís, 2014

ROSA, Alexandre Morais da; KHALED JR, Salah H. Neopenalismo e Constrangimentos Democráticos. Florianópolis: Empório do Direito, 2015.

ROSA, Alexandre Morais da; TRINDADE, André Karam. Precisamos Falar Sobre Direito, Literatura e Psicanálise. 1. ed. Florianópolis: Letras e Conceitos, Lda & Empório do Direito, 2015.

SEMER, Marcelo. Princípios Penais no Estado Democrático. 1.ed. São Paulo: Estúdio Editores.com, 2014.

STRECK, Lenio Luiz. Juiz Não é Deus: juge n'est pas Dieu. Curitiba: Juruá, 2016

STRECK, Lenio Luiz; OLIVEIRA, Rafael Tomaz de. O Que é Isto – as garantias processuais penais? Porto Alegre: Livraria do Advogado Editora, 2012.

WOJCIECHOWSKI, Paola Bianchi; ROSA, Alexandre Morais da. Vieses da Justiça: como as heurísticas e vieses operam nas decisões penais e a atuação contraintuitiva. Florianópolis: EModara, 2018.

# 3. Como Adquirir Confiança e Vencer o Medo de Falar em Público

*José Ailton Garcia*
*Daniel Sá Roriz Fonteles*

## Introdução

Este trabalho, ao apresentar tema delimitado, pautado em investigação científica criteriosa, busca examinar de forma fundamentada e crítica a essência do medo de falar em público e o seu tratamento.

O tema foi escolhido tendo em vista a evidente dificuldade que a doutrina especializada, até o presente momento, demonstra em fazê-lo. Doutrinadores de alta envergadura confundem os diversos fundamentos do medo e ignoram o procedimento de sua cura.

Adotando a forma científica, o texto procura respeitar todas as exigências estabelecidas pela Associação Brasileira de Normas Técnicas e aquelas preestabelecidas pelo Editor.

O objetivo é elucidar, individualmente, a conceituação de medo, suas causas, sintomas, tratamento e a fórmula para vencê-lo e adquirir confiança. Tal tarefa é aqui realizada principalmente sob as luzes da doutrina nacional e estrangeira, especializada nos ramos da psicologia e psiquiatria.

Estruturado em dois tópicos, no inaugural, aborda-se o significado de medo, suas causas, sintomas e tratamento. No segundo, trata-se das qualidades pessoais que devem ser desenvolvidas para que se possa vencer o medo de falar em público e adquirir confiança.

## 1. O medo de falar em público

*"Para dominar o medo é necessário ter resistência e coragem"* Mark Twain.[257]

Para vencer o *medo* de falar em público e adquirir confiança, é preciso ter resistência e coragem para dominá-lo. Para tanto, como pressuposto, se faz necessário conhecer exatamente seu significado, causas, sintomas e tratamento, tendo em vista que o seu desconhecimento pode causar desde um simples constrangimento até um sofrimento psíquico capaz de comprometer a saúde mental do indivíduo.

Para o advogado, falar em público é uma tarefa extremamente necessária. Considera-se falar em público o ato de se expressar, por meio de palavras, perante um grupo de pessoas, ainda que pequeno. Qualquer pessoa pode e deve exercitar a arte de falar em público, e para tanto é necessário estudar com profundidade todos os aspectos relacionados ao medo de falar em público para que, assim, possa controlá-lo e superá-lo.

### *1.1 Significado do medo*

É importante estudar o significado do medo, pois isso nos auxiliará a identificar com precisão quais são as suas causas e como podemos dominá-lo e adquirir confiança para falar em público corretamente.

O vocábulo medo provém do latim *metus*[258]e significa uma perturbação resultante de ideia de perigo. Este perigo pode ser real ou aparente e resultar da presença de alguma coisa real ou supostamente estranha e perigosa.

[257] (1835-1910) Samuel Langhorne Clemens, conhecido pelo pseudônimo Mark Twain, foi um escritor norte-americano.

[258] TORRINHA, Francisco (1879-1953). **Dicionário latino-português**. 3.ed. Porto: Marânus, 1945, p. 519.

O medo é uma das emoções primárias inerentes ao ser humano, juntamente com a raiva, a tristeza e a alegria[259]. Está relacionado à vida instintiva e à sobrevivência.

Emoção, por sua vez, no sentido genérico significa uma resposta do organismo que envolve excitação fisiológica, comportamento expressivo e experiência consciente[260]. São expressões afetivas acompanhadas de reações intensas do organismo, em resposta a determinado acontecimento[261]. Nas palavras dos psicólogos Cristiano Nabuco de Abreu e Raphael Cangelli Filho, as emoções primárias são classificadas em adaptativas e desadaptativas[262].

As emoções primárias adaptativas são: raiva, tristeza e medo. Tais emoções possuem uma relação com a sobrevivência e o bem-estar psicológico. São rápidas tanto para surgirem quando para desaparecerem. As emoções primárias desadaptativas são aquelas das quais as pessoas lamentam tê-las expressado de maneira tão intensa ou equivocada e frequentemente se arrependem. Levam o indivíduo a se auto desorganizar.

As emoções secundárias são estados afetivos de estrutura e conteúdo mais complexos que as primárias. Na realidade. As emoções secundárias embora levem o nome de "emoções" já se constituem em sentimentos sensoriais. Elas transformam a natureza das emoções primárias. Tornam-se respostas ou evitações intelectualizadas às emoções primárias. Tornam-se uma categoria de emoções usadas pelo indivíduo para se proteger das primárias, que muitas vezes podem ser vergonhosas, ameaçadoras, embaraçosas ou dolorosas por natureza.

Assim, uma pessoa pode estar se sentindo deprimida, mas sua depressão pode estar encobrindo um sentimento primário de raiva. Aparecem

[259] BALLONE, G. J. Representação da Realidade *in*. **PsiqWeb**, 2005. Disponível em: http://virtualpsy.locaweb.com.br/index.php?sec=47&art=258. Acesso em 19 de maio de 2011.

[260] MYERS, David G. **Psicologia.** 9.ed. Tradução Daniel Argolo Estill, Heitor M. Corrêa. Revisão técnica Angela Donato Oliva. Rio de Janeiro: LTC, 2016, p. 568.

[261] BOCK, Ana Mercês Bahia; FURTADO, Odair; TEIXEIRA, Maria de Lourdes Trassi. **Psicologias: uma introdução ao estudo de psicologia**. 14.ed. São Paulo: Saraiva, 2008, p. 167.

[262] ABREU, Cristiano Nabuco de; FILHO, Raphael Cangelli. A abordagem cognitivo-construtivista de psicoterapia no tratamento da anorexia nervosa e bulimia nervosa. **Revista Brasileira de Terapias Cognitivas.** Rio de Janeiro, v. 1, n. 1, p. 45-58, jun. 2005. Disponível em:<http://pepsic.bvsalud.org/scielo.php?script=sci_arttext&pid=S1808-56872005000100006&lng=pt&nrm=iso>. Acesso em 08 maio 2017.

frequentemente quando ocorrem tentativas (fracassadas) de controle ou julgamento das emoções primárias, ou seja, quando se procura evitar ou negar aquilo que se está sentindo, acaba-se por sentir-se pior ainda. É assim que se tornam desadaptativas.

O medo é uma reação obtida a partir do contato com algum estímulo físico ou mental (interpretação, imaginação, crença, etc. que gera uma resposta de alerta no organismo). Esta reação inicial dispara uma resposta fisiológica no organismo que libera hormônios do estresse (adrenalina, cortisol) preparando o indivíduo para lutar ou fugir.

Portanto, o medo é uma palavra que provém do latim *metus* e significa perturbação que decorre da ideia de um perigo real ou aparente. Resulta da presença de alguma coisa real e supostamente estranha ou perigosa. É uma emoção primária que pode ser expressa tanto no modo adaptativo quanto no desadaptativo. Na forma adaptativa o medo possui relação com a sobrevivência e o bem-estar psicológico. É rápido tanto para surgir como para desaparecer. Na sua expressão primária desadaptativa é expressado de forma intensa e equivocada levando o indivíduo a se auto desorganizar e a sofrer psicologicamente.

### *1.2. Causas*

> *"O medo lhe dá nos pés."* Virgílio, *Eneida*, 19 a.C.

As causas do medo representam os seus motivos, fundamentos e explicações. Elas determinam a nossa forma de agir perante o público. É importante identificá-las com precisão para que possamos conviver e dominá-las. Em geral relacionadas a determinados eventos ocorridos na própria história de vida, as causas do medo ficam armazenadas em nosso aparelho psíquico.

Na concepção teórica sobre a estrutura do aparelho psíquico, formulada por Freud encontra-se que este foi dividido em três sistemas ou instâncias psíquicas: inconsciente, pré-consciente e consciente.

Em uma compreensão psicanalítica do medo, a parte *inconsciente* exprime o "conjunto dos conteúdos não presentes no campo atual da consciência"[263].

[263] LAPLANCHE, J. e PONTALIS, Jean B. **Vocabulário da psicanálise**. São Paulo: Martins Fontes, 2001.

É constituída por conteúdos reprimidos, pela ação de censuras internas ou externas, cujos conteúdos podem ter sido conscientes em algum momento e por terem sido reprimidas foram para o inconsciente. Ou podem ser genuinamente inconscientes. Na parte *pré-consciente* estão armazenadas as informações que, em determinado momento não estão na consciência, mas no momento seguinte podem estar. A parte *consciente* é a instância psíquica que recebe ao mesmo tempo as informações do mundo exterior e as do interior destacando-se o fenômeno da percepção, atenção e o raciocínio.[264]

Os eventos que constituem a cadeia causal do medo, estão ligados ao controle exercido por nossos pais, familiares, educadores, empregadores, grupos sociais, religiosos, governamentais, etc.

Num primeiro momento, o controle exercido por nossos familiares e grupos sociais, "restringe o comportamento egoísta primariamente reforçado no indivíduo" [265], o que é bom para ele próprio e para a sociedade. Porém, se é exercido de modo excessivo ou inconsistente dá origem a determinados subprodutos emocionais – medo, ansiedade, ira, raiva, depressão – o que não é vantajoso para o indivíduo tampouco para o controlador e a sociedade.

O medo excessivo está intrinsecamente ligado aos estímulos fornecidos pelo agente punitivo, por exemplo, pais, polícia, grupo religioso, Deus, e assim por diante. Os estímulos do medo são gerados pelo próprio comportamento punido, o indivíduo tem medo de agir – tem, como se diz, medo de si mesmo.

Portanto, as causas do medo constituem os seus fundamentos e explicações. Estão relacionadas a eventos ocorridos em nossa história de vida, às vezes podendo ser recordadas conscientemente, podendo envolver sensações ou memórias afetivas importantes. Encontram-se armazenadas em nosso aparelho psíquico, composto pelo *inconsciente* – que armazena informações internas ou externas de conteúdo reprimido; *pré-consciente* – que armazena informações de conteúdo reprimido e que, em determinado momento não estão na consciência, mas no momento seguinte podem estar; e *consciente* – que recebe ao mesmo tempo as informações do mundo exterior e do interior revelando nossa percepção e raciocínio frente aos nossos medos.

264 BOCK, Ana Mercês Bahia; FURTADO, Odair; TEIXEIRA, Maria de Lourdes Trassi. **Psicologias: uma introdução ao estudo de psicologia**. 14.ed. São Paulo: Saraiva, 2008, p. 49.

265 SKINNER, Burrhus Frederic. **Ciência e comportamento humano**. Tradução João Carlos Todorov, Rodolfo Azzi. 11.ed. São Paulo: Martins Fontes, 2003, p. 391.

A identificação com precisão dos estímulos responsáveis por nossos medos exige profunda auto pesquisa e autoconhecimento. Se a condição se repete muitas vezes, como muito provavelmente é o que acontece com este estímulo autogerado, o medo pode vir a se tornar crônico.

Para a compreensão do medo como um comportamento do organismo há de se considerar as respostas do sistema nervoso autônomo (tremor, sudorese, taquicardia, dilatação das pupilas etc.) e os comportamento encobertos, como os pensamentos que, no caso, geralmente abordam conteúdo negativo e fatalista, como pensar que "é um fracasso", achando-se incapaz de executar uma determinada atividade.

### *1.3. Sintomas*

O tipo de medo patológico mais comum é a Fobia Social, ou seja, medo de pessoas[266]. A Fobia Social é também chamada de Transtorno de Ansiedade Social, do qual o medo de falar em público faz parte, sendo esse medo específico denominado de Glossofobia. As pessoas com esse transtorno nutrem forte preocupação com a avaliação negativa por parte da audiência. Essa preocupação pode ser tão grave a ponto de terem ataques de pânico completos ou parciais devido ao medo de serem negativamente avaliados[267].

O transtorno, de acordo com o Manual Diagnóstico e Estatístico da Associação Americana de Psiquiatria – DSM5[268], se caracteriza por um medo ou ansiedade exacerbados de quaisquer situações sociais nas quais o indivíduo possa ser avaliado por outros. Há, portanto, grande preocupação por parte do indivíduo em ser percebido pelos outros como incompetente de alguma forma, temendo, inclusive demonstrar os sinais corporais de ansiedade, como ruborizar, tremer ou confundir-se com as palavras.

[266] BENER, A; GHULOUM, S.; DAFEEAH, E. E. Prevalence of common phobias and their socio-demographic correlates in children and adolescents in a traditional developing society. **African Journal of Psychiatry**. May, n. 14, p.140-145, 2011.

[267] American Psychiatric Association – APA. **Manual diagnóstico e Estatístico de Transtornos Mentais: DSM-5**. Porto Alegre: Artmed, 2014.

[268] American Psychiatric Association – APA. **Manual diagnóstico e Estatístico de Transtornos Mentais: DSM-5**. Porto Alegre: Artmed, 2014.

Para esses indivíduos as situações sociais sempre são consideradas aversivas e passíveis de provocar medo ou ansiedade. É natural que antes de uma apresentação em público um indivíduo sinta-se ansioso ou com certo grau de nervosismo, a ansiedade, portanto faz parte da vida em um indivíduo saudável. A questão é a intensidade do medo/ansiedade vivenciada pelo indivíduo fóbico, que pode levá-lo a, por exemplo, faltar a uma entrevista de emprego que tinha interesse que se concretizasse ou a participar da mesma com um grau de nervosismo exacerbado, levando-o provavelmente a ser mal avaliado pelo entrevistador. Esse medo/ansiedade excessivos impactam negativamente a rotina do indivíduo acadêmica, profissional e socialmente em áreas importantes de sua vida.

Estima-se uma prevalência do Transtorno de Ansiedade Social, nos Estados Unidos, de 7% e uma prevalência média, na Europa, de 2,3%[269].

### *1.4. Tratamento*

É importante destacar que no tratamento pode ser necessário o uso de antidepressivos, portanto, em muitos casos necessita-se de um acompanhamento psiquiátrico. É verdade que tanto a terapia cognitiva quanto a comportamental ou a cognitiva comportamental, apresentam bons resultados no tratamento. Sendo a cognitiva comportamental a principal escolha de tratamento[270].

Numa perspectiva cognitiva-comportamental o tratamento geralmente envolve o treinamento de habilidades sociais e reestruturação cognitiva (THS-RC).

O treinamento de habilidades sociais envolve a avaliação das dificuldades de cada indivíduo, podendo ser usadas escalas para se medir as habilidades sociais. É comum a utilização da dessensibilização sistemática, na qual se cria uma lista de estímulos do menos até o mais ansiogênico. Por exemplo, a pessoa poderia ser exposta a fotos de pessoas proferindo palestras, em outro encontro a pessoa poderia ter que segurar um microfone na mão, posteriormente, em outro encontro, ir a um auditório e subir no palco segurando o microfone e,

269 American Psychiatric Association – APA. **Manual diagnóstico e Estatístico de Transtornos Mentais: DSM-5.** Porto Alegre: Artmed, 2014.

270 ITO, Lígia M. *et al.* **Terapia cognitivo-comportamental da fobia social.** *Rev Bras Psiquiatr.* 30 (Supl. II):S96-101, 2008.

após mais algumas sessões, finalmente, proferir uma pequena fala para um pequeno grupo de pessoas, levando-se em conta que para a pessoa em epígrafe olhar fotos fosse a situação menos ansiogênica e proferir uma palestra (ainda que curta) a mais ansiogênica.

O terapeuta normalmente solicita aos participantes do tratamento que se envolvam semanalmente em alguma situação que lhes exija a utilização das habilidades treinadas no grupo terapêutico ou psicoterapia individual[271]-[272]-[273].

A terapia cognitiva comportamental é caracterizada pela utilização de registros por escrito (diários), incluindo várias tarefas de casa para que o indivíduo possa dar continuidade ao seu processo de melhora, mesmo quando o terapeuta não estiver por perto. Assim, os indivíduos são preparados (em bastante detalhe) a lidarem com a situação que gera ansiedade/medo, no caso, a apresentação em público[274].

A reestruturação cognitiva ensinada aos pacientes consiste de um procedimento sistemático para identificar e modificar os pensamentos ansiosos, reduzindo a sua ocorrência[275]. Os pacientes são encorajados "a procurar evidências favoráveis e em contrário a seus pensamentos mal adaptativos; e substituir estes pensamentos por outros mais positivos e adaptativos."[276].

Outras técnicas também importantes envolvem o autocontrole através da respiração diafragmática, a visualização positiva (imaginar-se tendo sucesso no evento), conversar consigo, sugerindo que "vá e faça", "vai dar certo"

[271] OLIVEIRA, Maria Regina de; DUARTE, Ângela Maria Menezes. Controle de Respostas de Ansiedade em Universitários em Situações de Exposições Orais. **Revista Brasileira de Terapia Comportamental e Cognitiva**. v. VI, n. 2, 2004, p. 183-199.

[272] D'EL REY, Gustavo J. Fonseca; BEIDEL, Douglas Cardoso; PACCINI, Carla Alessandra. Tratamento da fobia social generalizada: comparação entre técnicas. **Revista Brasileira de Terapia Comportamental e Cognitiva**. v. VIII, n. 1, 2006, p. 001-012.

[273] ZUARDI, Antonio W. **Características básicas do transtorno do pânico**. *Medicina (Ribeirão Preto, Online.)* 50(Supl.1), jan-fev. p. 56-63, 2017.

[274] D'EL REY, Gustavo J. Fonseca; BEIDEL, Douglas Cardoso; PACCINI, Carla Alessandra. Tratamento da fobia social generalizada: comparação entre técnicas. **Revista Brasileira de Terapia Comportamental e Cognitiva**. v. VIII, n. 1, 2006, p. 001-012.

[275] BECK, J. S. **Terapia Cognitiva: teoria e prática**. Tradução por Sandra Costa. Porto Alegre: Artes Médicas, 1997, p. 51.

[276] D'EL REY, Gustavo J. Fonseca; BEIDEL, Douglas Cardoso; PACCINI, Carla Alessandra. Tratamento da fobia social generalizada: comparação entre técnicas. **Revista Brasileira de Terapia Comportamental e Cognitiva**. v. VIII, n. 1, 2006, p. 001-012.

ou "você consegue"... e, claro, o ensaio exaustivo daquilo que se pretende comunicar[277].

## 2. Adquirindo confiança e vencendo o medo

Apresentam-se aqui algumas dicas que não têm a intenção de substituir um tratamento profissional (psicológico ou psiquiátrico), mas que deverá ajudar as pessoas que pretendem lutar contra esse transtorno para vencê-lo, ou pelo menos, reduzi-lo a um nível suportável.

Em termos gerais, na psicologia comportamental e também na cognitiva a pessoa vê-se desafiada em algum momento do processo terapêutico a enfrentar o seu medo, entrando em contato direto com ele. Naturalmente que há um preparo específico para que se chegue a bom termo quanto a esse enfrentamento, mas um dos pontos importantes da terapia é justamente proporcionar a redução da esquiva da estimulação aversiva (a situação social de uma apresentação ou palestra) e passe para a fase de enfrentamento da situação.

Ao buscar-se pelas causas do medo, foi visto que podem ter havido eventos reais no histórico de vida da pessoa, bem como o medo pode não ter explicação aparente, mas mesmo assim impactar drasticamente seu desempenho numa apresentação ou palestra.

Portanto, o tratamento mais eficaz é aquele que de forma clara, busca soluções de enfrentamento conscientes, construindo paulatinamente a segurança que a pessoa precisa para desempenhar-se bem em situações que assim lhe exijam.

### *2.1. A autoestima*

A autoestima ou amor próprio é comumente distorcida à presença de transtornos mentais, tanto na depressão, como na ansiedade, como nas fobias, encontra-se rebaixada e, por vezes, acompanhada pensamentos de caráter invasivo com conteúdo negativo e derrotista. Logo, é comum pessoas que

[277] COLLINS, Fannette. Giving a PowerPoint presentation: the art of communicating effectively. **RadioGraphics**. n. 24, 2004, p.1185-1192.

temem apresentar baixo desempenho numa atividade estejam com sua autoestima rebaixada. Lembrando que na Glossofobia a maior preocupação da pessoa é com o desempenho, levando-a a enfrentar muitas vezes ansiedade antecipatória, esquivando-se da situação geradora de estresse[278].

De acordo como Tyrrell[279], para uma pessoa desenvolver a sua autoestima precisa "criar autoconsciência, enfrentar as convicções negativas e assumir riscos".

Alguns diriam que é impossível agir sem estar se sentindo plenamente apto para a ação proposta, mas aí está a grande beleza comportamental do processo. Por exemplo, não se deve esperar que um obeso um dia acorde com vontade de fazer exercícios físicos e passe a ter uma rotina de exercícios satisfatória e adequada às suas necessidades, no entanto, um bom terapeuta (médico ou não) os recomendará independentemente da inclinação do paciente a adotar a rotina de exercícios e o encorajará a mudar a sua rotina, pois quando o comportamento muda, podem mudar-se as sensações corporais a ele associadas.

Em outras palavras, quando o organismo age sobre o meio produz consequências e ele é modificado por elas (como um todo)[280]. As sensações de "dever cumprido" ou "recompensa" que determinadas conquistas trazem consigo, são o que em última instância, mantém ou reforça os comportamentos a elas associados.

Logo, enfrentar as falsas crenças de incapacidade (pensamentos negativos), certeza do fracasso e a autocomiseração faz-se necessário num quadro assim, mesmo quando a pessoa acredita que eventos passados expliquem claramente o porquê de ela sentir-se incapaz.

Ao se enfrentar os pensamentos negativos, deve-se questionar a veracidade dos fatos e buscar entendê-los como oriundos de padrões cognitivos repetitivos, que podem ser mudados. Ao pensar, por exemplo, que "amanhã será um desastre! Não conseguirei fazer uma boa apresentação!", deveremos,

[278] OLIVEIRA, Maria Regina de; DUARTE, Ângela Maria Menezes. Controle de Respostas de Ansiedade em Universitários em Situações de Exposições Orais. **Revista Brasileira de Terapia Comportamental e Cognitiva.** v. VI, n. 2, 2004, p. 183-199.

[279] TYRRELL, Mark. **O gigante em você: maximize a sua autoestima**. São Paulo: Publifolha, 2004, p.10.

[280] SKINNER, Burrhus Frederic. **Ciência e comportamento humano.** Tradução João Carlos Todorov, Rodolfo Azzi. 11.ed. São Paulo: Martins Fontes, 2003, p. 51.

segundo Tyrrell[281], nos perguntar: "O que eu estou dizendo é verdade? Onde está a prova disso?", "Estou prevendo o futuro negativamente?", "Estou fazendo as coisas piores do que são?", "Esse raciocínio me ajuda a prosperar?", "O que seria útil pensar?", "Vai ser um desastre se as coisas não ocorrerem como planejei?".

Fazer esses questionamentos e tentar respondê-los de forma honesta e racional, é o princípio da busca pela melhora na autoestima. O próximo passo é estabelecer pensamentos mais aproximados da realidade, como ao invés de "sou um fracasso", pensar em "tenho alguns pontos a aprimorar" ou "poderei fazer, basta que me prepare para tal". Pensar de forma positiva ajuda a mudar a abordagem do problema, além disso, verbalizar audivelmente e através de pensamentos frases como "sei que sou capaz" ou "farei o meu melhor", é importante ter a consciência que mesmo os muito bons comentem erros. Ser menos autocrítico também ajuda nesse momento.

## 2.2. *A autoconfiança*

A autoconfiança surge como resultado do autoconhecimento e de uma elevada autoestima.

A confiança em si parte do pressuposto de que a pessoa já teve sucesso no que fez anteriormente, conhece suas habilidades e é capaz de demonstrá-las mais uma vez. A autoconfiança se desenvolve naturalmente na medida em que se tem um comportamento reforçado pelo sucesso alcançado em determinadas empreitadas. Quanto maior for a prática de um palestrante, maior probabilidade terá de emitir um comportamento satisfatório que seja reforçado pela audiência[282]-[283]-[284].

Espera-se, portanto, que um conferencista tenha confiança suficiente em si para proferir uma palestra sem se deixar perder do objetivo proposto e ao

281 TYRRELL, Mark. **O gigante em você: maximize a sua autoestima**. São Paulo: Publifolha, 2004, p.30.

282 COLLINS, Fannette. Giving a PowerPoint presentation: the art of communicating effectively. **RadioGraphics**. n. 24, 2004, p.1185-1192.

283 ANDERSON, Chris. **How to Give a Killer Presentation**. Harvard Business Review. Jun. 2013, p. 51.

284 CATANIA, A. C. **Aprendizagem: comportamento, linguagem e cognição**. 4.ed. Porto Alegre: Artmed, 1999, p. 51

mesmo tempo sem se deixar paralisar por qualquer medo ou receio que possa lhe ocorrer antes ou durante o evento.

A autoconfiança não deve ser tratada como a certeza de que é o melhor no que faz, mas a certeza de que é capaz de conceber, planejar e executar uma tarefa com certo grau de sucesso e satisfação.

De certa forma, a autoconfiança se fará mais evidente na medida em que a pessoa tiver seu comportamento reforçado, produzindo as consequências esperadas (reforçadores), gerando assim a sensação e o pensamento de que é capaz, de que pode executar a tarefa satisfatoriamente [285]-[286]. Somente a autoconfiança não é de muita valia caso a pessoa não se prepare adequadamente para a atividade em questão. Daí a necessidade de preparar-se e dominar o assunto sobre o qual palestrará.

A autoconfiança está diretamente relacionada à possibilidade de manipulação eficaz do meio, produzindo as consequências que fortalecerão o comportamento e o repertório do indivíduo, deixando-o ainda mais autoconfiante. Ou seja, está diretamente e proporcionalmente ligada à experiência e ao treino do indivíduo. Quanto mais bem treinado e experiente, mais autoconfiante.

### *2.3. A preparação e domínio do assunto*

Conhecer bem, para comunicar-se bem. Parece essa ser a chave da boa comunicação. Pessoalmente, ao proferirmos uma palestra gostamos de pensar em termos de uma pergunta central que seja respondida pela plateia após a apresentação, ou ainda, que a exposição seja clara, concisa e objetiva ao ponto de poder ser reduzida a apenas um parágrafo ou frase. Ter com clareza o que se quer comunicar, é o primeiro passo[287]-[288].

Definir os objetivos do que se pretende comunicar é essencial, assim como em um trabalho científico. Quando se há clareza sobre o que se pretende,

[285] CATANIA, A. C. **Aprendizagem: comportamento, linguagem e cognição**. 4.ed. Porto Alegre: Artmed, 1999, p. 51.

[286] SKINNER, Burrhus Frederic. **Ciência e comportamento humano**. Tradução João Carlos Todorov, Rodolfo Azzi. 11.ed. São Paulo: Martins Fontes, 2003, p. 51.

[287] COLLINS, Fannette. Giving a PowerPoint presentation: the art of communicating effectively. **RadioGraphics**. n. 24, 2004, p.1185-1192.

[288] ANDERSON, Chris. **How to Give a Killer Presentation.** Harvard Business Review. Jun. 2013, p 51.

diminuem-se as chances de divagações durante o desenvolvimento, discussão e trajeto para a conclusão. Em pesquisa é comum criar-se o problema de pesquisa, que é a pergunta que o cientista tentará responder com sua pesquisa[289]. Numa apresentação deve-se tentar responder a uma pergunta central, que dê base para a definição dos objetivos da comunicação[290].

Da mesma forma que uma das técnicas utilizadas para se superar a ansiedade/medo de falar em público é o treino e enfrentamento da situação ansiogênica, ou seja, da palestra, uma parte importante da preparação do conteúdo a ser ministrado é o ensaio.

Certamente que o conhecimento prévio do assunto é necessário e indispensável, mas conhecer profundamente um tema não torna um indivíduo um bom comunicador do mesmo. Dessa forma, assim como preparar-se do ponto vista acadêmico para a exposição, faz-se também necessário ensaiar a apresentação tantas vezes quantas forem necessárias, a fim de buscar a automatização do comportamento, criando um *loop* de hábito,[291] ou seja, a descrição clara de uma contingência no ambiente que expresse um antecedente, o comportamento a ser emitido e sua consequência [292]-[293].

O ensaio leva em conta alguns pontos chave para a boa exposição:

1) quem comporá a audiência?
2) qual o objetivo central da exposição?
3) quanto tempo será concedido à exposição?

Preparar-se com base nessas informações aumentará a segurança ao comunicar-se, a adequação e assertividade, bem como a diminuição da

289 DESLANDES, Suely Ferreira; GOMES, Romeu; MINAYO, Maria Cecília de Souza (Organizadora). **Pesquisa Social: teoria, método e criatividade**. 29.ed. Petrópolis, RJ: Vozes, 2010, p. 51.

290 COLLINS, Fannette. Giving a PowerPoint presentation: the art of communicating effectively. **RadioGraphics**. n. 24, 2004, p.1185-1192.

291 DUHIGG, Charles. **O poder do hábito: por que fazemos o que fazemos na vida e nos negócios**. 1.ed. Rio de Janeiro: Objetiva, 2012, p. 51.

292 CATANIA, A. C. **Aprendizagem: comportamento, linguagem e cognição**. 4.ed. Porto Alegre: Artmed, 1999, p. 51.

293 SKINNER, Burrhus Frederic. **Ciência e comportamento humano**. Tradução João Carlos Todorov, Rodolfo Azzi. 11.ed. São Paulo: Martins Fontes, 2003, p. 51.

probabilidade de extrapolar o tempo previsto à exposição, que quando extrapolado em seu limite, pode passar certa impressão de desorganização por parte do palestrante.

O ensaio deve também servir para imaginar possíveis perguntas ou intervenções da audiência, devendo o comunicador preparar-se para respondê-las, e, ainda, para imaginar situações inusitadas, como ficar sem o *data show* ou não conseguir passar um vídeo que julga importante [294]-[295].

A preparação também passa pela preparação de bons *slides*. Lembrando que os mesmos são um recurso para a audiência, não exatamente para o palestrante. Logo, o palestrante deve sempre olhar na direção da audiência e não ficar olhando diretamente para os *slides*, principalmente para que não sejam lidos palavra a palavra.

Os *slides* eficientes devem conter pontos chave (*key points*), figuras que ilustrem e facilitem a compreensão do que é comunicado, pouco texto e, sobretudo, devem ser de fácil leitura, com letras grandes e contraste de cores bem definido[296].

Além do domínio do assunto, portanto, a organização da comunicação, seguida da construção de bons apoios visuais (*slides*) e o ensaio para fixação do conteúdo da apresentação, faz-se necessário. Lembrando que é importante também estar pronto para intervenções da audiência, possíveis mudanças, como a redução do tempo previsto, daí a importância de sempre ter um "plano B" para situações inusitadas.

## 3. Considerações finais

Não se alimenta a veleidade de haver produzido uma abordagem completa sobre o assunto. É certo que ainda há muito que se tratar. Todavia, tem-se a convicção de que o texto foi elaborado de forma científica, com o objetivo de elucidar as questões mais intrincadas relacionadas aos fundamentos do

[294] SMITH, Richard. **How not to give a presentation.***BMJ*. v. 321, Dec., 2000, p. 23-30.

[295] COLLINS, Fannette. Giving a PowerPoint presentation: the art of communicating effectively. **RadioGraphics**. n. 24, 2004, p.1185-1192.

[296] COLLINS, Fannette. Giving a PowerPoint presentation: the art of communicating effectively. **RadioGraphics**. n. 24, 2004, p.1185-1192.

medo, suas causas, sintomas, tratamento e a fórmula para vencê-lo e adquirir confiança para falar em público.

Como visto, as causas do medo constituem os seus fundamentos e explicações. Estão relacionadas a eventos ocorridos em nossa história de vida, às vezes podendo ser recordadas conscientemente, envolvendo sensações ou memórias afetivas importantes, bem como conteúdos inconscientes.

O tratamento eficaz contra o medo é aquele que busca soluções de enfrentamento conscientes, construindo paulatinamente a segurança que a pessoa precisa para desempenhar-se bem em situações que assim lhe exijam. Tanto a terapia cognitiva quanto a comportamental ou a cognitiva comportamental, apresentam bons resultados no tratamento. Em alguns casos pode ser necessário o uso de antidepressivos, e nessa hipótese será necessário o acompanhamento psiquiátrico.

Para vencer o medo de falar em público e adquirir confiança, é de fundamental importância a elevação da autoestima. Devem-se enfrentar as falsas crenças de incapacidade (pensamentos negativos), mesmo quando a pessoa acredita que eventos passados expliquem claramente o porquê de ela sentir-se incapaz. É necessário desenvolver a autoconsciência, afastando as convicções negativas e assumindo riscos. O próprio organismo deve agir sobre o meio e produzir as consequências que o ajudarão na modificação dos comportamentos associados à glossofobia. As sensações de "dever cumprido" ou "recompensa" fortalecem os comportamentos a elas associados, causando na pessoa a sensação de estar apta para a ação proposta, ou seja, autoconfiança.

A autoconfiança surge como resultado do autoconhecimento e de uma elevada autoestima. Está diretamente relacionada à possibilidade de manipulação eficaz do meio. Produz o fortalecimento do comportamento e repertório do indivíduo, o que o tornará cada vez mais autoconfiante. Portanto, quanto mais bem treinado e experiente, mais autoconfiante.

Assim, para vencer o medo de falar em público e adquirir confiança, é necessário reconhecê-lo, buscando suas causas, sintomas e formas de enfrentamento, podendo ser necessária a ajuda profissional.

Ressalta-se que relativo aos medos, deve-se ter CORAGEM para encontrá-los e FORÇA para dominá-los! O bom orador é aquele que busca desenvolver sua autoestima, seu autoconhecimento e sempre dominar o assunto que irá comunicar.

## Referências

ABREU, Cristiano Nabuco de; FILHO, Raphael Cangelli. A abordagem cognitivo-construtivista de psicoterapia no tratamento da anorexia nervosa e bulimia nervosa. Revista Brasileira de Terapias Cognitivas. Rio de Janeiro, v.1, n. 1, p. 45-58, jun. 2005 . Disponível em: <http://pepsic.bvsalud.org/scielo.php?script=sci_arttext&pid=S1808-56872005000100006&lng=pt&nrm=iso>. Acesso em 08 maio 2017.

ALBUQUERQUE, Jamil; ABBUD Márcio; KALTENBACH, Walter. A Lei do Triunfo para o Século 21: um épico da ciência do comportamento/uma interpretação. Ribeirão Preto: Editora Napoleon Hill, 2009.

ALVES, Renato. Faça seu cérebro trabalhar para você: torne sua memória mais rápida e precisa e mantenha a mente produtiva a vida toda. 3.ed. São Paulo: Gente, 2013.

ALVES, Renato. Os 10 hábitos da memorização: desenvolva uma memória de elefante. 10.ed. São Paulo: Editora Gente Editora, 2009.

ANDERSON, Chris. How to Give a Killer Presentation. Harvard Business Review. Jun. 2013.

ANDERSON, Chris. Ted talks: o guia oficial do TED para falar em público. Trad. Donaldson Garschagen e Renata Guerra. Rio de Janeiro: Intrínseca, 2016.

American Psychiatric Association – APA. Manual diagnóstico e Estatístico de Transtornos Mentais: DSM-5. Porto Alegre: Artmed, 2014.

BECK, J. S. Terapia Cognitiva: teoria e prática. Tradução por Sandra Costa. Porto Alegre: Artes Médicas, 1997.

BENER, A; GHULOUM, S.; DAFEEAH, E. E. Prevalence of common phobias and their socio-demographic correlates in children and adolescents in a traditional developing society. African Journal of Psychiatry. May, n. 14, p.140-145, 2011.

BOCK, Ana Mercês Bahia; FURTADO, Odair; TEIXEIRA, Maria de Lourdes Trassi. Psicologias: uma introdução ao estudo de psicologia. 14.ed. São Paulo: Saraiva, 2008.

CARNEGIE, Dale. Como falar em público e encantar as pessoas. Trad. Antonio Carlos Vilela. São Paulo: Companhia Editora Nacional, 2012.

CATANIA, A. C. Aprendizagem: comportamento, linguagem e cognição. 4.ed. Porto Alegre: Artmed, 1999.

COLLINS, Fannette. Giving a PowerPoint presentation: the art of communicating effectively. RadioGraphics. n. 24, 2004, p.1185-1192.

DAMÁSIO António R. E o cérebro criou o homem. Tradução Laura Teixeira Motta. São Paulo: Companhia das Letras, 2011.

DAMÁSIO António R. O mistério da consciência: do corpo e das emoções ao conhecimento de si. Tradução Laura Teixeira Motta; revisão técnica Luiz Henrique Martins Castro. São Paulo: Companhia das Letras, 2000.

D'EL REY, Gustavo J. Fonseca; BEIDEL, Douglas Cardoso; PACCINI, Carla Alessandra. Tratamento da fobia social generalizada: comparação entre técnicas. Revista Brasileira de Terapia Comportamental e Cognitiva. v. VIII, n. 1, 2006, p. 001-012.

DESLANDES, Suely Ferreira; GOMES, Romeu; MINAYO, Maria Cecília de Souza (Organizadora). Pesquisa Social: teoria, método e criatividade. 29.ed. Petrópolis, RJ: Vozes, 2010.

DOUGLAS, William; CUNHA, Rogério Sanches; SPINA, Ana Lúcia. Como falar bem em público: técnicas para enfrentar com sucesso situações de pressão, palestras, negociações, entrevistas e concursos. 4.ed. Niterói: Impetus, 2013.

DUHIGG, Charles. O poder do hábito: por que fazemos o que fazemos na vida e nos negócios. 1.ed. Rio de Janeiro: Objetiva, 2012.

FREITAS, Vanessa. Como falar em público. 2.ed. São Paulo: Universo dos Livros, 2009.

GOIS, Marcos da Costa. Memorização para falar em público. São Paulo: Universo dos Livros, 2010.

GOMAN, Carol Kinsey. A linguagem corporal dos líderes: como essa linguagem silenciosa pode ajudar – ou prejudicar – o seu modo de liderar. Trad. Denise Jardim Duarte. Petrópolis: Vozes, 2014.

ITO, Lígia M. *et al.* Terapia cognitivo-comportamental da fobia social. *Rev Bras Psiquiatr.* 30(Supl II):S96-101, 2008.

LAMY, Marcelo. Metodologia da pesquisa jurídica: técnicas de investigação, argumentação e redação. Rio de Janeiro: Elsevier, 2011.

LAPLANCHE, J. e PONTALIS, Jean B. Vocabulário da psicanálise. São Paulo: Martins Fontes, 2001.

LIGIERA, Wilson Ricardo. Curso intensivo de oratória e expressão verbal. São Paulo: 2019 (no prelo).

LIGIERA, Wilson Ricardo (coord.). Lições de oratória forense. São Paulo: 2019 (no prelo).

MIRA Y LÓPES, Emilio (1894-1964). Quatro gigantes da alma. Tradução rev. e prefaciada por Cláudio de Araújo Lima. 29.ed. Rio de Janeiro: José Olympio, 2012.

MRUK, C. Self-esteem and positive psychology: research, theory, and practice. 4th.ed. New York: Springer Publishing, 2013.

MYERS, David G. Psicologia. 9.ed. Tradução Daniel Argolo Estill, Heitor M. Corrêa. Revisão técnica Angela Donato Oliva. Rio de Janeiro: LTC, 2016.

OLIVEIRA, Maria Regina de; DUARTE, Ângela Maria Menezes. Controle de Respostas de Ansiedade em Universitários em Situações de Exposições Orais. Revista Brasileira de Terapia Comportamental e Cognitiva. v. VI, n. 2, 2004,p. 183-199.

PEEL, Malcolm. Aprenda a falar em público. Tradução Liliana da Silva Lopes. São Paulo: Editora Planeta do Brasil, 2005.

POLITO, Reinaldo. Conquistar e influenciar para se dar bem com as pessoas. São Paulo: Saraiva, 2013.

POLITO, Reinaldo. Oratória para advogados e estudantes de Direito. São Paulo: Saraiva, 2014.

POLITO, Reinaldo. Vença o medo de falar em público. São Paulo: Saraiva, 2005.

SHINYASHIKI, Roberto. Os segredos das apresentações poderosas. 8.ed. São Paulo: Gente, 2012.

SMITH, Richard. How not to give a presentation.*BMJ*. v. 321, Dec., 2000, p. 23-30.

SKINNER, Burrhus Frederic. Ciência e comportamento humano. Tradução João Carlos Todorov, Rodolfo Azzi. 11.ed. São Paulo: Martins Fontes, 2003.

TORRINHA, Francisco (1879-1953). Dicionário latino-português. 3.ed. – Porto: Marânus, 1945.

TYRRELL, Mark. O gigante em você: maximize a sua autoestima. São Paulo: Publifolha, 2004.

WEISS, Alan. Palestrante de ouro: guia para um desempenho lucrativo e bem-sucedido. Trad. Cataldo Costa. Porto Alegre: Bookman, 2012.

ZUARDI, Antonio W. Características básicas do transtorno do pânico. *Medicina (Ribeirão Preto, Online.)* 50(Supl.1), jan-fev. p. 56-63, 2017.

# 4. A Experiência Jurídica e uma Concepção Tridimensional: a Proposta de Miguel Reale em *O Direito Como Experiência*

*Nathaly Campitelli Roque*

## Introdução

O objetivo do presente artigo é apresentar breves considerações a respeito da proposta de Miguel Reale para o estudo científico integrativo do direito, exposta na obra "*O Direito como Experiência*".

O tridimensionalismo de Miguel Reale ficou internacionalmente conhecido (e reconhecido) como uma das principais inovações no estudo e compreensão do fenômeno jurídico. Trata-se de uma proposta de construção do pensamento jurídico apresentada pelo autor em seus escritos de 1939-1940 (em especial, na obra "Teoria Tridimensional do Direito") a partir daquilo que ele chamou de "tomada de consciência" da essencialidade de três fatores e da correlação entre estes na vida do Direito: Fato, Valor e Norma.[297]

[297] Miguel Reale. *Filosofia do direito,* p. 539. No mesmo período em que Reale desenvolvia sua teoria tridimensional no Brasil, o alemão Wilhelm Sauer também conceberia uma teoria aproximada, expressada na obra *System der Rechts und Sozialphilosophie,* cuja primeira edição data de 1949. Sauer concebe o tridimensionalismo com o propósito de tomar contato com a

Daí porque propõe Miguel Reale a compreensão do direito em sua feição tridimensional, pois entende que "fato, valor e norma são dimensões essenciais do direito, o qual é, desse modo, insuscetível de ser partido em fatias, sob pena de comprometer-se a natureza especificamente jurídica da pesquisa".[298] O que varia dentre os diferentes estudos jurídicos empreendidos é a orientação do estudo em função de um dos três elementos, sem perder de vista a relação dialética que se estabelece entre os mencionados elementos, por força da natureza da experiência jurídica.[299]

Deu, assim, o autor no nome de *tridimensionalismo* para a teoria que visa repudiar as concepções unilaterais ou reducionistas da experiência jurídica, no qual busca a unidade do fenômeno jurídico tomado no plano histórico-cultural, distinguindo seus elementos sem, porém, apartá-los.

Além da construção transcendental, que marca os estudos filosóficos, Miguel Reale realizou uma série de estudos voltados à ciência do direito, para fins de superação das visões parciais até então construídas para o estudo do fenômeno jurídico. Estes estudos estão contidos especialmente na coletânea de ensaios *O direito como experiência*, a qual foi escrita como forma a complementar outra obra, a *Teoria tridimensional do direito*, na qual desenvolveria sua compreensão tridimensional sobre o direito.

Em *O direito como experiência*, volta o autor suas atenções para a experiência jurídica, ou seja, o direito vivido em um contexto sócio-histórico-cultural específico, que envolvem os comportamentos efetivos dos executores e dos destinatários das regras de direito e também a formulação desta experiência pela ciência do direito.[300]

vida jurídica, entendida como realização de valores, superando-se o positivismo e o idealismo. A respeito, vide Miguel Reale, *Filosofia do direito*, pp. 540 a 542.

298 "Estruturas fundamentais do conhecimento jurídico". *O direito como experiência*, p. 59.

299 Conforme Reale, "Cabe notar que essa compreensão dialética dos elementos que compõem a experiência jurídica resulta da natureza dialética do próprio direito, como realidade ou fato histórico-cultural (...). Tudo que o homem constitui, valendo-se de *dados* da natureza, para satisfazer a certos *fins*, adquire existência objetiva, não podendo esse tipo de realidade ser concebido ou interpretado sem se levar em conta a *concretude* ou a *complementariedade* dos elementos que o integram. O mesmo ocorre no caso do direito". "Estruturas fundamentais do conhecimento jurídico". *O direito como experiência*, p. 59.

300 Reale esclarece que a definição de "experiência jurídica" envolve uma série de propostas filosóficas e o conceito é de difícil precisão. A respeito, "O problema da experiência jurídica"

E o estudo do direito em tal dimensão se impôs, segundo Reale, pela ineficácia das soluções estabelecidas pela técnica e ciência jurídica fundada no individualismo econômico e das categorias jurídicas fundadas na autonomia da vontade, o que evidenciou o conflito entre fato e norma, com a imprestabilidade desta para atender àquele.[301] Por consequência, uma nova percepção do direito deveria ser regida por outra proposta metodológica.

Partindo do pressuposto de que não é possível reduzir a Filosofia à Ciência (nem vice-versa), Reale apresentou uma proposta de construção científica do direito baseado em uma visão integral do fenômeno jurídico. Busca realizar a descrição objetiva dos elementos da juridicidade a partir de um método próprio, para superar as visões unilaterais anteriores[302] a fim de melhor aparelhar os estudos empíricos do jurista sobre sistemas jurídicos positivos, historicamente existentes e pertencentes a determinado ciclo de cultura.[303]

Por conseguinte, deve-se objetivar uma unidade do processo de compreensão e explicação do fenômeno jurídico,

> podendo e devendo cada um dos momentos da experiência jurídica ser objeto de estudo, em correlação ou implicação com os demais, já

e "Experiência jurídica pré-categorial e objetivação científica", ambas em *O direito como experiência*, pp. 1-49.

301 "Experiência jurídica pré-categorial e objetivação científica", *O direito como experiência*, p. 38.

302 Como explica o autor, após a superação do paradigma meramente legalista do estudo do Direito, as especulações filosófico-jurídicas se direcionaram para basicamente três tendências: a técnica-jurídica, que identifica o estudo da Ciência do Direito à análise normativa, livre de qualquer tipo de investigação de caráter axiológico; a empírico-sociológica, que se reduz o estudo do direito à apreensão do fato social, devendo ser o direito um ramo da Sociologia e, a histórica-cultural, na qual se busca uma síntese entre os diferentes fatores do direito. A respeito, consultar "Natureza e objeto da ciência do Direito", in *O direito como experiência*, pp. 93-111.

303 No entender de Reale, "é inconcebível uma teoria geral do direito destacada de um contexto histórico determinado, pois ela nos dá os princípios gerais que informam o saber jurídico em vigor em certa época". Ao contrário da epistemologia jurídica (filosofia), a teoria geral do direito "indaga das *fontes* e dos *processos interpretativos* vigentes em nossa época, discriminando-lhes as formas, as modalidades, os limites e as funções nos quadros do ordenamento jurídico pátrio, em confronto com os dos países de correlato sistema cultural, assim como pode desenvolver tais estudos em função, por exemplo, dos ordenamentos jurídicos do Egito ou de Roma" ("Estruturas fundamentais do conhecimento jurídico", *O direito como experiência*, p. 57).

> que nenhum deles poderia ter 'qualificação jurídica' erradicado ou abstraído que fosse daquela totalidade a que pertence.[304]

Nas palavras de Reale:

> A jurisprudência ou ciência do direito é dialética e concretamente *normativa*, assim como o jurista como tal, só pode pensar *sub specie regulativa*, subordinando *fatos* e *valorações* à medida integrante que se contém nas *regras de direito*. Cada norma jurídica, considerada em si mesma, constitui uma integração racional de fatos e valores, tal como se aperfeiçoa graças à mediação do *poder*, o qual lhe assegura vigência nas conjunturas espácio-temporais. Quando o poder social ou o poder estatal, em virtude de seu ato decisório, aperfeiçoa o nascimento de uma norma costumeira ou legal, uma certa ordem de valores resulta consagrada, tornando-se obrigatória: a norma não é, assim, um 'objeto ideal', mas uma realidade cultural, inseparável das circunstâncias de fato e do complexo de estimativas que condicionam o seu surgir e o seu desenvolvimento, a sua *vigência* e, à luz desta, a sua *eficácia*."[305]

Dessa forma, os esforços no sentido de emprego de correntes tridimensionalistas no estudo de temas concretos ao direito representam a busca por um *estudo do direito concreto*, no qual se supere o divórcio entre filosofia e ciência do direito. Os conhecimentos produzidos por ambos os domínios do saber possam ser compartilhados a fim de ser construído um caminho relevante para os progressos culturais do ser humano[306].

Sendo assim, propõe o autor que as categorias componentes da experiência jurídica devem ser consideradas em sua dimensão concreta, histórica, em relação a normas igualmente concretas e historicamente vigentes, com recurso, sempre que necessário se mostrar, às construções transcendentais formuladas pela Filosofia Jurídica, para melhor apuração dos conceitos buscados pelo jurista.

304 "Estruturas fundamentais do conhecimento jurídico". *O direito como experiência*, p. 59.
305 *Idem, ibidem*, p. 61.
306 "Filosofia jurídica, teoria geral do direito e dogmática jurídica". *O direito como experiência*, p. 82.

## 1. As dimensões do direito: fato, valor e norma

A concepção tridimensionalista dinâmica proposta por Miguel Reale parte da constatação segundo a qual o direito tem três elementos formadores, indissociáveis e irredutíveis um ao outro: o fato, o valor e a norma.

Por *fato* se deve entender o conjunto de circunstâncias que rodeiam o ser humano.[307] São ocorrências concretas, que podem decorrer da natureza ou do agir humano, os quais são aptos a gerar consequências, diretas ou indiretas, que influenciarão em maior ou menor grau outras ações humanas. Tratam-se, assim, de fenômenos econômicos, geográficos, demográficos, de ordem técnica, políticos, dentre diversos outros.

Os valores, por seu turno, consistem na significação que é dada aos fatos pelos seres humanos, em determinada época e local.[308] Isso porque se constata que os fatos solicitam a atenção do ser humano e, diante de cada análise particular, surgem reações de aprovação ou desaprovação, em maior ou menor grau. A classificação entre desejável ou indesejável, favorável ou desfavorável, bom ou mau, decorre de um processo de valoração e resulta da formação de uma tábua de valores, compartilhada entre os seres humanos pertencentes a determinada cultura.

Deve-se observar que há a *atitude valorativa subjetiva*, baseada na percepção do que cada qual compreende como correto ou incorreto, e que há, também, a *atitude valorativa objetiva*, pela qual se interpreta a realidade fática segundo prismas de valor, buscando situar ou determinar algo em função de suas objetivas conexões de sentido.[309] É essa valoração objetiva que informa o fenômeno jurídico.

Frisa Reale que o valor fundante da ordem jurídica é a dignidade da pessoa humana, pois apenas ela é ente que, a um só tempo, é e *deve ser*, tendo consciência desta dignidade. A partir da consciência de que existe e que busca sentido para sua existência, o ser humano estipula outros valores, o que dá

[307] Miguel Reale. *Filosofia do direito*, p. 553.

[308] Idem, *Introdução ao estudo do direito*, p. 65.

[309] Idem, "Natureza e objeto da ciência do direito", *O direito como experiência*, p. 117. Como o próprio autor alerta, há maiores dificuldades em buscar a neutralidade objetiva total, já que seria inviável a despersonalização total do observador.

qualificação a fatos e atos e possibilitam a construção do mundo da cultura.[310] Sendo assim, os valores, apesar de mutáveis, decorrem dessa autoconsciência do ser humano.

É importante destacar que, conforme o entendimento de Reale, valor não se confunde com vontade. A normatividade não decorre de uma vontade, seja ela de um indivíduo ou a querida na lei ou em um contrato (*imperativismo voluntarista ou decisionista*), mas sim da qualificação de comportamentos à luz de uma qualificação axiológica (*imperativismo axiológico*), decorrente do processo de estabilização cultural.[311]

Já a norma será a relação ou medida que integra o fato ao valor. Por força de determinados fatos tidos como valiosos ou não, será estabelecida uma regra para reforço ou repulsa de determinada conduta humana, de acordo com a tábua de valores então identificada no corpo social.

O meio social, porém, estabelece diversos tipos de normas, todas elas com semelhante estrutura, voltadas a reger a conduta humana diante de certos fatos e de acordo com uma tábua de valores. Porém, a norma jurídica se diferencia das demais normas por sua bilateralidade atributiva, ou seja, pelo "obstinado e renovado esforço do homem através da história, no sentido de dar a cada um o que é seu e ao todo o que é do todo".[312]

A norma jurídica será agregada a outras, configurando o ordenamento jurídico. O entendimento de cada norma depende da análise do próprio ordenamento e também dos fatos e valores que impõem sua incidência concreta.

Diante de uma concepção tridimensionalista, destaca-se o *O direito como* uma espécie de experiência cultural, isto é, uma realidade que resulta da natureza social e histórica do homem, o que exige nele se considere, concomitantemente, tanto o que é *natural* como o que é *construído*, as contribuições criadoras, que consciente e voluntariamente se integraram e continuaram se integrando nos sistemas jurídico-políticos.

Daí o porquê do Direito se apresentar sempre como síntese ou integração de "ser" e de "dever ser", de fatos e de valores, quer em experiências

[310] *Filosofia do direito*, p. 211-214.

[311] Miguel Reale, "Gênese e vida dos modelos jurídicos (a crise do normativismo jurídico e a exigência de uma normatividade concreta)". *O direito como experiência*, p. 223.

[312] Idem, "Natureza e objeto da ciência do direito". *O direito como experiência*, p. 118.

particulares, quer na experiência global dos ordenamentos objetivados na história.[313] Na síntese de Reale, o Direito "é enquanto deve ser", pois ambas as ideias se interpenetram na definição e compreensão do fenômeno jurídico a ser realizado pelo jurista.[314]

## 2. A criação das normas jurídicas: a nomogênese jurídica

Tomando-se consciência de que o fenômeno jurídico envolve três elementos que devem ser compostos a todo tempo e que o trabalho do jurista é compreender tal fenômeno, muito relevante se torna a análise do surgimento e constituição da norma jurídica. É o processo que Miguel Reale denominou *nomogênese.*[315]

É certo que a norma jurídica visa a ordenar comportamentos futuros, diante de fatos ainda não ocorridos e valores ainda não consagrados. Porém, o ato da criação da norma jurídica envolve a projeção de fatos e valores partindo-se de uma situação presente, que se pretende reforçar ou coibir no futuro. Compreender tal situação original auxiliará o intérprete e o aplicador a apurarem a evolução atual da norma e sua elasticidade frente ao quadro fático-axiológico futuro.[316]

Ensina Reale que a norma jurídica não resulta diretamente dos fatos, como tais, porquanto depende da atitude espiritual assumida pela sociedade em relação aos fatos por ela valorados, desse ato axiológico resulta uma escolha ou opção, uma atitude de adesão ou de repulsa que se traduz em enunciados preceptivos consagradores da escolha feita.

Os fatos, por conseguinte, podem ser considerados uma condição essencial à gênese de regra do direito, como é condição não menos essencial a existência de valores, os quais atuam sobre a psique humana determinando a eleição de uma dada forma de organização ou de conduta, como merecedora de garantia

313 Miguel Reale, "Natureza e objeto da ciência do direito". *O direito como experiência*. p. 112.

314 *Filosofia do direito,* pp. 240 e ss.

315 "Gênese e vida dos modelos jurídicos (a crise do normativismo jurídico e a exigência de uma normatividade concreta)". *O direito como experiência,* p. 192.

316 Miguel Reale, "Gênese e vida dos modelos jurídicos (a crise do normativismo jurídico e a exigência de uma normatividade concreta)". *O direito como experiência*, pp. 216-217.

específica: a rigor, no mundo do direito não há que se falar em *fato* que não se correlacione com um ou mais *valores*, tal correção existente ente esses dois elementos, cuja síntese se processa segundo uma *ordem normativa*.[317]

Diante desta constatação, conclui-se que, na verdade, toda norma jurídica corresponde ao momento culminante de uma multiplicidade, às vezes considerável, de fatores os quais podem ser conglobados, de modo geral, em duas categorias, ou "dimensões", a de ordem *axiológica* e a de ordem *fática*.

Pode-se distinguir, em primeiro lugar, um "complexo de exigências axiológicas", que dá lugar a uma nova norma, alterando ou substituindo as normas já existentes, tal "complexo de exigências axiológicas" não opera *in abstracto*, mas condicionado por um "complexo de circunstâncias fáticas": é dessa correlação fático-axiológica que se origina a norma ou um "complexo-de-normas".[318]

É inerente à nomogênese jurídica a existência de um ato de decisão, estabelecido por um Poder, seja constitucionalmente estabelecido para esse fim, seja o da própria sociedade, conforme a norma seja legal ou costumeira. Nada é mais incompatível com o direito do que a incerteza, a carência de uma diretriz segura, diante de uma imensa opção de atuações fundadas em diferentes soluções para a valoração dos mesmos fatos.[319]

Por tal constatação, verifica-se que a criação de uma *regra de direito* pressupõe sempre um ato de escolha e de decisão (singular, ou coletivo; anônimo ou de um órgão determinado), cujo efeito é a obrigatoriedade de uma dada via ou diretriz de ação dentre as múltiplas vias e diretrizes possíveis, no quadro das implicações *fático-axiológicas* próprias de cada conjuntura histórica, sendo que o ato decisório final põe fim (momentâneo) à tensão fático-axiológica e permite que a norma jurídica se aperfeiçoe como modelo vigente.[320]

Reale considera que, em que pese não ser possível afastar todos os rastros de subjetivismo e de irracionalidade que influem nas decisões de poder, a objetivação da decisão, expressada na edição de uma norma jurídica, torna

[317] "Ciência do Direito e Dogmática Jurídica". *O direito como experiência*, p. 129. Por "atitude espiritual" entende Reale que se trata da atitude tomada no âmbito da cultura da sociedade.

[318] "Gênese e vida dos modelos jurídicos (a crise do normativismo jurídico e a exigência de uma normatividade concreta)". *O direito como experiência*, p. 193.

[319] "Gênese e vida dos modelos jurídicos (a crise do normativismo jurídico e a exigência de uma normatividade concreta)". *O direito como experiência*, p. 193.

[320] "Ciência do direito e dogmática jurídica". *O direito como experiência*, p. 133 e 196.

passível de controle as decisões tomadas. A norma editada se insere em um ordenamento jurídico já existente e vigente, sendo subordinada a uma totalidade de sentido que a transcende em sua condição individual. Estará ela sujeita a mecanismos jurídicos de precauções tendentes a evitar abusos e desvios de legalidade, um dos quais decorre da própria inserção no sistema, que impõe limites a sua interpretação e aplicação,[321]-[322] além de ferramentas de uso extremo, para a retirada do ordenamento de normas que o confrontem.

Na síntese proposta por Reale, toda norma jurídica:

1) assinala um *momento conclusivo*, mas em um dado campo, visto achar-se inserida em um *processus* sempre aberto à superveniência de novo fatos e novas valorações;
2) não tem significação em si mesma, como uma expressão matemática, ou seja, abstraída da experiência (*normativismo abstrato*), mas vale na funcionalidade dos momentos que condicionam a sua eficácia (*normativismo concreto*);
3) envolve uma prévia tomada de posição opcional, ou seja, uma *decisão* por parte do poder, quer se trate de um órgão constitucionalmente predisposto à emanação das regras de direito, quer se trate do poder difuso do corpo social, como acontece na hipótese das normas jurídicas consuetudinárias.[323]

[321] Miguel Reale, "Ciência do direito e dogmática jurídica". *O direito como experiência*, p. 134. Conforme a lição do autor, o enquadramento da norma no sistema é uma exigência ao mesmo tempo lógica e deontológica. A primeira, porque se afigura indispensável o estudo das soluções normativas individuais na perspectiva de sua unidade e a segunda, nos termos em que cada preceito individualmente considerado promana tanto de valores cuja salvaguarda se visa em cada caso concreto como no valor global do ordenamento.

[322] Sobre o irracional nas decisões políticas, no momento inicial da nomogênese, Reale entende que tal constatação não inviabiliza a racionalidade final, decorrente da norma jurídica pronta: "A despeito de todos os obstáculos e distorções, que se lhe opõem, aquela exigência de racionalidade resulta da aspiração constante dos indivíduos e das sociedades, no sentido de compor, em unidade, certeza e segurança, estabilidade e movimento, ordem e justiça, o eu explica seja a experiência jurídica uma renovada tentativa, um sempre indômito propósito de neutralizar abusos e de descobrir, na pior das leis, algo de útil e proveitoso ao desenvolvimento dos valores humanos. "Ciência do direito e dogmática jurídica". *O direito como experiência*, p. 144.

[323] "Gênese e vida dos modelos jurídicos (a crise do normativismo jurídico e a exigência de uma normatividade concreta)". *O direito como experiência*, p. 210.

E é por esse motivo que nenhuma norma jurídica pode ser interpretada e aplicada como simples proposição lógica: sua estrutura lógico-formal é *suporte* de significações estimativas, e pressupõe permanente referibilidade ao plano fático e valorativo.[324]

## 3. O elemento lógico normativo e seu papel na determinação da experiência jurídica

Como esclarece Reale, é um equívoco conceber a Lógica Jurídica como um dos ramos da Filosofia do Direito, pois tal domínio não se refere ao estudo transcendental do Direito, mas sim ao estudo empírico-positivo das normas jurídicas, o que a faz pertencer aos domínios da Ciência do Direito.[325]

Deve-se identificar na Lógica Jurídica dois elementos que agem de forma coligada: a analítica jurídica, voltada a aspectos linguísticos e estruturais da norma enquanto enunciado comunicacional, e a dialética jurídica, que rege a relação do enunciado normativo com o seu contexto fático-axiológico.

### *3.1. A analítica jurídica: a necessidade de exame dos elementos linguísticos referentes ao fenômeno jurídico*

Abrange a Lógica Jurídica o estudo da analítica jurídica, que compreende os estudos semióticos e deônticos relativos à experiência jurídica. Isto porque:

> a experiência expressa-se, historicamente, através de sucessivas e contínuas 'objetivações normativas', as quais compõem o equilíbrio possível e razoável de 'soluções normativas' que, de conformidade com as diversas mutações, e conjunturas históricas, integram em unidade dinâmica as exigências fáticas e axiológicas, próprias de uma sociedade que, consoante se tem dito com sabedoria, precisa ser estável, mas não pode ser estática.[326]

[324] *Idem, ibidem*, p. 210.
[325] "Estruturas fundamentais do conhecimento jurídico". *O direito como experiência*, p. 65.
[326] "Estruturas fundamentais do conhecimento jurídico". *O direito como experiência*, p. 73.

A Semiótica Jurídica consiste, em verdade, nos estudos semióticos aplicados ao direito, ou seja, nos estudos referentes ao sentido do discurso, no qual se toma a comunicação entre interlocutores como realidade a ser apreendida.

Como enunciam Eduardo C. B. Bittar e Guilherme Assis de Almeida, a semiótica aplicada ao direito, ou Semiótica Jurídica compreende diferentes linhas de estudo, alguns mais direcionados à Lógica Jurídica (como os estudos empreendidos por Lourival Vilanova) ou à retórica e à tópica (como os estudos de Tércio Sampaio Ferraz Jr.), além das correntes da Escola Analítica de Buenos Aires e dos estudos filosóficos semióticos de Pierce.

As dimensões da linguagem classicamente apontadas pelos estudos semióticos são três: a sintática (voltada à compreensão das estruturas que compõem o tópico frasal), a semântica (a qual se ocupa dos significados dos termos empregados) e a pragmática (que se interessa pelo uso dos discurso entre seus interlocutores e os vícios de comunicação surgidos entre eles).[327]

Como um dos instrumentos a serviço da analítica jurídica, a lógica jurídica formal realiza o estudo da norma jurídica como um bem ou objeto cultural de suporte ideal (uma proposição normativa, graças à qual se fixa e se comunica um *dever ser* de conduta).[328]

Trata-se de disciplina propedêutica e instrumental, a qual objetiva a busca por condições mais técnicas e seguras para que a Ciência do Direito possa penetrar na experiência jurídica, permitindo ao jurista elaborar com mais rigor os princípios e estruturas que governam a experiência jurídica.[329]

A analítica jurídica se divide em semiótica jurídica, a qual compreende o estudo dos níveis sintático, semântico e pragmático da linguagem jurídica e a deôntica jurídica (ou lógica formal), que estuda os vínculos formais nos enunciados normativos.[330] Dos estudos normativos atuais, a modalidade de analítica jurídica que maiores atenções têm chamado é o da lógica formal jurídica.

Tem a lógica formal, ou a deôntica jurídica, como objetivo desnudar os enunciados normativos e suas cargas de imputação, a fim de verificar a estrutura da proposição normativa e como objeto o estudo das estruturas jurídicas,

327 Curso de Filosofia do Direito, pp. 489 e ss.

328 "Estruturas fundamentais do conhecimento jurídico". *O direito como experiência*, pp. 66-68.

329 "Estruturas fundamentais do conhecimento jurídico". *O direito como experiência*, p. 70.

330 "Nota introdutória à 2.ª edição" de *O direito como experiência*, p. XXXIV.

sendo indiferente a seu estudo a carga de veracidade ou falsidade de seus componentes, diante da materialização do direito em linguagem.[331]

A lógica formal tem como um de seus principais elementos o *método da-formalização*, pelo qual se busca alcançar a estrutura lógica dos enunciados, deixando-se de lado os núcleos específicos de significação das palavras e identificando, com signos convencionalmente estabelecidos, que expressem significados em geral de objetos e predicados, além de partículas que cumpram funções meramente sintáticas ou operatórias (chamados modais).[332]

Reale alerta, porém, para que não se reduza o estudo dogmático do direito à mera análise lógico-formal dos enunciados normativos, pois a compreensão da norma envolve necessária e concomitantemente, uma referência tensional aos dados de fato e às exigências axiológicas que lhe deram vida. O jurista deve ter presente que o direito é norma, resultante da superação possível da tensão entre fatos e valores em determinado momento histórico-cultural.[333]

### *3.2. A dialética jurídica de Miguel Reale: a dialética da implicação-polaridade*

A origem da *dialética* como forma de pensar é antiga. Dos estudos da Filosofia antiga, o método dialético socrático ficou conhecido como *maiêutica*, ou "parto do conhecimento".[334] Aristóteles, por sua vez, considerava a dialética como um método de pensamento voltado para coisas prováveis, verossímeis, para a qual somente era possível chegar a raciocínios prováveis, e não certeiros, como no pensamento científico.

Conforme a lição de Reale, o estudo da dialética pode ser aplicado tanto ao discurso jurídico quanto à experiência jurídica, o que implica a distinção da

331 Paulo de Barros Carvalho. Verbete: "Lógica Jurídica". *Dicionário de filosofia do direito*, p. 548.
332 *Ibidem*, p. 547. Adverte Paulo de Barros Carvalho que formalizar é distinto de abstrair, atividade pela qual a mente humana realiza um corte conceitual na realidade, separando características concretamente inseparáveis. Seria o caso de abstrair da condição de um homem existente e concreto para se identificar a sua dignidade como ser humano.
333 "Gênese e vida dos modelos jurídicos (a crise do normativismo jurídico e a exigência de uma normatividade concreta)". *O direito como experiência*, p. 201.
334 Apresentada nos escritos platônicos, a maiêutica era método dialético a fim de se atingir a *aletheia*. A dialética socrática se dividia em exortação e indagação, que se divide em refutação e maiêutica. A exortação consiste no convite ao diálogo, a indagação é o questionamento do tema que será dialogado e dentro da indagação teremos a refutação que consiste na exposição dos preconceitos para que possamos rebatê-los e parir o conhecimento por meio da maiêutica.

dialética em *dialética do discurso jurídico* (voltada a compreensão dos argumentos do discurso) e a *dialética da experiência jurídica* (voltada ao entendimento do fenômeno jurídico em sua feição histórico-cultural).[335]

Nesse último aspecto, é importante colacionar uma modalidade lógica específica do pensamento de Miguel Reale, a chamada *dialética de implicação e polaridade*, decorrente do método crítico-histórico utilizado pelo autor para o estudo do Direito em seus diversos aspectos.

Conforme ensina Reale, com o pensamento de Hegel, a dialética assume outra dimensão: passa a se chamar de *dialético* o pensamento resultante de síntese entre o que é (*empiria*) e o que *deve-ser* (*razão*), ou, em outras palavras, *tese* e *antítese*.[336]

Da ruptura com o pensamento hegeliano, novas formas de raciocínio dialético foram concebidos, como é o caso da *dialética da complementariedade*, concebida pelo físico francês Louis de Boglie, a partir de seus estudos sobre corpos e ondulatória.

Louis de Boglie concluiu que uma mesma realidade pode se apresentar sob dois aspectos, que, a princípio, pareciam inconciliáveis, mas que, na realidade, nunca se encontram em conflito direto. De fato, quando um desses aspectos se patenteia, o outro se esvai exatamente na medida necessária para que uma flagrante contradição possa sempre ser evitada. Ou seja: os aspectos, distintos por sua natureza, não se fundem em uma síntese, mas se correlacionam, preservando suas distinções essenciais.[337]

A partir dessas reflexões, Miguel Reale identificou que, no Direito, a interação entre fatos e valores dos quais decorre uma norma não consiste, em verdade, em uma síntese conclusiva e final (como se verificaria com o recurso à dialética hegeliana). Há uma contínua tensão entre os elementos fato, valor e norma que se perpetua pela realidade sócio-histórica, sendo que um elemento não se reduz ao outro, mas não poderá ser compreendido sem o outro,

335 "Nota introdutória à 2.ª edição" de *O direito como experiência*, p. XXXIV.

336 A dialética hegeliana influenciará a construção da dialética materialista-histórica de Karl Marx, a qual pretende partir do concreto para o ideal (construção do socialismo real), ao contrário da construção de Hegel, a qual é essencialmente metafísica, a qual busca o conhecimento universal. Sobre o tema, consultar Miguel Reale, "Variações sobre a dialética". Disponível em: <http://www.miguelreale.com.br/artigos/vdialetica.htm>.

337 *Ibidem*.

já que compõem a mesma realidade (normativa). É a já mencionada *dialética da implicação e polaridade.*

Parte-se, por conseguinte, da circunstância de que a norma jurídica, em que pese sua criação em determinado momento histórico-valorativo-cultural, é desenvolvida para a regência de atos futuros, o que inviabiliza os métodos das ciências naturais (ao contrário do que propunha o positivismo filosófico). Nessa disciplina, sofre a norma o impacto de novos e imprevistos eventos e valores, cuja superveniência implicará em nova compreensão normativa.[338]

Com o método dialético de implicação e polaridade, assim, é possível compreender a inteireza do fenômeno jurídico, com a conjugação de seus elementos, sem a preocupação de redução de um a outro, o que afasta a compreensão do direito das visões reducionistas que se popularizaram em seu estudo.

## 4. O recurso à sociologia jurídica e à política legislativa como meios de esclarecimento dos fatos e valores referentes à determinado sistema normativo

Seguindo-se a proposta de Reale para a construção da ciência do *O direito como* ciência cultural e tendo em vista a relação dialética-implicacional entre fato, valor e norma, o jurista não pode afastar de seus estudos a compreensão dos fatos e dos valores que iluminam a criação e aplicação das normas jurídicas.

Nessa toada, o recurso a resultados obtidos por estudos da Sociologia Jurídica e da Política Legislativa auxiliam o jurista na compreensão integral do fenômeno jurídico e da correta fixação dos sentidos normativos, variáveis que são no tempo e no espaço, tendo em vista o caráter dialético da própria experiência jurídica.

A Sociologia Jurídica se volta aos estudos do direito enquanto fato social dotado de uma característica própria: a especificidade do fato jurídico decorrente de sua qualificação normativa, de nexos de imputabilidade, e de sua correspondência a interesses e valores, que se reconhecem merecedores de garantia específica. Nesse ponto, a Sociologia Jurídica se diferencia da

[338] "Estruturas fundamentais do conhecimento jurídico". *O direito como experiência*, p. 61.

Sociologia Geral, que estuda fatos sociais diversos, dissociados da situação especial de sua vinculação com a experiência jurídica.[339]

Já a Política Legislativa trata do estudo do direito sob o prisma do valor, buscando analisar as *conveniências axiológicas*, em função das quais o poder é levado a optar por uma solução jurídica dentre outras, como no caso de escolher determinado projeto de lei, eliminando da esfera da normatividade jurídica todas as outras soluções propostas.

Isso porque quando o ato decisório do poder social ou estatal (conforme seja a regra costumeira ou legal) aperfeiçoa o nascimento de uma norma jurídica, uma determinada ordem de valores resulta consagrada, tornando-se obrigatória como realidade cultural.

De tal forma, não busca a Política Legislativa analisar os valores referentes ao direito em nível transcendental, mas investiga os valores atuais como constatados na órbita empírico-positiva, realizando um trabalho de aferição de *diretivas axiológicas em função do possível jurídico*.[340]

## 5. A interpretação e aplicação da norma jurídica na perspectiva da experiência tridimensional do direito

Segundo Reale, também no processo de interpretação das normas jurídicas é inevitável a referência a fatos e valores, quer aos ligados originalmente à gênese e objetivação da norma jurídica, quer aos fatos e valores supervenientes, relevantes à época da interpretação da norma, superando-se a mera análise lógico-formal dos enunciados normativos.[341]

Existe, na concepção do autor, uma relação dialética entre interpretação e aplicação do direito, dependendo a interpretação das condições em que a norma será aplicada e da própria acepção que tem o intérprete do fenômeno

339 Miguel Reale, "Estruturas fundamentais do conhecimento jurídico". *O direito como experiência*, p. 62.

340 Nos trechos acima, cf. Miguel Reale, "Estruturas fundamentais do conhecimento jurídico". *O direito como experiência*, pp. 61-64.

341 "Colocação do problema filosófico da interpretação do direito". *O direito como experiência*, p. 231.

jurídico, que poderia ser sintetizada no enunciado "dizei-me que espécie de realidade te parece ser o direito, e eu direi como o interpretas".[342]

A fim de reunir todas as características do ato de interpretação da norma jurídica, deve o intérprete considerar, na lição de Reale (a qual, apesar de longa, merece ser transcrita):

> a) a essencial correlação entre 'ato normativo' e 'ato interpretativo', implicando sempre a *necessária natureza deontológica da compreensão jurídica*, ou seja, com exclusão daquela que se poderia chamar atitude de gratuidade ou de indiferença prática no âmbito da interpretação jurídica, a qual é sempre compreensão de uma norma na previsão e expectativa de uma ação possível;
>
> b) a consequente *natureza racional* do ato interpretativo, que converte exigências axiológicas em determinações teleológicas, numa adequação ordenada de meios a fins;
>
> c) a impossibilidade de se fazer abstração do caráter imperativo da norma jurídica objeto de interpretação, desde que se liberte, todavia, o conceito de *imperatividade* de sua veste voluntarista e antropomórfica, para com aquele termo indicar a força social obrigatória resultante da *objetividade dos valores* expressos e sancionados em dado momento histórico;
>
> d) a *natureza axiológica* do ato interpretativo e sua consequente condicionalidade histórico-social;
>
> e) a *natureza unitária* do processo hermenêutico, que deve levar em conta tanto a 'intencionalidade' inicial da lei como as mutações operadas em virtude de supervenientes fatores e valorações;
>
> f) o seu *caráter problemático* como expressão da 'liberdade situacional ou circunstancial', própria do intérprete, cuja atividade é criadora dentro da fidelidade devida ao 'desenho intencional' objetivado na norma de direito;
>
> g) o reconhecimento de que a interpretação atualiza e renova o nexo normativo, integrando fatos segundo valores, a partir da projeção histórica inerente ao processo nomogenético;

342 *Idem, ibidem, loci cit.*

h) a natureza dinâmica e elástica do 'desenho intencional' que se contém na norma jurídica, cujas diretrizes de comportamento devem ser concebidas com abandono a qualquer explicação de tipo psicologístico etc.;
i) e, por fim, o sentido existencial que reconduz cada ato interpretativo às suas fontes universais de valoração, à "consciência concreta" que constitui o mundo do direito.[343]

## 6. A aplicação da norma jurídica: a contínua tensão entre fatos e valores e a adaptação da norma jurídica a novos núcleos de significado

O processo nomogenético, como visto, implica uma tomada de posição considerando fatos e valores atuais com vistas a sua atuação para o regramento de fatos futuros, diante de possíveis atualizações na tábua de valores vigente na sociedade.

Toda norma jurídica, por esse motivo, é dotada de peculiar tendência a permanecer válida, segundo a lei de sobrevivência ou economia das formas e das estruturas, que é uma das características da experiência jurídica. Deve-se reconhecer, consequentemente, que toda norma jurídica possui certa *elasticidade*, capaz de atender, em maior ou menor grau, às variações fático-axiológicas verificadas no processo de interpretação e aplicação de seu texto.[344]

Dessas ponderações podemos concluir que a norma jurídica, produzida de acordo com a tensão entre fatos e valores, não a extermina, mas antes a reproduz, o que envolverá nova avaliação fático-axiológica para cada interpretação e aplicação a casos concretos. Como também a norma consiste em uma projeção para o futuro (objetivação fático-axiológica), pode-se concluir que seu significado semântico sofrerá mutações ao longo do tempo, mesmo que nenhuma mudança exista em sua expressão lógico-gramatical.

Por conseguinte, em havendo modificações no sistema normativo (já que nenhuma norma é interpretada em separado do sistema), na tábua de

[343] Todas as referências estão em "Colocação do problema filosófico da interpretação do direito". *O direito como experiência*, p. 232.

[344] No parágrafo acima, vide "Gênese e vida dos modelos jurídicos (a crise do normativismo jurídico e a exigência de uma normatividade concreta)". *O direito como experiência*, p. 210.

valores da sociedade (de forma a alterar seu significado no tempo) ou dos fatos (inclusive pelo aperfeiçoamento técnico), todos eles imprevisíveis ao legislador, há alterações no conteúdo de significação de uma norma, fazendo com que, em algumas situações, uma norma nova surja, mesmo sem alterações no texto legal.[345]

Alerta Miguel Reale, porém, para o fato de que toda norma tem um limite de elasticidade, ligado ao horizonte intransponível de vigência e eficácia, dentro do qual é mister que se mantenha o intérprete, sob pena de se comprometer o valor de certeza, que é essencial ao direito. Quando tal elasticidade torna-se incompatível com as mutações processadas no meio social, impõe-se a revogação ou a derrogação da norma por outra mais adequada à estrutura social, na qual será considerado, por força do processo nomogenético, as condições fático-axiológicas então existentes[346].

## 7. Dogmática jurídica e experiência jurídica

É importante frisar que a proposta de Miguel Reale (aqui brevemente apresentada), busca a concretude do fenômeno jurídico, ou seja, volta-se a estudos de ordenamentos jurídicos concretos.

Por esse motivo, evidencia o autor que dogmática jurídica não pode se furtar a uma análise da integralidade do fenômeno jurídico, embora limitado, por sua natureza, a pressupostos estabelecidos por atos externos à posição do pesquisador (no caso específico da pesquisa jurídica, ao ordenamento jurídico, compreendido ele não apenas como o aparato legislativo estatal, mas como toda a normatização decorrente do exercício de um poder socialmente reconhecido sobre fatos sociais decorrente de opções valorativas).

[345] Miguel Reale, "Gênese e vida dos modelos jurídicos (a crise do normativismo jurídico e a exigência de uma normatividade concreta)". *O direito como experiência*, p. 211-212. O autor trouxe exemplos como as normas referentes ao então pátrio poder que se converteram em pátrio dever, releitura dos regimes contratuais, dentre outros, no então vigente Código Civil de 1916.

[346] "Gênese e vida dos modelos jurídicos (a crise do normativismo jurídico e a exigência de uma normatividade concreta)". *O direito como experiência*, p. 217.

Nesse sentido, entende o autor que a dogmática jurídica é a:

> especificação da *Teoria Geral do Direito,* correspondente ao momento em que a experiência jurídica se põe como efetivo sistema jurídico, enquanto, por conseguinte, *o fato social* se subordina a *esquemas ou modelos normativos* em função de *valorações já positivadas* no todo do ordenamento.[347]

Nesse contexto, terá a Dogmática Jurídica caráter compreensivo-normativo, não só para aferição da qualificação jurídica conferida por uma norma em vigor (perspectiva da regra já posta no ordenamento jurídico), mas também para a integração dessa perspectiva coma a da ordenação do fato social segundo modelos normativos vigentes no ordenamento (momento pre-dogmático), a fim de captar a melhor interpretação a ser dada ao modelo normativo a ser aplicado ao caso concreto.[348]

Em tal concepção, não se toma o dogma legal como um conteúdo ordenado e rígido, mas como um sentido de ação que objetivamente deve ser valorado e concretamente experienciado, apresentando-se tanto em sua expressão lógica (como enunciado em si e como componente de um sistema jurídico) e em sua expressão deontológica (tendo em vista sua legitimidade como expressão de valores que se busca salvaguardar pelo enunciado normativo).[349]

## 8. Considerações finais

Dessas colocações verificamos que o uso do método compreensivo-normativo proposto por Miguel Reale pode proporcionar aos estudos de direito o que deles se espera: a integração o texto normativo e seu contexto fático-axiológico,

[347] Miguel Reale, "Ciência do direito e dogmática jurídica". *O direito como experiência,* p. 130.

[348] Miguel Reale, **op. cit.**, p. 130. Os seguintes conceitos são tomados conforme o entendimento de Miguel Reale. Modelo normativo significa as conexões de sentido ou dos imperativos axiológicos dominantes no seio de uma comunidade, em dada conjuntura espácio-temporal". Momento dogmático é aquele em que ocorre a certificação do estado atual do direito e momento predogmático, aquele que antecede a edição da norma, correspondente à nomogênese jurídica.

[349] **Ibidem**, p. 134.

já que oferece instrumentos aptos para esta empreitada, superando-se visões parciais e compreendendo-se o fenômeno jurídico em sua inteireza.

Veja-se que a proposta, inspirada na teoria filosófica do direito de Miguel Reale, tem o compromisso de solucionar dilemas jurídicos concretos quanto à aplicação e interpretação de normas jurídicas. Objetiva-se buscar o sentido da norma em seu contexto integral: como texto oriundo de escolha de poder resultante de determinado quadro fático-axiológico, que sofre mutações de sentido por conta das alterações do contexto de aplicação. É método que exige dos estudiosos conhecimentos extrajurídicos na medida necessária para o estudo da gênese da norma jurídica e do contexto de sua aplicação.

Tudo isso de forma a reconhecer que a norma jurídica é gerada no seio de determinada sociedade em determinada época e se volta a disciplinar atos futuros ocorridos nessa mesma sociedade e, por isso, o estudo do Direito não cumpre sua missão se apartado de seus objetivos maiores, que são o de resguardar os mais dignos valores de uma sociedade, dentre os quais sempre está a Justiça.

## Referências

CARVALHO, Paulo de Barros. Verbete "Lógica Jurídica". Dicionário de Filosofia do Direito, coord. Vicente de Paulo Barreto. 1. ed. 2. reimp. São Leopoldo – Rio de Janeiro: Unisinos – Renovar, 2009.

LUMIA, Guiseppe. Elementos de Teoria e Ideologia do Direito. Trad. Denise Agostinelli. São Paulo: Martins Fontes, 2003.

REALE, Miguel. Filosofia do direito. 20. ed., 7. tir. São Paulo: Saraiva, 2009.

______. Lições preliminares de direito. 27. ed. 8. tir. São Paulo: Saraiva, 2009.

______. Horizontes do direito e da história. 3. ed. 2. tir. São Paulo: Saraiva, 2002.

______. Direito como experiência. 2. ed. 3. tir. São Paulo: Saraiva, 2002.

______. "Pontes de Miranda – Um metafísico que se ignora". Discurso de recepção da Pontes de Miranda proferido por Miguel Reale. Disponível em http://www.academia.org.br/academicos/pontes-de-miranda/discurso-de-recepcao, acesso em 223 de abril de 2020.

______. "Variações sobre a dialética". http://www.miguelreale.com.br/artigos/vdialetica.htm: Acesso em: 23 de abril de 2020.

______. Questões de direito público. 2. tir. São Paulo: Saraiva, 2010.

______. Nova fase do direito moderno. 2. ed. 3. tir. São Paulo: Saraiva, 2010.

# Parte IV

# Inovação, Consenso e Transição

# 1. Tratado de Marraqueche e seu *Status* Constitucional. Bases Jurídicas para a Acessibilidade Informacional no Brasil

*Carolina Correia Campelo*
*Roberto Wanderley Nogueira*

## Introdução

Por muito tempo deu-se desproporcional ênfase ao impedimento da pessoa com deficiência, haja vista uma precária concepção de que esse elemento seria responsável por impossibilitar sua inserção nas diversas esferas da vida em sociedade. Uma construção cultural inteiramente idiopática e sem sentido prático algum. Com o advento da Lei 13.146/2015 (LBI), seguindo a regra universal insculpida na Convenção sobre os Direitos das Pessoas com Deficiência da ONU (Nova Iorque), subscrita pelo Brasil e depois internalizada também com *status* de Emenda Constitucional (*ex-vi* do Decreto Legislativo nº 186, de 2008), de no sistema jurídico pátrio, o conceito de pessoa com deficiência foi substancialmente alterado, havendo uma releitura acerca da matéria. De um modelo meramente clínico, passou-se a gerenciar a ideia, conforme a sua própria natureza, enquadrando-lhe numa abordagem jurídica e social, eis que a pessoa não deixa de sê-la pelo fato de sua deficiência e nem há de ser prefigurada em face dela, que não é, além do mais, móvel de discrimine algum.

De forma irreprochável, tal dispositivo reconhece a existência de barreiras de diferentes espécies e graus de intensidade, as quais dificultam a inclusão social e o processo de emancipação individual e de todos ao mesmo tempo que agreguem em seus viveres limitações permanentes de quaisquer naturezas física, psíquica, mental, psicossocial, sensorial ou múltipla.

Assim, a pessoa com deficiência foi desincumbida de um ônus excessivo e descabido: o de ser a causa determinante para a sua própria exclusão. A abordagem antiga com base em um registro meramente clínico da pessoa com limitação permanente, além de há muito ultrapassado, contém laivos de discriminação por vezes odiosos que já não se podem, uns e outros, tolerar de modo algum, como será visto ao longo do presente trabalho. A discriminação social em função de deficiência é uma das páginas mais sombrias da humanidade e o Brasil não se revela diferente nesse contexto de exclusões.

A fruição de direitos básicos depende da atuação conjunta do Poder Público e dos cidadãos, já que são responsáveis por influenciar o meio ambiente em que os indivíduos encontram-se inseridos. Há, destarte, uma crescente tendência de solidariedade entre os diversos setores da sociedade, sendo-lhes atribuído o dever de ampliar a acessibilidade e os mecanismos da inclusão social em permanente construção. Aliás, o conceito de pessoa com deficiência é progressivo e se mantém em construção. Não admite retrocessos cognitivos, porém, como a tudo o quanto se refira à cláusula dos Direitos Humanos numa sociedade de tipo democrático e participativo.

Sob essa óptica, as pessoas com deficiência abandonaram o papel de serem coadjuvantes sociais e atingiram um patamar de potencial protagonismo, haja vista a nova categoria cognitiva e semântica que se cunhou e concebeu para a expressão, com a sua subsequente constitucionalização. Mais do que isso: com a universalização jurídica desse novo paradigma.

Propõe-se, nessa perspectiva, um estudo acerca do Tratado de Marraqueche, o qual foi o segundo dispositivo que versa sobre a temática a ser incorporada com 'status' de norma constitucional no Ordenamento Jurídico Nacional.

## 1. A Constituição Federal de 1988 e o Estado de Bem-Estar Social

Faz-se imprescindível, inicialmente, realizar uma pequena digressão histórica acerca da noção de liberalismo, bem como do conceito de bem-estar social, haja vista sua relevância para a compreensão sobre o atual sistema constitucional brasileiro.

No final da Idade Média, a sociedade europeia passava por diversas transformações. Uma delas era a centralização do poder político nas mãos dos monarcas, os quais tinham o apoio financeiro dos burgueses. Estes últimos eram beneficiados por políticas governamentais que permitiam a expansão de seus negócios, tais como a unificação de moedas e tributos. Sobre a temática, é pertinente mencionar:

> Com o fim do feudalismo, tem-se a ascensão de uma classe burguesa, uma classe detentora do poderio econômico, mas com o desprestígio político, sem a mesma importância destacada à nobreza. Esta categoria rica da sociedade moderna, a burguesia comercial, longamente associada à Coroa, desejava a união de sua riqueza ao poder político (FAORO, 2008, p. 45).

Nessa conjuntura, a união entre a nobreza e a burguesia permitiu o desenvolvimento de um sistema de governo baseado na extensa concentração de poder nas mãos do rei, as chamadas monarquias absolutistas. Desse modo, a Igreja e os senhores feudais, os quais tiveram grande influência no passado, passaram a ser relegados a segundo plano, pouco interferindo nas relações da época. Esse modelo prevaleceu nos países da Europa durante todo o Antigo Regime, desde o século XVI ao XVIII.

Gradativamente, o referido regime político-administrativo passou a receber duras críticas de diversos setores da sociedade, o que contribuiu para o seu posterior declínio. Em sequência, assistiu-se aos desdobramentos do liberalismo, o qual afastou o modelo de governo centralizador. Sob a perspectiva do Estado liberal, havia uma grande preocupação com os direitos individuais, a qual se manifestava por meio da prevalência da autonomia e dos preceitos de liberdade. Nesse sentido, buscou-se o afastamento do intervencionismo estatal, sob a crença de que o Estado não deveria interferir nas relações interpessoais.

No entanto, com o decorrer dos séculos, verificou-se uma onda de extrema desigualdade social e de abuso de poder. Durante a Revolução Industrial – embora inúmeras sejam as contribuições em termos de inovação e tecnologia advindas da época –, a esmagadora parcela da população vivia em situações degradantes, trabalhando em ambientes insalubres e perigosos. Com isso, era inegável a ausência do Estado para garantir melhores condições de vida às pessoas. Logo, a autonomia e a liberdade, tão valorizadas pelos teóricos liberais, curvaram-se à vontade das camadas mais abastadas da sociedade, criando-se um contexto de extrema vulnerabilidade para os demais.

Como consequência, o Estado liberal não conseguiu se adequar à realidade social, trazendo consigo a insatisfação da população mais vulnerável. Por outro lado, houve uma grande concentração de renda nas mãos de poucos indivíduos, detentores do poder econômico. Consolidou-se, desta feita, um verdadeiro desequilíbrio social, cujas mazelas se manifestavam em todas as esferas da vida dos cidadãos. Nos dizeres de Sahid Maluf, "eram anti-humanos os conceitos liberais de igualdade e liberdade. Era como se o Estado reunisse num vasto anfiteatro lobos e cordeiros, declarando-os livres e iguais perante a lei, e propondo-se a dirigir a luta como árbitro, completamente neutro" (MALUF, 2018, p. 111).

Essa conjuntura serviu como terreno fértil para as bases do Estado de bem-estar social. Segundo tal modelo, o Poder Público não deve ser silente diante das disfunções sociais, devendo adotar um conjunto de ações no sentido de diminuir as desigualdades entre os indivíduos, por meio de mecanismos de distribuição de renda, políticas afirmativas e fornecimento de serviços essenciais.

Ademais, tal atuação, no âmbito interno, deve perpassar os três poderes: Executivo, Legislativo e Judiciário, por meio da execução de programas e políticas governamentais, processo legislativo inclusivo e a adoção da igualdade material como princípio norteador nos tribunais pátrios. Dessa forma, o direito consiste em uma ferramenta de suma importância para a efetivação de uma sociedade mais igualitária, não devendo se limitar ao plano da abstração. Tal como pontua Miguel Reale,

> Podemos, pois, dizer, sem maiores indagações, que o Direito corresponde à exigência essencial e indeclinável de uma convivência

> ordenada, pois nenhuma sociedade poderia subsistir sem um mínimo de ordem, de direção e solidariedade. É a razão pela qual um grande jurista contemporâneo, Santi Romano, cansado de ver o Direito concebido apenas como regra ou comando, concebeu-o antes como "realização de convivência ordenada". (REALE, 2002, p. 2)

É imprescindível uma integração do direito com a realidade fática, não se restringindo, tão somente, a mero texto normativo, desprovido de implicações práticas. Em adição, o*welfarestate* não pode ser compreendido apenas em termos de direitos e garantias. Também precisamos considerar de que forma as atividades estatais se entrelaçam com o papel do mercado e da família em termos de provisão social (ESPING-ANDERSEN, 1991, p. 4). Por tal razão, o Estado de bem-estar social está sensivelmente atrelado ao diálogo entre o Poder Público e os diversos setores da sociedade.

A Constituição Federal de 1988, por sua vez, também conhecida como Constituição Cidadã, representou um marco para o processo de redemocratização do país. Segundo Barroso, a Carta Magna vigente

> É o símbolo de uma história de sucesso: a transição de um Estado autoritário, intolerante e muitas vezes violento para um Estado democrático de direito. Sob sua vigência, vêm-se realizando eleições presidenciais, por voto direto, secreto e universal, com debate público amplo, participação popular e alternância de partidos políticos no poder. Mais que tudo, a Constituição assegurou ao país a estabilidade institucional que tanto faltou ao longo da república (BARROSO, 2010, p. 17).

Inegavelmente, seu corpo permanente possui uma multiplicidade de dispositivos que percorrem desde a estruturação política-administrativa do Estado à garantia de direitos fundamentais. Dessa forma, consiste em uma constituição analítica, cujo conteúdo aborda, inclusive, temas pertinentes a outras áreas do Direito. A propósito, adverte Paulo Bonavides:

> A constituição de 1988 é basicamente em muitas de suas dimensões essenciais uma Constituição do Estado Social. Portanto, os problemas

> constitucionais referentes a relações de poderes e exercício de direitos subjetivos têm que ser examinados e resolvidos à luz dos conceitos derivados daquela modalidade de ordenamento. Uma coisa é a Constituição do Estado Liberal, outra a Constituição do Estado Social. A primeira é uma constituição antigoverno e anti-Estado; a segunda uma constituição de valores refratários ao individualismo do Direito e ao absolutismo no poder (BONAVIDES, 2004, p. 371).

Logo, a Constituição Federal de 1988 é, indiscutivelmente, uma Constituição do Estado de bem-estar social, tendo em vista que o constituinte originário internalizou diversas preocupações eminentemente sociais, as quais, no passado, foram negligenciadas pelas demais constituições. Trata-se, pois, de uma Constituição moderna, ainda que analítica em sua apresentação.

## 2. Os direitos da pessoa com deficiência

Ao percorrer o texto constitucional e nada obstante tratar-se de norma pré-inclusivista no sentido de precedência à Convenção de Nova Iorque, é possível constatar vários dispositivos especificamente voltados às pessoas com deficiência. No que diz respeito aos direitos sociais, o art. 7º, XXXI, da Carta Política do Brasil, dispõe que são direitos dos trabalhadores urbanos e rurais, além de outros que visem à melhoria de sua condição social, a proibição de qualquer discriminação no tocante a salário e critérios de admissão do trabalhador portador de deficiência.

Ainda, é atribuída a competência comum à União, aos Estados, ao Distrito Federal e aos Municípios quanto à promoção da saúde e assistência pública, proteção e garantia das pessoas com deficiência (art. 23, II). No tocante à competência legislativa, é concorrente, entre a União, os Estados e o Distrito Federal, a sua proteção e integração social (art. 24, XIV).

Vale salientar que, no capítulo destinado à Administração Pública, há previsão expressa de que a lei reservará percentual dos cargos e empregos públicos para as pessoas com deficiência e definirá os critérios de sua admissão (art. 37, VII).

Aliás, os direitos da pessoa com deficiência são resguardados pela Carta Magna quanto a matérias como educação, saúde, integração social, treinamento para o trabalho e acessibilidade, como se verifica:

> Art. 203. A assistência social será prestada a quem dela necessitar, independentemente de contribuição à seguridade social, e tem por objetivos:
> IV – a habilitação e reabilitação das pessoas portadoras de deficiência e a promoção de sua integração à vida comunitária;
> V – a garantia de um salário mínimo de benefício mensal à pessoa portadora de deficiência e ao idoso que comprovem não possuir meios de prover a própria manutenção ou de tê-la provida por sua família, conforme dispuser a lei.
> (...)
> Art. 208. O dever do estado com a educação será efetivado mediante a garantia de:
> III – atendimento educacional especializado aos portadores de deficiência, preferencialmente na rede regular de ensino;
> IV – acesso aos níveis mais elevados de ensino, da pesquisa e da criação artística, segundo a capacidade de cada um.
> (...)
> Art. 227. É dever da família, da sociedade e do Estado assegurar à criança e ao adolescente, com absoluta prioridade, o direito à vida, à saúde, à alimentação, à educação, ao lazer, à profissionalização, à cultura, à dignidade, ao respeito, à liberdade e à convivência familiar e comunitária, além de colocá-los a salvo de toda forma de negligência, discriminação, exploração, violência, crueldade e opressão.
> §1º- O Estado promoverá programas de assistência integral à saúde da criança e do adolescente, admitida a participação de entidades não governamentais e obedecendo os seguintes preceitos:
>
> II – criação de programas de prevenção e atendimento especializado para os portadores de deficiência física, sensorial ou mental, bem como de integração social do adolescente portador de deficiência, mediante o treinamento para o trabalho e a convivência, e a facilitação do acesso

> aos bens e serviços coletivos, com a eliminação de preconceitos e obstáculos arquitetônicos.
>
> §2º- A lei disporá sobre normas de construção de logradouros e edifícios de uso público e de fabricação de veículos de transporte coletivo, a fim de garantir o acesso adequado às pessoas portadoras de deficiência.
>
> (...)
>
> Art. 244. A lei disporá sobre a adaptação dos logradouros, dos edifícios de uso público e dos veículos de transporte coletivo atualmente existentes a fim de garantir acesso adequado às pessoas portadoras de deficiência, conforme o disposto no art. 227, 2º.

Em adição, o art. 5º, *caput*, da Constituição Federal, estabelece que "todos são iguais perante a lei, sem distinção de qualquer natureza, garantindo-se aos brasileiros e aos estrangeiros residentes no País a inviolabilidade do direito à vida, à liberdade, à igualdade, à segurança e à propriedade". Fazendo-se uma leitura rápida, pode-se atribuir ao citado dispositivo um viés irrestrito e absoluto, por meio da noção de uma igualdade meramente formal. Sob essa percepção defectiva, todos os seres humanos devem ser compreendidos ante uma mesma posição, independentemente de gênero, credo, condição socioeconômica, idade, entre outros aspectos. Contudo, essa visão restringe-se a um tipo ideal, utópico e inalcançável – a julgar pela heterogeneidade e pelas peculiaridades presentes na vivência humana. No entanto, mesmo juridicamente não se deve fazer acepção de pessoa alguma, ainda que sobre cada individualidade se tenha de reconhecer especificidades que em nada devem comprometer a dignidade da pessoa.

Além disso, ideia de igualdade associada à concepção de Justiça advém, frequentemente, daquilo que o ser humano pressupõe como justo, assentado na sua consciência mais profunda, *a priori*. Contudo, os padrões de ponderação a respeito dos critérios de igualdade não são, de imediato, efetivos no entendimento de cada indivíduo. Percebe-se, com grande frequência, uma atitude falaciosa e relativista de muitas pessoas ao ponderar se algo é justo ou não a partir de suas concepções individuais. Isto posto, utilizar-se da ideologia da Justiça como argumentação, de maneira dissociada da coletividade, ou dos valores coletivos, é traduz conduta equivocada, haja vista que o ser humano emprega este princípio de acordo com as suas emoções e experiências pessoais.

Diante da aplicação da norma jurídica, devem-se tratar igualmente os iguais e desigualmente os desiguais. Isto é essencial na formulação dos novos saberes inclusivos. Para isso, é necessária uma delimitação de parâmetros e critérios responsáveis por apurar a posição que determinado indivíduo ocupa na sociedade. De forma preclara, ainda na Antiguidade Clássica, Aristóteles pressupôs:

> Por isso o equitativo é justo, superior a uma espécie de justiça – não justiça absoluta, mas ao erro proveniente do caráter absoluto da disposição legal. E essa é a natureza do equitativo: uma correção da lei quando ela é deficiente em razão da sua universalidade (ARISTÓTELES, 1992, p. 116).

Tal compreensão pode ser ratificada pelo pensamento de Tercio Ferraz, o qual propõe que os juízos equitativos não devem ser generalizados para todas as ocorrências. Se o forem, geram desigualdade, uma vez que o que é equitativo numa ocasião não o é, impreterivelmente, em outra (FERRAZ JUNIOR, 2013, p. 335).

Desta feita, sob a óptica da igualdade material, faz-se necessário constatar que determinados grupos da sociedade se encontram em situação de latente vulnerabilidade ante os demais indivíduos, sendo indispensável a adoção de medidas para diminuir tais desigualdades. As pessoas com deficiência enquadram-se em um desses grupos, uma vez que deparam-se, ao longo da vida, com inúmeros obstáculos que dificultam o pleno gozo de direitos inerentes aos seres humanos. Nesse panorama, SARLET (2002, p. 47) nos ensina que:

> De acordo com a tradição de nossa doutrina, os direitos fundamentais sociais têm sido compreendidos como direitos a prestações estatais, havendo ainda quem os enquadre na doutrina das liberdades públicas, conceituando os direitos sociais como a liberdade positiva do indivíduo de reclamar do Estado certas prestações. Considerados resultado de uma evolução que radica na já referida Constituição Francesa de 1793 e que passa pela assim denominada "questão social" do século XIX, os direitos fundamentais sociais passaram a ser entendidos como uma dimensão específica dos direitos fundamentais, na medida em que

> pretendem fornecer os recursos fáticos para uma efetiva fruição das liberdades, de tal sorte que têm por objetivo (na condição de direitos prestacionais) a garantia de uma igualdade e liberdade real, que apenas pode ser alcançada pela compensação das desigualdades sociais. Justamente em virtude de sua vinculação com a concepção de um Estado social e democrático de Direito, como garante da justiça material, os direitos fundamentais sociais reclamam uma postura ativa do Estado, visto que a igualdade material e a liberdade real não se estabeleceram por si só, carecendo de uma realização. Para, além disso, cumpre observar – arrimados na expressiva lição de J. Miranda – que por meio dos direitos sociais se objetiva atingir uma liberdade tendencialmente igual para todos, que apenas pode ser alcançada com a superação das desigualdades e não por meio de uma igualdade sem liberdade.

De acordo com o art. 2º a Lei 13.146/2015, conhecida como o Estatuto da Pessoa com Deficiência ou Lei Brasileira da Inclusão (LBI), considera-se pessoa com deficiência aquela que tem impedimento de longo prazo de natureza física, mental, intelectual ou sensorial, o qual, em interação com uma ou mais barreiras, pode obstruir sua participação plena e efetiva na sociedade em igualdade de condições com as demais pessoas. Tal dispositivo trouxe, indubitavelmente, uma nova abordagem sobre a matéria. O impedimento pessoal não caracteriza, por si só, o conceito de pessoa com deficiência, sendo oportuna a transcrição do seguinte trecho:

> O ser humano tende a impor ao outro a sua própria e particular medida, dele exigindo a sua adaptação: espera que o outro se ajuste aos seus próprios e particulares conceitos. Quando a expectativa da adaptação a própria métrica não ocorre, como sucede em relação as pessoas com deficiência, tende-se a subvalorizar o outro, por não vê-lo como portador de dignidade. Por outras palavras: Por vê-lo como um Ser indigno (SILVA, 2010, p. 292).

Assim, o Estatuto desmistificou uma concepção sustentada por muito tempo, a qual via o indivíduo como fator limitante de si mesmo, sem tecer quaisquer conexões com o meio ambiente disfuncional em que ele estava inserido. Dessa forma, o impedimento está relacionado a um outro elemento – a existência de uma ou mais barreiras, as quais foram detalhadas pelo texto normativo:

> Art. 3º Para fins de aplicação desta Lei, consideram-se:
> (...)
> IV – barreiras: qualquer entrave, obstáculo, atitude ou comportamento que limite ou impeça a participação social da pessoa, bem como o gozo, a fruição e o exercício de seus direitos à acessibilidade, à liberdade de movimento e de expressão, à comunicação, ao acesso à informação, à compreensão, à circulação com segurança, entre outros, classificadas em:
> a) barreiras urbanísticas: as existentes nas vias e nos espaços públicos e privados abertos ao público ou de uso coletivo;
> b) barreiras arquitetônicas: as existentes nos edifícios públicos e privados;
> c) barreiras nos transportes: as existentes nos sistemas e meios de transportes;
> d) barreiras nas comunicações e na informação: qualquer entrave, obstáculo, atitude ou comportamento que dificulte ou impossibilite a expressão ou o recebimento de mensagens e de informações por intermédio de sistemas de comunicação e de tecnologia da informação;
> e) barreiras atitudinais: atitudes ou comportamentos que impeçam ou prejudiquem a participação social da pessoa com deficiência em igualdade de condições e oportunidades com as demais pessoas;
> f) barreiras tecnológicas: as que dificultam ou impedem o acesso da pessoa com deficiência às tecnologias;

As referidas barreiras consistem em um conjunto de elementos que se manifestam de diferentes formas, inviabilizando, em variáveis níveis, a plena participação da pessoa com deficiência na sociedade. A deficiência em si não torna a pessoa com deficiência incapacitada, mas, a sua relação com o ambiente, sim. Portanto, é o meio que é deficiente, pois esse, muitas vezes, não possibilita o acesso de forma plena a essas pessoas, não proporcionando equiparação de oportunidades (LEITE, 2012, p. 51). O pleno acesso aos diversos meios disponíveis na sociedade induz participação social efetiva.

Em um cenário hipotético ideal, o indivíduo, embora ostentasse determinada limitação permanente por alguma causa de qualquer natureza, estaria suficientemente integrado, sem graves percalços, aos espaços coletivos. A pessoa com deficiência deve interagir socialmente sem se dar conta da própria limitação; eis o ideal jurídico estabelecido na norma convencional, constitucional e legal, firme na convicção de que todo impedimento social é marcado pela inconstitucionalidade.

Desse modo, a perfeita interação social somente é possível em locais físicos ou espaços virtuais com ampla acessibilidade, por meio da adequação de vias públicas, sistemas, equipamentos, linguagens, edifícios, logradouros, meios de transporte e de comunicação, mas, sobretudo, por uma atmosfera na qual as pessoas em geral adotassem uma postura de respeito, de alteridade, livre de toda discriminação. Inclusive, frequentemente, as barreiras atitudinais tornam-se aquelas que mais influenciam negativamente nas perspectivas de uma vida realmente empoderada das pessoas com deficiência, tendo em vista que essas barreiras comprometem inapelavelmente a consolidação de relações interpessoais saudáveis, afirmativas de interdependência, e jamais de tutela ou exclusões sociais.

Por isso, essa concepção parte de um processo dialético, cuja interação de variados elementos é responsável por definir o grau de emancipação da pessoa com deficiência, os quais, quando positivados, garantem-lhe autonomia para assegurar sua independência e qualidade de vida em igualdade de condições com as demais pessoas. É por essa razão que tanto o Poder Público como a sociedade devem garantir políticas de inclusão, clamando para si a responsabilidade de resguardar direitos específicos, voltados a tal grupo.

## 3. A incorporação de tratados internacionais

Dentre as diversas classificações que podem ser atribuídas às constituições, destaca-se a que diz respeito à possibilidade de alteração do seu texto por meio do poder reformador. Assim, a doutrina costuma caracterizá-las como imutáveis, rígidas, flexíveis ou semirrígidas. Por seu turno, a Constituição

Federal de 1988 é tida como rígida, por permitir o processo de modificação do seu texto normativo dentro de limites pré-estabelecidos pelo próprio poder constituinte originário, mediante um procedimento mais rigoroso, qual seja:

> Art. 60. A Constituição poderá ser emendada mediante proposta:
> I – de um terço, no mínimo, dos membros da Câmara dos Deputados ou do Senado Federal;
> II – do Presidente da República;
> III – de mais da metade das Assembleias Legislativas das unidades da Federação, manifestando-se, cada uma delas, pela maioria relativa de seus membros.
> § 1º A Constituição não poderá ser emendada na vigência de intervenção federal, de estado de defesa ou de estado de sítio.
> § 2º A proposta será discutida e votada em cada Casa do Congresso Nacional, em dois turnos, considerando-se aprovada se obtiver, em ambos, três quintos dos votos dos respectivos membros.
> § 3º A emenda à Constituição será promulgada pelas Mesas da Câmara dos Deputados e do Senado Federal, com o respectivo número de ordem.
> § 4º Não será objeto de deliberação a proposta de emenda tendente a abolir:
> I – a forma federativa de Estado;
> II – o voto direto, secreto, universal e periódico;
> III – a separação dos Poderes;
> IV – os direitos e garantias individuais.
> § 5º A matéria constante de proposta de emenda rejeitada ou havida por prejudicada não pode ser objeto de nova proposta na mesma sessão legislativa.

Ademais, foram instituídas as chamadas 'cláusulas pétreas', as quais só podem ser alteradas no sentido de ampliar o seu alcance, não se permitindo emendas tendentes a suprimi-las. Novamente, percebe-se a acuidade do constituinte com relação à dimensão social do espaço político brasileiro, uma vez que elevou os direitos e as garantias individuais a um patamar de máxima proteção e supremacia, objeto de garantias constitucionais.

Quanto aos tratados e convenções do direito estrangeiro, a natureza jurídica dos referidos dispositivos dependerá do seu conteúdo e da forma pela qual ocorreu sua incorporação ao ordenamento pátrio. Sobre isto, é mesmo de suma importância a transcrição do art. 5º, §3º, do texto constitucional, o qual determina: "os tratados e convenções internacionais sobre direitos humanos que forem aprovados, em cada Casa do Congresso Nacional, em dois turnos, por três quintos dos votos dos respectivos membros, serão equivalentes às emendas constitucionais".

Prevalece na doutrina o entendimento de que os tratados internacionais que não versem sobre direitos humanos receberão status infraconstitucional, equivalente às leis ordinárias. Aqueles referentes a Direitos Humanos, mas que não tenham sido aprovados na forma do art. 5º, §3º, da Carta Magna, terão *status* supralegal, ou seja, serão hierarquicamente superiores à legislação ordinária, mas não alcançarão o nível constitucional e, por isso, podem ser objeto de interpretações, por exemplo, mais elásticas. Não é o caso das regras internacionais que versam sobre Direitos Humanos aos qual o país haja incorporado na forma do art. 5º, §3º, da Constituição Federal. Desse modo e no mesmo sentido, os tratados internacionais que versam sobre Direitos Humanos e que tenham sido aprovados por tal procedimento diferenciado, gozarão de *status* de norma constitucional e são como clausula pétrea'. São, portanto, irreformáveis por meio do poder constituinte derivado (reformador) e não podem ser objeto de proposta de emenda constitucional.

O primeiro tratado internacional introduzido no país por meio do procedimento relativo às emendas constitucionais foi a Convenção de Nova York e o seu Protocolo Facultativo, o qual restringe, inclusive, restringe a soberania da jurisdição interna nas causas relacionadas com os direitos das pessoas com deficiência. Nesses casos, com máximo efeito, o Supremo Tribunal Federal não detém a "última palavra", esgotadas as vias internas para adoção de soluções compatíveis com a própria Convenção. O Protocolo Facultado à Convenção sobre os Direitos das Pessoas com Deficiência da ONU institui o Comitê para a solução, em última instância, dessa matéria. Esse Comitê funciona como um Tribunal Internacional e pode ser acessadas por cidadãos, instituições ou pelos próprios Estados-partes da Convenção em caso de dúvidas ou conflitos quanto à efetivação das regras convencionais específicas.

A Convenção de Nova Iorque, outrossim, trouxe inúmeras matérias relacionadas às pessoas com deficiência e, inclusive, dispôs sobre o conceito internacional de deficiência que mais tarde foi incorporado (reproduzido) pelo Estatuto da Pessoa com Deficiência/LBI (Lei nº 13.146/2015). Em tudo o quanto autoaplicável, o conceito já se fazia válido e eficaz no ordenamento jurídico nacional desde o advento do Decreto Legislativo nº 186/2008, que ratificou (validou) a Convenção de Nova Iorque e seu Protocolo Facultativo, assinada pelo Brasil em 30 de março de 2007, com *status* de emenda constitucional e do Decreto Federal nº 6.949, de 25 de agosto de 2009, que lhe deu eficácia no território nacional.

Cumpre destacar, porém, que o ato de incorporação consiste, na verdade, em uma cadeia de ações adotadas pelo Poder Executivo e pelo Poder Legislativo, de maneira conjunta. Em seu art. 84, inciso VIII, a CF/88 dispõe que compete privativamente ao Presidente da República a celebração de tratados, convenções e atos internacionais, sujeitos a referendo do Congresso Nacional. Pela literalidade do artigo 49, constata-se que é da competência exclusiva do Congresso Nacional resolver definitivamente sobre tratados, acordos ou atos internacionais que acarretem encargos ou compromissos gravosos ao patrimônio nacional. Sob a óptica de PIOVESAN (2000, p. 157):

> Corrobora-se assim a colaboração entre Executivo e Legislativo no processo de internalização de tratados internacionais pelo Estado brasileiro: o acordo só é perfeito quando a vontade do Poder Executivo, manifestada pelo Presidente da República, se somar à vontade manifesta do Congresso Nacional, representante do Poder Legislativo.

Por fim, há a fase de ratificação por meio da efetiva promulgação do tratado internacional. Isso ocorre com a troca ou o depósito dos instrumentos internacionais de ratificação. Os efeitos desta promulgação dizem respeito à execução do tratado internacional no ordenamento jurídico interno e à constatação da regularidade do processo legislativo: ora, o Poder Executivo deve constatar a existência de um tratado obrigatório, que vincule o Estado (MELLO, 2000, p. 228).

Nesse sentido, o Tratado de Marraqueche foi firmado pela Presidência da República em 27 de junho de 2013. A sua aprovação pelo Congresso Nacional deu-se no dia 25 de novembro de 2015, por meio do procedimento descrito no art. 5º, §3º da Constituição, editando-se o Decreto Legislativo nº 261/2015. Por fim, houve a promulgação de tal dispositivo em 8 de outubro de 2018, consubstanciado pelo Decreto nº 9.522.

## 4. O Tratado de Marraqueche

A Carta Magna de 1988 faz expressa alusão em seu texto permanente ao acesso à cultura, sendo responsabilidade do Estado garantir a todos o pleno exercício dos direitos culturais e acesso às fontes da cultura nacional, apoiando e incentivando a valorização e a difusão das manifestações culturais, conforme lição do art. 215. Com excelência, NATARELLI (2012, p. 51) leciona:

> O dever que possui o Poder Público (federal, estadual e municipal) de intervir no setor cultural mediante políticas públicas, voltadas à difusão dos bens da cultura, esbarra no fato de que, além de suscitar a produção cultural, o Estado deve olhar para o cidadão, foco principal de qualquer política pública voltada a garantir o direito de acesso aos bens culturais.

Nesse particular, o Tratado de Marraqueche tem como principal finalidade permitir que pessoas cegas, com deficiência visual ou com outras dificuldades para ter acesso ao texto impresso tenham acesso às obras publicadas. Trata-se de uma evidente manifestação do princípio da igualdade material, afastando-se condutas discriminatórias e possibilitando uma maior inclusão da pessoa com deficiência na sociedade. O documento faz alusão ao termo "beneficiários" como aqueles que são destinatários das disposições normativas.

Será beneficiário toda pessoa:

a) cega;
b) que tenha deficiência visual ou outra deficiência de percepção ou de leitura que não possa ser corrigida para se obter uma acuidade visual

substancialmente equivalente à de uma pessoa que não tenha esse tipo de deficiência ou dificuldade, e para quem é impossível ler material impresso de uma forma substancialmente equivalente à de uma pessoa sem deficiência ou dificuldade; ou

c) que esteja,impossibilitada, de qualquer outra maneira, devido a uma deficiência física, de sustentar ou manipular um livro ou focar ou mover os olhos da forma que normalmente seria apropriado para a leitura; independentemente de quaisquer outras deficiências.

Nota-se que, embora esteja essencialmente voltado às pessoas com deficiência visual, o Tratado vai além, englobando, inclusive, aquelas pessoas que não conseguem manusear um exemplar ou que possuem dificuldades para movimentar os olhos de forma adequada para a leitura. Busca-se, portanto, a difusão de exemplares de obras em formatos acessíveis, possibilitando que esses indivíduos possam compreender o seu conteúdo em sua integralidade.

Imperioso ressaltar que há dispositivos da Lei 13.146/2015 em plena consonância com o Tratado de Marraqueche, pois também trouxe dispositivos referentes ao desenvolvimento cultural da pessoa com deficiência. Senão vejamos:

> Art. 42. A pessoa com deficiência tem direito à cultura, ao esporte, ao turismo e ao lazer em igualdade de oportunidades com as demais pessoas, sendo-lhe garantido o acesso:
> I – a bens culturais em formato acessível;
> II – a programas de televisão, cinema, teatro e outras atividades culturais e desportivas em formato acessível; e
> III – a monumentos e locais de importância cultural e a espaços que ofereçam serviços ou eventos culturais e esportivos.
> § 1º É vedada a recusa de oferta de obra intelectual em formato acessível à pessoa com deficiência, sob qualquer argumento, inclusive sob a alegação de proteção dos direitos de propriedade intelectual.
> (...)
>
> Art. 68. O poder público deve adotar mecanismos de incentivo à produção, à edição, à difusão, à distribuição e à comercialização de livros

> em formatos acessíveis, inclusive em publicações da administração pública ou financiadas com recursos públicos, com vistas a garantir à pessoa com deficiência o direito de acesso à leitura, à informação e à comunicação.
>
> § 1º Nos editais de compras de livros, inclusive para o abastecimento ou a atualização de acervos de bibliotecas em todos os níveis e modalidades de educação e de bibliotecas públicas, o poder público deverá adotar cláusulas de impedimento à participação de editoras que não ofertem sua produção também em formatos acessíveis.
>
> § 2º Consideram-se formatos acessíveis os arquivos digitais que possam ser reconhecidos e acessados por softwares leitores de telas ou outras tecnologias assistivas que vierem a substituí-los, permitindo leitura com voz sintetizada, ampliação de caracteres, diferentes contrastes e impressão em Braille.
>
> § 3º O poder público deve estimular e apoiar a adaptação e a produção de artigos científicos em formato acessível, inclusive em Libras.

Cumpre ressaltar que, segundo o IBGE (2010), 45.606.048 milhões de pessoas declararam ter pelo menos uma das deficiências investigadas, correspondendo a 23,9% da população brasileira. Nesse universo amostral, a deficiência visual foi a mais citada nas respostas dos entrevistados e chegou a 35,7 milhões de pessoas. Pela pesquisa, 18,8% dos entrevistados afirmaram ter dificuldade para enxergar, mesmo com óculos ou lentes de contato.

Tais dados apenas reforçam a relevância do Tratado de Marraqueche, uma vez que, embora haja uma grande demanda por obras e exemplares acessíveis na sociedade brasileira, a oferta de tais produtos é extremamente reduzida. As falhas de mercado referem-se a situações nas quais os resultados das interações mediadas pelo mercado encontram-se abaixo do nível ideal (sub-ótimo), dadas as funções de utilidade dos atores e os recursos à sua disposição (KEOHANE, 1984, p. 82).

Quando o mercado e a sociedade, sem quaisquer intervenções estatais, não conseguem garantir o fornecimento de bens culturais a determinada parcela da população, torna-se razoável a adoção de ressalvas que viabilizem a reprodução e a distribuição de obras em formatos acessíveis. Assim, no que pese a importância da proteção dos direitos autorais, estes não podem atuar como barreira no processo de inserção social dos indivíduos (inclusão), sendo imperativa a sua maleabilidade para garantir uma verdadeira isonomia.

Na concepção de Cezar Roberto Bitencourt (2012, p. 390), direito autoral "consiste nos benefícios, vantagens, prerrogativas e direitos patrimoniais, morais e econômicos provenientes de criação artísticas, científicas, literárias e profissionais de seu criador, inventor ou autor". Nos termos do tratado, há, indubitavelmente, uma ponderação acerca dos direitos de propriedade intelectual, os quais não podem representar um embaraço ao acesso de obras literárias e artísticas por aqueles que possuem dificuldades para manusear exemplares em seu formato original. Cumpre mencionar que o Estatuto da Pessoa com Deficiência/LBI, Lei nº 13.146/2015, em seu art. 3º, inciso IV, "d", faz referência à ideia de barreiras nas comunicações e na informação como sendo qualquer entrave, obstáculo, atitude ou comportamento que dificulte ou impossibilite a expressão ou o recebimento de mensagens e de informações por intermédio de sistemas de comunicação e de tecnologia da informação.

Para transpor tal barreira, os países signatários devem flexibilizar sua legislação referente a direitos autorais no sentido de propiciar a disponibilidade de exemplares acessíveis. Sob essa perspectiva, atuarão as chamadas entidades autorizadas, as quais são conceituadas como: entidade autorizada ou reconhecida pelo governo para prover aos beneficiários, sem intuito de lucro, educação, formação pedagógica, leitura adaptada ou acesso à informação. Inclui, também, instituição governamental ou organização sem fins lucrativos que preste os mesmos serviços aos beneficiários como uma de suas atividades principais ou obrigações institucionais[350].

Nesse contexto, os Estados signatários têm a prerrogativa de modificar a sua legislação com o intuito de que as entidades autorizadas, independentemente da autorização do titular dos direitos autorais, possam produzir um exemplar em formato acessível da obra; obter de outra entidade autorizada uma obra em formato acessível e fornecer tais exemplares para o beneficiário, por qualquer meio, inclusive por empréstimo não-comercial ou mediante comunicação eletrônica. Contudo, alguns requisitos devem ser atendidos[351]:

[350] Art. 2º, "c", Decreto nº 9.522, de 8 de outubro de 2018.

[351] Art. 4º, "a", Decreto nº 9.522, de 8 de outubro de 2018.

(i) a entidade autorizada que pretenda realizar tal atividade tenha acesso legal à obra ou a um exemplar da obra;
(ii) a obra seja convertida para um exemplar em formato acessível, o que pode incluir quaisquer meios necessários para consultar a informação nesse formato, mas não a introdução de outras mudanças que não as necessárias para tornar a obra acessível aos beneficiários;
(iii) os exemplares da obra no formato acessível sejam fornecidos exclusivamente para serem utilizados por beneficiários; e
(iv) a atividade seja realizada sem fins lucrativos;

Ante o exposto, verifica-se que o Tratado de Marraqueche atua como uma política pública de cunho educativo e social, viabilizando uma maior participação da pessoa com deficiência na sociedade. Consoante com o princípio da dignidade da pessoa humana, a atuação estatal não deve se restringir à proteção de necessidades básicas condizentes apenas com a mera existência física. A pessoa com deficiência deve ter uma vida digna, por meio do seu desenvolvimento intelectual. O acesso a obras e exemplares acessíveis é, sobretudo, um exercício de poder, uma vez que a cultura é ferramenta de emancipação, proporcionando a construção de uma mentalidade crítica.

## 5. O Processo Judicial Eletrônico Brasileiro (PJE)

Finalmente e por ilustração, chega-se à evidência que entre nós persiste um *gap* social inaudito e que tem sido difícil de combater, nada obstante a exuberância normativa das regras de Direito Internacional aplicava à Inclusão Social das pessoas com deficiência no Brasil.

A começar da Administração Pública em todas as suas esferas, parece que há uma carência cognitiva na área de proporções gigantescas, se não embala também de preconceitos outros arraigados dos quais tem sido difícil se desvencilhar.

Sobre o Processo Judicial eletrônico (PJe), por exemplo, concebido, por certo, antes do advento do Tratado de Marraqueche, mas nem por isso inatingindo pela Convenção sobre os Direitos das Pessoas com Deficiência da ONU, tem-se que os tribunais de modo compulsório e sem alternativa vêm obrigando partes e advogados a se ajustarem o quanto possam nesse sistema para empreenderem o acesso à Justiça, risco de não poderem peticionar em Juízo.

A festejada iniciativa, porém, excluiu os cegos da abordagem judicial dos processos de seu interesse, porque quem é cego não lê arquivos imagéticos e foi justamente com essa plataforma que o PJe foi desenhado, diversamente, pois, do chamado desenho universal preconizado na norma convencional específica, então já vigente.

O sistema que pretendeu vinculantemente substituir o meio físico pelo virtual dos processos da atividade forense foi montado, desse modo, portanto, com exclusão das pessoas com deficiência visual ou com cegueira, as quais não têm como interagir em meio virtual sem soluções assistidas de comunicação adequadas como o áudio descrição, do que não se cogitou na espécie em comentário. Depois que o drama social se materializou, precipitando advogados cegos e partes em graves constrangimentos, inacessibilidade aos seus próprios materiais de trabalho e à sua cidadania plena, eis que o quadro como tal ainda não foi eficientemente remediado para cumprirem-se as Convenções de Nova Iorque e de Marraqueche, além da Lei Brasileira de Inclusão e demais disposições correlacionadas com o tema.

Barreiras, como se descreve, podem ser não apenas físicas, mas também comunicacionais tecnológicas ou atitudinais, dentre outras espécies de emparedamento social, de quem quer que seja. Constitucionalmente falando, o devido processo legal quer na forma digital quer no modo físico deve ser acessível a todos. O PJE exclui a parcela de usuários que está protegida, já agora, pelo Tratado de Marraqueche.

De fato, pessoas cegas não leem os conteúdos imagéticos da plataforma do PJE no Brasil, porque a ferramenta não foi pensada de acordo com o princípio do já citado desenho universal previsto na Convenção sobre os Direitos das Pessoas com Deficiência (artigo 1) e na Lei Brasileira de Inclusão (art. 2º), além, é claro, já agora, no Tratado de Marraqueche, que reúne um conteúdo bem específico e se encontra fortalecido pelos registros estatísticos de um expressivo número de usuários cegos ou de visão reduzida no país. No entanto, uma só pessoa com algum tipo de limitação permanente não assistida pelo *socius* já caracteriza o cenário perfeitamente como não inclusive e, portanto, sujeito às consequências legais próprias.

Igualmente, e nada obstante essa grave fissura entre a lei e a prática jurídica, a exigência incide para todos os tribunais do país e suas organizações judiciárias e para quantos pretendam ter acesso à Justiça no Brasil e utilizar de seus serviços. Trata-se de uma ruptura de ordem prática com os dispositivos que o país chancela e quer aplicar.

O que se constata, a rigor, é uma espécie de barreira atitudinal informativa, que impede que os operadores jurídicos em geral se esforcem por alcançar o verdadeiro sentido da legislação inclusiva e a ponha em prática no seu cotidiano. Falta-lhes, não raro, empatização com o tema e, sobretudo, com as pessoas com deficiência. Quase como só o acaso lhes socorre inapelavelmente numa atmosfera social marcada pelo primitivismo de suas relações.

Portanto, essas pessoas, pelo embarreiramento tecnológico e comunicacional que passaram a sofrer, tornaram-se cidadãos de segunda categoria, a dizer: sem acesso eficaz à Justiça. A propósito, são algo em torno dos 2000 advogados no Brasil nessa condição, além dos milhares de outros usuários com a mesma característica. Sobre isto, enquanto o sistema não for ajustado às necessidades de todos, de modo a que todos sejam tratados em igualdade de condições em relação às demais pessoas, deve-se permitir o manuseio do processo judicial – à parte ou subsidiariamente ao PJe -por meios alternativos para as pessoas com deficiência, sobretudo as pessoas cegas ou com baixa visão.

É muito de fato muito sério o quadro, mas poucos se ocupam de suas consequências como se o PJe fosse o melhor dos mundos... Pura ilusão! Na verdade, essa é uma retórica que põe a nu as qualidades e o estágio de desenvolvimento social em que se encontram, ainda, muitos dos operadores do sistema de Justiça no Brasil, e não reúnem a mínima alteridade, pois pensam os sistemas em função de si mesmos, não em razão do todo social. Não raro desconhecem o significado do desenho universal, consagrado constitucionalmente por força da Convenção de Nova Iorque, e nem das demais disposições da Inclusão Social, base da vida humana em sociedade hodiernamente.

Por enquanto, o PJE ainda não é a excelência de funcionalidades que fora prometida à Nação pelos órgãos de cúpula do próprio Poder Judiciário, ainda muito compostos, mas pouco eficazes. Tudo isso precisa ser reorientado constitucionalmente, conforme descrito.

Mas, todos os mecanismos do Estado podem se tornar de fato republicanos se vierem a contemplar todo o espectro da sociedade para a qual ele existe e acolher em seus quadros sua heterogenia, não meramente como sujeito da história, mas agente dela.

De fato, não é a insensibilidade já amplamente demonstrada das cúpulas do Poder Judiciário do país, nas quais não milita, por enquanto, alguém que seja realmente cego (PcD) para entender com toda propriedade as aflições dessa clientela (alteridade experimental), além de outras igualmente vulneráveis. O registro histórico de que no STF jamais assentou uma pessoa com deficiência, não pela sua condição, mas pelos seus méritos, bem demonstra esse *gap* atitudinal do que aqui se refere, por ilustração de todo o enredo do tema em comentário.

O PJE, pois, foi concebido de modo a desconsiderar a transversalidade da questão inclusiva e da diversidade humana presente na cidadania. Ainda há quem o defenda no estado em que se encontra como argumento de avanço institucional no que respeita ao sistema de administrar a Justiça no país. E o fazem equivocamente. Por isso mesmo, agregar inclusão social nos currículos de toda a escolaridade básica, média, superior e profissional é atitude que se faz premente na sociedade brasileira.

Assim como demos ao mundo o indefectível exemplo de internalizar a Convenção de Nova Iorque em nosso texto constitucional com o mesmo *status* da Carta Política da nação, convém agora ao Brasil recalibrar as bases e os procedimentos para a efetivação de suas regras e diretrizes. Sem o efetivo empoderamento das pessoas com deficiência em geral, isso não será possível e o normativo da inclusão social no Brasil não passará de seus efeitos simbólicos, de acordo com o superior pensamento de Karl Loewenstein (1979, pp. 218-222).

## 6. Conclusões

Embora a Constituição Federal de 1988 tenha representado um grande avanço no que diz respeito aos direitos das pessoas com deficiência, seus dispositivos, preponderantemente de natureza programática, não são capazes, por si sós, de gerar a inclusão de maneira plena e efetiva. Justamente por isso, a incorporação de tratados internacionais especificamente voltados a tal grupo traduz-se como uma adequada ferramenta para auxiliar a materialização do princípio da igualdade material, segundo uma visão universal do problema.

Conforme ficou demonstrado, há uma grande demanda por obras e demais sistemas comunicacionais acessíveis na sociedade brasileira. Não obstante tal procura, a sua oferta no mercado ainda é bastante insatisfatória. Falta-nos também exemplaridade consubstancial às diretrizes da inclusão. Logo, o Brasil, enquanto Estado signatário, deve formular em sua legislação nacional exceções referentes aos direitos de reprodução, distribuição e disposição ao público, viabilizando a circulação de exemplares inclusivos, mas também e principalmente incorporar agentes com esse perfil nos diversos espaços da Administração Pública, sem embargo desse mesmo encorajamento com relação aos demais setores da sociedade. Quanto mais presentes, maiores as disponibilidades de recursos, meios e sistemas adequados razoavelmente ao exercício da cidadania plena da parte do universo das pessoas com deficiência. Viver a diversidade, outrossim, é apanágio para a reconstrução de toda a base cultura da sociedade em que se vive, e essa pedagogia desse começar no ensino fundamental seguindo até à formação profissional de diversos matizes e especificidades, pois não há pessoas incapazes, há, sim, pessoas privadas das condições para o pleno exercício de suas faculdades. Isto é devido ao *socius*, não às pessoas com algum tipo de limitação permanente que lhes possa causar embarreiramentos de diversas naturezas.

A acessibilidade não se limita à superação de barreiras físicas, abrangendo, de igual forma, o conceito de inclusão informacional, mas não somente isso. Onde quer e como quer que a condição humana se insinue, deve o homem ser livre para executar os seus objetivos, quando lícitos. Nessa perspectiva, a leitura, além de expandir horizontes, possibilita o desenvolvimento do pensamento crítico, haja vista a acumulação de conhecimento e o confronto de diferentes ideias e a incorporação de enorme massa crítica que até então não tinha condições de expandir talentos, competências e habilidades que o país, por causa do preconceito cultural, sufocava. Portanto, o acesso a obras literárias e artísticas, impulsionado pela elevação do Tratado de Marraqueche ao *status* de norma constitucional, contribui para um processo de desmarginalização, com a ascensão das pessoas com deficiência a uma posição de maior prestígio social – vislumbrando-se sua emancipação e uma adequada e justa inserção nos ambientes coletivos. Toma-se o Processo Judicial Eletrônico (PJe) como ilustração sobre como não pode ocorrer supostas melhorias dos sistemas que demandam interação comunicacional, quando privam de participação pessoas diversas dos perfis de quem os concebeu e os implementa no meio social público ou privado.

Nada obstante, os esforços nessa direção são continuativos e progressivos, cabendo ao próprio Estado, às entidades públicas e privadas, aos grupos sociais, enfim, assegurarem a veiculação dos meios próprios à efetivação prática das regras da Inclusão Social para as pessoas com deficiência.

## Referências

ARISTÓTELES. Ética a Nicômaco. 4. ed. São Paulo: Nova Cultural, 1987, v. 2.

BARROSO, Luís Roberto.A constituição brasileira de 1988: uma introdução. In: MARTINS, Ives Gandra da Silva; MENDES, Gilmar Ferreira; NASCIMENTO, Carlos Valder do (Coord.). Tratado de direito constitucional. São Paulo: Saraiva, 2010, v. 1.

BITENCOURT, Cezar Roberto. Tratado de Direto Penal – Parte Especial. São Paulo: Saraiva, 8. ed., v. 3, 2012.

BONAVIDES, Paulo. Curso de direito constitucional. 14. ed. São Paulo: Malheiros Editores, 2004.

BRASIL. Constituição da República Federativa do Brasil de 1988.Disponível em: <http://www.planalto.gov.br/ccivil_03/constituicao/constituicaocompilado.htm>. Acesso em: 25 nov. 2018.

BRASIL. Decreto n. 9.522, de 8 de out. de 2018. Institui a Lei Brasileira de Inclusão da Pessoa com Deficiência (Estatuto da Pessoa com Deficiência).Disponível em: <http://www.planalto.gov.br/ccivil_03/_Ato2015-2018/2015/Lei/L13146.htm>. Acesso em: 25 nov. 2018.

BRASIL. Lei n. 13.146, de 6 de mar. de 2015. Institui a Lei Brasileira de Inclusão da Pessoa com Deficiência (Estatuto da Pessoa com Deficiência). Disponível em: <http://www.planalto.gov.br/ccivil_03/_Ato2015-2018/2015/Lei/L13146.htm>. Acesso em: 25 nov. 2018.

ESPING-ANDERSEN, Gosta. As três economias políticas do Welfare State. Lua Nova: Revista de Cultura e Política. nº 24, set. 1991. Disponível em: <http://www.scielo.br/pdf/ln/n24/a06n24.pdf>. Acesso em: 19 nov. 2018.

FAORO, Raymundo. Os donos do poder: formação do patronato político brasileiro. 4 ed. São Paulo: Globo, 2008.

FERRAZ JUNIOR, Tercio Sampaio. Introdução ao estudo do direito: técnica, decisão, dominação. São Paulo: Atlas, 2013.

IBGE – Instituto Brasileiro de Geografia e Estatística. Censo Demográfico 2010. Características gerais da população, religião e pessoas com deficiência. Rio de Janeiro: Ministério do Planejamento, Orçamento e Gestão, IBGE, 2010.

KEOHANE, Robert O. After Hegemony – Cooperation and Discord in the World Political Economy. New Jersey: Princeton University Press, 1984.

LEITE, Flavia Piva Almeida. A convenção sobre os direitos das pessoas com deficiência: amplitude conceitual. Revista de Direito Brasileira. Florianópolis, v. 3, n. 2, p. 31-53, jul/dez 2012.

LOEWENSTEIN, Karl. Teoria de la Constitución. Barcelona: Editorial Ariel, 1979.

MALUF, Sahid. Teoria geral do Estado. 34. ed. São Paulo: Saraiva Educação, 2018.

MELLO, Celso R. D.de Albuquerque. Curso de Direito Internacional Público. 12. ed. Rio de Janeiro: Renovar, 2000.

NATARELLI, Talita. A cultura do povo e para o povo: direito fundamental erradicado. Cadernos de Campo: Revista de Ciências Sociais. São Paulo, n. 16, jan./dez. 2012.

PIOVESAN, Flávia. A Incorporação, a Hierarquia e o Impacto dos Tratados Internacionais de Proteção dos Direitos Humanos no Direito Brasileiro. In: O Sistema Interamericano de Proteção dos Direitos Humanos e o Direito Brasileiro. Luiz Flávio Gomes e Flávia Piovesan (Coord.). São Paulo: Editora Revista dos Tribunais, 2000.

REALE, Miguel. Lições preliminares de direito. 27. ed. São Paulo: Saraiva, 2002.

SARLET, Ingo Wolfgang. Os direitos fundamentais sociais na ordem constitucional brasileira. Revista da Procuradoria-Geral do Estado (RS). Porto Alegre: Procuradoria Geral do Estado, v.25, n.55, jun./2002.

SILVA, Nilson Tadeu Reis Campos. Entre Hefesto e Procusto: A condição das pessoas com deficiência. In: SIQUEIRA, Dirceu Pereira; ANSELMO, José Roberto. Estudos sobre os direitos fundamentais e inclusão social: da falta de efetividade à necessária judicialização, um enfoque voltado à sociedade contemporânea. Birigui: Boreal, 2011.

# 2. O Direito à Verdade como Topos Argumentativos da Justiça de Transição Brasileira

*Lauro Joppert Swesson Júnior*

## Introdução

Em meio a reflexões sobre nossa justiça de transição, criou-se e difundiu-se no Brasil um "*direito à verdade*" relativa às graves violações de direitos humanas perpetradas pela ditadura militar (1964-1985). A partir deste direito, busca-se oferecer respostas para questões do tipo: como se estruturava a repressão política estatal? Quais foram às violações graves de direitos humanos praticados durante o período? Em que circunstâncias ocorreram? Quem foram seus autores, suas vítimas? Onde, quando e como elas aconteceram? Onde estão os restos mortais dos desaparecidos políticos? Estudar a verdade como mecanismo da justiça de transição brasileira, indagando sobre o significado que o termo "verdade" adquire quando se torna objeto desse "direito à verdade", é o objetivo do presente artigo.

A escolha do tema justifica-se pelo fato de o direito à verdade, enquanto topos argumentativos da justiça de transição brasileira, ser uma categoria jurídica criada recentemente, cujo significado continua, em muitos sentidos, incerto. O que significa, afinal, "direito à verdade"? Quais demandas, reivindicações e necessidades pretende-se atender por meio desse direito? É um direito no sentido jurídico, judicialmente exigível? Encontra-se já previsto ou incorporado em nosso ordenamento jurídico? Ou trata-se muito mais de um artifício retórico para indicar os anseios de determinados grupos sociais, tal como alguém invoca o "direito de ser feliz"? (Dimoulis, 2010, p. 102).

A despeito dessas indagações, importa esclarecer que não se trata aqui de um trabalho de dogmática jurídica, com pretensões diretivas, no sentido de oferecer soluções dogmáticas aos problemas levantados e, desse modo, orientar a conduta dos aplicadores do direito. Antes disso, trata-se de um estudo zetético, com função precipuamente especulativa, que procura investigar as condições que antecedem a apresentação dessas soluções dogmáticas e discutir, de maneira não restrita, sua qualidade (Ferraz Jr., 2013, p. 18 e ss.).

Após a exposição, no primeiro capítulo, dos principais contornos da justiça de transição brasileira, com a indicação do marco jurídico desse processo e das recentes tentativas de mudança de modelo, trataremos, no segundo capítulo, da construção legislativa, jurisprudencial e doutrinária do direito à verdade no direito brasileiro, a partir do qual a verdade passa a apresentar-se, no âmbito da filosofia prática, como importante princípio regulador da nossa justiça transicional. No terceiro capítulo, buscaremos apontar as dificuldades ou mesmo a impossibilidade em se definir com clareza o significado e alcance do direito à verdade, haja vista que, no âmbito da filosofia teórica, a verdade apresenta-se como aporia, como algo que não pode ser conhecido, adentrado, "experienciado". Por fim, no quarto capítulo, chamaremos a atenção aos perigos da aplicação do direito à verdade para o próprio processo de justiça de transição, conforme pode ser apreendido da análise, proposta pelo jurista alemão Rudolf Wiethölter, dos julgamentos de Salomão, do primeiro livro de Reis da Bíblia, e de Azdak, personagem da peça "Círculo de Giz Caucasiano" (1948),do dramaturgo Bertolt Brecht.

A respeito desses perigos, nossa argumentação é no sentido de que, embora a verdade motive as importantes transformações do direito e gere esperança para o término de situações de injustiça, dependendo da maneira como o argumento da verdade é utilizado, ele pode representar uma forma dissimulada de negar a participação democrática, assim como pode afastar o respeito às disposições legais, em oposição à (teoricamente defendida) política de justiça transicional.

## 1. Justiça de transição no Brasil: do modelo da impunidade e do esquecimento ao modelo da responsabilização e da "verdade"

Se o silêncio e certo negacionismo sobre o passado ditatorial prevaleceram por muitos anos no Brasil, tornando-se a discussão sobre determinados episódios do regime militar em uma espécie de tabu, por outro lado, questões relacionadas aos "porões da ditadura" começaram a ser discutidas a partir de meados dos anos 2000 sob o mote da "justiça de transição" (*transitional justice*).

Por tal expressão designa-se o projeto político que visa transformar o Estado, o direito e a sociedade. Um primeiro sentido da "justiça de transição" refere-se, pois, ao conjunto de julgamentos, depurações e reparações que se realizam após a transição de um regime político para outro; trata-se, em poucas palavras, de um "acerto de contas" com o passado, após mudanças de regime. O novo Estado, para construir seu plano de futuro, deve antes resolver feridas pretéritas que ficaram abertas (Swensson Jr., 2007, p. 77-78). Tornando-se os direitos humanos, após as experiências trágicas das duas grandes guerras, modelos político- emancipatórios globais e língua franca entre as nações (Menke;Pollmann, 2007, p. 11) e a democracia, por sua vez, o regime político mais apto a fomentar seu respeito (Comparato, 1999, p. 215), prevalece na doutrina internacional e brasileira um sentido mais estrito e apologético de justiça de transição. Assume-se a perspectiva da vítima, dotada de direitos subjetivos inatos, como orientadora das ações de justiça transicional e que passa a ser entendida como resposta às extensas e sistemáticas violações de direitos humanos, com fins ao (r) estabelecimento da paz, do Estado de Direito e da democracia sustentáveis (Swensson Jr., 2012, p. 222-224).

Com o fim da Guerra Fria, os "crimes" cometidos pelos Estados, como torturas, execuções sumárias e desaparecimentos forçados,[352] não puderam mais ser justificados ideologicamente como meio necessário para salvaguardar o país da ameaça comunista. Em uma democracia que se diz consolidada, como a brasileira, era muito pouco provável que a sociedade, ou pelo menos parte dela, se mantivesse em silêncio, impassível diante das graves violações de direitos humanos praticadas por agentes estatais e seus colaboradores. Torna-se

[352] Sobre a criminalidade do regime militar e as aporias desse conceito, cf. Swensson Jr., 2017, p. 41-65.

imperativo enfrentar, de alguma forma, as mazelas do passado autoritário; para tanto, é preciso definir vítimas, ouvi-las, repará-las e compensá-las, atribuir responsabilidades e encontrar formas de punição aos responsáveis, promover mudanças na legislação e em certas instituições. Mais que isso, é preciso oferecer outra "verdade" histórica e uma nova ideologia em substituição à que orientou os atos da ditadura. São essas, basicamente, as propostas da justiça de transição, enquanto projeto político que visa transformar o Estado, o direito e a própria sociedade, no sentido de demarcar a diferença entre o antigo e o novo regime político (United Nations, 2006, p. VI).

Não obstante a existência de compreensões universalistas e holísticas da justiça de transição, que percebem as violências estatais como fenômenos universais e que buscam, assim, oferecer métodos de análise e meios de soluções capazes de atender às mais variadas experiências, ela deve ser observada de maneira "realista", levando em conta o contexto e as limitações advindas de cada caso concreto. Nesse sentido, é importante notar que a justiça de transição brasileira, estabelecida após o fim da ditadura militar, deu-se, até o momento, em duas fases distintas.

A primeira fase, que tem como marcos temporal a promulgação da Lei de Anistia (Lei nº 6.683), em 29 de agosto de 1979 – antes, portanto, do fim do regime autoritário – e a audiência pública "Limites e possibilidades para a responsabilização jurídica dos agentes violadores de direitos humanos durante o estado de exceção no Brasil", promovida pelo Ministério da Justiça no dia 31 de julho de 2008,[353] pode ser descrita como um período caracterizado, entre outras coisas: a) pela *impunidade* em relação aos autores da criminalidade estatal do regime anterior; b) pelo *silêncio* dispensado ao passado, especialmente

[353] Foi a primeira vez, depois de tantos anos, que altos integrantes do governo federal – no caso, os então ministros da Justiça, Tarso Genro, e da Secretaria Especial dos Direitos Humanos, Paulo Vanucchi – defenderam publicamente penalização dos torturadores do regime militar, com ampla repercussão da mídia, cf., p. ex., as reportagens dos jornais O Globo (Lins; *Éboli*; Jungblut, 2008) e Isto é (Rodrigues; Costa, 2008). Há quem identifique a retomada da discussão pública acerca das violações a direitos humanos no regime militar já com os trabalhos da Comissão Especial estabelecida pela Lei nº 9.140, de 4 de dezembro de 1995 (Lei dos Desaparecidos), no então governo de Fernando Henrique Cardoso (cf. Perrone-Moisés, 2012, p. 124). De todo modo, importa destacar que a tentativa em se demarcar em uma data específica a mudança de todo um processo complexo, como o da justiça transicional no Brasil, consiste em uma simplificação exagerada, que serve apenas para fins didáticos.

no tocante às violações de direitos humanos; c) pelas *reparações* financeiras e morais por parte do Estado, a partir do reconhecimento oficial de sua responsabilidade pelos atos praticados no exercício da repressão política e dos trabalhos desempenhados pela Comissão de Anistia. A segunda fase, que vai da referida audiência pública ao presente, consiste em uma tentativa de mudança de modelo de justiça transicional adotado no Brasil, no sentido de deixar de ser uma justiça de transição da impunidade e do esquecimento para tornar-se uma justiça de transição da responsabilização e da "verdade" (Sabadell;Dimoulis;2011, p. 79 e ss.) ou da "memória" (Swensson Jr., 2017, p. 174 e ss.).

A partir da promulgação da Lei nº 6.683/79, garantiu-se no Brasil a impunidade aos autores da criminalidade do regime militar, mais tarde reforçada pela prescrição, conforme estabelece o art.109 do Código Penal. Segundo interpretação assentada na jurisprudência nacional e confirmada pelo Supremo Tribunal Federal (STF), por ocasião do julgamento da Arguição de Descumprimento de Preceito Fundamental nº153 (ADPF/153), em 2010, a concessão de anistia pela Lei nº 6.683 baseia-se no critério da motivação política dos atos, independentemente da identidade do agressor e do bem jurídico atingido, abrangendo, portanto, tanto os que lutaram para derrubar a ditadura quanto aqueles que lutaram para salvaguardá-la. Ainda que haja referências à anistia também no art.4° da Emenda Constitucional nº 26, de 1985 (EC 26/85),e no art.8° do Ato das Disposições Constitucionais Transitórias (ADCT) da Constituição Federal de 1988 (CF/88), elas dizem respeito apenas aos perseguidos pelo regime militar como seus destinatários, uma vez que não há a reprodução do do art. 1º, § 1º, da Lei nº 6.683 que define, "para efeito deste artigo", a conexão (ampla e *sui generis*) aos crimes políticos, através do qual se deduz a bilateralidade da anistia. Ademais, por tratar-se de matéria penal, sustenta-se que a revogação ou qualquer nova interpretação mais restritiva da Lei nº 6.683 incorreria em violação ao princípio da irretroatividade da lei penal em prejuízo do investigado ou do réu, conforme estabelece o art. 5°, XL, da CF/88 (Swensson Jr., 2013).

Com a Lei de Anistia, não só se impediu a persecução penal dos agentes estatais encarregados da repressão política pelo exercício da "função anistiante" (Dimoulis, 1996, p. 154; 2010, p. 93), mas instituiu-se também o silêncio e o conformismo: simulacros de que o país havia superado seus traumas e rompido com o legado autoritário. Até meados da década passada, prevalecia o pensamento que a não responsabilização *de* ou o "perdão" *a*os dois lados envolvidos na disputa pela derrubada/manutenção da ditadura eram necessários para a "pacificação" e para a "reconciliação" da sociedade no transcurso da mudança de regime e da concretização da democracia – ainda que não se aprofunde, diga-se de passagem, nas inúmeras controvérsias que decorrem das ideias de pacificação e reconciliação nacional. Nesse sentido, o Brasil não deveria gastar esforços em abrir sua "caixa de Pandora", mas voltar suas atenções para a construção de um futuro pacífico e conciliatório, livre de revanchismos. As pessoas poderiam até relembrar o passado, "mas de forma seletiva, silenciando o desagradável, o indizível, anulando a compreensão da zona cinzenta" (Rollemberg, 2007). Falar sobre certos acontecimentos do período da ditadura e suas consequências jurídicas foi, por muito tempo (e talvez continue sendo para muitas pessoas), um tabu ou, no máximo, um rumor abafado (Swensson Jr., 2008, p. 130).

Em relação aos desaparecidos políticos, a Lei de Anistia permitiu o requerimento de declaração de ausência da pessoa desaparecida, tendo por efeito a presunção de sua morte para fins de dissolução de casamento e de sucessão. A entrega de tal declaração de ausência carecia, contudo, da necessidade de qualquer explicação sobre os fatos do desaparecimento, demonstrando a despreocupação do Estado em conhecer a verdade e em denunciar os crimes perpetrados (Osmo, 2014, p. 56-57; Teles, 2005, p. 22). Na verdade, verifica-se toda uma resistência por parte do Estado em fornecer informações a respeito dos desaparecimentos políticos, a exemplo da atuação da União na Ação Ordinária nº 82.00.24682-5, relativa aos desaparecimentos políticos na Guerrilha do Araguaia. Mesmo a Lei nº 9.140, de 4 de dezembro de 1995 (Lei dos Desaparecidos), que, entre outras coisas, reconheceu como mortas as pessoas desaparecidas indicadas em lista constante em seu anexo e criou uma comissão para proceder ao reconhecimento de outras pessoas desaparecidas e mortas, foi bastante criticada pelo fato de deixar aos familiares das vítimas a incumbência de apresentar as provas dos crimes cometidos pelo Estado e os indícios da localização dos corpos dos desaparecidos (Teles, 2005, p. 9-10; Osmo, 2014, p. 57).

Apesar do silêncio e da impunidade acerca da criminalidade estatal pretérita, verificam-se avanços significativos no tocante à reparação material e simbólica às vítimas da repressão ou a seus familiares; tais avanços deram-se já com da Lei de Anistia, que estabelecia a restituição de direitos políticos e a readmissão de servidores públicos, demitidos por razões políticas entre 2 setembro de 1961 e 15 de agosto de 1979 e, mais tarde, com a supracitada Lei dos Desaparecidos, que reconheceu a responsabilidade do Estado brasileiro pelas mortes dos opositores políticos ao regime de 1964 e instituiu uma Comissão Especial com poderes para deferir pedidos de indenização. Neste tocante, merecem destaque os trabalhos da Comissão de Anistia criada pela Medida Provisória (MP) nº 2.151-3/2001, reeditada pela MP nº 65/2002 e convertida na Lei nº 10.559/2002,[354]que regulamenta o direito à reparação dos perseguidos políticos, amparado no art.8º do ADCT da CF/88, com suas caravanas pedagógicas e seus pedidos formais de desculpa em nome do Estado. Verifica-se, assim, a preocupação do governo em atender não apenas as funções clássicas de reparação, em suas modalidades de restituição (medidas que buscam restabelecer o *status quo ante* das vítimas por meio da restauração de seus direitos políticos, liberdade, emprego, benefícios, propriedade etc.), compensação (medidas destinadas a recompor o dano sofrido, sendo este não apenas econômico, mas também físico e psíquico) e reabilitação(medidas destinadas a prover assistência médica, psicológica, jurídica etc. às vítimas), mas realizar reparações simbólicas, não econômicas ou "morais" (Abrão; Torelly, 2011, p. 461), relacionadas à satisfação pública e à garantia de não repetição.

A partir, principalmente, de meados dos anos 2000, ocorrem esforços para pôr fim à situação de impunidade dos crimes da ditadura militar, com as tentativas de responsabilizar-se civil e/ou penalmente os agentes do subsistema penal Dops-DOI/Codie o Estado pelas violências praticadas. Por um lado, por meio de ações judiciais propostas por familiares de vítimas[355] e pelas ações

[354] A Lei nº 10.559/2002, além de estabelecer um detalhado sistema reparatório, ampliou o período de tempo a ser considerado para a reparação (18 de setembro de 1946 até a data da promulgação da Constituição) e estendeu a possibilidade de reparação ao setor privado e também a todos os trabalhadores demitidos em razão de participação em greves.

[355] Por exemplo: a ação contra a União para abertura de arquivos, a localização e o translado dos restos mortais dos desaparecidos políticos da Guerrilha do Araguaia (Processo nº 82.00.24682-5/DF); as ações civis declaratórias propostas pelas famílias Teles e Merlino, para que o coronel reformado Carlos Alberto Brilhante Ustra, que comandou o DOI-Codi de São Paulo entre setembro de 1970 e janeiro de 1974, fosse declarado pela Justiça torturador (Processos nºs 05.202853-5/SP e 583.00.2007.241711-7/SP); o pedido de indenização por danos

civis públicas[356] e denúncias ajuizadas pelo Ministério Público Federal.[357] Por outro, por intermédio da ADPF/153, ajuizada em 2008 pelo Conselho Federal da Ordem dos Advogados do Brasil(OAB) junto ao STF, e da demanda submetida em 2009 à Corte Interamericana de Direitos Humanos (CIDH) (Caso "Guerrilha do Araguaia" ou Gomes Lund e outros *vs.* Brasil), em que se questionou, em ambos os processos, a validade da anistia concedida aos agentes da repressão política. Em 2010, o STF considerou a anistia aos agentes estatais válidas, enquanto que a CIDH julgou-a inválida. Desde 2014. tramita na Suprema Corte a ADPF/320, de relatoria do Ministro Luiz Fux, em que se questiona novamente a validade da Lei de Anistia aos agentes da ditadura, a partir da condenação do Brasil pela CIDH.

## 2. O direito à verdade como princípio regulador da justiça de transição brasileira

Nesse contexto de mudança de modelo da nossa justiça transicional, verifica-se todo um empenho em acabar com o silêncio e com o conformismo sobre a criminalidade do regime militar pela da busca e pela preservação da "verdade" sobre o passado autoritário e repressivo da ditadura. No debate nacional (e também internacional) sobre a justiça de transição, é recorrente, portanto, a preocupação com a "verdade", isto é, com a necessidade de esclarecer às vítimas, a seus familiares e à sociedade "*tudo o que possa ser revelado de forma*

morais contra Ustra por causa da morte do jornalista Luiz Eduardo da Rocha Merlino em decorrência de maus-tratos e tortura comandados e praticados diretamente pelo requerido (Processo nº 583.00.2010.175507-9/SP).

[356] Ação Civil Pública nº 2008.61.00.011414-5/SP, de 2008, relativa ao funcionamento do DOI--Codido II Exército; Ação Civil Pública nº 0021967-66.2010.4.03.6100/SP, de 2010, relativa à "Operação Bandeirante" (Oban), executada em São Paulo pelo Comando do II Exército.

[357] Por exemplo: o requerimento, pela Procuradoria Pública em São Paulo, de ação penal contra Carlos Alberto Brilhante Ustra e contra o delegado Dirceu Gravina, por privarem ilegalmente a liberdade do sindicalista Aluízio Palhano Pedreira Ferreira, mediante sequestro, com o agravante da detenção ilícita e dos maus-tratos afligidos à vítima (Denúncia nº 31.107/2012); a denúncia, pela Procuradoria da República no Município de Marabá, contra Sebastião Curió Rodrigues de Moura e, Lício Augusto Maciel, pela prática de sequestro qualificado. (Processos nºs 1162-79.2012.4.01.3901 e 4334-29.2012.4.01.3901, ambos de 2012). Sobre as ações penais ajuizadas no Brasil e seus respectivos andamentos processuais, ver Osmo, 2016.

*confiável*" acerca dos eventos da repressão política (Méndez, 1996, p. 7 apud Osmo, 2014, p. 32).

Em relação à *razão prática*, a verdade apresenta-se como importante *princípio regulador* não só da justiça de transição, mas do direito como um todo, de modo de a verdade, enquanto valor, conferir às coisas, aos seres humanos e ao mundo um sentido que não teriam se fossem considerados indiferentes aela (Chauí, 2001, p. 90). Qualquer que seja o entendimento sobre seu conteúdo, a verdade projeta-se como elemento decisivo para a formação das identidades dos indivíduos e das coletividades (Sampaio; Almeida, 2009, p. 250), assim como para a tomada de suas decisões.

No que diz respeito ao direito, por exemplo, há uma relação de causa e efeito entre verdade e justiça, na medida em que o estabelecimento da verdade acerca dos fatos, ao lado da interpretação correta e adequada das normas vigentes, é o pressuposto para atingir a solução justa. Daí dizer-se que a verdade constitui uma finalidade instrumental e intermediária que permite alcançar a justiça como finalidade última da atividade jurídica (Lunardi; Dimoulis, 2007, p. 177). Isso pode ser visto especialmente nas finalidades atribuídas ao direito processual. Segundo a doutrina majoritária, o processo objetiva não apenas solucionar a lide através de uma decisão impositiva do Estado, de modo a encerrar juridicamente a controvérsia e pacificar os conflitos sociais; sua finalidade é, mais que isso, encontrar a verdade e, a partir dela, oferecer a solução justa ao caso concreto (Lunardi; Dimoulis, 2007, p. 177, com diversas indicações bibliográficas; cf. tb. Sampaio; Almeida, 2009, p. 262). No caso do processo penal, especificamente, o conceito de verdade material impõe-se como forma de contenção do poder punitivo, na medida em que impede a legitimação de uma condenação baseada apenas em probabilidades ou incertezas (Martins, 2010, p. 82-83, com ampla bibliografia). Além das referências à verdade pela doutrina, elas também são constantes na legislação processual (são 22 citações dos termos "verdade" e "verdadeiro" no Código de Processo Civil e dezesseis no Código de Processo Penal), bem como no discurso rotineiro das partes durante o processo (Lunardi; Dimoulis, 2007, p. 186).

No tocante à justiça transicional, a verdade aparece como um dos quatro pilares da justiça transicional, ao lado da responsabilização dos perpetradores de violações contra os direitos humanos (justiça), da mudança de legislação, jurisprudência e instituições estatais e da reparação financeira e simbólica às vítimas. Advoga-se que a revelação e a preservação da "verdade", naquilo que se denomina "direito à verdade", trazem satisfação às vítimas e a parcelas da sociedade e contribuem para a "reconciliação" nacional e para a educação das atuais e futuras gerações, no sentido de as violências do passado não mais se repetirem ("Brasil: nunca mais!"). Tanto defensores da justiça de transição quanto os operadores do direito acreditam e devem acreditar no caráter verdadeiro daquilo que defendem e decidem (Martins, 2010, p. 82-83; Dimoulis; Lunardi, 2007, p. 186-187). A verdade apresenta-se, portanto, como um princípio regulador da justiça de transição e do direito, no sentido de orientar suas deliberações e decisões; é justamente nesse sentido que procede a afirmação de que não é possível abrir mão da busca da verdade. Vejamos algumas medidas estatais e não estatais que paulatinamente instituíram o direito à verdade como mecanismo da nossa justiça de transição.

O direito à verdade na justiça de transição brasileira aparece inicialmente como meio de satisfação às vítimas e a seus familiares e como garantia da não repetição, cuja reivindicação deu-se não por iniciativa do Estado, mas de parcelas da sociedade. Mesmo durante o período de "apaziguamento" e da "harmonização de divergências" implantado no Brasil por meio da política do esquecimento (Mezarobba, 2003, p. 143), verifica-se a luta persistente de familiares de mortos e desaparecidos políticos e a preocupação de determinados setores da sociedade em revelar a verdade sobre os porões da ditadura. Nesse sentido é que foi feito certo número de denúncias, contidas não apenas em relatos pessoais esparsos, mas também em importantes trabalhos desenvolvidos por pesquisadores ligados a organizações não governamentais do Brasil e do exterior,[358] com destaque à obra "Brasil: Nunca Mais", elaborada

[358] Entre eles, os relatórios da Amnesty International, "Report on allegations of torture in Brazil", publicado em 1972 e sucessivamente atualizado até o ano de 1976; da comissão de familiares de mortos e desaparecidos políticos e demais entidades de direitos humanos, denominado "Dossiê dos mortos e desaparecidos políticos a partir de 1964", do Instituto Brasileiro de Ciências Criminais (IBCCRIM), para o projeto do instituto alemão Max Planck sobre a elaboração jurídico-penal do passado, após mudança do sistema político no Brasil, entre outros. Nesse tocante, destaca-se também o relatório "Direito à Memória e à Verdade", desenvolvido pela Comissão Especial sobre Mortos e Desaparecidos Políticos, vinculada à Secretaria de Direitos Humanos da Presidência da República e publicado em 2007, com o relato da história de 475 vítimas da perseguição política da ditadura.

a partir da análise de processos produzidos pela própria Justiça Militar no período compreendido entre 1964 e 1979 e publicada pela Arquidiocese de São Paulo em 1985 (Arquidiocese, 2003).

Não obstante, a justiça de transição brasileira continuou a aproximar-se ao modelo da verdade também por meio do Estado, não apenas com o Plano Nacional de Direitos Humanos de 2009 (Decreto nº 7.037),em que o governo brasileiro estabeleceu as diretrizes para a implantação do direito à Memória e à verdade (cf. Borges, 2015, p. 151-172), mas já por meio das reparações materiais e simbólicas implantadas pela Comissão de Anistia. Isso porque restituições, compensações, reabilitações e reparações simbólicas ou morais às vítimas dependem não apenas do reconhecimento formal do Estado pelos crimes praticados, mas da reconstrução minuciosa do passado, através do levantamento e da comprovação de informações sobre os atos escusos da ditadura. Como disse Paulo Abrão (2012, p. 29), não é possível reparar sem o resgate da memória, e o processo de investigação e pagamento de reparações pelo governo federal levou inevitavelmente à criação de um importante arquivo sobre a repressão política pretérita. Assim, do mesmo modo que a revelação da verdade possui uma função reparadora às vítimas, a reparação promovida pela Comissão de Anistia deve ser compreendida não apenas como o oferecimento e a distribuição de benefícios e direitos às vítimas da repressão e seus familiares, tendo em vista os danos específicos sofridos, mas como mecanismo relevante para a busca da verdade.

Outra medida tomada para a construção do conhecimento público dos eventos do regime anterior foi a instauração de processos judiciais, sob a crença de que tais julgamentos, especialmente os penais, seriam "lugares" apropriados para buscar e alcançar a verdade. No caso dos processos penais, por exemplo, o objetivo pretendido não seria somente a responsabilização penal dos réus, com a atribuição de culpa e a aplicação da pena; ao levarem o poder judiciário a posicionar-se, ainda que casuisticamente, sobre o assunto, tais processos teriam também o condão de produzir um registro histórico e promover a memória do passado da ditadura, a exemplo do que aconteceu nos julgamentos dos líderes nazistas em Nurembergue (1945-1946) e de Adolf Eichmann (1961) em Jerusalém. Nesse sentido, as supracitadas ações judiciais propostas por familiares de vítimas, bem como as ações civis públicas e as denúncias ajuizadas pelo Ministério Público Federal, contribuem significativamente para a construção e para a efetivação do direito à verdade na justiça de transição brasileira.

No tocante à provocação do poder judiciário para a construção do direito à verdade, merece destaque a ADPF nº 153, proposta pelo Conselho Federal da OAB, em que o STF afirma a existência do direito à verdade acerca dos fatos obscuros da ditadura, cuja efetivação pode dar-se independentemente da impunidade penal, garantida aos autores da criminalidade pretérita em razão da anistia (e da prescrição). Contra a tese sustentada pela arguente da ação de que a anistia da Lei nº 6.683/79 implicaria o desrespeito, pelo poder público, de "não ocultar a verdade", decorrente do direito à informação (art. 5º, XXXIII, CF/88), do princípio democrático (art. 1º, § único, CF/88) e do princípio republicano (art. 3º, I e IV, CF/88), consigna a Suprema Corte que a anistia opera tão somente no nível da descriminalização das condutas delitivas praticadas, isto é, torna apenas a norma de sanção (e não a norma de conduta) inaplicável, ficando todo o restante em aberto, a começar pela responsabilização civil e administrativa dos agentes da repressão, pela reparação financeira e moral às vítimas e pelo direito "à verdade histórica".[359] O "esquecimento" atribuído pela anistia, se assim quisermos tratar para preservar o étimo do termo, deve aplicar-se à pena, e não à conduta criminosa e a sua reprovação. Ou seja, o que deve ser esquecido é tão somente a atribuição da pena e seus efeitos às condutas praticadas, e não o crime como um todo, normativamente falando, ou sua prática, descritivamente falando (Swensson Jr., 2013, p. 67 e ss.).[360]

No mesmo ano de 2010 em que foi julgada a ADPF/153 pelo STF, foi proferida sentença no caso Gomes Lund e outros ("Guerrilha do Araguaia") *vs.* Brasil pela CIDH, em que se reconheceu não apenas o direito fundamental dos autores da ação à verdade, no sentido de os familiares da vítima terem o direito de conhecer qual foi o destino desta e, se for o caso, onde se encontram seus restos (conforme jurisprudência da CIDH desde o caso Velásquez Rodríguez *vs.* Honduras, de 1988), mas também consignou-se a obrigação dos

[359] Nesse sentido, p. ex., o despacho do relator Ministro Ayres Britto na Reclamação nº 12131, publicada no DJe em 06 out. 2011.

[360] Ilustrativo, nesse sentido, o voto do Min. Celso de Mello, ao afirmar que o direito à verdade "[...] para ser exercido em plenitude, não depende da responsabilização criminal dos autores de tais fatos, a significar, portanto, que a Lei no 6.683/79 não se qualifica como obstáculo jurídico à recuperação da memória histórica e ao conhecimento da verdade".

Estados de dar a conhecer a verdade à sociedade, seguindo assim o entendimento já professado no Brasil por ocasião do Processo nº 82.00.24682-5, de que o direito à verdade ultrapassa as pessoas dos familiares e alcança toda a sociedade, à qual não interessa que tais barbáries sejam reproduzidas (Brasil, Gomes Lund e outros *vs.* União, 2003, p. 25).

Conforme consta na própria sentença da CIDH no caso Gomes Lund *vs.* Brasil (CIDH, 2010, p. 76), o direito à verdade ou "o direito a conhecer a verdade" já encontrar-se-ia reconhecido em vários instrumentos da Organização das Nações Unidas (ONU), bem como pela Assembleia Geral da Organização dos Estados Americanos (OEA),[361] com destaque aos princípios elaborados pela antiga Comissão de Direitos Humanos das Nações Unidas para a proteção e a promoção dos direitos humanos mediante a luta contra a impunidade, de 8 de fevereiro de 2005 (E/CN.4/2005/102/Add.1).Diferentemente do estabelecido pelo STF na ADPF/153, a CIDH concluiu que a anistia concedida pela Lei nº 6.683/79 aos agentes da repressão que cometeram crimes contra a humanidade impede não apenas a busca de "justiça" – entendendo-se por justiça a expiação da culpa pelo cumprimento de uma pena –, mas também o acesso à verdade que demandam as vítimas e a sociedade. Ou seja, o direito à verdade e o dever do Estado de investigar e revelar a verdade seria complementar à reivindicação de punição dos agentes estatais do regime repressivo anterior.

Em 18 de novembro de 2011, foram tomadas mais duas medidas importantes para a concretização do modelo da verdade: a promulgação da nova Lei de Acesso à Informação (Lei nº 12.527) e a criação da Comissão Nacional da Verdade (CNV), pela Lei nº 12.528. Conforme apontado pelos próprios ministros do STF no julgamento da ADPF/153 (votos de Eros Grau, p. 45; Carmen Lúcia, p. 79; Ellen Gracie, p. 152; e Cezar Peluso, p. 209), o principal empecilho jurídico para o conhecimento da verdade sobre episódios da ditadura

[361] Cf. Relatório do Escritório do Alto Comissariado das Nações Unidas para os Direitos Humanos, Estudo sobre o Direito à Verdade, U.N. Doc. E/CN.4/2006/91 de 09 jan. 2006; Assembleia Geral da OEA, Resoluções: AG/RES. 2175 (XXXVI-O/06) de 06 jun. 2006, AG/RES. 2267 (XXXVII- O/07) de 05 jun. 2007; AG/RES. 2406 (XXXVIII-O/08) de 03 jun. 2008; AG/RES. 2509 (XXXIX- O/09) de 04 jun. 2009, e AG/RES. 2595 (XL-O/10) de 12 jul. 2010, e Relatório de Diane Orentlicher, especialista independente encarregada de atualizar o Conjunto de princípios para a luta contra a impunidade (E/CN.4/2005/102) de 18 fev. 2005, entre outros.

era a impossibilidade de acesso acertos documentos sigilosos, conforme dispunham as antigas leis de acesso às informações públicas (Leis nºs 8.159/91 e 11.111/05). Ao regular o acesso a informações previsto no art. 5º, XXXIII, no art. 37, § 3º, II, e no art. 216, § 2º, da CF/88, a Lei nº 12.527/11, *inter alia*, alterou os prazos máximos de sigilo dos documentos ultrassecretos, secretos e reservados (art. 24); afastou a imposição de sigilo no tocante às informações relativas à vida privada, à honra e à imagem da pessoa, para os casos de apuração de irregularidades em que o titular das informações estiver envolvido, bem como de recuperação de "fatos históricos de maior relevância" (art. 23, §4º); proibiu a restrição de acesso às informações necessárias à tutela judicial ou administrativa de direitos fundamentais (art. 21, *caput*) e às que versam sobre "condutas que impliquem violação dos direitos humanos praticadas por agentes públicos ou a mando de autoridades públicas" (art. 21, § único). Com essas e outras providências, a nova Lei de Acesso à Informação buscou fazer prevalecer a publicidade e a transparência como preceitos gerais e o segredo como exceção, e não o contrário, como ocorre nos regimes autoritários.

Já a CNV, a exemplo de comissões da verdade estabelecidas em outros países, foi criada pela Lei nº 12.528/11 com a finalidade específica de "examinar e esclarecer as graves violações de direitos humanos praticadas no período de 18 de setembro de 1946 a 5 de outubro de 1988, a fim de efetivar o direito à memória e à verdade histórica e promover a reconciliação nacional" (art. 1º).[362] Entretanto, como a lei estabelece expressamente, suas atividades não terão caráter jurisdicional ou persecutório (art. 4º, §4º). Composta por sete membros designados pelo presidente da República e por catorze assessores, a CNV tinha o poder de, entre outras coisas: convocar pessoas para entrevistas ou testemunho; determinar a realização de perícias e diligências; promover audiências públicas; requisitar informações, dados e documentos de órgãos e entidades do poder público, ainda que classificados em qualquer grau de sigilo (art. 4º). Findos os dois anos de trabalho, previa-se a apresentação

[362] As normas que criaram comissões estaduais da verdade vão, em regra, no mesmo sentido, ao consignarem expressamente a efetivação do direito à memória e à verdade histórica como um de seus objetivos principais. Esse período previsto do art. 1º da lei corresponde ao prazo da concessão de anistia indicado no art. 8º do Ato das Disposições Constitucionais Transitórias, para aqueles que foram atingidos, em decorrência de motivação (exclusivamente) política, por atos de exceção, institucionais ou complementares.

de um relatório circunstanciado, contendo as atividades realizadas, os fatos examinados, suas conclusões e recomendações (art. 11). Além de sistematizar as várias informações já existentes e ampliar o conhecimento sobre fatos passados, especialmente através do acesso inédito aos documentos secretos e ultrassecretos, e de incorporar em seus relatórios a verdade subjetiva das vítimas, a CNV teve o grande mérito de ensejar, ainda que tardiamente, o enfrentamento de questões sobre o passado brasileiro que permanecem em aberto, de forma a quebrar o silêncio até então imposto sobre esse passado e possibilitar a superação de vários mitos falaciosos sobre a ditadura – por exemplo, o de que a ditadura brasileira não fora tão violenta; que não fora "dura", mas "branda": uma "ditabranda" etc.

## 3. Problemas relativos à busca da e ao direito à verdade

Como aponta a jurista Carla Osmo (2014, p. 62), a partir de apurada revisão bibliográfica sobre o tema, a maioria dos autores que se dedicam à justiça de transição concorda que o Brasil ainda não contemplou suficientemente o direito à verdade, cuja causa seria não apenas em razão das omissões e das deficiências de ordem prática, a exemplo da negativa de acesso aos arquivos da ditadura militar e da instauração tardia de uma comissão nacional da verdade, mas também, ou sobretudo, pela inexistência de uma definição clara para esse direito.

Rigorosamente falando, até a década passada não havia no direito positivo brasileiro qualquer previsão normativa de um "direito à verdade", que aparece, em 2011, na Lei da Comissão da Verdade e do Acesso aos Documentos e, no plano internacional, com a "Convenção Internacional para a Proteção de todas as Pessoas contra o Desaparecimento Forçado", assinada em Paris, em 6 de fevereiro de 2007, cujo texto foi aprovado no Brasil pelo Decreto Legislativo nº 661, de 1º de setembro de 2010, e promulgado pelo Decreto nº 8.767, de 11 de maio de 2016.[363] O direito à verdade, apresentado como mecanismo

[363] Cf. art. 24, 2. "A vítima tem o direito de saber a verdade sobre as circunstâncias do desaparecimento forçado, o andamento e os resultados da investigação e o destino da pessoa desaparecida. O Estado Parte tomará medidas apropriadas a esse respeito".

da justiça de transição brasileira, é muito mais uma construção da doutrina e da jurisprudência, especialmente a da CIDH.

Apesar dos esforços e dos avanços para o estabelecimento do direito à verdade – como disse Dimoulis (2010, p 102):"mediante interpretação extensiva de princípios constitucionais de baixíssima densidade normativa, tais como a democracia e a dignidade humana, assim como mediante generalização do conteúdo de normas pontuais (habeas data, direito de petição, direito à informação)"–, verifica-se, pois, toda uma dificuldade, ou quiçá a impossibilidade, em definir-se com exatidão e clareza tanto o significado como o alcance desse direito. Segundo este autor, "a fragilidade dessa fundamentação jurídica é evidente e prejudica as tentativas de determinar a área de proteção (condutas protegidas) do suposto direito à verdade" (Dimoulis, 2010, p. 102, 103).

Não obstante seja possível, no âmbito da *razão prática*, referir-se à verdade ou ao direito à verdade como princípio regulador importante da justiça de transição brasileira, em relação à *razão teórica*, contudo, falar sobre a "verdade" – e não simplesmente sobre a busca pelo "conhecimento" do passado ou pelo resgate da "memória" – significa adentrar um tema complicado. A própria distinção conceitual entre direito à verdade e direito à memória é extremamente difícil, enquanto termos não sinonímicos,[364] mas colocados amiúde pareados em estudos, documentos e normas sobre o assunto. Ao contrário do que sustentavam (ou ainda sustentam) os adeptos do direito natural, é difícil falar-se em um direito à verdade, uma vez que não é possível alcançar juízos de valor jurídicos já determinados de antemão quanto ao conteúdo e, portanto, quanto asua *veracidade* material. Nesse sentido, como lembra-nos Radbruch (2010, p. 26 s.):

> A crítica da razão de Kant mostrou que a razão não é um arsenal de conhecimentos teóricos conclusos, de normas éticas e estéticas prontas para a sua aplicação, antes a faculdade de alcançar tais conhecimentos e normas; que não constitui um conjunto de respostas, mas de perguntas, de pontos de vista com os quais nos aproximamos dos dados,

[364] Contrariamente, há diversos autores que empregam a expressão "direito à verdade" como sinônimo do "direito à memória" e do "direito ao saber" (direito à informação ou direito de conhecer). Por exemplo, Barbosa; Vanuchi, 2009, p. 57-60; Sampaio; Almeida, 2009, p. 249 e ss.

de formas que somente pela recepção da matéria dada, de categorias que somente pela aplicação a um material dado são capazes de oferecer sentenças ou juízos de um conteúdo determinado. Semelhantes conhecimentos, determinados quanto ao conteúdo ou valorações, jamais são o produto da razão "pura", mas sempre apenas a sua aplicação a dados determinados – e, por isso, jamais são válidos de modo geral, mas apenas para esses dados. Assim, à *pergunta* sobre a validade geral do direito "natural", quer dizer, do direito justo, pode-se conceber validez a cada uma de suas respostas apenas para um estado social dado, para uma época e um povo determinados. Apenas a categoria do direito justo, jurídico, tem validade universal, e não qualquer de suas aplicações.

A dificuldade em alcançar juízos de valor jurídicos materialmente verdadeiros pode ser vista, a título de exemplo, na dificuldade mesma em definir a "verdade", isto é, nas distintas e antinômicas concepções (filosóficas) sobre a natureza do conhecimento verdadeiro, que correspondem às diferentes concepções culturais do termo (*alétheia* em grego, *veritas* em latim, *emunah* em hebraico etc.), cada qual dando ensejo a uma teoria própria sobre a verdade, quais sejam, as teorias da correspondência (*alétheia*), da coerência (*veritas*), do consenso (*emunah*), entre outras.[365]Todas essas teorias sobre a verdade,

[365] Como explica Marilena Chauí (2001, p. 99), verdade, em grego, se diz alétheia, significando o não oculto, o não escondido, o não dissimulado, ou seja, "a manifestação daquilo que é ou existe tal como é". Nesse sentido, a verdade está nas próprias coisas ou na própria realidade, de modo que o conhecimento verdadeiro possa ser entendido como a percepção intelectual e racional dessa verdade (evidência). O oposto de verdadeiro é o falso, o pseûdos (aquilo que é encoberto, escondido, dissimulado) e uma ideia é verdadeira quando corresponde ao fato real, exterior ao espírito e ao pensamento humano (teoria da evidência e da adequação). Já em latim, verdade se diz veritas. Nesse caso, ela refere-se "à precisão, ao rigor e à exatidão de um relato, no qual se diz com detalhes, pormenores e fidelidade o que aconteceu" (Chauí, 2001, p. 99). O conhecimento verdadeiro diz respeito, destarte, à própria linguagem, e depende da coerência lógica das ideias que formam a narrativa (validade lógica dos argumentos). "Agora, não se diz que uma coisa é verdadeira porque corresponde a uma realidade externa, mas se diz que ela corresponde à realidade externa porque é verdadeira." (Chauí, 2001, p. 100). O oposto do verdadeiro não é o falso, como no caso da alétheia, mas é a mentira ou a falsificação. Desse modo, são os relatos e os enunciados que podem ser verdadeiros e falsos, enquanto que as coisas e os fatos podem ser reais ou imaginários. Por sua vez, em hebraico, verdade se diz emunah, significando "uma crença fundada na esperança e na confiança, referidas ao

formadas historicamente pelas mudanças na estrutura e na organização das sociedades, bem como a partir das mudanças ocorridas no interior do próprio conhecimento filosófico, compõem o entendimento atual sobre a verdade e o verdadeiro, de sorte que as peculiaridades, diferenças, complementaridades e incompatibilidades entre elas não podem ser ignoradas.

Sem procurar aqui aprofundar o exame das diferentes concepções da verdade e dos problemas relacionados à possibilidade ou à impossibilidade filosófica de encontrar um critério de verdade consensual ou mais satisfatório,[366] parece-nos suficiente, pelo menos para este nosso estudo, assumir a necessidade e a utilidade da ideia de verdade para orientar nossas ações cotidianas, ou seja, de uma objetividade que esteja além de nosso poder de decisão e que não se confunda, por sua vez, com a prática de justificação (Martins, 2010, p. 67). Mais que isso, é possível sustentar, para além das aporias que envolvem seu conceito, que essa objetividade pode ser obtida com a adoção do critério de senso comum, isto é, de uma teoria da correspondência entre fato e representação. Graças ao emprego de meios racionais, acreditamos ser possível, a princípio, conhecermos a verdade sobre algo que efetivamente ocorreu, quando há provas que o afirmam com credibilidade, gerando certeza em seu auditório (Dimoulis, 2010, p. 101; Lunardi; Dimoulis, 2007, p. 184-187). Mesmo assim, inúmeras dúvidas sobre a busca da verdade e sobre o direito à verdade permanecem.

Ainda que não se imponham, hipoteticamente falando, obstáculos normativos e fáticos à busca da verdade (como tempo, pesquisadores e dinheiro

futuro, ao que será ou virá" (Chauí, 2001, p. 99). A verdade se relaciona aqui com a presença e com a espera de que a promessa ou o pacto irá cumprir-se ou acontecer, a exemplo do Deus verdadeiro, que é fiel às alianças firmadas com os homens, que não trai a confiança n'Ele depositada. Em outras palavras, a verdade é compreendida muito mais como o resultado de um acordo ou de um pacto de confiança entre os pesquisadores e estudiosos, que definem um conjunto de convenções universais (sobre o conhecimento verdadeiro), que devem ser respeitadas por todos. Ao lado das teorias da correspondência (aletheia), coerência (veritas) e do consenso (emunah) sobre a verdade, existe ainda uma quarta teoria que se diferencia das anteriores, porque define o conhecimento verdadeiro a partir de um critério prático, e não teórico; trata-se da teoria pragmática, segundo a qual um conhecimento é verdadeiro em razão dos seus resultados e das suas aplicações práticas, devendo ser verificado ou verificável pela experimentação e pela experiência (verificabilidade dos resultados) (Chauí, 2001, p. 100).

[366] Sobre as aporias e dificuldades relacionadas à verdade, cf., entre outros, Arzt, 1996, p. 53; Martins, 2010, p. 61- 90; Dimoulis, 2010, p. 99-106; Lunardi; Dimoulis, 2007.

totalmente ao dispor), pergunta-se: seria, mesmo assim, possível certa autoridade estatal ou comissão independente acessar uma verdade histórica, quando se trata de acontecimentos complexos, que envolvem milhões de pessoas, conflitos políticos acirrados e relações sociais intrincadas? A análise de arquivos estatais e testemunhos de pessoas, geralmente com forte engajamento ideológico a favor ou contra o regime, permite esclarecer causas e consequências da atuação do Estado durante a ditadura, mediante investigações promovidas, atualmente, pelo próprio Estado?[367] Até que ponto é possível pensar a declaração da verdade livre de uma manifestação de poder (de quem a declara)? Como lidar com a verdade, estando ela circularmente ligada ao sistema de poder, que a produz e apoia, e a efeitos de poder que ela induz e que a reproduzem? (cf. Foucault, 2008, p. 14).

Admitamos, em tese, que se soubesse o que é a verdade, que seu acesso fosse possível e que houvesse efetivamente um direito à verdade previsto em nosso ordenamento jurídico, quem estaria apto a declará-la? Um historiador? Um filósofo? Um religioso? Um parlamentar? O presidente da República? Um juiz de direito? Um membro de uma comissão da verdade? Sob quais critérios e limites dever-se-ia buscar a verdade? Observando-se garantias constitucionais do Estado Democrático de Direito, mesmo sob o risco de essa busca transformar-se em processos demorados e socialmente estéreis? Ou em uma procura totalmente livre de parâmetros jurídicos? Informações trazidas à luz sobre acontecimentos ilícitos ou delitivos praticados podem (ou devem) ensejar a responsabilização de seus autores. Seria, destarte, possível utilizar as informações obtidas através de uma busca livre, isto é, sem estar pautada em garantias constitucionais do investigado, como provas para responsabilizações futuras?

Há de se perguntar, ainda, se a exigência de o Estado adotar e divulgar certas "verdades" históricas não violaria, afinal, o direito à liberdade de pensamento e de desenvolvimento da personalidade ou mesmo o imperativo da neutralidade estatal diante crenças e posições dos indivíduos. Esse suposto

[367] A esse respeito, a citação instigante feita por Tércio Sampaio Ferraz Jr., em palestra proferida sobre o tema da verdade, ao trecho do Denktagebuch de Hannah Arendt "na frase, 'como as coisas realmente foram' está algo como 'de outro modo não poderia ter sido'. A testemunha ocular de um acontecimento visto (versus: aquilo que eu mesmo fiz!) e a dubitabilidade de toda documentação histórica. Quanto mais documentos, mais duvidoso se torna tudo".

"direito à verdade" não constitui violação ao dever estatal de respeitar a liberdade de opinião (arts. 5º, IV, VI, IX, LII, e 220 da CF/88), de preservar o pluralismo político (art. 1º, V, da CF/88), assim como de proibir a criação de preferências entre brasileiros, enquanto especificação do princípio da igualdade (art. 19, III, da CF/88)?O que existiria, afinal, em relação à verdade no direito, não seria um direito à não verdade, no sentido do dever de abstenção do Estado, a quem não cabe avaliar opiniões de pessoas e grupos ou fazer proselitismo a crenças oficiais? Conforme o exemplo apresentado por Dimoulis (2010, p. 103), "a Constituição Federal garante a quem assim o desejar o direito de se considerar reencarnação de 'Inri Cristo' e de se apresentar como tal. Não porque isso seja verdade, mas porque o Estado não pode impedir a manifestação de nossas opiniões, sendo elas verdadeiras ou falsas".

Todas essas perguntas persistem no debate brasileiro, de modo que as experiências de nossa justiça de transição no tocante à construção deste direito não foram, a nosso ver, capazes de respondê-las satisfatoriamente. Como disse Osmo (2014, p. 54):

> De qualquer forma, a análise dos mecanismos da justiça de transição não parece capaz de por si só responder à questão específica sobre se e em que termos cada uma dessas medidas integraria a proteção do direito à verdade. Persistem muitas dúvidas a respeito do significado desse direito.

Ou seja, ainda que se tomem medidas e que se sobreponham meios considerados necessários e adequados para a efetivação do direito à verdade, tais meios e medidas não oferecem efetivamente respostas suficientes a respeito do objeto desse direito e, por consequente, de sua satisfação.

No que diz respeito às medidas não estatais em favor do direito à verdade, as denúncias das vítimas e/ou de seus familiares sobre os ocorridos nos porões da ditadura são parciais, e os estudos publicados, a exemplo do livro "Brasil: nunca mais", são admitidamente incompletos, abarcando apenas uma parte das irregularidades cometidas. Também é incompleta e parcial a verdade construída a partir dos processos de reparação, porque abrange o relato apenas das vítimas e não de todas elas. Há, por exemplo, vítimas da repressão sem familiares sobreviventes, cujas histórias não puderam ser registradas pela

Comissão da Anistia. Além disso, existe o risco de constrangimento daqueles que buscam perante os órgãos estatais ou recebem *ex officio* a reparação, no sentido de verem-se levados a endossar uma versão oficial da verdade de que discordam. Indicativa, neste sentido, a carta de Anita Leocádia Prestes, enviada ao jornal *O Globo*, em 13 de janeiro de 2010, na qual publicamente recusa-se a receber a indenização de R$ 100mil e considera um desrespeito à vontade e à memória de seu pai, Luiz Carlos Prestes, a reintegração deste ao Exército, no posto de coronel, e a concessão de pensão à família.

No tocante à verdade obtida a partir dos processos judiciais, há sempre o perigo, quando se trata de justiça de transição, da ocorrência de verdadeiros *show trials*, como o que se deu com Eichmann em Jerusalém, cujo objetivo é muito mais veicular mensagens políticas do que efetivamente buscar a verdade sobre o passado. Além do mais, o grande problema da "verdade judicial" reside no fato de, por ser uma verdade construída a partir de um procedimento rígido e controlado, com imposições de ordem formal diversas e meticulosas, nem sempre a verdade das coisas corresponde àquela dos autos ou à "justiça" dos julgamentos (Ferraz Jr., 2009, p. 274-275; Osmo, 2014, p. 40).

No caso Gomes Lund*vs.* Brasil, por sua vez, questiona-se se não ocorre a extrapolação dos limites das competências dos juízes da CIDH, não apenas porque eles julgam sobre fatos anteriores à competência da Corte assumida pelo Brasil – haja vista que tal competência foi reconhecida obrigatória pelo Estado brasileiro somente em 8 de novembro de 2002, nos termos do Decreto nº4.463, "para fatos posteriores a 10 de dezembro de 1998" –, mas, sobretudo, porque criam direitos e deveres que não se encontram previstos no texto da própria CIDH. Como ressalta Ezequiel Malarino (2011, p. 29), o Sistema Interamericano de Proteção dos Direitos Humanos, ao contrário de outros sistemas jurídicos, não abre seus sistemas de fontes a todo o direito internacional, e disso resulta que a CIDH não pode criar novas regras, novos direitos humanos, modificar aqueles já existentes; tampouco pode estender a eficácia jurídica de suas decisões contenciosas para além do caso concreto, sem que a Convenção expressamente conceda esses poderes à Corte.

Por fim, apesar dos inegáveis avanços advindos/produzidos pelas Leis nºs 12.527 e 12.528 no tocante à abertura dos arquivos da ditadura e da instauração da CNV, a pergunta que se faz é se o direito à verdade restringir-se-ia ao não impedimento do acesso a arquivos ou à publicação de um relatório final por parte de uma comissão da verdade, mas incluiria também o dever do Estado de investigar, encontrar respostas, divulgar e adotar providências sobre os fatos revelados. Em nossa opinião, o interesse sobre a verdade do passado autoritário da ditadura não é apenas histórico e moral, mas também político, no sentido da sempre lembrada afirmação de Santayana (1906, p. 284), em sua obra *The Life of Reason*: "Those who cannot remember the past are condemned to repeat it". Assim, o grande mérito da CNV foi justamente criar uma oportunidade de a sociedade encarar e discutir um passado ainda não resolvido. Sem olvidar os problemas relacionados à CNV – como os questionamentos sobre a neutralidade de seus membros, as acirradas disputas internas entre eles, a exigência por parte da sociedade para que fossem investigados os abusos não somente de um dos lados da disputa, mas "dos dois lados", isto é, das forças de segurança e da oposição armada ("teoria dos dois demônios") etc. –, seu valor está "na construção procedimental de inclusão para o diálogo" plural e inclusivo (Dudena, 2013, p. 328), independentemente da "parcialidade" ou não neutralidade dos sujeitos envolvidos. Resta, contudo, saber se esta e outras atitudes tomadas na justiça de transição brasileira são, nesse sentido, suficientes.

## 4. Os julgamentos de SALOMÃO e de AZDAKE os perigos da verdade

Como foi visto, reconhece-se um direito à verdade, ainda que em construção, no direito brasileiro, conforme expresso na legislação e assentado na jurisprudência e na doutrina. Da mesma forma, constata-se uma dificuldade imensa ou mesmo a impossibilidade em definir claramente seu significado e alcance, especialmente se se crê que o direito à verdade vai além da mera abertura de arquivos aos interessados. Diante deste quadro, é importante ainda ressaltar que, embora a verdade motive as transformações importantes do direito e gere esperança para o término de situações de injustiça, dependendo da maneira como o argumento da verdade é utilizado, ele pode representar uma forma dissimulada de negar a participação democrática, assim como de afastar o respeito às disposições legais, em oposição à política de justiça transicional em tese defendida.

O argumento da verdade carrega consigo certos perigos, que muitas vezes não conseguem ser vistos diretamente. Uma maneira de perceber esses perigos é recorrer à literatura (bíblica e artística) e analisar os julgamentos de Salomão, no primeiro livro de Reis da Bíblia, e de Azdak, no "Círculo de Giz Caucasiano", de Bertolt Brecht. Tanto o julgamento de Salomão quanto o do juiz Azdak sobre quem seria a *verdadeira* mãe de uma criança em disputa são representações de como nós compreendemos o direito e sua relação com a verdade. Trata-se, pois, de modelos importantes de como os juízes de direito devem decidir, que compõem, de certa forma, o inconsciente coletivo dos juristas.

No caso do julgamento de Salomão, a disputa ocorre entre duas prostitutas. Tendo uma delas deitado sobre seu bebê durante a noite, asfixiando-o, ela troca a criança morta pela sua colega, enquanto esta dormia. No caso do julgamento de Azdak, trata-se da disputa entre Natella Abaschvíli, a viúva do governador que, mais preocupada em salvar sua própria cabeça e seus vestidos, abandonou o filho durante uma revolta e agora o quer de volta para ter acesso aos bens do defunto vinculados à pessoa do herdeiro, e a serviçal Grucha, que salvou a criança e sacrificou-se para cuidá-la como seu próprio filho. Salomão manda entregar uma espada para cortara criança em duas e, dessa forma, reparti-la entre as duas mulheres. Aquela que preferisse abrir mão da criança para não vê-la morta seria a "verdadeira" mãe; Azdak, por sua vez, decide colocar a criança no centro de um círculo de giz, a ser puxada pelas duas mulheres. Aquela que tivesse mais força e conseguisse tirar a criança para fora do círculo, seria a "verdadeira" mãe.

Como observa Wiethölter (1986, p. 12 e ss.) em sua análise sobre esses dois julgamentos, Salomão é um rei poderoso, um juiz carismático, temido pelo seu povo e inquestionável sobre suas decisões ("E todo o Israel ouviu o juízo que havia dado o rei, e temeu ao rei; porque viram que havia nele a sabedoria de Deus, para fazer justiça", 1 Reis 3:28). Azdak, por sua vez, é um beberrão; em suas sentenças ele ofende a todos e, mesmo assim, acende uma centelha de justiça – centelhas essas que, segundo Brecht, representam alguma esperança "séssil" em relação ao direito, especialmente para os desamparados, para os aflitos e para os oprimidos ("No sistema em que ele atua, a humanidade é uma exceção"). O mundo de Salomão é o da cura; o de Azdak é incurável. A sentença de Salomão é precisa ("esta é sua mãe"), a de Azdak imprecisa: "E com isso (?!?) averiguou o Tribunal quem é a verdadeira (?!?) mãe", Brecht, 2002, p. 188). O procedimento aparentemente racional de Salomão é profundamente irracional, porque é dirigido de maneira especulativa a um determinado modelo de mãe. Note-se que o próprio texto bíblico profetiza, em ameaça, pais comendo a carne dos próprios filhos e filhas por descumprirem os mandamentos de Deus (Levítico 26:29) e descreve, no cerco a Samaria por Ben-Hadade, rei da Síria, o acerto entre duas mulheres para comerem seus filhos, em razão da fome (2 Reis 6:27-29). O procedimento aparentemente irracional de Azdak é profundamente racional, porque é dirigido à justiça de classes.

Salomão realiza uma especulação psicológica ao estilizar as duas mulheres em modelos abstratos de maternidade: uma boa mãe é aquela que prefere perder seu filho em vez de sacrificá-lo; uma mãe má é aquela que prefere ter as duas crianças mortas em vez de perdê-la para sua concorrente. O juízo de Azdak, por sua vez, representa os valores do operariado; a mulher do governador não quer o filho, mas a herança. Ela não seria, portanto, uma "verdadeira" mãe. Grucha, por sua vez, não deseja nenhuma riqueza,[368]mas apenas ficar com a criança ("Não entrego mais ele. Foi criado foi mim e ele me conhece", Brecht, 2002, p. 186) e por isso seria a "verdadeira" mãe. Na verdade, ela não quer somente a criança para si, mas também para a classe operária. Enquanto o sentimento de humanidade e a justiça na sentença de Salomão são um *clichê* (um lugar comum), na decisão de Azdak, trata-se de uma questão política (*Politikum*) (Wiethölter, 1986, p. 16).

O que nos chama, contudo, a atenção, é o fato de tanto a sabedoria psico especulativa de Salomão como a justiça dialético-política de Azdak serem modelos de como os juízes de direito devem decidir e, não obstante, mostrarem-se altamente prejudiciais ao direito e, em especial, a uma política coerente de justiça de transição. Se, por um lado, os julgamentos de Salomão e Azdak fazem parte, enquanto representações míticas, da compreensão que nós temos sobre o direito, por outro lado, simbolizam parâmetros supostamente equivocados

[368] "[Azdak] faz sinal a Grucha para que ela se aproxime e inclina-se para ela sem severidade. Verifiquei que tens um certo senso da justiça. Não acredito em tua palavra. Mas se ele fosse teu, mulher, não gostarias que fosse rico? Para isso, bastaria dizeres que não é teu. E imediatamente teria ele um palácio, uma porção de cavalos em suas cavalariças, numerosos mendigos à sua porta, e muitos soldados a seu serviço, e muitos solicitantes na sua antessala, não é verdade? Grucha não responde. [...] Azdak: Creio que te compreendo, mulher." (Brecht 2002, p. 185-186).

para as decisões jurídicas, utilizando-se do argumento da verdade. Isso, pelo menos, pelos seguintes motivos: em primeiro lugar, o argumento da verdade é utilizado como uma maneira de apartar o intérprete do direito das disposições legais que, como sabemos, são constitutivas do direito dos Estados modernos, especialmente os Democráticos de Direito (no caso do ordenamento jurídico brasileiro, especificamente, estabelece o art.5°, II, da CF/88 que "ninguém será obrigado a fazer ou deixar de fazer alguma coisa senão em virtude de lei" e também o art. 35, I, da Lei Orgânica da Magistratura Nacional, Lei Complementar nº 35/1979, que "são deveres do magistrado cumprir e fazer cumprir, com independência, serenidade e exatidão, as disposições legais").

Conforme Wiethölter (1986), essa negação aos dispositivos legais através do argumento da verdade (e da justiça) não é uma novidade. Pelo contrário. A história do direito natural pode ser vista, em certo sentido, como uma cadeia de alterações sucessivas entre meios e fins, isto é, entre a exigência do respeito às normas e aos procedimentos legais estabelecidos, por um lado, e a sua desconsideração em razão das consequências e finalidades almejadas, por outro. O resultado jurídico pretendido é, a partir de seus pressupostos normativos e de vida, ora preso em dispositivos legais, ora liberto de tais dispositivos (a exemplo da utilização da fórmula de Radbruch, utilizada nos tribunais alemães para justificar a punição dos "criminosos" nazistas e, mais tarde, dos delitos praticados pela antiga República Democrática Alemã).[369] Desse modo, é possível afirmar que a humanidade encontra-se até hoje ziguezagueando entre ordens e liberdades, idealidades e realidades, intelectualizações e

[369] A fórmula de Radbruch foi apresentada pelo professor de Heidelberg em seu artigo GesetzlichesUnrechtundübergesetzichesRecht (in: SüddeutscheJuristenzeitung, vol. 1, 1946, p. 105-108) e sustenta que "o conflito entre a justiça e a segurança jurídica deveria ser resolvido no sentido de que o direito positivo, garantido através da legiferação e do poder, deve prevalecer mesmo quando, do ponto de vista do conteúdo, é injusto e inadequado. A não ser que a contradição entre a lei positiva e a justiça alcance um nível tão insuportável, que a lei, enquanto 'direito injusto', deve recuar diante da justiça. [...]". Sobre a fórmula de Radbruch, entre outros: Alexy, 1993, p. 3-7; Dreier, 1993; Hassemer, 2002; Naucke, 1996, p. 44 e ss; Neumann, 2010, p. 129 ess; Saliger, 1995. Conforme explicação de Lafer (1999, p. 108-109), remetendo-se ao pensamento de Arendt sobre a "criminalidade estatal" corrida durante regimes totalitários do início do século XX: "as pessoas não agem anarquicamente e não cometem crimes ao acaso, por força de acidentes da fortuna: 'they too act according to a law, but this law has become the opposite of those law swhich are behind all legal systems'.". Nesse sentido, Arendt, 2003, especialmente p. 275-302.

voluntarismos. E sempre em nome da verdade, da justiça humana ou divina, do direito natural, de uma essência, razão intrínseca ou natureza das coisas. Como afirma Antoine de Rivarol (1753-1805), cujo aforismo é citado por Wiethölter (1986): "com as palavras ordem e liberdade a humanidade dirige-se constantemente do despotismo para a anarquia e da anarquia para o despotismo" (Rivarol, 1808, p. 348).

Ilustrativa, nesse sentido, é a fundamentação do Corregedor Geral de Justiça de São Paulo e autor de vários livros jurídicos, José Renato Nalini, para retificar a *causa mortis* do registro de óbito de Vladimir Herzog (Processo nº 2012/137854):

> O compromisso dos Registros Públicos é com a verdade real. O anacronismo da cultura jurídica ainda não se compenetrou de todo com a atual realidade brasileira, resultado da opção constituinte por verdadeira constitucionalização da ordem jurídica. Opositivismo esgotou seu ciclo histórico, na linguagem de Manuel Atienza. Assim como Bloch escreveu que "*a escola histórica crucificou o Direito natural na cruz da história*", hoje não é heresia asseverar que "*o constitucionalismo crucificou o positivismo jurídico na cruz da Constituição*" (Atienza, 2006, p. 44). A ordem cidadã impõe-se e prepondera sobre o fetiche da lei. Significa isso que a interpretação das leis se fará conforme a Constituição. Ou seja: "*de todas as interpretações possíveis de uma lei, o juiz deve descartar todas aquelas que vulnerem (ou que sejam incompatíveis) com a Constituição*" (Regla, 2012, p.103). (...) A decisão não é meramente formal, senão emblemática, assim como o fora a corajosa e destemida atuação jurisdicional de Márcio José de Moraes ao condenar a União pelo homicídio do jornalista Vladimir Herzog. Pois *"para o juiz, 'a escolhaentre uma norma válida e outra inválida obedece a considerações que se encontram* ***para além das próprias normas****'*: (Dworkin. TakingRightsSeriously, p. 27) ***aética****, se se admitir que o direito contém uma representação da obrigação fundada no respeito pelos outros e pelo seu projetode vida em comum; a* ***política****, se se admitir que esta se encontra, em parte, vinculada a formas institucionais pré-estabelecidas, ordenadas em função de uma comunidade que pretende, ela própria, apagar os traços da violência originária do poder"* (Dworkin. Law's Empire, p. 206 e ss. Citações ambas de Queiroz,

> 2000, p. 85). É exatamente disto que se trata. O constituinte de 1988 abomina a violência e quis bani-la da realidade brasileira. Por isso é que o direito não pode desprezar princípios meta-jurídicos, situados para além da norma, calcados na inevitável conclusão de que os seres humanos têm direitos morais contra o Estado.[370]

Por mais que prevaleça, na prática, um positivismo jurídico "intuitivo" e "espontâneo" (Dimoulis, 2011, p. 215-253), e ainda que a maioria dos autores contemporâneos rejeite a existência ou, pelos menos, a validade jurídica de um direito supra ou pré-positivo, natural, considerando-o mais como um sistema de normas criadas e aplicadas pelo Estado para regulamentar o comportamento social ou, então, como uma técnica destinada à solução de conflitos sociais a partir de um conjunto de normas, instituições e decisões (Ferraz Jr., 2015, p. 57), parece que esses autores não conseguem livrar-se do antigo brocardo romano, de que é do direito que decorrem as normas jurídicas e não o contrário – "*Non ex regula iussumatur, sed ex iure, quod est, regula fiat*" (Digesto 50. 17. 1; sobre isso, Vesting, 2007, p. 12). Existiria, portanto, um direito além das normas, instituições e decisões jurídicas, de onde decorrem as regras jurídicas. Esse direito além da lei é consubstanciado nas ideias de verdade e justiça e, não obstante, pode e deve ser buscado pelos juristas, a exemplo das decisões tomadas por Salomão e Azdak.

Se o direito não deve consistir apenas nas disposições legais, mas em algo além da lei, há de se perguntar, por conseguinte, em que medida o aplicador do direito está ou deve estar atrelado às normas jurídicas positivadas e tão somente a elas, ou, ao contrário, o julgador deve decidir pensando nas finalidades e nas consequências de sua decisão. E para essa pergunta não há respostas consensuais, consistindo, pois, em uma *vexata quaestio*. Não estando o juiz atrelado às normas jurídicas positivadas, haveria ainda que se indagar em que medida o juiz estaria pessoalmente responsável pelas consequências de suas decisões. Se o juiz assume para si a tarefa de alcançar certas finalidades e consequências, sobrepujando, no exercício de seu poder criativo de interpretar e aplicar o direito, os limites impostos pela lei positiva e, dessa forma, afastando-se completamente da ideia de que ele é "*labouche de laloi*"

[370] Os grifosemitálico e negrito são do original.

(Montesquieu, O Espírito das Leis), não se tornaria ele pessoalmente responsável pelas consequências de suas decisões?

A necessidade em se fundamentar, em um Estado Democrático de Direito, toda a decisão jurídica, especialmente aquela que contrarie a lei, leva-nos ao segundo problema do argumento da verdade. Se partirmos da premissa que não é mais possível abnegar-se, sob o argumento da autoridade (*sic volo, sic jubeo*), do dever de fundamentar as decisões, as sentenças e os juízos (Neumann, 2008, p. 76-78),quem diz que determinado comportamento é verdadeiro ou falso e, por isso, justo ou injusto, precisa explicitar as razões dessa sua afirmação. Acontece que o argumento da verdade é utilizado muitas vezes como artifício retórico ou "fórmula mágica" para encobrir decisões dogmáticas sem fundamentação suficiente e/ou coerente, baseada, por vezes, em meras intuições morais.

O problema reside no fato de as dicotomias verdadeiro ou falso, justo ou injusto, resultarem de imputações feitas a partir de modelos pré-estabelecidos pelo sujeito, distanciados, portanto, das disposições legais positivadas no ordenamento jurídico, que atribuem o significado jurídico objetivo aos fatos naturais (Kelsen, 2000, p. 46-47). O resultado esperado ou a decisão pretendida já são definidos de antemão em um modelo hipotético, criado pelo próprio julgador. O que não se enquadra nesse modelo, não é levado em consideração.

Desse modo, a possibilidade de a mãe natural não ser amorosa com seu filho, não se importar em perdê-lo, em maltratá-lo ou inclusive matá-lo (como infelizmente se vê com certa frequência nas páginas policiais) ou, inversamente, a hipótese de uma mulher assumir a criança de outrem como se fosse sua, de amá-la, mesmo não sendo seu filho natural, a ponto de preferir deixá-la a sua rival em vez de vê-la repartida em duas, não são admitidas por Salomão como mães verdadeiras. O mesmo acontece, embora com um sentido diferente ao do julgamento de Salomão, com Azdak. Uma mulher egoísta, mesquinha, "capitalista", que se preocupa mais consigo mesma, com seu conforto e com suas riquezas do que com seu próprio filho, não é considerada uma verdadeira mãe.

A própria justiça de transição, enquanto topos argumentativo da realidade brasileira, constitui um exemplo dessa circularidade ou hipostasiação, que mais encobre do que fundamenta as decisões dogmáticas propostas. No Brasil, justiça de transição é definida não de uma maneira pretensamente *neutra* (que evita as preferências pessoais, buscando determinar o conceito o mais objetivamente possível), tampouco *crítica* (que enfatiza seus aspectos negativos por meio de juízos de valor), mas predominantemente *apologética* (que defende, elogia e justifica determinada significação por intermédio de um discurso engajado, parcial e muitas vezes apaixonado).[371] Atribui-se, assim, aos termos "transição" e "justiça", um sentido axiológico, de maneira que a "transição" seja apresentada como sinônimo de progresso moral e civilizatório e a "justiça" como sinônimo de correto e adequado, "sinalizando o triunfo do Bem contra o Mal, dos Justos contra os Injustos e apresentando o regime anterior como espécie de doença maligna que deve ser extirpada" (Dimoulis, 2010, p. 118-119).

Ao exibir a transição como sinônimo de progresso moral e civilizatório e a justiça como o triunfo do bem contra o mal, as mudanças almejadas e as medidas a serem adotadas por meio do projeto político da justiça transicional são, de antemão, consideradas legítimas, justificadas; ela se apresenta, pois, como um *standard* ou "plataforma" de justificação, a partir do qual se realizam avaliações críticas sobre o passado, todavia sem ela mesma submeter-se a um juízo crítico. De que maneira? Assumindo em sua definição e utilizando em seu discurso conceitos que já estariam presumidamente justificados: direitos humanos, democracia, dignidade humana, paz, justiça, verdade. Concretamente em relação ao Brasil, por estarem tais conceitos supostamente consagrados no próprio ordenamento jurídico, seja pela Constituição, seja por força do direito internacional dos direitos humanos, seja pela jurisprudência e doutrina majoritárias que os deslumbram. Como se infere da própria expressão: justiça de transição é a transição justa.

Essas fórmulas vazias fascinantes, tautologias magníficas ou pseudo fundamentações, tão facilmente oferecidas pela justiça de transição e pelo direito, em muito pouco ou quase nada ajudam na solução dos conflitos sociais. Isso é proibido porque é proibido; as alegações de meu adversário político não merecem crédito, porque não merecem crédito; autoanistias não são válidas porque não são válidas; os resultados das investigações da CNV são verdadeiros porque são verdadeiros; os torturadores da ditadura devem receber uma

[371] Sobre as abordagens neutra, crítica e apologética da definição do direito, cf. Dimoulis, 2003, p. 39-44.

pena porque devem receber uma pena. Trata-se, metaforicamente falando, de empreendimentos típicos de um Barão de Münchhausen, que se libertou do pântano puxando-se pelos próprios cabelos.

Qual modelo de justiça de transição deve ser seguido no Brasil? Quais estratégias e mecanismos devem ser utilizados? As respostas a essas perguntas dependem inevitavelmente de opções políticas pessoais e, em um Estado Democrático de Direito, dos limites impostos pela lei, de modo que não seja possível, em nome da verdade (e da justiça), suprimir a reflexão crítica e o debate por meio das mais variadas formas de censura. O que queremos, afinal de contas, com a verdade? Verdades, enquanto conteúdos conhecidos, e ideias das verdades, enquanto formas de se conhecer, são passageiras. Elas mudam com o tempo. O que não muda é a procura da verdade e o desejo de estar no verdadeiro. O que não muda é a exigência de vencer o senso comum, o dogmatismo, a atitude natural e seus preconceitos. É somente nesse sentido que a verdade conserva-se como o valor mais alto a que aspira ao pensamento (Chauí, 2001, p. 106). Conforme escreveu Kant (1987, p. 236-237), não se ensina ou aprende a filosofia, mas a filosofar. Nos dizeres de Ferraz Jr. (2018, p. 8): "A ciência não nos liberta porque nos torna mais sábios, mas é porque nos tornamos mais sábios que a ciência nos liberta. Adquirir a sabedoria não é ato nem resultado da ciência e do conhecimento, mas é experiência e reflexão, exercício do pensar".

## Referências

ALEXY, Robert. *Mauerschützen*: zum Verhältnis von Recht, Moral undStrafbarkeit. Göttingen: VandenhoeckundRuprecht, 1993.

AMBOS, Kai. The legal framework oftransitional justice: a systematicstudywith a specialfocusonthe role ofthe ICC. In: AMBOS, Kai; LARGE, Judith; WIERDA, Marieke (Org.).*Building a future onpeaceandjustice*: studiesontransitional justice, peaceanddevelopment. Berlin, Heidelberg: Springer, 2008.

ARENT, Hannah. *Eichmann em Jerusalém*: um relato sobre a banalidade do mal. São Paulo: Companhia das Letras, 2003.

ARMSTRONG, Karen. *Jerusalém*: uma cidade, três religiões. São Paulo: Companhia das Letras, 2011.

ARZT, Gunther. *Einführung in die Rechtswissenschaft: GrundlagenmitBeispielenausdemschweizerischenRecht, 2. ed. Basel: Helbing&Lichtenhahn, 1996.*

ATIENZA, Manuel. *El Derecho como argumentación*. Barcelona: Ariel, 2006.

BARBOSA, Marco Antônio Rodrigues; VANNUCHI, Paulo. Resgate da memória e da verdade: um direito de todos. In: SOARES, Inês Virgínia Prado; KISHI, Sandra Akemi Shimada. *Memória e Verdade*: a justiça de transição no Estado Democrático brasileiro. Belo Horizonte: Fórum, 2009, p. 55-67.

BRECHT, Bertolt. O círculo de giz caucasiano (1955). Tradução: Manuel Bandeira. São Paulo: Cosac e Naify, 2002.

BROSSARD, Paulo. Anistia e torturas. Discurso proferido na sessão de 17 de março de 1981 do Senado Federal. Brasília: Senado Federal, Centro Gráfico, 1981.

CARTA MAIOR, *PNDH 3 é fiel à Constituição, diz Sepúlveda Pertence*. 18/01/2010.

CHAUÍ, Marilena. Convite à Filosofia, 12. ed. São Paulo: Ática, 2001.

COMPARATO, Fábio Konder. A afirmação histórica dos direitos humanos. São Paulo: Saraiva, 1999.

DERRIDA, Jacques. *Fuerza de ley.El "fundamentomístico de la autoridad"*. Madrid: Tecnos, 2002.

DIMOULIS, Dimitri. Manual de introdução ao estudo do direito.São Paulo: RT, 2003.

DIMOULIS, Dimitri. Justiça de transição e função anistiante no Brasil. Hipostasiações indevidas e caminhos de responsabilização. In: DIMOULIS, Dimitri; MARTINS, Antonio;

DIMOULIS, Dimitri. A relevância prática do positivismo jurídico. In: *Revista Brasileira de Estudos Políticos*. Belo Horizonte, n. 102, pp. 215-253, jan./jun. 2011.

DOEHRING, Karl. Allgemeine Staatslehre. 3. ed. Heidelberg: Müller, 2004.

DREIER, Ralf. Gesetzliches Unrechtim SED-Staat? Am Beispieldes DDR-Grenzgesetzes. In:

HAFT, Fritjof; HASSEMER, Winfried; NEUMANN, Ulfrid et al. (Org.). *Strafgerechtigkeit. Festschriftfür Arthur Kaufmann zum 70*. Geburtstag. Heidelberg: Müller, 1993.

DUDENA, Regis: A Comissão da Verdade do Sistema Político. In: *Revista Anistia Política e Justiça de Transição (Brasília)*, vol. 7, p. 316-335, 2013.

FERRAZ Jr., Tercio Sampaio. Introdução ao estudo do direito*: técnica, decisão, dominação.* 7. ed. São Paulo: Atlas, 2013.

FICO, Carlos. Como eles agiam. Os subterrâneos da ditadura militar: espionagem e polícia política. Rio de Janeiro: Record, 2001.

FOUCAULT, Michel. Microfísica do pod*er*. 26. ed. São Paulo: Graal, 2008.

GOULD, Stephen Jay. A falsa medida do homem. São Paulo: Martins Fontes, 1991.

HABERMAS, Jürgen. Drei normative Modelle der Demokratie. In: *Idem, Einbeziehung des Anderen, Frankfurt am Main*: Suhrkamp, 1996, p. 277 ss.

HASSEMER, Winfried. Einführung. In: RADBRUCH, Gustav. *Gezetliches Unrechtundübergesetzliches Recht(1946)*. Nomos: Baden-Baden, 2002.

KANT, Immanuel. Crítica da razão pura, *v. 2*. (Os pensadores). TraduçãoValérioRohden e UdoBaldurMoosburger. São Paulo: Nova Cultural, 1987.

KELSEN, Hans. *Reine Rechtslehre (1960)*.2. ed. Wien, 2000.

LAFER, Celso. A reconstrução dos direitos humanos: um diálogo com o pensamento de Hannah Arendt. São Paulo: Companhia das Letras, 1999.

LA TAILLE, Yves de. Moral e ética: dimensões intelectuais e afetivas. Porto Alegre: Artmed, 2006.

LUNARDI, Soraya Gasparetto; DIMOULIS, Dimitri. A verdade e a justiça constituem finalidades do processo judicial?. Seqüência (Florianópolis), v. 5, p. 175-194, 2007.

MANIFESTO público dos juristas em prol do debate público nacional sobre o alcance da lei de anistia, 2008.

MARTINS, Antonio. Sobre direito, punição e verdade. Reflexões acerca dos limites da argumentação jurídica. In: DIMOULIS, Dimitri; MARTINS, Antonio; SWENSSON Jr, Lauro Joppert (Org.). *Justiça de transição no Brasil*: direito, responsabilização e verdade. São Paulo: Saraiva, 2010.

MARTINS, Antonio. A legalidade e a proibição de retroatividade das leis no direito penal e no direito penal internacional e o tratamento dos crimes estatais praticados durante o regime militar no Brasil. In: *Revista Anistia Política e Justiça de Transição*, v. 7, p. 202-230, 2013.

MENKE, Christoph; POLLMANN, Arnd. *Philosophie der Menschenrechte*: zur Einführung. Hamburg: Junius, 2007.

NAUCKE, Wolfgang. *Die strafjuristische Privilegie run gstaatsverstärkter Kriminalität*.Frankfurt am Main: Klostermann, 1996.

NEUMANN, Ulfrid. Wahrheitstatt Autorität. Möglichkeitund Grenzeneiner Legitimation durch Begründungim Recht (2005). In: *Idem. Rechtals Strukturund Argumentation*, Baden- Baden: Nomos, 2008.

NEUMANN, Ulfrid. Positivismo, realismo e moralismo jurídicos no debate sobre a contribuição do direito penal para a transição de sistemas políticos. In: DIMOULIS, Dimitri; MARTINS, Antonio; SWENSSON Jr, Lauro Joppert (Org.). *Justiça de transição no Brasil: direito, responsabilização e verdade*. São Paulo: Saraiva, 2010.

PERTENCE, José Paulo Sepúlveda. Parecer sobre o Projeto de Lei de Anistia em tramitação no Congresso Nacional. Sala das Sessões do Conselho Federal da Ordem dos Advogados do Brasil, 24.07.1979.

QUEIROZ, Cristina. Interpretação Constitucional e Poder Judicial – Sobre a Epistemologia da Construção Constitucional. Coimbra: Coimbra Editora, 2000.

RADBRUCH, Gustav. Gesetzliches Unrechtundübergesetziches Recht. In: *Süddeutsche Juristenzeitung*, vol. 1, 1946.

REGLA, Josep Aguiló. Do "Império da Lei" ao "Estado Constitucional". Dois paradigmas jurídicos em poucas palavras. In: MOREIRA, Eduardo Ribeiro. *Argumentação e Estado Constitucional*. São Paulo: Ícone, 2012.

RIVAROL, Antoine de. Récapitulation. In: *O euvre completes de Rivarol*, Tome Premier, Paris: Chez LópoldCollin, Libraire, 1808.

SALIGER, Frank. *Radbruchsche Formelund Rechtsstaat*. Heidelberg: Müller, 1995.

SAMPAIO, José Adércio Leite; ALMEIDA, Alex Luciano Valadares de. Verdade e história; por um direito fundamental à verdade. In: SOARES, Inês Virgínia Prado; KISHI, Sandra Akemi Shimada. *Memória e Verdade: a justiça de transição no Estado Democrático brasileiro*. Belo Horizonte: Fórum, 2009, p. 249-272.

SWENSSON Jr, Lauro Joppert. Anistia Penal. Problemas de validade da lei de anistia brasileira (Lei 6.683/79). Curitiba: Juruá, 2007.

SWENSSON Jr., Lauro Joppert. Constitui a anistia obstáculo para a justiça de transição brasileira? In: PIMENTEL, Irene Flunser; REZOLA, Maria Inácia (Coord.). *Democracia, Ditadura. Memória e Justiça Política*. Lisboa: Tinta da China, 2013.

SWENSSON Jr, Lauro Joppert (Org.). Justiça de transição no Brasil: direito, responsabilização e verdade. São Paulo: Saraiva, 2010.

TAVARES, André Ramos. Teoria da justiça constitucional. São Paulo: Saraiva, 2005.

UNITED NATIONS.*Office of the High Commissioner for Human Rights. Ruleof Law Tools for Post-ConflictStates*: ProsecutionInitiatives, HR/PUB/06/4, 2006.Disponível em: http://www.refworld.org/cgi-bin/texis/vtx/rwmain?docid=46cebb6c2. Acesso em: 28 fev. 2015.

VESTING, Thomas. *Rechtstheorie.*Munique: C. H. Beck, 2007.

ZIPPELIUS, Reinhold. Teoria Geral do Estado. São Paulo: Martins Fontes, 2016.

WIETHÖLTER, Rudolf. *Rechtswissenschaft (1968)*. Basel: Helbingund Lichtenhahn, 1986.

# 3. Competência Internacional em Situações de Teletrabalho na União Europeia

*Anabela Susana de Sousa Gonçalves*

## 1. O teletrabalho

O desenvolvimento das novas tecnologias mudou as formas de comunicação e as relações de trabalho assimilaram novos meios de comunicação à distância, como a Internet. O teletrabalho é uma modalidade de trabalho efetuado à distância, envolvendo a utilização de novas tecnologias da sociedade da informação, para estabelecer uma comunicação regular com a entidade patronal, caracterizando-se pela ausência física do trabalhador da empresa, durante uma parte considerável do seu horário de trabalho[372]. São três os elementos

[372] É possível encontrar várias noções de teletrabalho. V., a título de exemplo, BLAINPAIN, Roger, "Telework in perspective", *Telework Congress, Chance and Challenge for Europe*, Office for Official Publications of the European Communities, Luxembourg, 1996, p. 240, define-o como «work performed, mainly or for an important part, at a location other than the traditional workplace of an employer, involving the use of telecommunication»; GRAY, Mike, HODSON, Noel, GORDON, Gil, *Teleworking Explained*, John Wiley & Sons, New York, 1996, p. 2, adota a definição de «(...) flexible way of working which covers a wide range of work activities, all of which entail working remotely from an employer, or from a traditional place of work, for a significant proportion of work time. (...) The work often involves electronic processing of information, and always involves using telecommunications to keep the remote employer and employee in contact with each other»; PEREIRA, Joel Timóteo Ramos, *Direito da Internet*

identificados por Francisco Pérez de los Cobos e Javier Thibault Aranda[373] para podermos identificar uma situação de teletrabalho: o elemento topográfico (deslocação do trabalhador da empresa); o elemento tecnológico (a prestação da atividade laboral através de meios telemáticos); e o elemento organizativo (a organização do trabalho pelo trabalhador).

O teletrabalho prestado à distância é adequado para as prestações laborais de índole intelectual, com um alto componente de especialização, até porque, o teletrabalho implica a elaboração e/ou transmissão de dados para a empresa, através de meios telemáticos. Esta forma de prestação do trabalho à distância comporta vantagens para as empresas, porque lhes permite uma maior flexibilidade na organização do trabalho, uma diminuição dos custos de deslocação dos trabalhadores, de instalações, de manutenção, de segurança e um aumento potencial dos serviços prestados aos clientes, pois existe uma maior facilidade para programar turnos. Para o trabalhador implica uma diminuição do tempo e dos custos das deslocações, a possibilidade de usufruir de melhores oportunidades de trabalho (pois deixa de estar limitado a uma área geográfica), a possibilidade de ter um horário mais flexível e, por isso, poder participar mais na vida familiar e da comunidade onde reside. Para os trabalhadores com deficiências representa uma maior facilidade de integração no mercado de trabalho. Adicionalmente, o teletrabalho permite ainda desenvolver o mercado laboral em zonas menos favorecidas, potenciando um mercado de trabalho à escala mundial. Além da criação de novos postos de trabalho nessas zonas menos favorecidas, estabiliza as populações nessas áreas (evitando a desertificação), aumenta a riqueza regional (devido ao rendimento dos trabalhadores) e permite às empresas aceder à mão-de-obra qualificada

*e do Comércio Electrónico*, Quid Iuris, Lisboa, 2001, p. 201, escreve que «segundo a OIT, é a forma de trabalho efetuada em lugar distante do escritório central e/ou centro de produção, que permita a separação física e que implique o uso de uma nova tecnologia facilitadora da comunicação»; REDINHA, Maria Regina Gomes, «O teletrabalho» *in II Congresso Nacional de Direito do Trabalho – Memórias*, coord. António Moreira, Almedina, Coimbra, 1999, p. 86, considera-o como «(...) a modalidade de trabalho desenvolvido num local situado fora das instalações centrais da empresa, através da utilização de meios informáticos e/ou telemáticos que permitem, simultaneamente, a separação geográfica e a comunicação».

[373] PÉREZ DE LOS COBOS, Francisco e THIBAULT ARANDA, Javier, *El teletrabajo en España, Perspectiva jurídico laboral, Ministerio de Trabajo y Asuntos Sociales*, 2001, pp. 17 e segs.

residente nessas regiões, evitando a deslocação física dos trabalhadores e a despesa inerente.

O contrato de trabalho internacional assume um grande protagonismo no teletrabalho. A internet e outros meios de comunicação à distância potenciam as vantagens do teletrabalho: permitem uma transmissão de informações rápida, fácil, segura e de alcance mundial e a globalização das relações de trabalho. É neste âmbito que é importante determinar qual a lei aplicável ao contrato de trabalho internacional, mais especificamente ao teletrabalho internacional e qual o tribunal competente para dirimir os litígios emergentes de um contrato de teletrabalho internacional cuja execução se processa à distância envolvendo meios telemáticos. A ligação das duas matérias implicaria um estudo simultâneo de ambas. Todavia, a exiguidade deste estudo impede-nos de analisar as duas questões e forçou-nos a optar por uma delas. Pelo facto de a solução atualmente prevista no plano da lei aplicável ao contrato de trabalho internacional[374] ser, de certa forma, inspirada na solução existente para a determinação do tribunal competente nestas mesmas matérias, vamos circunscrever este estudo à determinação do tribunal competente para dirimir os litígios emergentes de um contrato de teletrabalho internacional cuja execução se processa à distância envolvendo meios telemáticos. Na União Europeia, isto implica analisar as soluções consagradas no Regulamento n.º 1215/2012 do Parlamento Europeu e do Conselho, de 12 de dezembro de 2012, relativo à competência judiciária, ao reconhecimento e à execução de decisões em matéria civil e comercial (conhecido por Bruxelas I *bis*).

## 2. O tribunal competente no teletrabalho internacional

Para determinar qual o tribunal competente para decidir os litígios emergentes dos contratos de trabalho internacionais é necessário recorrer ao regulamento Bruxelas I *bis*. Este é um dos atos jurídicos da União que se integra na política europeia de cooperação judiciária em matéria civil (art. 81.º do Tratado de Funcionamento da União Europeia) e visa concretizar

[374] No art. 8.º do regulamento n.º 593/2008 do Parlamento Europeu e do Conselho, de 17 de Junho de 2008, sobre a lei aplicável às obrigações contratuais (Roma I).

o espaço europeu de liberdade segurança e justiça (art. 67.º, n.º 1, do Tratado de Funcionamento da União Europeia)[375]. Tendo como um dos principais objetivos o estabelecimento da livre circulação de decisões em matéria civil e comercial no espaço da União Europeia, o Regulamento Bruxelas I *bis* tem um conjunto de regras referentes à competência internacional e ao reconhecimento de decisões estrangeiras, assentando estas últimas sobre o princípio do reconhecimento mútuo[376].

### *2.1. O âmbito de aplicação das regras do regulamento Bruxelas I bis*

O Regulamento Bruxelas I *bis* aplica-se a questões transnacionais, em matéria civil e comercial, estando excluídas as matérias fiscais, aduaneiras e administrativas (art. 1.º). Estão também afastadas do seu âmbito de aplicação material as matérias elencadas no n.º 2, do art. 1.º: o estado, a capacidade das pessoas singulares; os regimes matrimoniais, os testamentos e as sucessões; as insolvências e medidas de recuperação de empresas; as questões relacionadas com a segurança social; as situações de arbitragem. O regulamento não prejudica a aplicação de legislação da União Europeia que regule matérias idênticas (art. 67.º), assim como a aplicação das convenções internacionais que versem sobre esta matéria e de que os Estados-Membros já sejam parte à data da entrada em vigor do regulamento (art. 71.º, n.º 1).

As regras de competência internacional, previstas no regulamento, aplicam-se quando o réu tem domicílio no território de um Estado-Membro (art. 4.º, n.º 1 e n.º 2), independentemente da sua nacionalidade. Este é o princípio do domicílio do réu e é a regra geral do regulamento (*actor sequitur forum rei*). Em princípio, as regras do regulamento Bruxelas I que definem a competência internacional designam globalmente a ordem judiciária de um Estado, competindo às normas nacionais que repartem o poder jurisdicional

[375] Sobre a base legislativa deste e de outros regulamentos que integram a política de cooperação judiciária em matéria civil, GONÇALVES, Anabela Susana de Sousa, *Da responsabilidade Extracontratual em Direito Internacional privado, A Mudança de Paradigma*, Almedina, Coimbra, 2013, pp. 212-226.

[376] Sobre o princípio do reconhecimento mútuo, GONÇALVES, Anabela Susana de Sousa, *Da responsabilidade Extracontratual em Direito Internacional privado, A Mudança de Paradigma*, Almedina, Coimbra, 2013, pp. 241-250.

de cada país, a definição material e territorial do tribunal que em concreto deve julgar a questão. Quando o réu tem domicílio num Estado terceiro, aplicam-se as regras de competência internacional de fonte interna (art. 5.º, n.º 1), sem prejuízo do estabelecido nas disposições legais previstas nas secções 2 a 7, do capítulo II do Regulamento Bruxelas I bis, que estabelecem uma exceção a esta norma[377]. O sistema de reconhecimento tendencialmente automático estabelecido no regulamento é aplicado às decisões proferidas nos Estados-Membros (art. 36.º).

O Regulamento Bruxelas I bis passou a aplicar-se às ações judiciais intentadas, aos instrumentos autênticos formalmente redigidos ou registados e às transações judiciais aprovadas ou celebradas a partir de 10 de janeiro de 2015 (art. 66.º, n.º 1, e art. 81º) e, de acordo com o art. 68.º, veio substituir a Convenção de Bruxelas entre os Estados-Membros e revogar o anterior Regulamento n.º 44/2001 (Bruxelas I), de acordo com o art. 80º. Seguindo a anterior estrutura da Convenção de Bruxelas e do regulamento Bruxelas I, o regulamento Bruxelas I *bis* tem regras sobre competência internacional e sobre reconhecimento de decisões estrangeiras e é nas regras sobre competência internacional que nos deparamos com a secção 5, dedicada aos contratos individuais de trabalho.

### *2.2. As regras especiais relativas ao contrato de trabalho internacional*

O regulamento Bruxelas I *bis* prevê um conjunto de competências especiais para regular as matérias relativas ao contrato de seguro (secção 3), ao contato de consumo (secção 4) e ao contrato de trabalho (secção 5). Estas regras de competência especial são fixadas em função de um vínculo de proximidade existente entre a questão litigiosa e a jurisdição de determinado Estado. Esta proximidade garante uma maior facilidade na condução da lide, na produção da prova, na ligação entre o litígio e o foro e na proteção da parte mais fraca.

[377] GONÇALVES, Anabela Susana de Sousa, «A revisão do regulamento Bruxelas I relativo à competência judiciária, ao reconhecimento e à execução de decisões em matéria civil e comercial»» *in Temas de Direito Internacional Privado e de Processo Civil Internacional*, Librum Editora, Porto, 2019, pp. 129-150.

Quando a regra geral do domicílio do réu (art. 4.º) e a regra especial relativa ao contrato de trabalho (art. 21.º e 22.º) remeterem para um Estado-Membro, o autor goza de uma competência eletiva: pode demandar o réu no Estado do seu domicílio ou nos locais determinados por essas regras especiais. Quando a entidade patronal não estiver domiciliada num Estado-membro, o art. 21º, n.º 2, do Regulamento Bruxelas I *bis* introduziu uma proteção adicional ao trabalhador, ao estabelecer-se que a entidade patronal não domiciliada num Estado-Membro pode ser demandada pelo trabalhador nos tribunais do Estado-Membro que correspondam ao lugar em que este efetua habitualmente o seu trabalho (ou efetuo mais recentemente).

De acordo com o art. 21.º, n.º 1, o trabalhador pode demandar a entidade patronal perante os tribunais do Estado-Membro do domicílio da entidade empregadora. Esta é a regra geral do *actor sequitur forum rei*, atribuindo-se competência nesta norma à ordem judiciária numa perspetiva global. Todavia, o art. 20.º, n.º 2, estabelece um domicílio presumido ao determinar que se a entidade patronal não estiver domiciliada no território de um Estado-Membro, mas aí tiver uma sucursal, agência ou estabelecimento, considera-se domiciliada nesse local, para efeitos dos litígios resultantes do funcionamento dessas sucursais, agências ou estabelecimentos. O trabalhador pode ainda optar pelo tribunal do lugar onde habitualmente presta o seu trabalho ou o tribunal do lugar onde o efetuou mais recentemente [art. 21.º, n.º 2, al. a)]. Esta última jurisdição está vocacionada para situações de despedimento do trabalhador. O trabalhador pode ainda demandar o empregador perante o lugar da situação do estabelecimento que o contratou, desde que não exista um local de prestação habitual do contrato de trabalho não se verifique no mesmo país [art. 21.º, n.º 2, al. b)]. Nestes casos do art. 19.º, n.º 2, existe uma designação direta do tribunal competente. Por sua vez, a entidade patronal, nos termos do art. 22.º, n.º 1, só pode recorrer aos tribunais do domicílio do trabalhador, ou seja, está limitado à regra geral.

Analisando as normas em causa conclui-se que existe uma clara desproporção entre a quantidade de foros a que pode recorrer o trabalhador em relação àqueles a que pode recorrer a entidade empregadora. O maior número de jurisdições ao dispor do trabalhador é uma forma de proteção deste sujeito, enquanto parte mais fraca na relação jurídica, tal como acontece em relação ao consumidor (art. 18.º) e ao tomador do seguro (art. 11.º).

O tribunal competente também pode ser designado pela vontade expressa das partes, através de pactos atributivos de competência (art. 25.º), ou segundo a vontade tácita do réu em se sujeitar a determinada jurisdição, através da prorrogação tácita de competência (art. 26.º). Além dos requisitos previstos no art. 25.º, os pactos atributivos de jurisdição relativos aos contratos de trabalho apenas são admitidos se cumprirem os requisitos do art. 19.º, ou seja: desde que sejam posteriores ao litígio e permitam ao trabalhador recorrer a outros tribunais além dos indicados na secção 5 do Regulamento. A limitação ao recurso a pactos atributivos de jurisdição é também uma forma de proteção da parte contratualmente mais débil, tal como sucede no contrato de seguro (art. 15.º) e no contrato de consumo (art. 19.º).

### 2.3. *Aplicação das regras de competência especial ao teletrabalho*

No teletrabalho, além dos foros competentes por força dos pactos de jurisdição, o trabalhador pode intentar a ação no Estado do domicílio do empregador ou no foro do lugar de prestação habitual do contrato de trabalho. Na ausência deste, pode optar pelo foro do lugar do estabelecimento que o contratou. A entidade patronal, por sua vez, apenas pode recorrer à jurisdição do domicílio do réu. Perante este cenário coloca-se a questão de como determinar o lugar de prestação do teletrabalho internacional.

O teletrabalhador presta o seu trabalho ou no seu domicílio ou num centro de teletrabalho, qualquer um deles situado num país diferente da sede ou estabelecimento da entidade patronal. A atividade laboral é prestada através de meios telemáticos, que permitem a comunicação à distância. As tecnologias da sociedade da informação permitem um contacto direto e imediato do trabalhador com o empregador. Este contacto, que pode ser contínuo ou descontínuo, permite ao empregador direcionar e organizar o trabalho e ao trabalhador receber instruções. O teletrabalho pode consistir num contacto imediato e em tempo real com a entidade patronal, o denominado teletrabalho *online*. Pode ainda processar-se em regime *offline*, em que haverá contatos descontínuos com a entidade patronal, para receber instruções e apresentar resultados, dentro de períodos de tempo de teledisponibilidade. O resultado desse trabalho pode ser orientado para o empregador que estará localizado num país diferente do trabalhador ou, diretamente, para os clientes do empregador que podem estar espalhados por vários países.

Tendo em conta o descrito, estamos perante uma configuração contratual em que as obrigações que emergem do contrato estão espalhadas por vários países. Tendo em conta esta realidade, onde devermos considerar localizado o local de prestação habitual do teletrabalho: no local físico onde está o trabalhador ou deveremos considerar que o centro real da atividade do teletrabalhador é o local de onde recebe as diretrizes para concretizar a sua prestação de trabalho e para onde envia os resultados da sua atividade? Note-se que o local de prestação do trabalho no teletrabalho existe e, por isso, não podemos recorrer ao foro previsto no art. 21.º, n.º 2, al. b), direcionado para aquelas situações em que o trabalhador não presta habitualmente o seu trabalho no mesmo país.

O fator atributivo de competência *lugar de prestação habitual do contrato de trabalho* teve por base o contrato de trabalho típico e não foi pensado para uma realidade tão deslocalizada como o teletrabalho internacional. Chamado a decidir uma situação em que o trabalhador prestava a sua atividade em vários países, o Tribunal de Justiça da União Europeia (TJUE) considerou que aquele conceito deve ser interpretado no sentido de lugar onde o trabalhador estabelece o «(...) centro efetivo das suas atividades profissionais e/ou a partir do qual cumpre na realidade o essencial das suas obrigações com a entidade patronal»[378], apontando, em seguida, um conjunto de indícios fácticos para a determinação deste local. O problema é que no teletrabalho o que está disseminado por mais do que um país não é o cumprimento do contrato, mas as prestações do mesmo, que são interdependentes e estão disseminadas por mais do que um país. A questão é saber a qual das obrigações do contrato de trabalho deveremos dar primazia para determinar o lugar de prestação do contrato de trabalho: à atividade laboral ou ao poder de direção e de subordinação.

Intuitivamente poderíamos optar pelo lugar da situação física do trabalhador[379], que pode ser um centro de teletrabalho ou habitação do próprio

[378] TJUE, *Petrus Wilhelmus Rutten c. Cross Medical Ltd.*, proc. C-383/95, CJUE 1997, pp. I-57 e ss, § 40.

[379] Esta parece ser a opção de CALVO CARAVACA, Alfonso Luis, CARRASCOSA GONZALEZ, Javier, Conflictos de Leyes y Conflictos de Jurisdicción en Internet, Editorial Colex, Madrid, 2001, pp. 101-106.

trabalhador. Todavia, o lugar de execução não é apenas aquele local onde o trabalhador presta a sua atividade profissional. É, também e sobretudo, o local onde o empregador exerce o seu poder de direção e, deste modo, determina faseadamente a prestação de trabalho: por vezes, orientando tecnicamente, outras vezes, exercendo um poder de vigilância. Atualmente, os programas informáticos permitem um controlo efetivo da prestação laboral do trabalhador e, na vertente *online* do teletrabalho, a vigilância do trabalhador assume outro protagonismo. A determinação do *lugar de prestação habitual do contrato de trabalho* será feita entre o local onde o trabalhador presta a sua atividade laboral e o local onde o empregador exerce o seu poder de direção. Sempre se poderá argumentar que se é verdade que o poder de direção provém de um determinado lugar, este faz-se sentir no lugar da situação do trabalhador. Porém, o mesmo argumento pode ser avançado em relação à atividade do trabalhador: é direcionada para o lugar da situação do empregador. Assim é, porque o contrato de trabalho é um negócio sinalagmático, do qual emergem direitos e obrigações interdependentes, para ambas as partes. A questão a apurar reside em determinar a qual dos dois elementos do contrato de trabalho deveremos dar primazia: à atividade ou ao poder de direção e de subordinação, como elemento para determinar o lugar de execução do contrato de trabalho.

O problema é deveras complexo, mas, como já afirmámos antes[380], parece-nos que o que distingue o contrato de trabalho face ao contrato de prestação de serviços é o poder disciplinar e o poder de direção por parte do empregador, por isso, consideramos que pela sua natureza distintiva na economia contratual estes devem ser os elementos a ter em conta para localizar o contrato de trabalho. O local de prestação do contrato de trabalho será aquele a partir do qual serão dadas as ordens e instruções, organizado o trabalho, o local a partir do qual é exercido o poder de direção e o poder disciplinar, que corresponderá à sede ou estabelecimento do empregador[381]. Não somos

[380] V. para mais desenvolvimentos, GONÇALVES, Anabela Susana de Sousa, *Do regime jurídico do teletrabalho em Direito Internacional Privado*, Dissertação de mestrado em Ciências Jurídico-Empresariais, sob orientação do Professor Doutor Rui Moura Ramos, Faculdade de Direito de Lisboa, 2004, pp. 104 e ss.

[381] Sobre as consequências e dúvidas colocadas por esta opção, *idem*, *ibidem*.

alheios às dúvidas que esta opção levanta, mas a extensão deste trabalho não as permite debater[382].

## 3. Conclusões

As regras especiais de competência internacional que regulam o contrato de trabalho tornam-se de difícil concretização quando aplicadas a uma situação tão deslocalizada como o teletrabalho. Quer o teletrabalho seja executado em regime *online* ou *offline*, torna-se difícil determinar o lugar de prestação habitual do contrato de trabalho, pois, como indicámos, as obrigações que emergem deste contrato podem estar dispersas por vários países: o local onde é efetuada a atividade laboral não coincide com o local de onde partem as instruções, de onde é organizado o trabalho, controlado o trabalho prestado ou efetuada a vigilância do trabalho. Não tendo sido o fator atributivo de competência previsto no art. 21.º, n.º 2, al. a), do Regulamento Bruxelas I bis, pensado para situações com o grau de deslocalização existente no teletrabalho, tentámos determinar a qual das obrigações envolvidas no contrato de trabalho deveremos dar primazia para determinar o local de prestação habitual do contrato. Apesar da complexidade da questão envolvida, concluímos que o elemento que distingue o contrato de trabalho é o poder disciplinar e o poder de direção por parte do empregador. Logo, em consequência, no teletrabalho, estando as prestações envolvidas no contrato espalhadas por vários países, o local de prestação do contrato de trabalho, previsto no art. 21.º, n.º 2, al. a), do Regulamento Bruxelas I *bis*, deve ser entendido como aquele a partir do qual serão dadas as ordens e instruções, organizado o trabalho, o local a partir do qual é exercido o poder de direção e o poder disciplinar.

## Referências

BLAINPAIN, Roger, "Telework in perspective" *in Telework Congress, Chance and Challenge for Europe*, Office for Official Publications of the European Communities, Luxembourg, 1996.

[382] Para mais desenvolvimentos sobre esta temática, v. *idem, ibidem*.

CALVO CARAVACA, Alfonso Luis, CARRASCOSA GONZALEZ, Javier, *Conflictos de Leyes y Conflictos de Jurisdicción en Internet*, Editorial Colex, Madrid, 2001.

GRAY, Mike, HODSON, Noel, GORDON, Gil, *Teleworking Explained*, John Wiley & Sons, New York, 1996.

GONÇALVES, Anabela Susana de Sousa, *Do regime jurídico do teletrabalho em Direito Internacional Privado*, Dissertação de mestrado em Ciências Jurídico-Empresariais, sob orientação do Professor Doutor Rui Moura Ramos, Faculdade de Direito de Lisboa, 2004

GONÇALVES, Anabela Susana de Sousa, *Da responsabilidade Extracontratual em Direito Internacional privado, A Mudança de Paradigma*, Almedina, Coimbra, 2013

GONÇALVES, Anabela Susana de Sousa, «A revisão do regulamento Bruxelas I relativo à competência judiciária, ao reconhecimento e à execução de decisões em matéria civil e comercial»» *in Temas de Direito Internacional Privado e de Processo Civil Internacional*, Librum Editora, Porto, 2019, pp. 129-150.

PEREIRA, Joel Timóteo Ramos, *Direito da Internet e do Comércio Electrónico*, Quid Iuris, Lisboa, 2001.

PÉREZ DE LOS COBOS, Francisco e THIBAULT ARANDA, Javier, *El teletrabajo en España, Perspectiva jurídico laboral*, Ministerio de Trabajo y Asuntos Sociales, 2001.

REDINHA, Maria Regina Gomes, «O teletrabalho» in II Congresso Nacional de Direito do Trabalho – Memórias, coord. António Moreira, Almedina, Coimbra, 1999.

# 4. Inteligência Artificial e Decisão Jurisprudencial*

*Alexandre Libório Dias Pereira*[383]

## 1. Do mito de Golem ao "Dr Iuris Computer"

O progresso científico-tecnológico promete continuar o processo revolucionário, nomeadamente através da tecnologia bioinformática, anunciando-se o ciborgue (Dufresne 1999) com o "casamento de computadores e genes" (Rifkin 2000: 210s), prevendo-se que os "os computadores da segunda metade deste século pouco terão a ver com os computadores de hoje" (Costa & Simões 2004: 562).

No domínio da justiça e da realização do direito, a informatização do procedimento decisório administrativo e judicial é já uma realidade, não apenas no processamento e transmissão de dados, mas também – e sobretudo – na solução de casos. Conseguirá a engenharia informática desenvolver a inteligência artificial emulando o *modus operandi* do *logos* jurídico e realizando, no Direito, o mito de Golem (1580), que "reaparece na «sociedade de informação»

[383] Versão sumariada do nosso trabalho «Lex informatica, ius ex machina e justiça artificial» publicado no vol. I (Filosofia, Teoria e Metodologia) dos *Estudos em Homenagem ao Prof. Doutor António Castanheira Neves*, organizados por Jorge de Figueiredo Dias, J.J. Gomes Canotilho e José de Faria Costa (Coimbra Editora, 2008, 817-886) e republicado, sob o título «Ius ex machina? Da informática jurídica ao computador-juiz», na *Revista Jurídica Luso-Brasileira (RJLB)*, Ano 3 (2017), nº 1, 44-126).

de N. Wiener, o pai da Cibernética", matemático, com a sua *Cybernetic or the Control and Communication in the Animal and the Machine* (1948)"? (B. Pereira 1996, 51). Evocando um título de D'Amato, "Can/Should Computers Replace Judges?"

Os autómatos jurídicos já não são apenas "ficção" (Nagel 1998). A automatização jurídica do direito fiscal e dos seguros de acidentes rodoviários foi há muito defendida e já é prática corrente (Viehweg 1995, Phillips 1995). Na metodologia do direito ressalva-se que o "juiz computador" que "fosse de uma vez só programado *per saecula saeculorum* causaria "horror até ao positivista mais impávido" (Kaufmann 1997: 121). Todavia, aceita-se que, "quando se trate de fenómenos massivos, que se apresentam sempre de maneira idêntica [...], *o juiz que decide o caso concreto pode ser substituído pelo computador*, previamente instruído para todos os casos" (Larenz 1983: 282; v. Catala 1998), qual "robot da subsunção" (Ogorek 1986).

Em Portugal surgiram igualmente posicionamentos favoráveis à automatização jurídica (Hespanha 2000, G. Marques 2000), apontando-se o Direito com um campo fértil de aplicação da chamada *algoritmia analógica* (Moles 1990: 49). Outros, porém, manifestaram reservas à sua viabilidade, alegando a incapacidade "semântica" dos computadores (Castanheira Neves 1993: 251-2) ou que o "o «Dr. Iur. Computer» [enquanto] prótese mecânica" não conseguiria "*ajuizar*" os casos (Bronze 1998: 76). Numa palavra, o raciocínio jurídico não seria redutível a um algoritmo omnipotente (Dworkin 1992: 287-9). Ao invés da inteligência artificial, dever-se-ia antes apostar nos "processos naturais da inteligência jurídica" (F. Araújo 1999:71).

## 2. *If, then – unless or else*?

O nosso sistema jurídico é constituído, fundamentalmente, por normas legais, as quais têm normalmente uma estrutura lógica semelhante à informática: *if, then – unless or else*. Se *x*, logo *w, a menos que y (ou salvo se), então k*. Isto é, têm uma hipótese, que prevê a situação típica, e uma estatuição, que estabelece a consequência, ambas se fundindo por via de uma "cópula" ou "nexo que as une" (S. Justo 2003: 142).

Todavia, a lei utiliza amiúde conceitos indeterminados ou cláusulas gerais (por ex. bons costumes), cuja determinação e concretização é tarefa do intérprete. A programação informática poderia suprir alguma porosidade linguística da lei, indexando tais conceitos indeterminados e cláusulas gerais a bases de dados jurisprudenciais e doutrinais processadas em termos de encontrar uma posição dominante ou maioritária.

Há casos que o sistema logicamente programado não prevê e para as quais não provê solução. São as chamadas lacunas, no sentido de casos omissos. O modelo «se, logo» não reconhece casos que não se subsumem aos conceitos previstos no programa da lei, mas que não deixam de ser juridicamente relevantes, reclamando disciplina análoga à prevista para situações reguladas pela lei, em virtude de nele procederem as razões justificativas dessa disciplina legal (*eadem ratio*), como prescreve o Código Civil (art. 10.º, 2), tarefa que "exige toda a finura por parte do intérprete" (Ascensão 1997: 446).

Estas situações exigem uma programação mais complexa, alargando a hipótese da norma a situações afins, como, por exemplo, programando o sistema no sentido de abrir o regime de uma norma com base no argumento *a fortiori*, por maioria de razão, ou *ad maius ad minus*.

As possibilidades de alargamento da norma poderiam, todavia, ser comprometidas no campo das normas excecionais. Tomada à letra a proibição da analogia relativamente a estas normas, então o programa informático excluiria à partida a possibilidade de aplicação de tais normas a casos atípicos. O argumento por maioria de razão cederia face ao argumento *a contrario*, excluindo do campo de aplicação todas as situações que "contrariam princípios fundamentais, informadores da ordem jurídica ou dum ramo de direito em particular" (Ascensão 1997: 453). Porém, a proibição da analogia das normas excecionais não tem em conta a "radical matriz analógica do discurso jurídico" (Bronze 1994), nem aceita que a norma se aplica analogicamente mesmo aos casos nela expressamente previstos – expondo-se ao argumento apagógico da *reductio ad absurdum*.

A relevância jurídica dos casos omissos é atribuída à sua ressonância no estrato do sistema que anima o *corpus iuris*, os chamados princípios fundamentais (Alexy 1995). O método tradicional denomina esta operação por analogia *iuris*. O caso omisso resolve-se segundo os princípios jurídicos gerais relativos ao instituto convocado pelo caso. Estes princípios seriam decantados a partir das normas que compunham o regime de tal instituto através das operações lógicas da indução e da dedução: por indução infere-se um princípio geral, do qual deduz uma solução para o caso omisso.

A programação informática já permite a indução lógica, com os chamados agentes reativos, aprendizes e adaptativos (Costa & Simões 2004: 37), apontando-se "a grande capacidade do sistema para reconhecer padrões e depois emular o raciocínio por analogia" (Marques 2000: 37).

É, todavia, duvidoso que a *machine learning* tenha algo de "espontâneo" (Levinson 1998: 255), em especial que consiga decidir *contra legem*. O computador limita-se a cumprir a rotina dos «se, logo» que implementam informaticamente o programa normativo, pelo que a decisão *contra legem* seria, pela natureza das coisas, impossível.

Mas podemos razoavelmente supor que o computador poderá um dia induzir os princípios jurídicos gerais a partir das normas legais, de modo a afastar a normas legais que contrariem tais princípios. O sistema informático integraria lacunas por via da elaboração indutiva dos princípios jurídicos gerais e controlaria a legalidade das normas contrárias a esses princípios. Teríamos uma decisão *contra legem*, mas *secundum ius ex machina*. À semelhança do controlo da constitucionalidade das normas, sendo a Constituição o código-fonte do programa normativo.

Mas, a ser assim, o sistema informático impediria o legislador de introduzir mudanças e alterações no sistema. A lógica do sistema jurídico seria codificada num certo momento pelo sistema informático, o qual aferiria a conformidade das novas leis com a lógica pré-definida e fechada. Não se afastaria a interpretação *ab-rogante* em casos de contradição lógica das normas (Justo 337), mas por certo importaria o risco de clausura do sistema e de necrose do *corpus iuris*.

Em suma, a substituição do juiz humano pela máquina calculadora, ao estilo de um *ius ex machina,* eliminará o papel criativo do intérprete, em especial do juiz, que "realiza, de facto, uma actividade criadora (...). E não sofre dúvida de que, *de direito*, a realiza também" (Andrade 1978: 88). Ao invés de um «dever-ser» a justiça mecânica e automática reduz-se a um «ter-que-ser», indiferente aos princípios fundamentais que "só através da concreta realização do direito (da decisão dos casos jurídicos concretos) se vão revelando" (C. Neves 161). O sistema informático reproduz silogisticamente, com mais ou menos sofisticações, o programa pré-carregado, "mas estar-lhe-ia vedado *ajuizar* deles" (Bronze, 76-9). O juízo, enquanto capacidade de discernir o bem e o mal, o justo e o injusto, é uma categoria que predica a humanidade, pois "um direito sem justiça constituiria, digamos, uma monstruosidade moral" (Carvalho 1996: 4).

Pode, todavia, perguntar-se se a insistência na humanidade em tempos de cruzamento entre o ser humano, a natureza e a tecnologia, não será uma forma de «especismo» (Linhares 2003), discriminando positivamente a vida humana relativamente a formas de vida. De todo o modo, está igualmente causa a própria "«luta pela sobrevivência» do direito" (Bronze 2006: 77). Ao ponto de a maior falácia da Inteligência Artificial poder ser a tentação de colocar nas suas mãos a nova "ciência do bem e do mal", para assim regressar ao jardim do paraíso.

A dimensão de responsabilidade envolvida no ato de julgar (Bourcier 1995, 232) exige, da parte do juiz, compromisso enquanto "*viva vox iuris*" (Bronze 1993: 184). Pese embora a norma constitucional que afasta a responsabilidade dos juízes pelas suas decisões (art. 216.º, 2), parece-nos que substituir o juiz pela máquina seria retirar ao julgamento essa dimensão de responsabilidade.

O modelo ideal do positivismo, preocupado apenas com a segurança e a certeza jurídicas, conduz ao apagamento do papel do intérprete e dos agentes decisores. A criação do direito teria lugar apenas em sede legislativa. Segundo o modelo democrático, a soberania radica na vontade popular, pelo que só os representantes do povo teriam legitimidade e competência para criar direito através das leis, incluindo a lei das leis que é a Constituição. Por seu turno, os tribunais teriam apenas legitimidade para, em nome do povo, administrar a justiça resultante do direito legislativamente criado. Ser apenas "a boca que pronuncia as palavras da lei" (Montesquieu) promete um efeito de "anestesia tranquilizante" (Bronze 1993: 182).

## 3. "Virtualidades Entrópicas" da IA

A "dimensão entrópica" da ordem jurídica analisa-se na sua função secundária ou organizatória (Bronze 2002: 77-92). Desde logo, no seu "momento de coerência e unidade sistemática", com questões de *antinomias entre normas*, entre normas e princípios, ou mesmo entre princípios, para a superação das quais se apontam critérios formais, nomeadamente o critério da hierarquia (*lex superior derogat inferiori*), o critério da especialidade (*lex posterior generalis non derogat priori speciali*), e o critério da prioridade cronológica (*lex posterior derogat priori*). Mas também no "momento de realização orgânico-processual", enquanto "condição adjetiva do juízo decisório", nomeadamente nas questões da competência judiciária e, de um modo geral, no direito processual.

Já se afigura menos relevante o papel da IA no "momento de desenvolvimento constitutivo". Está em causa a dialética "subsistência/mutação" ou "estabilidade/evolução" da ordem jurídica suscitada pela historicidade da *praxis* e do direito. Trata-se, por ex., do problema das fontes do direito, em especial dos limites normativos temporais e de validade das normas legais, em que o juiz não encontra correspondência entre os princípios que animam o sistema e as normas legais hipoteticamente aplicáveis, devendo proceder-se à "preterição sincrónica" e à "superação diacrónica" de tais normas legais (C. Neves 1985; Bronze 2002: 683-746).

## 4. Novos princípios e decisão *contra legem*

O jurista intérprete pode trazer novos valores para o direito, os quais não raramente introduzem ruturas no sistema (C Neves 1993: 227). Fala-se até na legitimidade da radical insubmissão contra o próprio sistema (O. Carvalho 1997), ou pelo menos que por via da interpretação se emendem os erros do legislador e se resista contra "os desmandos e abusos do Poder", como escrevia Manuel de Andrade. Mas, não será essa uma falha crítica de segurança do sistema, expondo-o aos rábulas, que "cavilam as leis"? (Paiva 1883: 44).

Admitir que os novos princípios afastem a norma legal não repugna na medida em que não ofendam o espírito do sistema vigente. Mas, permitir ao juiz criar princípios ofensivos do espírito do sistema vigente não conduzirá à ruína do sistema?

A Lei Fundamental incumbe os tribunais de velarem pela conformidade constitucional das normas legais: "Nos feitos submetidos a julgamento não podem os tribunais aplicar normas que infrinjam o disposto na Constituição ou os princípios nela consignados" (art. 204.º). Trata-se do expediente da fiscalização concreta da constitucionalidade, nos termos do qual o tribunal não pode aplicar normas que infrinjam o disposto na Constituição ou os princípios nela consignados (Canotilho 1998: 874).

À luz do preceito constitucional, mesmo as teorias da constituição aberta e material reconhecem que a fonte dos princípios é ainda a lei constitucional, enquanto expressão da vontade soberana do povo. Neste sentido, o intérprete da lei ordinária não seria o criador de princípios jurídicos, ao menos enquanto fundamento de desconsideração de normas legais. A obediência à lei só poderia ser afastada em nome da obediência à Constituição. Numa palavra, em situações de interpretação ab-rogatória, a medida da razoabilidade do legislador seria ditada pelos princípios do código constitucional, ou seja, o teste da razoabilidade da norma seria aferido pelo espírito do sistema tal como contido na Constituição, qual horizonte hermenêutico balizador da "interpretação conforme a Constituição" (O. Carvalho 1996: 15; C. Neves 1993: 195; Larenz, *Metodologia*, 418; Canotilho 1998: 1099; Miranda 1996). De todo o modo, segundo o regime da fiscalização concreta da constitucionalidade em vigor (art. 280/1-a CRP), o "juízo final" cabe ao Tribunal Constitucional (Correia 2003).

Em suma, a abertura constitucional permitiria ao juiz uma criatividade de princípios *positiva* (no sentido de recriação de princípios constitucionais já consagrados) e eventualmente *neutra* (no sentido de criação de princípios que não ofendem a lógica constitucional), mas já não *negativa* (no sentido de criação de princípios contrários ao espírito da Constituição, de acordo com as normas e os princípios nela consignados).

A substituição dos Tribunais e do próprio Tribunal Constitucional por um sistema informático será uma tentação para um poder político totalitário, que se serve do direito como instrumento de execução do seu programa de domínio e dispensa o juízo do decisor, bastando-se com a sua fiel obediência à «cópula» lógica do «se, logo». O problema da porosidade e fluidez da linguagem jurídica resolver-se-ia através de uma nova linguagem, com os sentidos das palavras (e de outros signos relevantes) inequivocamente codificados e uma "gramática pura" construída à imagem e semelhança das linguagens de programação informática e ao estilo de uma orwelliana Novilíngua jurídica.

## 5. Validação científica, causalidade e arbitrariedade

Atualmente, a ciência e a técnica desempenhariam o papel de uma ideologia enquanto instância de validação (Habermas 1973: 42-3).O que a ciência tecnologicamente aplicada torna possível desafia constantemente as convenções sobre o bem e o mal, sobre o que está certo e o que está errado, abanando (e por vezes abalando) os alicerces do edifício do sistema jurídico.

Aceitar o progresso científico não implica subordinar as regras da convivência humana exclusivamente a esse paradigma. É verdade que pertencendo o ser humano ao mundo natural, então as regras da convivência humana não poderão ser estranhas às leis da natureza. Todavia, as regras de convivência humana não são apenas determinadas pelas leis da natureza. Pode, aliás, perguntar-se se o "pecado original" não será a regra de convivência humana, em especial a proibição (F. Costa 1992).

Em comparação com a lei física da causalidade, a lei jurídica é duplamente "imperfeita". Por um lado, a lei jurídica é violada e, por isso, são previstas sanções. Por outro lado, nem sempre se aplicam as sanções para a violação da lei. Assim, quer ao nível da hipótese quer ao nível da estatuição, a lei jurídica não se assemelha à lei física.

A natureza é mecânica no sentido de que a determinados factos correspondem invariavelmente certos efeitos. A justiça não é bem assim, sendo, por vezes, conotada com uma ideia de arbitrariedade, aqui entendida como abuso, prepotência ou até iniquidade, em que "*quot capita, tot sententiae*".

Os sistemas informáticos prometem uma justiça sem arbítrio. Árbitro seria apenas o programador político do sistema, que implementaria tecnicamente no software o programa político de domínio e de ordenação social contido no código-fonte constitucional e das leis. Juízos só os provenientes da vontade política do legislador. A máquina limitar-se-ia a reproduzi-los mecanicamente nos casos concretos por via de aplicação silogística.

Todavia, a legitimidade da norma, mesmo da constituição, não é eterna. O mandato popular tem sido tacitamente renovado, em razão de não ter ocorrido ainda nova revolução (Hart 1994: 61). A reconfiguração do código constitucional é monopólio do poder legislativo, constituindo ainda expressão do domínio popular, mas "a legitimidade moral mínima na constituição não garante a legitimidade moral mínima de cada lei aprovada ou ato tomado nos termos da constituição" (Fallon 2005: 1792).

A referência aos princípios consignados na Constituição, enquanto bitola da elasticidade interpretativa do juiz, leva a considerar um aspeto do código constitucional, que se pode designar como o dispositivo de interoperabilidade ou compatibilidade externa do sistema jurídico português (ou interface constitucional). Este aspeto fornece mais elementos para responder ao problema da interpretação da própria Constituição, em conformidade com a qual se devem interpretar as leis e resolver os casos omissos (Häberle 1997).

O art. 8/1 da Constituição, relativo ao direito internacional, estabelece que "as normas e os princípios de direito internacional geral ou comum fazem parte integrante do direito português". Este preceito visa garantir a conformidade do direito português com o direito internacional geral ou comum e a sua recessão automática na ordem jurídica interna (F. Almeida 2003: 70), constitucionalizando-o (G. Pereira/Quadros 2004: 387-9). O *ius gentium* é o direito dos povos, destacando-se a democracia e os direitos humanos como os valores fundamentais da "*nomos* mundial" (F. Costa 2004: 77-88).

## 6. O código-fonte constitucional na sociedade de risco

Assim, a informatização da justiça através do desenvolvimento de sistemas de inteligência artificial teria que basear-se num código-fonte aberto que incorporasse nas rotinas de programação os princípios do dinâmico direito internacional geral ou comum.

Todavia, num tempo de grandes mudanças na ordem internacional, o direito internacional geral ou comum é suscetível de apresentar um nível de "turbulência" considerável. O único valor que parece afirmar-se consensual na cena internacional é o mercado e o livre, ao ponto de se dizer: "Já não é o Direito que regula o mercado, mas o mercado que regula o Direito" (P. Maduro, 211). Nesta lógica de mercado, a democracia e os direitos humanos aparecem como meros custos de transação, senão mesmo como excentricidades do Ocidente, a que somaria a proteção da natureza e, em especial, dos animais.

Os profetas do mercado defendem que o mercado é naturalmente justo, enquanto motor de distribuição da riqueza, estando em gestação, à escala global, uma confucionista "economia socialista de mercado". Todavia, é necessário perguntar pelo papel do Estado, que não deve "só prestar culto a interesses materiais, qual simples sociedade comercial" (C. Moncada 1966: 307). Historicamente, as civilizações mais desenvolvidas (ou pelo menos as dominantes ou mais poderosas) foram sempre as que tiveram ao seu dispor os meios técnicos e científicos mais avançados – pelo menos enquanto instrumentos de domínio –, ao mesmo tempo que dispunham de eficazes sistemas ordenadores de controlo social. A "crença" no progresso técnico-científico tem sido abalada por certas utilizações que o ser humano tem dado às suas invenções tecnológicas. Numa "sociedade de risco" em estado de irresponsabilidade coletiva (Beck 1998) é urgente apurar o papel do Direito. Mas, será ainda possível identificar o cosmos do Direito no caos da «juridicidade»?

*Ubi societas, ibi ius*, sem direito não sequer sociedade, seja de risco ou não. O que verdadeiramente interroga o Direito não é a sociedade de risco, mas antes o próprio risco. É um risco de origem humana, resultante das aplicações tecnológicas da ciência, e que se projetam na energia nuclear, na engenharia genética, na biotecnologia do admirável mundo novo de Huxley ou até no poder normalizador dos media ao nível da instituição de uma *Novilíngua* orwelliana. Tanto mais que "não se pode excluir a possibilidade de a Terra vir a ser atingida por um gigantesco meteoro e, assim, ser arrasada por uma catástrofe das proporções de uma guerra atómica" (Eigen/Winkler, 315).

Mas não será a inteligência artificial justamente a resposta para a complexidade das nossas "sociedades de risco"?

Há muito que o ser humano se rendeu à "prótese" calculadora. Desenvolvem-se poderosíssimos algoritmos de cálculo de probabilidade de ocorrência de certos factos. Por exemplo, implementando o "*software darwínico*" (A.L. Pereira 2001) através de códigos de cálculo de adequação de meios à evolução das espécies, seria possível desenvolver um programa normativo de medidas eficazes de eugenia social, por via, nomeadamente, da eliminação dos "genes degenerativos".

De todo o modo, não se saberia ainda qual é o sentido da evolução. Terá a evolução da espécie sido consciente e intencional? Ou o processo evolutivo foi determinado por fatores aleatórios e alheios à sua vontade? No sentido de que tanto podia ser como é agora, como ter ficado, em família, no "paraíso", ou ter evoluído com uma qualquer outra configuração biológica: "a cartografia do genoma revelou que os padrões de ADN do ser humano e do chimpanzé são em mais de 98% iguais (...). E algures nesse pouco mais de 1% de diferença surgem Shakespeare, naves espaciais que vão à Lua, a engenharia genética e a IA – pelo menos no sentido de auxiliar" (Levinson 1998: 257).

Se a teoria da evolução das espécies não engana, o risco tem sido ao longo dos tempos o "fósforo" da evolução: na vida é a "dimensão de risco que a faz exaltante: a eliminação da inquietude que assim se menciona embaciá-la-ia sem remédio, desumanizá-la-ia em absoluto, numa palavra, ... desvitalizá-la-ia" (Bronze 2000: 32).

O domínio do risco seria assim a base da "luta pela vida" e da "vontade de poder", segundo o pensamento político do liberalismo pragmático e utilitarista, adverso a valorações morais que transcendam o biologicamente verosímil. Podemos até questionar se a "intenção regulativa" do direito não se funda nesse propósito evolucionário da descendência com modificações.

## 7. Interpretação da lei em conformidade com os princípios

Este exercício jurídico-filosófico não é meramente especulativo, antes pode ter projeções metodológicas, ao nível da interpretação das leis (Paiva 1883: 51). O problema da interpretação jurídica remete o intérprete para o cânone da interpretação conforme aos princípios e, em especial, da interpretação conforme à constituição. No sentido de que, mesmo que se reconheça natureza aberta do sistema à criação de novos princípios, sempre teriam estes que ser plasmados na constituição ou, pelo menos, por eles não rejeitados, em especial neste tempo de constitucionalismo em que se afirma que o Código Civil é a Constituição: "*notre Constitution c'est le code civil*" (Zenati).

Ora, em primeiro lugar, o código constitucional não pode estabelecer um programa normativo completo, que preveja todas as situações juridicamente relevantes. Ou seja, há vida jurídica fora da constituição. Trata-se, para começar, do desenvolvimento *praeter legem*, que decorre, desde logo, de uma abertura de primeiro grau, resultante da porosidade da linguagem jurídica, em virtude da sua exposição ao uso comum da linguagem. As cláusulas gerais e os conceitos indeterminados utilizados pela lei, desde logo na Constituição, revelam um segundo grau de abertura. Fala-se aqui, com propriedade, de uma "metódica de concretização" visando "a interpretação-concretização de uma *hard law* e não de uma da *soft law*: as regras e princípios constitucionais são padrões de conduta juridicamente vinculantes e não simples «directivas práticas»" (Canotilho 1998: 1073).

Identificamos ainda uma abertura de terceiro grau da legalidade. O código constitucional ainda fornece princípios de decisão, por via da inferência das especificações básicas do seu programa normativo. Fala-se em lacunas, no sentido de referir casos para os quais a lei não provê solução, tendo o intérprete que lançar mão do espírito do sistema para integrar a lacuna (formal). Não se trata apenas de analogia *legis*, uma vez que não existe sequer um critério legal cujas razões justificativas valham igualmente para o caso omisso. A questão é mais funda e chama para primeiro plano os princípios do sistema tocados pelo caso. São situações de analogia *iuris*, mas ainda *secundum legem*. Ou seja, o intérprete não pode usar a analogia como "apenas um pretexto legitimador das suas improvisações" (O. Carvalho 1997: 83), e deve estar precavido contra o risco do recurso à analogia. Como advertia Goethe: "Estas parábolas são agradáveis e divertidas. Quem é que não gosta de brincar com analogias?" (*As Afinidades Electivas*).

Mas, estará o espírito do sistema contido no texto constitucional, ainda que aberto aos princípios do direito internacional geral ou comum?

Recusa-se o «pan-constitucionalismo» (Canotilho1982:467) e aceita-se a legislação *praeter constitutionem*, ainda que nos limites da neutralidade, ou seja, legislação estranha ao sistema, mas não necessariamente contrária ao código constitucional. O mesmo vale para a atividade jurisprudencial. Aceita-se a decisão *praeter legem* mas que não viole o espírito do sistema. E assim se identifica uma abertura de quarto grau. Como na prática surgem novos problemas, também no direito podem emergir novos princípios jurídicos, na medida em que não ofendam o código constitucional.

Suscitam-se, porém, questões delicadas. Como conciliar a abertura do código normativo com os domínios de reserva de lei, de legalidade taxativa (incluindo a legalidade criminal), de tipicidade fechada ou *numerus clausus*? Não será, desde logo, *contra legem* estender um regime legal fechado a situações nele não previstas, ainda que o aplicando apenas a partir dos seus princípios cardinais? Em domínios em que o código constitucional exige a mediação legislativa concretizadora como requisito de possibilidade de implementação do programa normativo que pode o juiz fazer senão proferir um juízo de *non liquet*? O contrário não será justamente decidir *contra legem*?

## 8. A criação jurisprudencial do Direito

Esta questão prende-se também com o problema do sentido e dos limites do "desenvolvimento transsistemático do direito". O que é e como opera este desenvolvimento do direito? Não se resolvendo a questão *ex nihilo*, parece ainda apelar-se aos princípios do espírito do sistema vigente tocados pelo caso concreto. Pelo que o "desenvolvimento transsistemático do direito" será ainda, afinal, intra-sistemático, sendo uma "«fuga para os princípios»" ainda *systemfreundlich* (Canotilho 1982: 278).

Com efeito, a liberdade de criação judicial parece ser limitada pela lei, desde logo pela constituição. É admitida a criação *praeter legem* na estrita medida em que não viole a reserva de lei e a tipicidade taxativa. Fora de causa está a criação pelo juiz de princípios ofensivos do espírito do sistema vigente. Juízos contra *legem* só seriam permitidos na estrita medida da exigência de conformidade das leis com a constituição e no quadro do procedimento de fiscalização concreta da constitucionalidade.

Devem admitir-se, todavia, os juízos contra *legem*, mas constitucionalmente neutros. O juiz cria princípios não rejeitados pela constituição, mas que também não brotam dela. Serão juízos constitucionalmente neutros, a afirmar a existência de um *tertium genus*, e que não decorrem de qualquer "misticismo" jurídico (Brewer 1996, 933-4). Este *tertium genus*de neutralidade constitucional vale não apenas como fonte de princípios de decisão para casos omissos, mas também como fundamento de desconsideração de normas ofensivas do espírito emergente.

Ora, a informática não disponibiliza ao direito um arsenal metódico que lhe garantirá mais rigor e certeza? Isto é, a informatização da justiça não significará também a assimilação pelo direito da linguagem e do *modus operandi* da informática? Fala-se, a propósito, na "genuína terapêutica" da aplicação da lógica informática ao raciocínio jurídico (F. Araújo 1999: 22).

Além disso, podemos questionar se afinal os computadores não estão cada vez mais parecidos com os humanos, incluindo ao nível do *logos* jurídico. Numa palavra, devemos compreender o fenómeno em termos de simbiose homem-computador, ao invés numa relação de oposição excludente (Saito 1998: 58).

## 9. O papel da Inteligência Artificial e os limites da tecnologia

Em nosso entender, os sistemas de inteligência artificial podem auxiliar a tarefa judicial. Todavia, o juízo do juiz é não apenas desejável, mas também insubstituível. Esse juízo não se reduz a uma lógica «se, logo; salvo se, então», nem a um mero cálculo de probabilidades, incluindo a elaboração de normas de segundo grau mediante inferências normativas. O que está em causa não é o «legislador provável», mas antes o «legislador razoável».

A justiça como obra humana só está ao alcance de humanos (Betti 1987: 107, recordando Goethe). Com isto tomamos partido por algo a que poderíamos chamar o "natural" em detrimento do "artificial". Tomar partido tem uma dimensão lúdica ou até de fantasia, no sentido de "imaginação criadora" própria do "carácter poiético – e, *hoc sensu*, criador – das decisões judicativas" (Bronze 1993: 183). Quando se conhecerem os processos elementares de armazenamento de informação e sobre a sua localização e manifestação na rede das células nervosas e sinapses, "mesmo então continuará a ser impossível substituir por uma máquina o poder criativo do nosso cérebro" (Eigen/Winkler 1989).

Não se pretende com isso dizer que o juiz pode ludibriar os propósitos da lei com a sua caprichosa imaginação, estando fora de causa a "liberdade sem limites de *sofismar* as leis por parte dos juízes" (M. Andrade 1978: 62). Pelo contrário, do que se trata é de responsabilizar o juiz como criador do direito no caso concreto. Ajuizar não implica a renúncia à humanidade do juiz, nem o afivelar da máscara do autómato. A responsabilidade do juiz enquanto elemento ético do juízo protege-o, aliás, contra a "prótese mecânica" (Bronze 1998: 122).

Uma das principais modificações que se apontam ao ser humano no processo evolutivo é o seu livre arbítrio, pelo qual foi levado a provar o fruto da árvore do bem e do mal, sofrendo em consequência a expulsão do paraíso. Por causa do livre arbítrio, o ser humano quebrou o código do Criador e modificou a ordem da descendência.

O relato da Criação dá a ideia, porém, de que o fruto do bem e do mal estava já na árvore à disposição do Homem. Por isso, o jardim do paraíso seria o reino da inconsciência. Uma vez consciente do bem e do mal, o ser humano foi expulso do Paraíso. Terá sido este porventura o marco distintivo do ser humano em relação às demais espécies, e que se pode dizer radicado no juízo: mais do que a palavra, o pecado original foi o primeiro juízo do ser humano.

Pelo que, a ideia de um juiz sobre-humano, situado além do bem e do mal, seria pretender devolver o juiz ao jardim do paraíso, isto é, ao reino da inconsciência. Mas se pensarmos por que razão terá o ser humano ajuizado, talvez possamos supor que o juízo foi a resposta encontrada para solucionar problemas relativos à sobrevivência e à evolução da espécie. E por isso terá quebrado o código genético do Criador, multiplicando a espécie além das fronteiras do Éden.

Contudo, a multiplicação da espécie coloca um dos maiores desafios à sua própria sobrevivência. Pergunta-se se não seria útil um computador que calculasse o número de seres humanos admissíveis. Mas qual seria o critério da admissibilidade? O último século testemunha o crescimento hiperbólico da população: "Se a população continuar a aumentar à taxa actual, daqui a quinhentos anos ou seiscentos anos cada pessoa só terá um m2 à sua disposição. (...) A história da humanidade mostra que todas as armas disponíveis acabam, mais tarde ou mais cedo, por ser utilizadas. (...) No reino animal, o território é defendido até à morte" (Eigen/Winkler 1989: 280-1).

Com efeito, "a tecnologia não é só aquilo que nos permite fazer artefactos, mas também aquilo que tem vindo a transformar o homem naquilo que neste momento é" (Stableford 1991: 234). A revolução científico-tecnológica muniu o homem do *poder de auto-destruição enquanto espécie.* E é a consciência da "*stillste Stunde* [...] [sua] furchtbaren Herrin", escreve Friedrich Nietzsche em *Also sprach Zarathustra* (1976: 162), que o faz assumir-se, hoje, como *homo dolens* (F. Costa 1992: 358).

A revisibilidade científica não impede a irreversibilidade tecnológica, no sentido de que, embora seja possível «falsificar» a teoria da relatividade, já não é possível «desinventar» a bomba atómica. Esta situação de não retorno tecnológico compromete, por seu turno, uma ética que se destine a garantir a sobrevivência da humanidade através dos grupos mais fortes, exigindo antes uma ética equitativa de comunhão ou de inclusão global: "Equity creates just law, and just law is the touchstone of social evolution" (Snyder 1973: 43).

Para estes problemas o computador não tem resposta. Não obstante, são problemas que animam o direito internacional comum, que o juiz deve ter no seu horizonte quando ajuíza os casos que lhe cumpre decidir. Os sistemas de inteligência artificial poderão ser um auxílio útil na boa administração da justiça. Mas não podem substituir o prudente arbítrio do juiz. Ajuizar não é apenas nem sobretudo calcular. Os valores éticos do direito escapam à métrica da calculadora. Quanto vale uma vida? Quanto vale a vida? E a liberdade? E a dignidade da pessoa humana?

Dir-se-á que a correção das respostas será aferida pela observância das regras de procedimento argumentativo-decisório. Essa é a tese da teoria da argumentação jurídica, segundo a qual "com estas formas (de argumentos) pode-se justificar qualquer proposição normativa e qualquer regra" (Alexy 1995: 203). Mas, como escreve Kaufmann em *Die Aufgaben heutiger Rechtsphilosophie*: "Die moralische Urteilskraft ist wesentlich auf die Phronesis, die Klugheit, gegründet und nicht so sehr auf formale Rationalität." Por essa razão, o próprio imperativo categórico é posto em causa enquanto mera regra de procedimento.

Segundo Holmes, que "the life of the law has not been logic, it has been experience". A máquina pode ser utilizada como auxílio, mas não como substituto da tarefa decisória, que deverá ser humana e estar ao serviço da Humanidade e da Natureza. De resto, a pergunta de Eigen e Winkler (1989: 258) impõe-se:

> Será razoável conceber máquinas com tais capacidades, provavelmente muito limitadas, de auto-reflexão? Não seria mais importante organizar a *sociedade* humana (...) como um «ser vivo» que reaja de modo razoável, um ser vivo que pare, enfim, de se autodestruir?

## Referências

Alexy, Robert (1995) *Recht, Vernunft, Diskurs: Studien zur Rechtsphilosophie*, Suhrkamp, Frankfurt am Main.

Almeida, Francisco Ferreira de (2003) *Direito Internacional Público*, 2.ª ed., Coimbra Editora, Coimbra.

Alpa, Guido (1996) "L'applicazzione delle tecnologie informatiche nel campo del diritto", *Il Diritto dell'informazione e dell'informatica*

Andel, Peck van; Bourcier, Danièle (1997)«Peut-on programmer la sérendipité? L'ordinateur et l'interprétation de l'inattendu», in *Interpréter le Droit: le sens, l'interprète, la machine*, dir. Claude Thomasset et Danièle Bourcier, Bruylant, Bruxelles.

Andrade, Manuel A. Domingues de (1978) *Ensaio sobre a teoria da interpretação das leis*, 3.ª ed., Arménio Amado, Coimbra.

Araújo, Fernando (1999) "Lógica jurídica e informática jurídica", in *Direito da Sociedade da Informação*, vol. I, Coimbra Editora, Coimbra.

Ascensão, José de Oliveira (1997) *O Direito: Introdução e Teoria Geral*, 10.ª ed., Coimbra.

Beck, Ulrich (1998) *Risikogesellschaft – Die organisierte Unverantwortlichkeit*, Frankfurt am Main.

Betti, Emilio (1987) *L'ermeneutica come metodica generale delle scienze dello spirito*, saggio introduttivo, scelta antologica e bibliografie a cura di Gaspare Mura, trad. Ornella Nobile Ventura, Giuliano Crifò, Gaspare Mura, Roma, Città Nuova Editrice.

Bourcier, D. (1995) *La décision artificielle*, PUF, Paris.

Brewer, Scott (1996) "Exemplary Reasoning: Semantics, Pragmatics, and the Rational Force of Legal Argument by Analogy", Harvard Law Review.

Bronze, Fernando José (1994) *A Metodonomologia entre a Semelhança e a Diferença (Reflexão problematizante dos polos da radical matriz analógica do discurso jurídico)*, Coimbra Editora, Coimbra.

Bronze, Fernando José (1998) "O Jurista: Pessoa ou Androide?", in *AB VNO AD OMNES*, Coimbra Editora, Coimbra.

Bronze, Fernando José (2000) *Argumentação jurídica: o domínio do risco ou o risco dominado?*, Boletim da Faculdade de Direito da Universidade de Coimbra.

Bronze, Fernando José (2002) *Lições de Introdução ao Direito*, Coimbra, Editora, Coimbra.

Bronze, Fernando José (2006) "Quae sunt Caesaris, Caesari: et quae sunt iurisprudentiae, iurisprudentiae", in *Comemorações dos 35 Anos do Código Civil e dos 25 Anos da Reforma de 1977*, vol. II., Coimbra Editora, Coimbra.

Canotilho J.J. Gomes (2004) *Estudos Sobre Direitos Fundamentais*, Coimbra Editora, Coimbra.

Canotilho, J.J. Gomes (1982) *Constituição dirigente e vinculação do legislador (Contributo para a compreensão das normas constitucionais programáticas)*, Coimbra Editora, Coimbra.

Canotilho, J.J. Gomes (1998) *Direito Constitucional e Teoria da Constituição*, Almedina, Coimbra.

Carvalho, Orlando de (1996) "IVS – QUOD IVSTVM?", *Boletim da Faculdade de Direito*, vol. 72 (1996), 1-12

Carvalho, Orlando de (1997) "Para um Novo Paradigma Interpretativo: o Projecto Social Global", *Boletim da Faculdade de Direito*, vol. 73 (1997), 1-17.

Castanheira Neves, A. Castanheira (1995) *Digesta – Escritos acerca do Direito, do Pensamento Jurídico, da sua Metodologia e outros*, II, Coimbra Editora, Coimbra.

Castanheira Neves, *Entre o «Legislador», a «Sociedade» e o «Juiz» ou entre «Sistema», «Função» e «Problema» – os Modelos Actualmente Alternativos da Realização Jurisdicional do Direito*, Boletim da Faculdade de Direito, 1998, 1-44.

Coelho, Hélder (2002) "Inteligência Artificial, Sistemas Periciais e Realidade Virtual", in *Direito da Sociedade da Informação*, III, Coimbra Editora, Coimbra, 95-107.

Correia, Fernando Alves (2003) "Os direitos fundamentais e a sua protecção jurisdicional efectiva", *Boletim da Faculdade de Direito*.

Costa, Ernesto; Simões, Anabela (2004) *Inteligência Artificial: Fundamentos e Aplicações*, FCA, Lisboa.

Costa, José de Faria (1992) *O Perigo em Direito Penal*, Coimbra Editora, Coimbra.

Costa, José de Faria (2004) "Em redor do nomos ou a procura de um novo nomos para o nosso tempo", in *Diálogos Constitucionais*, org. A.J. Avelãs Nunes, J.N de Miranda Coutinho, Renovar, Rio de Janeiro.

D'Amato, Anthony (1977) "Can/Should Computers Replace Judges?" Georgia Law Review 11: 1277.

Dufresne, Jacques (1999) *Après l'homme... le cyborg?*, MultiMondes, Sainte-Foy.

Dworkin, Ronald (1992) *El Imperio de la Justicia. De la teoría general del derecho, de las decisiones e interpretaciones de los cueces y la integridad política y legal como clave de la teoría y práctica*, trad. Claúdia Ferrari (do orig. *Law's Empire*, 1986), Gedisa Editorial, Barcelona.

Dworkin, Ronald (2001) *Law's Empire*, Hart Publishing, Oxford.

Eigen, Manfred; Winkler, Ruthild (1989) *O Jogo. As leis naturais que regulam o acaso*, trad. Carlos Fiolhais, Gradiva, Lisboa.

Eskridge Jr., William N. (2001) "All About Words: Early Understandings of the «Judicial Power» in Statutory Interpretation (1776-1806)", Columbia Law Review 101.

Fallon Jr., Richard H. (2005) "Legitimacy and the Constitution", *Harvard Law Review*.

Gadamer, Hans-Georg (1993) *Poema y Dialogo. Ensayos sobre los poetas alemanes más significativos del siglo XX*, Gedisa, Barcelona (trad. do alemão *Gedicht und Gespräch*, Insel, Frankfurt am Main, 1990, por Daniel Najmías e Juan Navarro).

Garcia Marques / Lourenço Martins (2000) *Direito da Informática*, Almedina, Coimbra

Greenawalt, Kent (2002) "Constitutional and Statutory Interpretation", in *The Oxford Handbook of Jurisprudence and Philosophy of Law*, ed. Jules Coleman & Scott Shapiro), Oxford University Press, New York

Häberle, Peter (1997) *Hermenêutica constitucional: a sociedade aberta dos intérpretes da Constituição – Contribuição para a interpretação pluralista e procedimental da Constituição*, trad. Gilmar Ferreira Mendes, São Paulo, Sérgio António Fabris Editor.

Habermas, Jürgen (1973) *La technique et la science comme idéologie – La fin de la métaphysique*, pref. e trad. Jean-René Ladmiral (do original *Technick und Wissenschaft als Ideologie*, 1968), Denoël Gonthier, Paris.

Hart, H.L.A. (1994) *The Concept of Law*, 2nd ed., Oxford University Press.

Hespanha, António Manuel (2000) "Os juristas que se cuidem... dez anos de inteligência artificial e direito", Revista Themis, I, 140

Hespanha, António Manuel; Sernadas, Amílcar (1990) *O impacto da computação no direito*, Revista Jurídica, 179.

Justo, A. Santos (2003) *Introdução ao Estudo do Direito*, 2.ª ed., Coimbra Editora, Coimbra.

Katsch, Ethan (1995) *Law in a Digital World*, Oxford University Press, New York/Oxford.

Kaufmann, Arthur (1994) *Rechtsphilosophie*, 2. Aufl., Beck, München.

Kelsen, Hans (2002) *Teoría General del Estado*, trad. Luis Legaz Lacambra, Comares, Granada.

Langhein, A. W. Heinrich (1992) *Das Prinzip der Analogie als juristische Methode: Ein Beitrag zur Geschichte der methodologischen Grundlagenforschung vom ausgehenden 18. bis 20. Jahrhundert*, Duncker & Humblot, Berlin.

Larenz, Karl (1983) *Metodologia da Ciência do Direito*, trad. de José Lamego com revisão de Ana de Freitas (do original *Methodenlehre der Rechtswissentschaft*, Berlin/Heidelberg, Springer-Verlag, 5.ª ed. rev., 1983), 2.ª edição, Fundação Calouste Gulbenkian, Lisboa.

Levinson, Paul (1998) *A Arma Suave. História Natural e Futuro da Revolução da Informação*, trad. J. Freitas e Silva (do original *The Soft Edge*, 1997), Bizâncio, Lisboa.

Levinson, Paul (1998) *A Arma Suave. História Natural e Futuro da Revolução da Informação*, trad. J. Freitas e Silva (do original *The Soft Edge*, 1997), Bizâncio, Lisboa.

Linhares, J.M. Aroso (2003) "A Ética do Continuum das Espécies e a Resposta Civilizacional do Direito. Breves Reflexões", *Boletim da Faculdade de Direito*.

Maduro, Miguel Poiares, *A Crise Existencial do Constitucionalismo Europeu*, in *Colectânea de Estudos em Memória de Francisco Lucas Pires*, UAL, Lisboa.

Manning, John F. (2001) "Textualism and the Equity of the Statute", Columbia Law Review 101.

Molot, Jonathan T. (2006) "The Rise and Fall of Textualism", Columbia Law Review 106.

Moncada, Luís Cabral de (1966) *Filosofia do Direito e do Estado*, vol. II, Atlântida Editora, Coimbra.

Nagel, *Computer-Aided Law Decisions* / Elmi, *Informatics and Philosophy of Law (1998)* in Giannantonio (ed.), *Law and Computers*, Selected Papers from the 4th International Congress of the Italian Corte Suprema di Cassazione, Rome Spring, I. *Legal Informatics*, 667s, e 701s

Neto Paiva, Vicente Ferrer (1883) *Philosophia de Direito*, Tomo Primeiro: Direito Natural, 6.ª ed. augmentada e aprimorada, Imprensa da Universidade, Coimbra.

Neves, A.Castanheira (1993) *Metodologia Jurídica (Problemas fundamentais)*, Coimbra Editora, Coimbra.

Neves, António Castanheira (1967) *Questão de Facto – Questão de Direito ou o problema metodológico da juridicidade (Ensaio de uma reposição crítica)*. I, *A Crise*, Coimbra, 1967,

Neves, António Castanheira (2003) *A crise actual da filosofia do direito no contexto da crise global da filosofia (Tópicos para a possibilidade de uma reflexiva reabilitação)*, Coimbra Editora, Coimbra.

Nietzsche, Friedrich, *Also sprach Zarathustra (1883-1885)*, 1976.

Ogorek, R. (1986) *Richterkönig oder Subsumtionsautomat?, Zur Justiztheorie im 19. Jahrhundert*, Klostermann.

Pereira, Ana Leonor (201) *Darwin em Portugal: Filosofia, História, Engenharia Social (1965-1914)*, Almedina, Coimbra.

Pereira, Miguel Baptista (1996) *Filosofia da Comunicação Hoje*, in Comunicação e Defesa do Consumidor, Actas do Congresso Internacional organizado pelo Instituto Jurídico da Comunicação da Faculdade de Direito da Universidade de Coimbra, de 25 a 27 de Novembro de 1993, Coimbra.

Phillips, Lothar (1993) "Artificial Morality and Artificial Law", in Berman/Hafner (eds.), *Artificial Intelligence and Law*, Boston, 51

Phillips, Lothar (1994) "Ein bißchen Fuzzy Logic für Juristen", Tinnefeld/Phillips/Weis (Hrsg.), *Institutionen und Einzelne im Zeitalter der Informationstechnik*, Oldenburg, München, 219

Phillips, Lothar (1995), "Von nervösen und phlegmatischen Rechtsbegriffen — Ein Beitrag zur Rechtstatsachenforschung", in Tinnefeld/Phillips/Heil (Hrsg.), *Informationsgesellschaft und Rechtskultur in Europa*, Nomos, Baden-Baden, 192

Rifkin, Jeremy (2000) *O Século Biotech: A Criação de um Novo Mundo*, trad. Fernanda Oliveira, Publicações Europa-América.

Saito, Hiroshi (1998) "Neue Medien und Geistiges Eigentum – Insbesondere Urheberrechte im nahenden Zaitalter", in *Das Recht vor der Herausforderung eines neuen Jahrhunderts*. org. Zentaro Kitagawa et al., Deutsch-japanisches Symposion in Tübingen vom 25. bis 27. Juli 1996, Mohr Siebeck, Tübingen.

Scalia, Antonin (1998) *A Matter of Interpretation: Federal Courts and the Law* (commentary by Amy Gutmann, Gordon Wood, Laurence Tribe, Mary Ann Glendon,
Ronald Dworkin), Princeton University Press, Princeton – New Jersey

Snyder, R. Neil (1973) "Natural Law and Equity", in Ralph Newman(ed.), *Equity in the World's Legal Systems*, Brussels.

Stableford, Brian, *Revolução Genética*.

Teubner, Gunther, *O direito como sistema autopoiético*, trad. e pref. de José Engrácia Antunes (do original alemão *Recht als autopoietisches System*, 1989), Fundação Calouste Gulbenkian, Lisboa.

Theodor Viehweg, *Rechtsphilosophie und Rhetorische Rechtstheorie (Gesammelte kleine Schriften)*, Nomos, Baden-Baden, 1995, 186.

Villar Palasí, José Luis (1986) "Informática y derecho", Revista de la Facultad de Derecho de la Universidad Complutense de Madrid, 211

Warner Jr., David R. (1992) "A Neural Network-Based Law Machine: Initial Steps", Rutgers Computer & Technology Law Journal 51

Zippelius, Reinhold (1994) *Rechtsphilosophie (Ein Studienbuch)*, 3. Auf., Beck, München.

# Parte V

# Economia Social, Desenvolvimento e Extrafiscalidade

# 1. O Direito Civil enquanto Instrumento da Economia Social: para uma Leitura do Regime do Maior Acompanhado

*Tiago Branco da Costa*

## Introdução

O Direito Civil figura entre nós enquanto ramo de direito privado comum, encarregue de regular as relações entre os particulares.

Não obstante o facto de este ramo do direito se apresentar como núcleo fundamental do direito privado[384], coexiste na esfera do direito privado outros ramos jurídicos encarregues de disciplinar, de forma mais pormenorizada, determinadas realidades da vida social.

Deste modo, é no direito civil que, habitualmente, procuramos resposta para os vários litígios no domínio do direito dos contratos. Sendo certo que também é neste domínio científico que encontramos a regulação referente aos direitos reais e à esfera da família e sucessões.

[384] Cfr. PINTO, Carlos Alberto da Mota, *Teoria Geral do Direito Civil*, 4.ª edição, Coimbra, Coimbra Editora, 2012, pp.47 e segs.

Todavia, o direito civil encarrega-se, igualmente, de disciplinar a personalidade e a capacidade jurídicas, e, em especial neste domínio, a incapacidade jurídica dos sujeitos que intervêm no tráfico jurídico negocial.

Precisamente neste particular, procuramos oferecer uma visão global do novo regime do maior acompanhado, demonstrando, deste modo, que o próprio direito civil se pode afigurar um importante instrumento da economia social.

Com efeito, a Lei n.º 49/2018, de 14 de agosto criou, no ordenamento jurídico português, o regime do maior acompanhado, procedendo à revogação dos anteriores institutos jurídicos da interdição e da inabilitação.

## 1. Os princípios norteadores do regime do maior acompanhado

Este novo regime legal introduziu alterações significativas àquela que era a tradição jurídica no enquadramento das pessoas jurídicas com uma capacidade jurídica limitada. Em primeiro lugar, porque passamos de um regime dualista – *interdição* ou *inabilitação* – para um regime monista – *medida de acompanhamento de maior*[385].

Em segundo lugar porque deixou de se equiparar o maior acompanhado (outrora incapaz) ao menor, para efeitos de aplicação remissiva das normas referentes ao regime da menoridade.

Assim, e sem prejuízo de adiante assinalarmos outras notas de inovação do novo regime, cremos que estas são bastante para justificar uma referência aos princípios norteadores do regime do maior acompanhado, para uma mais clara interpretação do mesmo.

O primeiro dos princípios que nos cumpre enunciarem é o princípio da subsidiariedade, que exprime a ideia de que a medida de acompanhamento

[385] Tal como se verifica em relação à Convenção de Nova Iorque de 2007 sobre os Direitos das Pessoas com
Deficiência, adotada pelas Nações Unidas em 30 de março de 2007, conforme assinala MENEZES CORDEIRO, António; PINTO MONTEIRO, *Da situação jurídica do maior acompanhado. Estudo de política legislativa relativo a um novo regime das denominadas incapacidades dos maiores*, disponível em http://www.smmp.pt/wp-content/uploads/Estudo_Menezes-CordeiroPinto-MonteiroMTS.pdf, consultado a 30/06/2019, p.102.

só deve ter lugar quando as finalidades que com ela se prosseguem não sejam garantidas através dos deveres gerais de cooperação e assistência[386].

Este princípio surge desde logo evidenciado no artigo 140.º do Código Civil, no qual se clarifica que o objetivo da medida de acompanhamento do maior é o de assegurar o bem-estar, a recuperação, o pleno exercício de todos os direitos e o cumprimento dos deveres do maior. Procura-se, assim, salvaguardar a vontade do sujeito, a autonomia da vontade.

Este respeito pela autonomia do maior reflete-se, igualmente, por exemplo, a respeito da escolha do acompanhante.

Com efeito, a regra geral neste domínio é a da escolha do acompanhante pelo próprio maior acompanhado (ou pelo seu representante legal), sendo certo que, na sua falta, a lei supre-a através do recurso ao elenco consagrado para o efeito, de onde constam as seguintes pessoas: cônjuge não separado, judicialmente ou de facto; unido de facto; pais; pessoa designada pelos pais ou pela pessoa que exerça as responsabilidades parentais; filhos maiores; avós; pessoa indicada pela instituição em que o acompanhado esteja integrado; mandatário a quem o acompanhado tenha conferido poderes de representação; e, finalmente, qualquer outra pessoa idónea[387].

A lei não afirma como fazia no regime anterior, que a ordem do elenco deve ser respeitada, pois o que se exige nesta seleção é que a escolha desse acompanhante deve ser aquela que melhor salvaguarda o interesse imperioso do beneficiário. E note-se que se consagra a possibilidade de coexistirem vários acompanhantes com funções diversas, o que corrobora precisamente esta necessidade de acautelar devidamente o referido "interesse imperioso do beneficiário", na medida em que se reconhece a possibilidade de um acompanhante não reunir todos os atributos necessários à prossecução do interesse do acompanhado.

Em segundo lugar, o regime do maior acompanhado é norteado pelo princípio da necessidade. Significa, assim, que a medida do acompanhamento deve ser adequada à necessidade do acompanhado e à sua respetiva capacidade.

386 Cfr. artigo 140.º n.º 2 do Código Civil.

387 Cfr. artigo 143.º n.º 2 do Código Civil; o acompanhante deverá ser designado tendo em conta que a escolha dessa pessoa deve ser aquela que melhor salvaguarde o interesse imperioso do beneficiário.

O novo regime legal opera uma inversão, tendo em conta que privilegia ao máximo a capacidade do maior, evitando que a medida de acompanhamento decretada vá além da limitação de que o maior padece[388].

Para, além disso, e à semelhança do que já acontecia com os regimes da interdição e da inabilitação, o acompanhamento cessa quando cessarem as causas que o justificaram.

Ademais, a medida de acompanhamento pode ainda ser modificada, sempre que as causas que a fundam se modifiquem o que só se explica pelo caráter particular que cada situação de acompanhamento conhece, sem prejuízo da revisão periódica que deva ter lugar[389].

Por fim, cumpre assinalar, ainda, que mesmo em relação à publicidade do processo de acompanhamento se estabeleceu que o mesmo devesse circunscrever-se, casuisticamente, ao necessário para defender os interesses do beneficiário ou de terceiros[390].

No que concerne aos princípios orientadores do regime, não podemos olvidar a relevância que o princípio da autonomia da vontade assume. Este talvez seja um dos traços fulcrais da reforma que o novo regime operou, na medida em que se reconheceu a necessidade de aproveitar e respeitar a vontade do indivíduo até aos limites do possível[391].

E, de certo modo, o que atrás ficou dito a respeito dos demais princípios abordados corrobora a ideia que se encontra subjacente a este último. Senão vejamos, começamos por afirmar que este novo regime de acompanhamento está, sobretudo voltado para o próprio indivíduo, beneficiário da medida de

[388] Na senda de PINTO MONTEIRO, António, "Das Incapacidades ao Maior Acompanhado – Breve Apresentação da Lei nº 49/2018", in *Cadernos do CEJ – O Novo Regime Jurídico do Maior Acompanhado*, disponível em http://www.cej.mj.pt/cej/recursos/ebooks/civil/eb_Regime_Maior_Acompanhado.pdf, consultado em 30/06/2019, p.31, "Há, assim (...) uma *mudança de paradigma*, deixando a pessoa deficiente de ser vista como mero alvo de políticas assistencialistas e paternalistas, para se reforçar a sua qualidade de *sujeito de direitos*. Em vez da pergunta: "*aquela pessoa possui capacidade mental para exercer a sua capacidade jurídica?*", deve perguntar-se: "*quais os tipos de apoio necessários àquela pessoa para que exerça a sua capacidade jurídica?*".

[389] Cfr. Artigo 155.º do Código Civil, que estabelece que a medida de acompanhamento deve ser revista, no mínimo, de cinco em cinco anos.

[390] Vd. Artigo 153.º do Código Civil.

[391] Cfr. MENEZES CORDEIRO, António; PINTO MONTEIRO, *Da situação jurídica do maior acompanhado (...), op. cit.*, p.97.

acompanhamento, para o seu bem-estar, para os seus interesses, procurando-se salvaguardar, deste modo, a sua vontade e a sua autonomia.

Por outro lado, referimo-nos à autonomia da sua vontade no que concerne à escolha do acompanhante que, em primeira linha (quando possível), é feita pelo acompanhado.

E, finalmente, quando retratamos o princípio da necessidade, também resultou clara a intenção do legislador em preservar, ao máximo, a autonomia da vontade deste indivíduo, limitando a medida de acompanhamento ao mínimo indispensável[392].

Ainda assim, é de salientar outro resquício deste princípio, concretamente no que respeita ao mandato com vista ao acompanhamento que possibilita ao maior, que preveja uma eventual necessidade de acompanhamento, celebrar um mandato para a gestão dos seus interesses (com ou sem poderes de representação). Note-se a importância que é conferida à autonomia da vontade, ao ponto de o legislador estatuir o aproveitamento do mandato no momento em que o acompanhamento vier a ser decretado, para efeitos de definição do âmbito da proteção e de designação do acompanhante[393].

## 2. O beneficiário da medida de acompanhamento

Após a alusão aos princípios norteadores do regime, cumpre agora perceber quem pode ser sujeito a uma medida de acompanhamento de maior.

Uma primeira nota é devida a respeito da terminologia empregue ao longo do diploma legal, sendo de assinalar a ausência de quaisquer referências ao "incapaz", à "incapacidade", à "limitação", numa clara tentativa de afastamento do estigma social associado aos institutos da interdição e da inabilitação[394].

[392] Vd. PINTO MONTEIRO, António, *Das Incapacidades ao Maior Acompanhado (...), op. cit.*, p.31.

[393] Cfr. Artigo 156.º do Código Civil. Não obstante, e por forma a respeitar, uma vez mais, a vontade do maior, o n.º 4 do citado preceito legal, prevê ainda a possibilidade de o tribunal fazer cessar o mandato quando entenda razoável presumir que a vontade do mandante seria a de o revogar.

[394] Cf. assinala MOREIRA, Sónia, "A reforma do regime das incapacidades: o maior acompanhado", in Benedita Mac Crorie/Miriam Rocha/Sónia Moreira (coord.), *Temas de Direito e Bioética*, Vol. I, Novas questões do Direito da Saúde, DH-CII- Direitos Humanos, Centro de Investigação Interdisciplinar, Escola de Direito da Universidade do Minho, 2018, 227-250,

Com efeito, a leitura deturpada do anterior regime (associada a circunstancialismos vários, de entre os quais os relativos aos requisitos legais de que dependiam tais figuras jurídicas e à rigidez do sistema[395]) levou a que a sociedade ignorasse, de certo modo, a importância destes instrumentos ao serviço do indivíduo e da sã participação do mesmo no tráfico jurídico negocial, escapulindo, sempre que possível, à sua aplicação.

Pese embora a reforma deste regime legal não possa resumir-se a uma alteração ao nível da nomenclatura dos institutos jurídicos em causa, crê o legislador que esse elemento possa também ele vir a ser incentivador do recurso a este regime legal.

Todavia, não podemos olvidar que se, por um lado, esta falta de rótulo cumpre um dos objetivos da reforma, que é o de evitar o estigma, por outro lado, a mesma pode representar uma dificuldade acrescida para os sujeitos que participam no tráfico jurídico negocial, na medida em que se torna mais difícil perceber que atos o maior acompanhado pode ou não praticar.

A par desta alteração, parece-nos igualmente relevante a colocação da tónica do regime na condição do próprio maior beneficiário da medida de acompanhamento, perfilhando-se, assim, um regime acentuador da dignidade humana e da autonomia da vontade do indivíduo.

Uma vez mais é possível assinalar a diferença significativa entre o anterior e o atual regime, pois este se refere ao maior que, por razões de saúde, deficiência, ou pelo seu comportamento, se encontre impossibilitado de exercer, plena, pessoal e conscientemente, os seus direitos ou de, nos mesmos termos, cumprir os seus deveres.

Dito isto, os requisitos de que depende a aplicação deste instituto jurídico são essencialmente dois, um de índole subjetiva e outro de índole objetiva[396].

p.227 e segs., "A mudança na terminologia não é inocente e foi bem conseguida. Por um lado, pretende-se evitar o estigma social (e jurídico) de que padeciam as pessoas anteriormente designadas como interditas ou inabilitadas. Por outro lado, a tónica coloca-se, agora, na proteção do beneficiário e no respeito pela capacidade que possa, ainda, possuir (em maior ou menor grau)".

395 Vd. BARBOSA, Mafalda Miranda, "Maiores acompanhados: da incapacidade à capacidade?", in *Revista da Ordem dos Advogados*, Lisboa, OA, Ano 78, n.º 1-2 (jan-jun 2018), pp.231-258, pp.233 e segs..

396 Neste sentido, vd. BARBOSA, Mafalda Miranda, "Dificuldades resultantes da Lei 49/2018, de 14 de agosto", in *Revista Jurídica Luso-Brasileira*, Faculdade de Direito da

O primeiro requisito de índole subjetiva respeita à impossibilidade de o sujeito exercer, plena, pessoal e conscientemente, os seus direitos ou de, nos mesmos termos, cumprir os seus deveres.

O segundo requisito de índole objetiva respeita às causas dessa impossibilidade, devendo a mesma resultar da saúde, da deficiência, ou do comportamento do indivíduo. Formulação esta bastante mais ampla e permissiva do que a do regime anterior, o que introduz uma salutar dose de flexibilidade.

Deixa, assim, de ser necessário que o maior seja portador de anomalia psíquica, surdo-mudo, cego, pródigo, ou que abuse do consumo de bebidas alcoólicas e de estupefacientes para poder ser sujeito a uma medida de acompanhamento.

Deste modo, na senda de Mafalda Miranda Barbosa[397]:

> A regra, agora, é a da capacidade de todos os que sejam maiores de dezoito anos, prevendo-se, contudo, medidas de acompanhamento que garantam a salvaguarda dos interesses dos sujeitos em questão, quando se mostrem impossibilitados, por razões de saúde, deficiência, ou pelo seu comportamento, de exercer, plena, pessoal e conscientemente, os seus direitos ou de cumprir os seus deveres.

## 3. Legitimidade para requerer a aplicação da medida de acompanhamento

A medida de acompanhamento de maior deverá ser decretada pelo tribunal, no âmbito do respetivo processo judicial, pelo que é imperioso decifrar a quem compete a legitimidade para despoletar o processo de acompanhamento de maior.

Destarte, de acordo com o disposto no artigo 141.º do Código Civil, a medida de acompanhamento pode ser requerida pelo próprio indivíduo, o que evidencia, uma vez mais, a relevância conferida à autonomia do sujeito.

Universidade de Lisboa, ano 5, (2019), n.º 1, pp.1449-1490, em linha (www.cidp.pt/revistas/rjlb/2019/1/2019_01_1449_1490.pdf), consultado em 08/12/2019, pp.1460 e segs..

[397] Cfr. BARBOSA, Mafalda Miranda, *Maiores acompanhados: da incapacidade (...), op. cit.*, p.232.

Pode, ainda, mediante a autorização do maior[398], vir a ser requerida pelo cônjuge, unido de facto, ou por qualquer parente sucessível. No entanto, o legislador teve, uma vez mais, especial atenção e cuidado com o próprio beneficiário da medida de acompanhamento, prescrevendo a este respeito que a autorização pode ser suprida pelo tribunal quando o beneficiário não esteja em condições de podê-la prestar ou quando existir um motivo atendível para o efeito.

Por fim, e sem dependência de qualquer autorização, a legitimidade caberá ainda ao Ministério Público que terá em parte significativa dos casos, um papel bastante ativo e preponderante no despoletar, bem como na condução do processo[399].

## 4. Âmbito e termos do acompanhamento

Tal como tivemos oportunidade de referir anteriormente, o acompanhamento deve limitar-se ao mínimo indispensável.

Nesta senda, o maior pode, em regra, exercer de forma livre os seus direitos pessoais[400] e praticar os atos da vida corrente livremente[401].

[398] Note-se que este regime difere do anterior regime aplicável à interdição e à inabilitação, reforçando, uma vez mais, neste domínio, o respeito pela autonomia da vontade do indivíduo que quando capaz deve decidir sobre o futuro da sua condição pessoal. A este respeito, vd. BARBOSA, Mafalda Miranda, *Maiores acompanhados: da incapacidade (...), op. cit.*, p.244, "Se é verdade que, em situações residuais, a mencionada autorização pode ser suprida pelo tribunal e que, noutras, o ministério Público pode requerer o acompanhamento independentemente de autorização, então, haveremos de reservar para essas hipóteses um maior rigor no controlo dos fundamentos da adoção da medida. Institui-se, portanto, um sistema móvel, em que a falta de manifestação de vontade por parte do acompanhado deve ser compensada por uma maior exigência na verificação dos requisitos".

[399] Cfr. Artigo 141.º do Código Civil.

[400] Consideram-se direitos pessoais, nos termos do artigo 147.º, n.º 2 do Código Civil, entre outros, os direitos de casar ou de constituir situações de união, de procriar, de perfilhar ou de adotar, de cuidar e de educar os filhos ou os adotados, de escolher profissão, de se deslocar no país ou no estrangeiro, de fixar domicílio e residência, de estabelecer relações com quem entender e de testar.

[401] Cfr. Artigo 147.º do Código Civil, salvo se a lei ou a sentença que decretar a medida de acompanhamento não estipular um regime diverso. Neste particular, seguimos de perto as preocupações de MOREIRA, Sónia, *A reforma do regime das incapacidades (...), op. cit.*, p.241, "Esta

Os negócios da vida corrente são, portanto, os negócios que a generalidade das pessoas celebra ou para satisfação das necessidades do dia-a-dia ou para satisfação de necessidades que, ultrapassando o quotidiano, fazem ainda parte do ordinário da vida.

Recuperando, a este respeito, a noção avançada pelo regime da menoridade "são três os requisitos de validade dos negócios celebrados pelo menor: o negócio tem de dizer respeito à vida corrente do menor; o negócio tem de estar ao alcance da capacidade natural (entendimento e vontade) do menor; o negócio apenas pode implicar despesas ou disposição de bens de pequena importância"[402].

No que concerne aos direitos pessoais, não podemos deixar de partilhar as preocupações de Sónia Moreira[403], relativamente à inversão do regime aplicável. Conforme assinala a autora, o anterior regime vedava, por defeito, o exercício dos direitos pessoais, ao passo que o regime atual parte, precisamente, do pressuposto inverso, tal como começamos por assinalar.

Tal significa que, para operar uma limitação ao exercício destes direitos do maior, será sempre necessário que o juiz se pronuncie concretamente sobre a questão. Ora, pressupondo o legislador que o maior será apenas acompanhado nos domínios relativamente aos quais se encontre impossibilitado, o exercício destes direitos pessoais só estará vedado, por princípio, quando se verifique uma representação geral do maior acompanhado.

Por esta razão, somos de opinião de que o anterior regime protegia de forma mais prudente o indivíduo, pese embora o paradigma tenha sofrido uma alteração substancial, partindo-se da capacidade para a definição concreta da necessidade de acompanhamento do indivíduo[404].

solução implica que o juiz tenha de se pronunciar especificamente sobre todos os casos em que o beneficiário não possa exercer direitos pessoais. Ora, tal previsão pode ser demasiado difícil e, como a regra é a da capacidade, caso o juiz nada diga, seja por esquecimento ou seja por não se verificar nenhuma situação no momento que exija decisão, o beneficiário poderá ver-se na posição de não conseguir exercer de facto alguns dos direitos para os quais possui capacidade à luz do Direito".

[402] Cf. BARBOSA, Mafalda Miranda, *Dificuldades resultantes da Lei 49/2018 (...), op. cit.*, p.1468.

[403] Cfr. MOREIRA, Sónia, *A reforma do regime das incapacidades (...), op. cit.*, pp.241 e segs.

[404] Neste sentido, BARBOSA, Mafalda Miranda, *Maiores acompanhados: da incapacidade (...), op. cit.*, p.236, "Parte-se de uma ideia de capacidade, para dotar a pessoa dos instrumentos necessários para a sua tutela nos casos pontuais – e sempre tendo em conta as particularidades de cada atuação ou domínio de atuação – em que dela careça. A solução já não é generalizante,

Mais poderá o maior exercer os direitos e cumprir as obrigações que se encontrem ao seu alcance, razão pela qual a intervenção do acompanhante dependerá, no caso em concreto, da necessidade do maior[405] e poderá consubstanciar-se no (i) exercício das responsabilidades parentais ou dos meios de supri-las, na (ii) representação geral ou representação especial, na (iii) administração total ou parcial de bens[406], na (iv) autorização prévia para a prática de determinados atos ou categorias de atos, bem como em (v) quaisquer outras intervenções devidamente explicitadas.

A medida do acompanhamento deverá ser sempre determinada após a audição pessoal e direta do beneficiário, o que vem a acentuar a tónica colocada no indivíduo beneficiário da medida de acompanhamento.

No que concerne concretamente ao modo de exercício do acompanhamento, o acompanhante tem sempre em vista o «superior interesse do maior acompanhado», devendo pautar a sua atuação à luz do entendimento de um «*bonnus pater famílias*».

O acompanhante cumprirá, então, as suas atribuições, abstendo-se de agir em conflito de interesses com o acompanhado[407], a título gratuito, cabendo-lhe apenas a possibilidade de alocação de despesas, a qual ficará dependente da condição do acompanhado bem como da do acompanhante.

No exercício das suas atribuições, deverá o acompanhante manter um contacto permanente com o maior acompanhado, referindo-se a lei ao dever de visita com uma periodicidade mínima mensal (ou outra considerada adequada pelo tribunal)[408].

procurando, pelo contrário, preservar até ao limite a possibilidade de atuação autónoma do sujeito."

405 A este respeito, vd. BARBOSA, Mafalda Miranda, *Dificuldades resultantes da Lei 49/2018 (...), op. cit.*, p.1457, "O acompanhamento pode, assim, conduzir à representação legal, aplicando-se o regime da tutela, com uma diferença não despicienda relativamente à interdição: é que enquanto esta era decretada de forma generalizante, a representação subjacente ao regime do acompanhamento é determinada em função das necessidades concretamente constatadas do beneficiário, podendo ser geral ou especial".

406 De acordo com o disposto no artigo 145.º, n.º 3 do Código Civil, os atos de disposição de bens imóveis carecem de autorização judicial prévia e específica.

407 Nos termos do disposto no artigo 150.º do Código Civil, sendo necessário, cabe ao acompanhante requerer ao tribunal a autorização ou as medidas concretamente convenientes a evitar esta situação.

408 Cfr. Artigo 146.º do Código Civil.

Ademais, encontra-se o acompanhante adstrito ao cumprimento do dever de prestar contas ao próprio acompanhado e ao tribunal, sempre que assim lhe seja exigido ou quando cesse a sua função.

A respeito da cessação da função de acompanhante é devida uma última nota a respeito da escusa e da exoneração da função.

Com efeito, de acordo com o previsto no artigo 144.º do Código Civil, o cônjuge, os descendentes ou os ascendentes não podem escusar-se ou ser exonerados da função de acompanhante do maior. Porém, os descendentes poderão ser exonerados, a seu pedido, ao fim de cinco anos, se existirem outros descendentes igualmente idóneos para o exercício da função de acompanhante.

Neste domínio não deixa de ser curioso que o unido de facto, que integrou o elenco exemplificativo das pessoas que mais aptas estarão, por regra, a salvaguardar o interesse imperioso do beneficiário, desapareça do rol de pessoas que estão impedidas de se escusar ou de serem exoneradas do exercício da função de acompanhante[409].

## 5. A validade dos atos praticados pelo acompanhado

No seguimento da nossa genérica abordagem a este regime legal, cumpre realçar um último aspeto que se prende com a validade dos atos praticados pelo maior acompanhado.

A primeira regra que cumpre enunciar é a da anulabilidade dos atos praticados pelo maior acompanhado, que não observem as medidas de acompanhamento decretadas, após o registo do acompanhamento. Do mesmo modo, os atos praticados depois de anunciado o início do processo, mas apenas após a decisão final será igualmente anuláveis caso se afigurem prejudiciais ao acompanhado.

Apesar da nova formulação do artigo 154.º do Código Civil, verifica-se que a lei continua a ser omissa quanto ao prazo propriamente dito que a ação de anulação deve observar e, agora, com um problema acrescido, a ausência de remissão para o regime legal da menoridade.

409 Neste sentido, vd. MOREIRA, Sónia, *A reforma do regime das incapacidades (...)*, *op. cit.*, p.236.

Com efeito, no regime anterior, apesar de o legislador não se ter pronunciado expressamente sobre a questão, era defensável a aplicação do prazo de um ano a contar do conhecimento do negócio por parte do tutor ou do curador, por força da aplicação das normas da menoridade (por remissão dos artigos 139.º e 156.º), por ser essa a solução que mais beneficiava o então incapaz[410].

Todavia, no atual regime, esta aplicação do prazo previsto para o regime da menoridade revela-se mais complexa pela referida ausência de remissão legal, o que apenas será possível, nos termos do artigo 10.º, n.º 1 do Código Civil, pela integração da lacuna da lei através da analogia com o regime da menoridade (artigo 125.º, n.º 1, al. a) do Código Civil)[411].

Por fim, aos atos praticados antes do anúncio do início do processo aplicar-se-á o regime da incapacidade acidental[412].

## 6. Conclusões

O novo regime do maior acompanhado introduziu no ordenamento jurídico português uma mudança substantiva do regime das incapacidades.

Se por um lado se procurou flexibilizar o regime das incapacidades, procurou-se igualmente privilegiar o «superior interesse do maior acompanhado», isto é, o seu bem-estar, a sua recuperação, o pleno exercício dos seus direitos e o cumprimento das suas obrigações, a autonomia da vontade.

Parte-se hoje da capacidade do indivíduo para a delimitação concreta da medida do acompanhamento de que este maior necessita, por força da impossibilidade de exercer, plena, pessoal e conscientemente, os seus direitos ou de cumprir os seus deveres, por razões de saúde, deficiência, ou pelo seu comportamento.

A revogação dos institutos jurídicos da interdição e da inabilitação implicou deste modo, o afastamento da rigidez que caracterizava o regime e que

[410] Cfr. MOREIRA, Sónia, *A reforma do regime das incapacidades (...), op. cit.*, p.244; HÖRSTER, Heinrich Ewald, *A parte geral do código civil português, Teoria Geral do Direito Civil*, Coimbra, Almedina, 2011, pp.337 e segs..

[411] Esta é a solução apontada por MOREIRA, Sónia, *A reforma do regime das incapacidades (...), op. cit.*, p.245, a qual perfilhamos.

[412] Cfr. Artigo 154.º, n.º 3 do Código Civil.

colocava em causa a sua aplicabilidade concreta aos desafios (crescentes) da nossa sociedade.

O novo regime desafia o julgador a uma ponderação minuciosa da necessidade e da extensão da medida de acompanhamento a aplicar ao maior. Estão certamente criadas as condições para o afastamento do estigma e para a valorização da capacidade daqueles que, pese embora não totalmente capazes, preservam ainda uma certa dose de capacidade e autonomia.

## Referências

BARBOSA, Mafalda Miranda, "Dificuldades resultantes da Lei 49/2018, de 14 de agosto", *Revista Jurídica Luso-Brasileira*, Faculdade de Direito da Universidade de Lisboa, ano 5, (2019), n.º 1, pp.1449-1490, em linha (www.cidp.pt/revistas/rjlb/2019/1/2019_01_1449_1490.pdf), consultado em 08/12/2019;

BARBOSA, Mafalda Miranda, "Maiores acompanhados: da incapacidade à capacidade?", *Revista da Ordem dos Advogados*, Lisboa, OA, Ano 78, n.º 1-2 (jan-jun 2018), pp.231-258;

HÖRSTER, Heinrich Ewald, *A parte geral do código civil português*, Teoria Geral do Direito Civil, Coimbra, Almedina, 2011;

MENEZES CORDEIRO, António; PINTO MONTEIRO, *Da situação jurídica do maior acompanhado. Estudo de política legislativa relativo a um novo regime das denominadas incapacidades dos maiores*, disponível em http://www.smmp.pt/wp-content/uploads/Estudo_Menezes-CordeiroPinto-MonteiroMTS.pdf, consultado em 30/06/2019;

MOREIRA, Sónia, "A reforma do regime das incapacidades: o maior acompanhado", in Benedita Mac Crorie/Miriam Rocha/Sónia Moreira (coord.), *Temas de Direito e Bioética*, Vol. I, Novas questões do Direito da Saúde, DH-CII- Direitos Humanos, Centro de Investigação Interdisciplinar, Escola de Direito da Universidade do Minho, 2018, 227-250;

PINTO, Carlos Alberto da Mota, Teoria Geral do Direito Civil, 4.ª edição, Coimbra, Coimbra Editora, 2012;

PINTO MONTEIRO, António, "Das Incapacidades ao Maior Acompanhado – Breve Apresentação da Lei nº 49/2018", in *Cadernos do CEJ – O Novo Regime Jurídico do Maior Acompanhado*, disponível em http://www.cej.mj.pt/cej/recursos/ebooks/civil/eb_Regime_Maior_Acompanhado.pdf, consultado em 30/06/2019.

# 2. O Financiamento das Instituições da Economia Social

*Conceição Soares Fatela*

## Introdução

No que à economia social respeita, Portugal é, no panorama europeu, um dos países que mais cedo defendeu "uma sociedade mais justa baseada em associações, mutualidades e cooperativas, onde a ajuda mútua reforçasse conjuntos esforços de desprotegidos povos", e na qual essas organizações deveriam "orientar-se por princípios morais que resguardassem a liberdade individual, a participação democrática, o aforro de capitais colectivos e a independência face aos poderes existentes. Isto é, um voluntarismo baseado na adesão livre, um socorro mútuo participado, um capital amealhado em espírito de serviço, e uma disponibilidade que não esmorece nem pela segregação nem pelo medo"[413]. Daqui decorre que, historicamente, as raízes da economia social em Portugal[414] enterram-se nas profundezas do tempo. Na verdade, um dos mais antigos registos data de 1293, e trata-se de uma carta régia do rei D. Dinis que confirmava a criação, por uma associação de mercadores, de uma Bolsa de Comércio que estipulava um acordo mútuo para que todas as barcas

[413] Fernando Ferreira da Costa, *Contributo português na ideação de uma economia social*, Lisboa, 1991, p. 16.

[414] Sobre as raízes históricas da economia social em Portugal *vide*, entre outros, Fernando Ferreira da Costa, *op. cit.*, pp. 15-32.

pagassem conforme a sua tonalagem, sendo o dinheiro assim obtido destinado a cobrir indemnizações aos seus membros em caso de desastre ocorrido sem que o atingido dele fosse o responsável[415].

O ideal social ligado ao denominado terceiro sector foi sendo, entre nós, defendido ao longo dos tempos, tendo-o sido mais acerrimamente no período liberal por autores como, por exemplo, Silvestre Pinheiro Ferreira, Alexandre Herculano, António Alves Martins, bispo de Viseu, e Andrade Corvo[416]. O que pretendemos salientar é que "este associativismo livre, de pendor socorrista ou mutualista, foi ganhando progressiva importância, acumulando fundos colectivos (que não eram estatais nem privados), gerando verdadeiros montes pios (origem dos celeiros comuns, caixas económicas e outras formas de crédito popular), afirmando com especial ênfase a importância dos seguros mútuos de pessoas (assistência aos necessitados, aos doentes), e dos seguros de bens (marítimos e agrícolas), constituindo o seu conjunto uma estrutura organizativa de base, imprescindível numa sociedade onde a presença do Estado não era ainda acentuada"[417].

Foi o papel desempenhado por estas associações, confrarias e mutualidades, e em que não podemos olvidar, principalmente na área da saúde, a importância das Misericórdias[418], que veio a ter reflexos na evolução posterior e na formação hodierna do conceito de economia social.

415 Ibidem, p. 18.

416 Exemplos práticos onde os ideais sociais de Andrade Corvo se encontram plasmados são, *v.g.*, da sua iniciativa enquanto ministro das Obras Públicas, a Lei 22 de Junho de 1866, que cria os bancos municipais, e "em que os seus artigos 12.º e 13.º estatuíam que os bens das Misericórdias podiam ser usados para formar bancos de crédito agrícola e industrial, transformando-os em obrigações fiduciárias desses bancos"; e a Lei de 2 de Julho de 1867, a Lei Basilar das Cooperativas e "a primeira publicada no mundo se tivermos em conta as características genéricas do «Industrial and Provident Societes Act»", publicado em Inglaterra 15 anos antes, em 1852. *Vide* Hugo Silveira Pereira – Um Banco na Misericórdia de Viana do Castelo História, *in Revista da FLUP*, IV Série, vol. 1, Porto, 2011, p. 173 e Fernando Ferreira da Costa, *op. cit.*, p. 31, respectivamente.

417 Fernando Ferreira da Costa, *op. cit.*, pp. 22.

418 Nas palavras de Fernando Ferreira da Costa, com a criação das misericórdias (principalmente as do séc. XVI, pela mão da rainha D. Leonor) ficámos "diante de uma nova organização de pendor social que, aproximando-se das confrarias e irmandades não se identifica com elas. Ora, a diferença fundamental reside no facto de uma Misericórdia ser uma «régie» e não uma associação de base, isto é, em vez do seu compromisso ou estatuto resultar de uma simples «postura entre si» dos sócios fundadores, ter a sua origem fundamentada numa carta ou

Com efeito, "no funcionamento das irmandades, confrarias leigas e Misericórdias, ressalta a liberdade dos associados em aderir ou abandonar a organização, a eleição livre dos responsáveis, a criação de fundos colectivos, recolhidos como dádivas ou cotizações que não davam especiais direitos aos seus contribuintes. Estavam portanto presentes os grandes princípios da economia social: o da liberdade, o da gestão democrática, o do aforro colectivo em espírito de serviço não capitalista e o da independência"[419].

A verdade é que nos tempos modernos, o papel desempenhado pelas instituições ligadas à economia social assume no panorama global uma importância cada vez maior. A título de exemplo, releva salientar que só na União Europeia a economia social conta com 2 milhões de empresas/instituições, gera 8% do PIB comunitário e é responsável por 14.5 milhões de empregos directos.

É, também, de sublinhar que de acordo com a Declaração de Madrid – "A Economia Social, um modelo empresarial para o futuro da União Europa" –, de 23 de Maio de 2017, ainda se pode fazer mais e reclama-se um forte impulso para a economia social na agenda da União Europeia. A declaração refere ainda que os valores comuns da economia social, o enfoque nas pessoas, a democracia e a sustentabilidade das políticas sociais contribuem para assegurar a coesão social e, portanto, geram desenvolvimento e criam emprego. Reivindica-se ainda, no documento, o fomento da economia social desde a escola, a criação de mecanismos comuns de cooperação ao mais alto nível e

documento régio que, longe de lhe sacar a tradicional característica autogestionária, baseada na democracia directa e popular, lhe confere condições complementares, viabilizadoras da sua efectiva realização. As Misericórdias traduzem, por parte dos governantes, o reconhecimento do papel desempenhado pelas organizações sociais colectivas, ao tempo existentes, e o reforço da sua acção benéfica através de iniciativas que, partindo do Poder não se identificavam com este. Por outro lado, a necessidade de um melhor dimensionamento dos hospitais pertencentes às confrarias. D. Leonor, afastando a hipótese da fusão coersiva destes, inicia a criação de novas unidades hospitalares, sem que se perdesse o carisma inicial das tradicionais associações de auxílio aos pobres e de socorro mútuo. Mas, porque os parcos recursos das associações então existentes não permitiam a sua ampliação, por forma a poderem responder às necessidades sentidas, procede a rainha à criação de um novo tipo de confrarias, reunindo, graças à sua iniciativa, os meios necessários ao cumprimento dos objectivos propostos. Surgia assim, como cúpula de um engenhoso processo das diversas associações colectivas, uma nova forma de propriedade social, única no mundo", *op. cit.*, pp. 24 e 25.

[419] Fernando Ferreira da Costa, *op. cit.*, pp. 29.

a inclusão no Plano da Comissão Europeia de um Programa de Acção Único para a Economia Social 2018-2020.

É um facto que esta matéria está na ordem do dia também em Portugal, pois no passado dia 10 de Julho de 2019, em Paris, o Secretário de Estado do Emprego português defendeu que a economia social é uma «prioridade» do Governo e que Portugal é procurado por outros Estados pelo exemplo nas parcerias no sector social.

## 1. Entidades que integram a economia social em Portugal

Em Portugal, as entidades que integram a economia social encontram-se enumeradas no artigo 4.º da Lei de Bases da Economia Social – Lei n.º 30/2013, de 8 de Maio – e são as seguintes:

a) as cooperativas;
b) as associações mutualistas;
c) as misericórdias;
d) as fundações;
e) as instituições particulares de solidariedade social (IPSS) não abrangidas pelas alíneas anteriores;
f) as associações com fins altruísticos que atuem no âmbito cultural, recreativo, do desporto e do desenvolvimento local;
g) as entidades abrangidas pelos subsectores comunitário e autogestionário, integrados nos termos da Constituição no sector cooperativo e social;
h) outras entidades dotadas de personalidade jurídica, que respeitem os princípios orientadores da economia social previstos no artigo 5.º da presente lei e constem da base de dados da economia social.

Entre as entidades ligadas à economia social importa, quando a nós, distinguir aquelas que "perseguem um objetivo social comum e que se prende com aspectos de natureza eminentemente social"[420], consubstanciado num

[420] José A. da Silva Peneda, "A economia social", *in Cadernos de Estudos Leirienses*, 15, Dezembro 2017, Leiria, p. 81. [pp. 81-87].

apoio activo às populações onde se inserem, na grande maioria dos casos em substituição de obrigações que pertencem ao Estado, como é o caso das IPSS, onde se integram as associações, as mutualistas, as misericórdias e algumas fundações.

Quando pretendemos referir-nos ao financiamento a estas instituições, é relevante dar nota de que a ideia que todos temos em relação a estas entidades é que a mesmas se distinguem das sociedades comerciais pelo facto de não terem por objetivo o lucro. Contudo, há que fazer aqui uma distinção: uma coisa é terem como objectivo o lucro "puro e duro", por meio do qual os titulares das participações sociais, sejam sócios ou accionistas, são pagos; outra coisa é terem como um objectivo absolutamente necessário e imprescindível à sua sobrevivência a geração de proveitos, ou excedentes, que têm, e devem ter, como destino exclusivo o "alargamento das suas actividades ou o reinvestimento nas respostas sociais a que se dedicam"[421].

Na verdade, constata-se que o modelo tradicional de gestão familiar e/ou voluntária e voluntarista destas instituições, pela qual se pautou não só o passado remoto como também o presente próximo, não se coaduna mais com as actuais exigências de transparência e profissionalismo por parte do mercado (sim, porque estas entidades actuam num mercado concorrencial). Por isso, a existência de critérios de gestão destas instituições, designadamente haver uma gestão profissional, é cada vez mais uma necessidade premente neste sector, porque uma das formas, talvez a primeira forma, de financiamento destas instituições é a de conseguirem obter proveitos, ou excedentes, provenientes da sua própria actividade.

Ora, sabemos por experiência própria que as instituições ligadas ao apoio social, devido às suas valências nas áreas da saúde (clínicas médicas, unidades de cuidados continuados integrados, unidades de cuidados paliativos, farmácias), infância (creche, pré-escolar, 1.º ciclo), casas abrigo para mulheres vítimas de violência doméstica, casas de acolhimento temporário de crianças e jovens em situação de risco decorrente de abandono, negligência, maus tratos físicos, psíquicos ou sexuais, bem como outros factores de risco, e apoio aos idosos (sejam centros de dia, apoio domiciliário, lares, etc.), ainda que com o apoio (diminuto) dos acordos de cooperação celebrados com as Administrações Regionais de

[421] José A. da Silva Peneda, *op. cit.*, p. 81.

Saúde (ARS) e as comparticipações da Segurança Social[422], torna quase impossível que os seus orçamentos anuais prevejam e obtenham algum "lucro". Em rigor, a sua atividade apenas origina receitas provenientes das quotas dos associados, de eventuais doações, e do pagamento (a preços sociais e não comerciais) dos serviços que prestam aos seus associados e utentes, e, mais raramente, de atividades sazonais como festas, quermesses, etc.

Esta realidade leva a que a grande maioria destas instituições se encontrem quase sempre com uma tesouraria deficitária que somente lhes permite gerir as necessidades do dia a dia, e, mesmo estas, com muitas dificuldades, pelo que, para sobreviverem, têm obrigatoriamente de recorrer a financiamentos externos. Contudo, importa referir que, como acima dissemos, é imprescindível que a gestão destas instituições assuma um carácter cada vez mais profissional porque o tipo de financiamento a que podem recorrer deve ser o mais adequado possível às suas necessidades, devendo a sua actuação traduzir-se numa postura mais activa junto das instituições de crédito e não numa atitude passiva, esta no sentido de aceitarem os tipos de financiamento que as instituições de crédito lhes sugerem para atingirem os seus próprios objectivos, pois esta situação corre o risco de acarretar resultados bastante graves na vida destas instituições por desajustados às suas necessidades e à sua capacidade de endividamento e, consequentemente, de pagamento...

## 2. O financiamento das instituições da economia social

No que respeita ao financiamento[423] a estas entidades podemos dividi-lo da seguinte forma:

[422] Importa esclarecer que as actividades de creche e pré-escolar são financiadas pela Segurança Social, sendo estipulado anualmente um valor fixo por utente, mas que varia mensalmente em função da frequência real destes. No entanto, a Segurança Social não financia a totalidade da capacidade instalada em cada equipamento social. Assim, para completar o subsídio da Segurança Social também existe uma comparticipação paga mensalmente pelo utente, e que varia em função do nível de rendimentos do seu agregado familiar. Já no que respeita ao 1.º ciclo, a comparticipação é paga exclusivamente pelos utentes, uma vez que se trata de uma atividade não financiada pela Segurança Social.

[423] Utilizamos a expressão financiamento em sentido lato, aqui incluindo todos os meios aos quais estas instituições podem recorrer para obterem recursos financeiros.

A) **Interno** – consubstanciado nos proveitos que advém das quotas pagas pelos associados, de doações, e do pagamento dos serviços que prestam aos seus associados e utentes.

B) **Externo** – todos os que advêm de terceiros. E estes ainda podemos subdividi-los em:

a) **Apoios do Estado**
Como são, *verbi gratia*, os decorrentes dos Acordos de Cooperação celebrados com as ARS[424], e as comparticipações do Instituto da Segurança Social nas áreas da saúde[425], infância, juventude e terceira idade. Assim, como os provenientes do Fundo de Socorro Social[426].

b) **Provenientes de acordos celerados com entidades diversas**
É muito comum, principalmente nas instituições da economia social com valências na área da saúde, a celebração de protocolos[427] com as mais diversas entidades quer de natureza pública quer de natureza privada. São disto exemplo, os protocolos celebrados com as seguradoras, ADSE – Instituto Público de Gestão Participada, forças de segurança pública (PSP, GNR, etc.), associações de natureza privada, etc. Estes protocolos abrangem a comparticipação em consultas médias, exames de complementares de diagnóstico, internamentos, etc.

c) **Financiamento por instituições de crédito**
E aqui podemos distinguir os tipos de financiamento consoante o fim a que os mesmos se destinam:

424 Na prestação de cuidados de saúde, por exemplo, exames complementares de diagnóstico.
425 Nomeadamente nas unidades de cuidados continuados integrados.
426 Cujo regulamento e modelo de requerimento para formalização do pedido de apoio se encontram previstos na Portaria n.º 428/2012, de 31 de Dezembro, emitida pelos Ministérios das Finanças e da Solidariedade e da Segurança Social,
427 Estes protocolos abrangem a comparticipação em consultas médicas, exames de complementares de diagnóstico, internamentos, fisioterapia, etc.

1. Se se tratar de um **investimento a médio/longo prazo**[428], o financiamento pode ser concretizado através de:
a. empréstimo[429];
b. abertura de crédito[430] (se for para construir ou fazer obras em algum imóvel).
c. locação financeira mobiliária ou imobiliária[431];
2. Se o fim for o **apoio de tesouraria**,o tipo de financiamento pode ser:
a. o empréstimo de curto prazo – contrato de crédito reembolsável até um ano, cujo montante é inicialmente transferido para a conta de depósito à ordem;
b. a conta corrente caucionada – consiste num crédito de curto prazo com um limite máximo de utilização disponível a partir da conta de depósito à ordem;
c. o factoring[432] – aquisição de créditos de curto prazo.

[428] Considera-se que uma operação financeira é de médio prazo se o seu prazo de duração for igual ou inferior a 5 anos, e de longo prazo se for por mais de 5 anos. Já operações de curto prazo são aquelas que são celebradas por um período igual ou inferior a 1 ano, vide artigo 4.º do Decreto-Lei n.º 58/2013, de 8 de Maio.

[429] *Vide*artigos 362.º e 394.º do Código Comercial.

[430] A abertura de crédito vem referida no artigo 362.º do Código Comercial. É um contrato atípico, mas socialmente típico, por não ter um regime legal próprio. Sofia Gouveia Pereira define-o como o contrato pelo qual "um banco, creditante, constitui a favor do seu cliente, creditado, por um período de tempo, determinado ou não, uma disponibilidade de fundos que este poderá utilizar se quando e como entender conveniente", *in O Contrato de Abertura de Crédito Bancário*, Cascais, 2000, p. 7.

[431] A locação financeira é o contrato pelo qual uma das partes se obriga, mediante retribuição, a ceder à outra o gozo temporário de uma coisa, móvel ou imóvel, adquirida ou construída por indicação desta, e que o locatário poderá comprar, decorrido o período acordado, por um preço nele determinado ou determinável mediante simples aplicação dos critérios nele fixados. O seu regime jurídico encontra-se definido no Decreto-Lei n.º 149/95, de 24 de Junho, alterado pelos Decretos-Lei nºs 265/97, de 2 de Outubro, 285/2001, de 3 de Novembro, e 30/2008, de 25 de Fevereiro. Sobre a locação financeira em geral *vide*, entre outros, Fernando de Gravato Morais, *Manual da Locação Financeira*, Coimbra, 2011, e Arnaldo Rizzardo, *Leasing. Arrendamento Mercantil no Direito Brasileiro*, São Paulo, 2010.

[432] Também conhecido por cessão financeira. É um contrato de conteúdo atípico, encontrando-se previsto no Decreto-Lei nº 171/95, de 18 de Julho, alterado pelos Decretos-Lei nºs 157/2014, de 24 de Outubro e 100/2015, de 2 de Junho. Segundo Luís Miguel Pestana de Vasconcelos "estamos face a um contrato de cessão financeira quando, por meio de um conbtrato, uma das partes transfere ou se obriga a transferir ao outro contraente a totalidade

d. a cessão de créditos[433] futuros – é utilizada quando os créditos a ceder têm data de vencimento superior a um ano e podem não ser créditos comerciais provenientes da venda ou da prestação de serviços.

e. o descoberto autorizado[434];

f. uma operação de desconto bancário[435];

g. a subscrição de uma livrança[436];

h. o crowdfounding ou financiamento colaborativo[437].

### d) Linhas de crédito específicas de apoio à economia social

ou parte dos seus créditos comerciais de curto prazo, presentes ou futuros, resultantes da venda ou prestação de serviços, da totalidade ou de parte dos seus clientes", Dos contratos de cessão financeira (factoring), *inBoletim da Faculdade de Direito da Universidade de Coimbra, "Stvdia Ivridica 43*, Coimbra, 1999.

433 A cessão de créditos encontra-se prevista nos artigos 577.º e seguintes do Código Civil português.

434 Consiste numa facilidade de utilização de crédito, associada a uma conta de depósito à ordem, em que, para além do saldo dessa conta, se permite a sua movimentação até um limite de crédito previamente estabelecido.

435 O desconto é uma das operações previstas no artigo 362.º do Código Comercial, e faz parte da prática bancária, sendo a mais conhecida o desconto de letra. O desconto consiste num contrato através do qual o Banco (descontador) adianta, após dedução do juro (prémio de desconto), o montante de um crédito que o beneficiário (descontário) tem sobre um terceiro mas que ainda não se encontra vencido. Através do desconto o Banco adquire a titularidade desse crédito e irá reembolsar-se da quantia adiantada através da sua cobrança junto do devedor na data do seu vencimento.

436 Traduz-se na promessa dada por uma determinada pessoa, subscritor, a outra, o beneficiário, de pagar uma quantia determinada, em dadas condições de tempo e lugar. *Vide* Lei Uniforme sobre Letras e Livranças, estabelecida pela Convenção internacional assinada em Genebra em 7 de Junho de 1930, aprovada em Portugal pelo Decreto-Lei n.º 23 721, de 29 de Março de 1934, e ratificada pela Carta de Confirmação e Ratificação, no suplemento do "Diário do Governo", n.º 144, de 21 de Junho de 1934.

437 Diogo Pereira Duarte, define-o como "um modelo de negócio em que entidades obtêm recursos de que necessitam através de contribuições recebidas na sequência de uma oferta dirigida a vasta rede de pessoas, em especial uma comunidade online (a crowd). Pode ser caracterizado como um método, relativamente recente e ainda em evolução, de utilizar uma plataforma na internet para aceder às contribuições financeiras de pessoas ligadas em rede com o objectivo de financiamento de atividades ou projetos "Financiamento colaborativo de capital", *in FinTech – Desafios da Tecnologia Financeira*, Lisboa, 2019, p. 266.

Em Portugal há linhas de crédito específicas de apoio à economia social desenvolvidas pela CASES – Cooperativa António Sérgio para a Economia Social, e a que os bancos podem aderir. Damos como exemplo o **Social Investe**[438] que é um programa de apoio à Economia Social, concretizado numa linha de crédito, que visa facilitar o acesso a financiamento por parte de entidades que integram o setor.

Como refere a CASES, este programa destina-se a incentivar o desenvolvimento das atividades de natureza social e solidária das entidades que integram o setor da Economia Social, traduzindo desta forma, o reconhecimento de que este setor constitui, inquestionavelmente, um dos pilares do desenvolvimento económico e social do país[439].

A esta linha de crédito aderiram, entre outros, o Banco Millennium BCP[440]; o Novo Banco[441]; a Caixa Geral de Depósitos[442]; a Caixa de Crédito Agrícola[443] e o Banco Montepio Geral[444], este último é o banco com maior propensão, pela sua história mutualista, a apoiar a economia social, tendo mais produtos financeiros especialmente vocacionados para esta área.

## 3. Conclusões

Em jeito de conclusão diremos apenas que temos constatado que do ponto de vista das políticas sociais, e não obstante existirem bastantes programas, a verdade é que temos dúvidas que as mesmas sejam verdadeiramente suficientes e eficazes, se as olharmos numa dupla perspectiva: a) a de corresponderem ou colmatarem, efectivamente, as necessidades das instituições da economia social, e, b) que as mesmas sejam devidamente vocacionadas ou tenham em

438 Para maior esclarecimento *vide* https://www.cases.pt/programas/social-investe/ https://www.confagri.pt/programa-apoio-economia-social/

439 https://www.cases.pt/programas/social-investe/

440 https://ind.millenniumbcp.pt/pt/negocios/financiamento/Pages/Social-investe.aspx

441 https://www.novobanco.pt/site/cms.aspx?labelid=social_investe.

442 https://www.cgd.pt/Empresas/Investimento-Capitalizacao/Pages/Social-Investe.aspx

443 https://www.creditoagricola.pt/para-a-minha-empresa/financiar/linha-de-credito-de-apoio-a-economia-social-social-investe

444 https://www.montepio.org/ei/economia-social/apoios-e-beneficios/que-programas-de-financiamento-a-economia-social-existem/

conta as suas características e especificidades. Por exemplo, no âmbito do financiamento bancário, estas entidades são analisadas do ponto de vista do risco, das taxas de juros, dos prazos e das garantias exigidas como se de autênticas sociedades comerciais se tratassem; do ponto de vista fiscal, questionamos se os benefícios que lhe são atribuídos serão mesmo os mais adequados e se são suficientes; e, do ponto de vista legislativo, até mesmo a última alteração ao CIRE – Código da Insolvência e Recuperação de Empresas[445], com a criação do PEAP – Processo Especial para Acordo de Pagamento[446], gera dúvidas a que processo estas instituições podem recorrer, tendo nós já recebido uma decisão judicial a considerar que a forma processual que defendemos ser-lhes aplicável por não serem empresas, o PEAP, afinal não lhes é aplicável devendo sim ser um PER – Processo Especial de Revitalização[447]...

A verdade é que sendo muito o caminho já percorrido ainda falta muito por percorrer. Consideramos que há muito trabalho a fazer nesta área, seja de sensibilização, seja de uma investigação mais abrangente e multidisciplinar.

## Referências

Fernando Ferreira da Costa. Contributo português na ideação de uma economia social. Lisboa, 1991.

Hugo Silveira Pereira – Um Banco na Misericórdia de Viana do Castelo História, *in Revista da FLUP*, IV Série, vol. 1, Porto, 2011.

José A. da Silva Peneda, "A economia social", in *Cadernos de Estudos Leirienses*, 15, Dezembro 2017, Leiria.

Sofia Gouveia Pereira, O Contrato de Abertura de Crédito Bancário. Cascais, 2000.

Fernando de Gravato Morais. Manual da Locação Financeira. Coimbra, 2011.

Arnaldo Rizzardo, *Leasing*. Arrendamento Mercantil no Direito Brasileiro. São Paulo, 2010.

Luís Miguel Pestana de Vasconcelos, Dos contratos de cessão financeira (factoring), in *Boletim da Faculdade de Direito da Universidade de Coimbra*, "*Stvdia Ivridica*" 43, Coimbra, 1999.

Diogo Pereira Duarte, *"Financiamento colaborativo de capital"*, in *FinTech – Desafios da Tecnologia Financeira*, Lisboa, 2019.

[445] Aprovado pelo Decreto-Lei n.º 53/2004, de 18 de Março.

[446] Introduzido no CIRE pelo Decreto-Lei n.º 79/2017, de 30 de Junho, e previsto nos artigos 222.º-A e seguintes e que prevê expressamente ser aplicável a devedores que não são empresas.

[447] Previsto nos artigos 17.º-A e seguintes do CIRE.

# 3. A *FAT TAX* – Um Instrumento de Política Extrafiscal

*Rui Miguel Zeferino Ferreira*

## Introdução

Na atualidade a obesidade é uma das principais causas de morte que vem preocupando a Organização Mundial de Saúde, sendo particularmente grave em Portugal quando comparada com a taxa de mortalidade associada a outros países de União Europeia. Neste contexto, têm surgido diversos instrumentos normativos, que a nível mundial procuram mitigar o problema do consumo excessivo de açúcar, sal e gorduras, nomeadamente, por via da tributação de determinado tipo de produtos com elevado teor de açúcar, sal e gorduras[448].

[448] Em Portugal, no ano de 2014, a Direção Geral da Saúde no relatório intitulado *"Portugal: Alimentação Saudável em Números 2014"*, era possível constar que a obesidade já atingia 1 milhão de adultos, bem como a existência de 3,5 milhões pré-obesos. No mesmo relatório constatou-se que cerca de 15% das crianças com idades compreendidas entre os 6 e os 9 anos já eram obesas e que mais de 35% tinham um problema de excesso de peso. No que respeita à faixa etária dos adolescentes (com mais de 15 anos), verificava-se que 31% dos indivíduos do sexo masculino e 18% dos indivíduos do sexo feminino tinham excesso de peso e que, respetivamente, 24% e 17% eram obesos. Neste sentido veja-se: DIREÇÃO GERAL DE SAÚDE. PORTUGAL:Alimentação Saudável em Números – 2014. Lisboa: Direção Geral de Saúde, 2014. Consultado em <https://www.alimentacaosaudavel.dgs.pt/activeapp/wp-content/files_mf/1444947680relatorioPNPAS2014.pdf>. Último acesso em 11/08/2019.

Segundo os dados da Organização Mundial de Saúde, na Europa mais de 27% das crianças com 13 anos e 33% com 11 anos manifestavam uma situação de excesso de peso, sendo que a estimativa para Portugal é mais grave e com tendência para se agravar face às estimativas para 2020 e 2030[449]. Esta tendência de agravamento resulta de vários fatores, tais como, a opção por uma alimentação de fraca qualidade nutricional; o aumento dos preços de determinados alimentos, em particular os que apresentam uma melhor qualidade para a saúde dos consumidores; a diminuição do rendimento disponível dos cidadãos; a educação e o grau de instrução dos cidadãos; e as escolhas individuais de cada um. Igualmente a própria revolução tecnológica tem sido um fator importante para a obesidade, tanto por estar a tornar a população mais sedentária, como por promover a inovação agrícola, que por sua vez conduz à redução dos preços de alguns alimentos, aumentando o seu consumo, em doses superiores às recomendadas[450].

É sob este panorama que aumentam as preocupações com a alimentação e o estilo de vida das populações[451], bem como a procura de instrumentos de combate ao problema. Por isso, vem sendo discutida e introduzida em alguns países, como Portugal, a tributação adicional dos produtos com impacto nocivo para a saúde e que possam aumentar a obesidade, em particular todos aqueles que possuam um elevado teor de gordura, açúcar e sal, bem como todos aqueles que se insiram na denominada *fast-food*. Esta proposta tem também subjacente não só a preocupação com a saúde pública, mas igualmente preocupações financeiras, que no caso português se destinam a reduzir as dívidas acumuladas no subsetor da saúde.

[449] Neste sentido, veja-se: WORLD HEALTH ORGANIZATION. <http://www.euro.who.int/__data/assets/pdf_file/0003/243318/Portugal-WHO-Country-Profile.pdf>. Último acesso em 11/08/2019.

[450] Neste sentido, veja-se sobre os fatores que influenciam a obesidade: LAKDAWALLA, Darius; PHILIPSON, Tomas. "The growth of obesity and technological change: a theoretical and empirical examination, The National Bureau of Economic Research". Working Paper n.º 8946, 2002, pp. 983-986; STRNAD, Jeff. "Conceptualizing the "Fat Tax": The Role of Food Taxes in Developed Economies", in Southern California Law Review, vol. 78:1221, dezembro de 2005, pp. 1232-1234.

[451] POÍNHOS, R.; FRANCHINI, B.; AFONSO, C., *et al.* "Alimentação e Estilos de Vida da População Portuguesa: Metodologia e Resultados Preliminares", in Revista da Sociedade Portuguesa de Ciências da Nutrição e Alimentação, vol. 15, n.º 3, 2009.

A concessão deste tipo de tributo tem por base o princípio de que é necessário edificar um sistema alimentar saudável, para que os cidadãos também sejam saudáveis[452], o qual depende de uma boa nutrição, da educação da população e de políticas e incentivos apropriados, nomeadamente, de políticas fiscais que tributem os produtos considerados como não saudáveis. Apesar de alguns avanços e recuos, na atualidade estão a ser discutidas várias questões sobre este tema, como sejam, a legitimidade dos governos assumirem uma posição paternalista, interferindo nas escolhas individuais da alimentação dos cidadãos[453]; os efeitos ao nível da eficácia e eficiências da tributação[454]; e a verdadeira natureza destes tributos, no sentido de se saber se serão apenas um instrumento fiscal com o escopo de obtenção de receita fiscal ou se serão um verdadeiro instrumento extrafiscal[455].

## 1. O conceito de *fat tax*

A *fat tax*[456] tem várias e distintas construções, mas em geral apresenta-se como um imposto indireto sobre o consumo ou como uma taxa adicional

[452] *Cf.* folheto informativo referente ao Dia Mundial da Alimentação de 2013, com o tema "Pessoas saudáveis dependem de sistemas alimentares saudáveis: sistemas alimentares sustentáveis para a segurança alimentar e a nutrição", Dia Mundial da Alimentação 16 de outubro de 2013/ [ed.] FAO, Organização das Nações Unidas para a Alimentação e a Agricultura, Roma, 2013.

[453] Neste sentido, veja-se: LUCAS, Jr. Gary. "Saving Smokers from themselves: The Paternalistic Use of Cigarette Taxes", in University of Cincinnati Law Review, vol. 80, Issue 3, 2012, pp. 693-752; e do mesmo autor, "Paternalism and Psychic Taxes: The Government's Use of Negative Emotions to Save Us from Ourselves", in Southern California Interdisciplinary Law Journa*l*, vol. 22, Issue 2, 2013, pp. 227-302.

[454] Sobre o tema veja-se: Relatório do *Institute of Economic Affairs*, "The Proof of the Pudding: Denmark's fat tax fiasco", in IEA Current Controversies Paper, nº 42, maio 2013. Consultado em <*http://www.iea.org.uk/publications/research/the-proof-of-the-pudding-denmark's-fat-tax-fiasco*>. Último acesso em 11/08/2019.

[455] Sobre o tema veja-se: ALEMANNO, Alberto; CARRENO, Ignacio. "Fat taxes in the EU between fiscal austerity and the fight against obesity", in European Journal of Risk Regulation, abril de 2011, pp. 9-10.

[456] Este conceito foi desenvolvido por Kelly Brownell, que nos anos noventa verificou que os alimentos com alto índice de gordura e baixo valor nutritivo estavam entre os mais baratos do mercado, propondo a criação de um tributo denominado *tax food*. Porém, anteriormente já Arhur Pigou havia defendido uma tributação especial sobre bens e serviços cujos preços não refletem o verdadeiro custo social do respetivo consumo, dos quais são exemplificativos

sobre alimentos e bebidas com elevados níveis de gordura[457], sendo que no caso português se encontra estabelecido como um imposto especial sobre o consumo. Este se apresenta sob a aparência de um objetivo "simpático" de diminuir o consumo de certos produtos nocivos, para dessa forma combater o aumento da obesidade. Este instrumento pode ser acompanhado de medidas financeiras compensatórias[458] ou de medidas administrativas de promoção de um estilo de vida saudável[459]. Assim, a *fat tax* incidirá sobre produtos em que seja patente a associação à obesidade ou a outras doenças de risco para a saúde, quando objeto de consumo desequilibrado.

Este tipo de tributos apresenta-se assim como corretivo dos comportamentos dos cidadãos, com o escopo de influenciar os comportamentos dos agentes económicos no mercado, corrigindo as externalidades negativas, e não propriamente com o objetivo de obtenção de receita fiscal suplementar. Isto é, o tributo apresenta-se sob a aparência extrafiscal, cuja tributação pretende atingir produtos vistos como um vício, também apelidados por imposto do pecado[460]. Estes tributos justificam-se pelos custos sociais desencadeados pelo consumo dos bens sobre os quais incidem, bem como pelo facto de se tratarem de consumos tidos como não essenciais. Deste modo, verifica-se a conjugação de um objetivo financeiro – receitas fiscais – com um objetivo extrafiscal de desincentivo do consumo de determinados produtos, considerados em determinadas condições nefastos para a saúde[461]. Contudo, apesar da

os cigarros e o álcool, aos quais Sérgio Vasques designa de impostos sobre o pecado. Veja-se: FLEISCHER,Victor. "Curb your enthusiasm for pigouvian taxes", in Vanderbilt Law Review, vol. 68, Issue 6, novembro 2015, pp. 1673-1714.

457 Sobre a introdução de um tributo sobre bebidas açucaradas veja-se: FINKELSTEIN, E.A.; ZHEN, C.; BILGER, M.; NONNEMAKER, J.; *et. al.* "Implications of a sugar-sweetened beverage (SSB) tax when substitutions to non-beverage items are considered", in Journal of Health Economics, n.º 32, 2013, pp. 219-239; JACOBSON, Michael F.; BROWNELL, Kelly D. "Small Taxes on soft Drinks and snack foods to promote Health", in American Journal of Public Health, vol. 90, nº. 6, junho de 2000.

458 Por exemplo a subsidiação de comida saudável.

459 Por exemplo o desporto escolar ou o envelhecimento ativo.

460 Neste sentido, veja-se:VASQUES, Sérgio. Os impostos do Pecado: O Álcool, o Tabaco, o Jogo e o Fisco. Coimbra, 1999, pp. 112 a 121.

461 Neste sentido, veja-se: VICENTE, Carlos. "A Extrafiscalidade dos Impostos Especiais sobre o Consumo", in Revista da Faculdade de Direito da Universidade do Porto, Ano III. Coimbra: Coimbra Editora, 2006.

tentativa de tentar mostrar tais tributos como extrafiscais, a realidade mostra um cada vez maior peso nas contas públicas dos impostos sobre o consumo, pelo que o aumento destes impostos traduzir-se-á numa redução significativa do consumo de bens, embora na prática tal não suceda por se estar perante uma procura fortemente inelástica de certos produtos. O que muitas vezes ocorre é um efeito de substituição por produtos mais baratos, e de mais fraca qualidade nutricional, o que gera um efeito perverso sobre o próprio objetivo do imposto, por prejudicar ainda mais a saúde dos cidadãos.

Na realidade, o efeito corretivo dos impostos, tal como sugerido por Arthur Pigou, permite promover a eficiência económica apenas na medida em que conduza os consumidores a exercer as suas preferências sobre bens cujos preços reflitam os respetivos custos sociais. Porém, tal só é possível se existir elasticidade na procura, isto é, que exista da parte da procura uma sensibilidade à mudança de preços. Porém, no tipo de produtos afetados pela *fat tax* a reação à mudança de preço é pouco significativa[462].

Desta forma, o contribuinte é tributado de acordo com a procura que faça de determinados produtos e alimentos, tidos como nocivos para a saúde, o qual deve ser o único fundamento para a sua tributação. Isto é, na *fat tax* o contribuinte é aquele que procura esses bens, em que o facto gerador é a procura de concretos produtos e alimentos sobre o qual o imposto incide. Por isso, trata-se de um verdadeiro tributo, com uma finalidade extrafiscal corretiva, não podendo ser visto como uma sanção, uma vez que aquilo que é pretendido é a proteção da saúde individual e pública, por via da indução de comportamentos alimentares considerados mais saudáveis.

No que concerne à capacidade contributiva, a *fat tax* baseia-se no consumo, mas a sua finalidade aparente não é financeira, pelo que não pretende atingir corolários de justiça fiscal, mas antes finalidades extrafiscais[463]. Assim, independentemente da capacidade económica de cada indivíduo, o montante

[462] A este propósito veja-se: FLEISCHER,Victor. "Curb your enthusiasm for pigouvian taxes», *op. cit.*, pp. 1704-1708.

[463] Tendo presente que a principal finalidade é a proteção da saúde, a solução de tributação não é uniforme em todos os ordenamentos jurídicos. Na realidade, existem propostas de aplicação sobre alimentos menos nutritivos e ricos em gordura saturada, como os refrigerantes, doces e salgados, ou sobre a denominada *junk food*, mas também existem soluções mais arrojadas de tributação de um universo mais amplo de produtos e ingredientes de produtos, em que se discute se o critério a adotar deve ser a gordura, o número de calorias, a energia ou outro.

do tributo aplicado será o mesmo, ou seja, não é afetado pela capacidade contributiva. Por isso, tratar-se-á de um tributo com efeitos regressivos, uma vez que os produtos e alimentos sujeitos à *fat tax* são mais procurados por indivíduos com menor capacidade económica.

Em teoria, a *fat tax* encontra justificação como forma de promover comportamentos mais saudáveis por parte dos cidadãos, por via dos produtos mais nocivos ficarem mais caros, deixando assim de ser competitivos com base no preço mais reduzido, como sucede com os produtos ricos em gordura face aos produtos frescos e saudáveis[464]. Porém, existe um elevado risco da *fat tax* se tornar perversa para a população com menor capacidade económica, que deixará de poder comprar os produtos mais nocivos para a sua saúde, mas continuará a não ter capacidade de adquirir os mais saudáveis, que se manterão para si com um custo elevado e inacessível. A esta circunstância acresce que não é líquido que a diminuição do consumo de determinados produtos ocorra na dimensão esperada, fruto da criação de vícios com a "comida de plástico" e os refrigerantes, que se apresentam como consumos mais rígidos[465]. Em síntese, mesmo aceitando a *fat tax*, a mesma não poderá deixar de ser articulada com outras medidas.

[464] Neste sentido, veja-se: ALEMANNO, Alberto; CARRENO, Ignacio. "Fat taxes in the EU between fiscal austerity and the fight against obesity", *op. cit.*, pp. 3-4.

[465] Sobre estes problemas vejam-se, entre outros: LEICESTER, Andrew; WINDMEIJER, Frank. "The "fat tax": economic incentives to reduce obesity", in The Institute for Fiscal Studies, Briefing Note n.º 49. Londres: [s. e.], 2004; YANIV, Gideon; ROSIN, Odelia; TOBOL, Yossef. "Junk-food, home cooking, physical activity and obesity: The effect of the fat tax and the thin subsidy", in Journal of Public Economics, junho de 2009; GOLDMAN, Dana; LAKDAWALL, Darius; ZHENG, Yuhui. "Food prices and the dynamics of body weight", in NBER Working Paper nº 15096, junho de 2009; DOUCETT, Sarah. "Fat Taxing" Our Way to a Healthier World", in Suffolk Transnational Law Review, vol. 38:2, 2015; MAYER, Katherine. "An Unjust War: The Case Against the Government's War on Obesity", in 92 GEO, L.J. 999, 1000, 2004; STRNAD, Jeff. "Conceptualizing the "Fat Tax": The Role of Food Taxes in Developed Economies", *op. cit.*, pp. 1245-1253; WINSTANLEY, Chris L. "A Healthy Food Tax Credit: Moving Away from the Fat Tax and Its Fault-Based Paradigm", in Oregon Law Review, vol. 86, 1151, 2007.

## 2 As vantagens da *fat tax*

O tema da tributação deste tipo de produtos e alimentos está longe de obter um amplo consenso, pelo que o debate entre os seus prós e contras se mantêm com um amplo campo de discussão. Nesse âmbito, cabe dar nota em primeiro lugar da posição dos defensores da sua criação, que apresentam em sua defesa tanto a existência de vantagens económicas como de vantagens individuais.

### 2.1. *Das vantagens económicas*

Os defensores da *fat tax* vêm apresentando como argumento para a sua defesa a possibilidade de arrecadação de uma importante receita fiscal, que seria utilizada para o financiamento do deficitário subsetor da saúde, bem como para a criação de incentivos fiscais alocados à promoção de um estilo de vida mais saudável. Contudo, este tributo não pode ser visto apenas sob essa ótica, uma vez que se assim for, o mesmo não encontrará justificação, pelo que terá de ter como escopo o auxílio à resolução de problemas sociais, o que acarreta importantes consequências no orçamento de Estado[466]. Pelo que mais do que criar um novo imposto sobre o consumo, deverá olhar-se para a possibilidade de criação de uma contribuição especial, que ainda assim se apresenta de mais fácil sustentação teórica.

Outros autores defendem que apesar do tributo ter uma natureza unilateral, o mesmo terá sempre um *input* significativo na redução do consumo de certos produtos tidos como nocivos para a saúde, e nesse aspeto será um importante instrumento fiscal para a economia. Este é igualmente o pensamento daqueles que vêm nos tributos sobre determinados produtos alimentares e, bem assim, nos incentivos fiscais a um estilo de vida saudável, uma importante função para responder às crises económicas[467]. Acresce que no pensamento destes autores, estas medidas fiscais para a promoção da saúde

[466] Neste sentido, veja-se: PIRES, Rita Calçada. "Fat Tax – O Ataque Fiscal aos Alimentos Não Saudáveis", in **Estudos em Homenagem ao Professor Doutor Alberto Xavier – Economia, Finanças Públicas e Direito Fiscal**, Vol. II. Eduardo Paz Ferreira, Heleno Taveira Torres e Clotilde Celorico Palma (organizadores). Coimbra: Almedina, p. 666.

[467] Neste sentido, veja-se: MCCOLL, Karen. "Fat taxes" and the financial crisis", in **The Lancet**, vol. 373, n.º 9666, 2009, pp. 797–798.

são mais suscetíveis de fazerem parte dos planos de recuperação económica, quando estejam em conexão com objetivos de justiça social e económica. A este propósito é normalmente referido que este tributo funciona como complemento de benefícios fiscais que incentivem as caminhadas e o uso de bicicletas, em substituições dos veículos automóveis poluentes; a programas que incentivem a atividade física; e à disponibilização de serviços de nutrição primários, que promovam o controle de doenças relacionadas com a obesidade e desequilíbrios alimentares[468].

Outra vantagem económica que vem sendo referenciada é o facto destes tributos poderem promover economias locais, tendo em consideração que a maioria dos produtos afetados resulta no caso português da importação, ou é resultado da produção em grandes economias de escala. Porém, esta aparente vantagem depende da sua integração com outras políticas setoriais, como a saúde, a agricultura e a produção agroindustrial.

Por outro lado, o tributo acaba por representar um investimento de longo prazo, na expectativa que ocorrerá uma diminuição no consumo dos bens tributados, pois o efeito de curto prazo na obesidade populacional pode ser pouco significativo[469]. Desta forma, haverá que perceber que estes tributos não serão a solução mais eficaz e eficiente para no curto prazo combater o problema da obesidade, embora possa em longo prazo produzir alguns resultados, quando associados a outro tipo de incentivos[470]. Contudo, mesmo em longo prazo os resultados não serão todos aqueles que são desejados. Na realidade, este tributo por significar a redução do consumo de certos produtos e alimentos, que num momento posterior acabam por subcarregar o sistema de saúde, representaria um alívio financeiro do mesmo, razão pela qual os seus

[468] Neste sentido, vejam-se: LAURANDE, Jeremy. "Time for a fat tax?", in The Lancet, vol. 373, 9 de maio de 2009, p. 1597; GOSTIN, Lawrence Gostin. "Law as a Tool to Facilitate Healthier Lifestyles and Prevent Obesity". In The Journal of the American Medical Association, vol. 297, nº 1. Georgetown Public Law and Legal Theory Research Paper nº 956077, 3 de janeiro de 2007, p. 89.

[469] A este propósito veja-se: GELBACH, Jonah B.; KLICK, Jonathan; STRATMANN, Thomas. Cheap Donuts and Expensive Broccoli: The Effect of Relative Prices on Obesity. 15 de dezembro de 2009. Consultado em *http://papers.ssrn.com/sol3/papers.cfm?abstract_id=976484*. Último acesso em 11/08/2019.

[470] GOLDMAN, Dana; LAKDAWALL, Darius; ZHENG, Yuhui. "Food prices and the dynamics of body weight", in Economic Aspects of Obesity. Michael Grossman e Naci H. Mocan (ed), 2011, pp. 65-90.

defensores advogam que os Estados têm um interesse legítimo em utilizá-lo, enquanto medida que permite controlar os custos na saúde e na segurança social, derivados de hábitos pouco saudáveis dos cidadãos[471].

### 2.2. *Das vantagens individuais*

Para o indivíduo são igualmente referenciadas determinadas vantagens, pois, por um lado, em teoria o nível de saúde aumentará por via da redução do consumo de produtos e alimentos nocivos para a saúde e, por outro lado, permitirá aliviar os problemas derivados da seleção adversa, que possam surgir no mercado relativamente aos consumidores. Este tributo poderia ser uma forma de compensar as assimetrias de informação que existem entre os diferentes extratos sociais da sociedade, bem como compensaria o impacto da publicidade dos alimentos menos saudáveis, corrigindo assim a incapacidade que alguns indivíduos têm na percepção das escolhas mais saudáveis e adequadas à sua saúde[472].

Além disso, fruto de se tratar de um pagamento prévio ao consumo, a *fat tax* pode representar uma certa *pressão oculta* que tendencialmente ajudará na redução do consumo dos produtos e alimentos prejudiciais à saúde. Também teria segundo os seus defensores a vantagem para, em países como os Estados Unidos da América, reduzir a pressão das seguradoras sobres os segurados que sofrem de problemas de obesidade, por via de elevados prémios de seguros de saúde. Por fim, é ainda referido que o tributo poderia ser um mecanismo de correção de alguns problemas de autocontrolo individual, sem prejuízo desta vantagem levantar o problema do excessivo paternalismo do Estado.

## 3. As desvantagens da *fat tax*

A introdução da *fat tax* comporta desvantagens que não podem deixar de ser analisadas, sendo que uma delas resulta do elevado risco de regressividade do

[471] Neste sentido, veja-se: GELBACH, Jonah B.; KLICK, Jonathan; STRATMANN, Thomas. Cheap Donuts and Expensive Broccoli: The Effect of Relative Prices on Obesity, op. cit.

[472] Neste sentido, veja-se: STRNAD, Jeff. "Conceptualizing the "Fat Tax": The Role of Food Taxes in Developed Economies",*op. cit.*, pp. 1245-1253.

tributo, que representa um custo especialmente oneroso para os indivíduos com menor capacidade económica, para quem a substituição dos produtos em questão não se torna fácil do ponto de vista econômico. Na realidade, os indivíduos com menores recursos económicos são por regra aqueles com piores hábitos alimentares e, bem assim, aqueles que mais sentirão o impacto do tributo, por menor que seja o aumento associado.

Em face desta perversidade, uma das formas que vem sendo defendida para ultrapassá-la tem sido a aplicação das receitas fiscais da *fat tax* em apoios (subsídios e incentivos fiscais) ao consumo de alimentos saudáveis, bem como o estabelecimento de programas de educação em saúde[473].

Por outro lado, este tipo de tributação pode conduzir ao acentuar do fenómeno já grave da economia paralela e das compras transfronteiriças. Efetivamente, pode gerar-se um efeito semelhante ao ocorrido na Dinamarca, em que se verificou o aumento das compras compensatórias, por via da troca por marcas mais baratas, com o efeito perverso de muitas delas terem menor qualidade nutritiva e alimentar que os produtos e alimentos substituídos.

Além destes problemas, os opositores da *fat tax* criticam com razão a legitimidade da intervenção do Estado, que a vêm como uma medida paternalista, que não deve ser aceite sem discussão. Ora, por esta via poderá ficar em causa a liberdade individual, isto é, a possibilidade do cidadão fazer as suas próprias escolhas quanto à sua alimentação e à sua saúde, pelo que a interferência agressiva ou repressiva por via da distorção de preços e das regras do mercado não deveria ser autorizada, mesmo que tendente a corrigir comportamentos lesivos para a saúde dos próprios cidadãos. Por isso, alguns autores defendem a inexistência de uma justificação normativa para essa limitação da liberdade[474].

Outro problema resulta da cobertura ética da tributação, onde se coloca a questão de saber qual a forma como deve ou, se existe mesmo a possibilidade do Estado decidir o que os indivíduos podem ou não comer, e se não existirá um "*fat right*" sob a égide do princípio da pessoalidade, enquanto conformador

[473] Neste sentido, veja-se, entre outros: PHILIPSON, Tomas; POSNER, Richard. "Is the Obesity Epidemic a Public Health Problem? A Decade of Research on the Economics of Obesity", in National Bureau of Economic Research. Working Paper 14010, maio de 2008, pp. 6-7.

[474] Sobre este tema veja-se: GOSTIN, Larry. A*pud* Katherine Pratt. "A Constructive Critique of Public Health Arguments for Anti-Obesity Soda Taxes and Food Taxes", in Tulane Law Review, vol. 87, n.º 73, 2012, p. 109.

de um direito à identidade e à responsabilidade moral individual[475]. Por seu lado, o lobby dos grandes grupos empresariais do *fast-food* e dos refrigerantes fundamenta a sua objeção à *fat tax* no impacto do tributo sobre a liberdade económica, sustentando a violação das liberdades económicas do Tratado da União Europeia, bem como a violação da proteção do livre comércio concedida pelos tratados da Organização Mundial de Comércio. Este confronto não perece ser a melhor opção para os Estados, uma vez que a aplicação do tributo só funcionaria com a adequada colaboração dos agentes económicos, pelo que a solução terá de passar necessariamente pela concertação entre as autoridades executivas, legislativas e fiscais com os agentes económicos, sob pena da *fat tax* estar condenada ao fracasso.

Por outro lado, não é possível esquecer que estamos perante produtos e alimentos que convocam os conceitos de vício e de falta de autocontrolo, o que leva os críticos da *fat tax* a sustentar que apenas as externalidades são aptas a justificar a intervenção fiscal, não encontrando justificação para corrigi-las por via da internalização dos efeitos negativos, uma vez que não se pode cobrir os custos económicos e sociais da obesidade. Essa não pode ser a sua finalidade. Ademais, o seu efeito prático é reduzido, porque os indivíduos que possuam o vício dos doces, gorduras ou salgados não têm o autocontrolo necessário para racionalmente pensar sobre as consequências de consumos prejudiciais para a saúde, nem que o mesmo pode gerar dependências nefastas. Em consequência disso, o tributo é ineficiente e ineficaz, visto que alguns indivíduos não possuem o controlo sobre o consumo, e desse modo o consumo não diminuirá significativamente pelo aumento do preço dos produtos e alimentos nocivos para a saúde[476]. A única solução fica assim reservada para a opção por uma tributação seletiva.

Acresce ainda que são precisamente os indivíduos obesos e com excesso de peso aqueles que são menos sensíveis às mudanças nos preços dos alimentos não saudáveis, pelo que o objetivo principal avançado para a sua criação poderá nem sequer verificar-se. Inclusivamente, alguns autores falam no efeito perverso do agravamento da obesidade, uma vez que a substituição na dieta

475 Neste sentido, veja-se: ALEMANNO, Alberto; CARRENO, Ignacio. "Fat taxes in the EU between fiscal austerity and the fight against obesity", *op. cit.*, p. 10.

476 Neste sentido, veja-se: STRNAD,Jeff. "Conceptualizing the "Fat Tax": The Role of Food Taxes in Developed Economies", *op. cit.*, pp. 1245-1253.

alimentar dos referidos produtos por outros cozinhados em casa, irá retirar tempo aos indivíduos para se dedicarem à prática de exercício físico, provocando um efeito na não redução do gasto diário de calorias[477].

Também estamos num setor ainda de grande incerteza cientifica, pelo que seria mais adequada a opção por um tributo individualizado, que levasse em consideração as preferências e o autocontrolo de cada indivíduo, de modo a garantir o respeito pelo princípio da liberdade individual e pelas suas características metabólicas e corporais, mas que sabemos ser insustentável de defender nos atuais sistemas tributários ocidentais, nomeadamente, do ponto de vista constitucional.

## Considerações finais

A análise do conceito de *fat tax*, bem como das correspondentes vantagens e desvantagens, que vêm sendo discutidas, mostrou-nos que a sua implementação ainda que não se mostre adequada a resolver totalmente o objetivo a que se propõe, e inclusivamente em alguns casos seja ineficaz e ineficiente, implica que sejam ultrapassados os problemas que fomos fazendo referência. Ademais, do ponto de vista da sociedade mostra-se necessário que a mesma esteja coletivamente ciente dos custos elevados e crescentes no subsetor da saúde, para que um tributo deste tipo pudesse ser socialmente aceite. Na realidade, verificou-se que os custos do setor de saúde são fortemente influenciados pelo consumo inadequado e excessivo de produtos e alimentos nocivos para a saúde.

Por outro lado, o Estado terá de ter limites no que respeita à sua interferência na esfera de liberdade dos indivíduos, pelo que mesmo que esteja em causa o aumento crescente da despesa pública, a solução não deverá passar pela referida intromissão, a qual como se viu poderá ter efeitos contraditórios e perversos face ao objetivo primordial do tributo.

[477] Neste sentido, veja-se: YANIV, Gideon; ROSIN, Odelia; TOBOL, Yossef. "Junk-food, home cooking, physical activity and obesity: The effect of the fat tax and the thin subsidy", *op. cit.*, p. 2.

É ainda de salientar a especial regressividade deste tipo de tributo, que quando não acompanhado por outras medidas, as quais acabam também por ser bastante artificiais e por desvirtuar a ideia de mercado, impede o acesso dos indivíduos de menores recursos aos produtos e alimentes saudável, que o tributo pretende incutir o consumo. Diga-se ainda, que a descida dos preços dos produtos e alimentos saudáveis, quando não suportados na ideia de mercado livre, acaba por ser fictícia e artificial, não sendo por isso suportável no longo prazo. Acresce que a atribuição de incentivos fiscais e de subvenções é geradora da evasão e elisão fiscal, a qual está na origem do crescimento da economia paralela.

Ainda que pudessem ser ultrapassados estes problemas, a sua criação só se tornaria eficiente e eficaz no âmbito de uma reforma mundial, concertada, onde a tributação pudesse ser associada a outras medidas de prevenção, educação, consciencialização e de incentivo para as opções alimentares mais saudáveis. Nesse cenário mundial as receitas da *fat tax* deveriam estar obrigatoriamente consignadas para os sistemas nacionais de saúde ou similares, para o financiamento do combate às doenças provocadas pelo consumo inadequado e excessivo de produtos e alimentos com elevado teor de açúcar, sal e gorduras, bem como para a promoção de iniciativas tendentes à adoção de hábitos alimentares mais saudáveis.

Pelo referido, antes da introdução de um tributo deste tipo é necessário perceber quais os verdadeiros objetivos do Estado e quais os efeitos que irá produzir sobre os consumidores, e se esses efeitos poderão de algum modo ser mitigados pela adoção de outro tipo de medidas, bem como os efeitos que seriam produzidos nas empresas, no mercado, para que não ocorram custos superiores aos custos sociais que a obesidade provoca.

Em síntese, a tributação de certos produtos como meio de reduzir a obesidade é inconsequente e em grande parte meramente teórica, pois, na prática, as pessoas dos países mais prósperos não são facilmente manipuláveis por via do instrumento fiscal, em especial quando seja possível recorrer ao efeito de substituição, o que faz cair pela base toda a construção teórica da *fat tax*. Não restam dúvidas que este tributo atinge os mais pobres de forma mais intensa, bem como tende a alimentar a inflação, a criar uma burocracia desnecessária e sistemas tributários ainda mais complexos do que aqueles que existem atualmente.

## Referências

ALEMANNO, Alberto; CARRENO, Ignacio. "Fat taxes in the EU between fiscal austerity and the fight against obesity", in European Journal of Risk Regulation, abril de 2011.

DIREÇÃO GERAL DE SAÚDE. PORTUGAL: Alimentação Saudável em Números – 2014. Lisboa: Direção Geral de Saúde, 2014. Consultado em <https://www.alimentacaosaudavel.dgs.pt/activeapp/wp-content/files_mf/1444947680relatorioPNPAS2014.pdf>. Último acesso em 11/08/2019.

DOUCETT, Sarah. "Fat Taxing" Our Way to a Healthier World", in Suffolk Transnational Law Review, vol. 38:2, 2015.

FINKELSTEIN, E.A.; ZHEN, C.; BILGER, M.; NONNEMAKER, J.; *et. al.* "Implications of a sugar-sweetened beverage (SSB) tax when substitutions to non-beverage items are considered", in Journal of Health Economics, n.º 32, 2013.

FLEISCHER, Victor. "Curb your enthusiasm for pigouvian taxes", in Vanderbilt Law Review, vol. 68, Issue 6, novembro 2015.

INSTITUTE OF ECONOMIC AFFAIRS. "The Proof of the Pudding: Denmark's fat tax fiasco", in IEA Current Controversies Paper, nº 42, Maio 2013. Consultado em *http://www.iea.org.uk/publications/research/the-proof-of-the-pudding-denmark's-fat-tax-fiasco*. Último acesso em 11/08/2019.

GELBACH, Jonah B.; KLICK, Jonathan; STRATMANN, Thomas. Cheap Donuts and Expensive Broccoli: The Effect of Relative Prices on Obesity. 15 de dezembro de 2009. Consultado em *http://papers.ssrn.com/sol3/papers.cfm?abstract_id=976484*. Último acesso em 11/08/2019.

GOLDMAN, Dana; LAKDAWALL, Darius; ZHENG, Yuhui. "Food prices and the dynamics of body weight", in NBER Working Paper nº 15096, junho de 2009.

GOLDMAN, Dana; LAKDAWALL, Darius; ZHENG, Yuhui. "Food prices and the dynamics of body weight", in Economic Aspects of Obesity. Michael Grossman e Naci H. Mocan (ed), 2011.

GOSTIN, Lawrence Gostin. "Law as a Tool to Facilitate Healthier Lifestyles and Prevent Obesity". in The Journal of the American Medical Association, vol. 297, nº 1. Georgetown Public Law and Legal Theory Research Paper nº 956077, 3 de janeiro de 2007.

GOSTIN, Larry. A*pud* Katherine Pratt. "A Constructive Critique of Public Health Arguments for Anti-Obesity Soda Taxes and Food Taxes", in Tulane Law Review, vol. 87, n.º 73, 2012.

JACOBSON, Michael F.; BROWNELL, Kelly D. "Small Taxes on soft Drinks and snack foods to promote Health", in American Journal of Public Health, vol. 90, nº. 6, junho de 2000.

LAKDAWALLA, Darius; PHILIPSON, Tomas. "The growth of obesity and technological change: a theoretical and empirical examination, The National Bureau of Economic Research". Working Paper n.º 8946, 2002.

LAURANDE, Jeremy. "Time for a fat tax?", in The Lancet, vol. 373, 9 de maio de 2009.

LEICESTER, Andrew; WINDMEIJER, Frank. "The "fat tax": economic incentives to reduce obesity", in The Institute for Fiscal Studies, Briefing Note n.º 49. Londres: [s. e.], 2004.

LUCAS, Jr. Gary. "Saving Smokers from themselves: The Paternalistic Use of Cigarette Taxes", in University of Cincinnati Law Review, vol. 80, Issue 3, 2012.

LUCAS, Jr. Gary. "Paternalism and Psychic Taxes: The Government's Use of Negative Emotions to Save Us from Ourselves", in Southern California Interdisciplinary Law Journal, vol. 22, Issue 2, 2013.

MAYER, Katherine. "An Unjust War: The Case Against the Government's War on Obesity", in 92 GEO, L.J. 999, 1000, 2004.

MCCOLL, Karen. "Fat taxes" and the financial crisis", in The Lancet, vol. 373, n.º 9666, 2009.

PHILIPSON, Tomas; POSNER, Richard. "Is the Obesity Epidemic a Public Health Problem? A Decade of Research on the Economics of Obesity", in National Bureau of Economic Research. Working Paper 14010, maio de 2008.

PIRES, Rita Calçada. "Fat Tax – O Ataque Fiscal aos Alimentos Não Saudáveis", in Estudos em Homenagem ao Professor Doutor Alberto Xavier – Economia, Finanças Públicas e Direito Fiscal, Vol. II. Eduardo Paz Ferreira, Heleno Taveira Torres e Clotilde Celorico Palma (organizadores). Coimbra: Almedina.

POÍNHOS, R.; FRANCHINI, B.; AFONSO, C., *et al.* "Alimentação e Estilos de Vida da População Portuguesa: Metodologia e Resultados Preliminares", in Revista da Sociedade Portuguesa de Ciências da Nutrição e Alimentação, vol. 15, n.º 3, 2009.

STRNAD, Jeff. "Conceptualizing the "Fat Tax": The Role of Food Taxes in Developed Economies", in Southern Califórnia Law Review, vol. 78:1221, dezembro de 2005.

VASQUES, Sérgio. Os impostos do Pecado: O Álcool, o Tabaco, o Jogo e o Fisco. Coimbra, 1999.

VICENTE, Carlos. "A Extrafiscalidade dos Impostos Especiais sobre o Consumo", in Revista da Faculdade de Direito da Universidade do Porto, Ano III. Coimbra: Coimbra Editora, 2006.

WINSTANLEY, Chris L. "A Healthy Food Tax Credit: Moving Away from the Fat Tax and Its Fault-Based Paradigm", in Oregon Law Review, vol. 86, 1151, 2007.

WORLD HEALTH ORGANIZATION.<http://www.euro.who.int/__data/assets/pdf_file/0003/243318/Portugal-WHO-Country-Profile.pdf>. Último acesso em 11/08/2019.

YANIV, Gideon; ROSIN, Odelia; TOBOL, Yossef. "Junk-food, home cooking, physical activity and obesity: The effect of the fat tax and the thin subsidy", in Journal of Public Economics, junho de 2009.